Arlie Russell Hochschild
Work-Life-Balance
Keine Zeit

Geschlecht und Gesellschaft

Herausgegeben von

Ilse Lenz
Michiko Mae
Sigrid Metz-Göckel
Ursula Müller
Mechthild Oechsle
Marlene Stein-Hilbers (†)

Band 29

Arlie Russell Hochschild

Work-Life-Balance
Keine Zeit

Wenn die Firma zum Zuhause wird
und zu Hause nur Arbeit wartet

Aus dem Amerikanischen von Hella Beister
Redaktion: Renate Bernhard

Leske + Budrich, Opladen 2002

Titel der amerikanischen Originalausgabe von 1997:
The Time Bind
When Work Becomes Home and Home Becomes Work

Gedruckt auf säurefreiem und alterungsbeständigem Papier.

Die Deutsche Bibliothek – CIP-Einheitsaufnahme
Ein Titeldatensatz für die Publikation ist bei
Der Deutschen Bibliothek erhältlich

ISBN 3-8100-3620-X

Copyright © 1997 by Arlie Russell Hochschild
Introduction copyright © 2000 by Arlie Russell Hochschild
All rights reserved

Für die deutsche Ausgabe:
© 2002 Leske + Budrich, Opladen

Das Werk einschließlich aller seiner Teile ist urheberrechtlich geschützt. Jede Verwertung außerhalb der engen Grenzen des Urheberrechtsgesetzes ist ohne Zustimmung des Verlages unzulässig und strafbar. Das gilt insbesondere für Vervielfältigungen, Übersetzungen, Mikroverfilmungen und die Einspeicherung und Verarbeitung in elektronischen Systemen.

Satz: Verlag Leske + Budrich, Opladen
Einbandgestaltung: disegno, Wuppertal
Druck: Bercker Graphischer Betrieb, Kevelaer
Printed in Germany

Inhalt

Keine Zeit – (k)ein deutsches Problem? (*Mechtild Oechsle*) VII

Vorwort zur Deutschen Ausgabe
von Arlie Russell Hochschild XIX

Danksagungen XXIII
Einleitung XXV

1. Teil
Über Zeit 1

1 Das Winkefenster 3
2 Wertemanagement und lange Arbeitstage 19
3 Zeit für die Familie – ein frommer Wunsch? 31
4 Familie und Arbeit – verkehrte Welten 45

2. Teil
Von der Chefetage bis zur Fertigung 67

5 Geben am Arbeitsplatz 69
6 Die Mutter als Verwalterin 87
7 „Alle meine Freundinnen sind Arbeitsbienen":
   Hochqualifiziert und Teilzeit? 101
8 „Ich bin immer noch verheiratet": Arbeit als Ventil 117
9 „Endlich mal in Ruhe vor der Glotze sitzen":
   Männliche Pioniere der Zeitkultur 129
10 Und wenn der Chef „Nein" sagt? 147

11 „Ich möchte, dass sie einmal gute,
   allein erziehende Mütter werden" 159

12 Die allzu große Großfamilie 179

13 Überstundenhechte 191

3. Teil
Folgerungen und Alternativen 209

14 Die dritte Schicht 211

15 Ausweichmanöver 239

16 Zeit gewinnen 261

Tabellenanhang 285
Literatur 293

Keine Zeit – (k)ein deutsches Problem?

Das Problem der Vereinbarkeit von Beruf und Familie oder vielleicht zeitgemäßer, der Balance von Arbeit und Leben und die damit verbundenen Zeitnöte, selten ist es eindringlicher analysiert worden als in Hochschilds Bestseller „*The Time Bind*". Suggeriert der Begriff der Vereinbarkeit oder der Balance, dass die Zeitordnungen des Erwerbssystems mit denen der Familien zu vereinbaren wären und eine Balance gelingen könnte, so entlarvt Hochschild diesen Optimismus als individuelle und kollektive Selbsttäuschung. Mehr noch, ihr Buch ist ein bestürzendes Dokument einer misslingenden Balance, eine Analyse der erdrückenden Dominanz der Arbeitszeit über die Familienzeit und ihrer Kosten für das Familienleben und das Aufwachsen von Kindern in den USA der 1990er Jahre.

Diese Dominanz der Arbeitszeit ist allerdings keine, die den Beschäftigten als purer Oktroy aufgezwungen wird, wie wir dies aus historischen Analysen frühkapitalistischer Arbeitszeitregimes kennen (vgl. etwa Thompson 1972). In subtilen Analysen zeigt Hochschild, dass die Umpolung zwischen Arbeit und Zuhause durchaus mit dem Einverständnis der Arbeitenden rechnen kann – für beide Geschlechter kann der Arbeitsplatz attraktiver werden als das Zuhause. Der Wandel in den Wertorientierungen wird durch die Entwicklung einer Unternehmenskultur gefördert, die den Beschäftigten Anerkennung und Wertschätzung am Arbeitsplatz vermittelt und dazu beiträgt, dass sie sich bei der Arbeit mehr und mehr wie zu Hause fühlen und deshalb immer mehr Zeit an diesem Arbeitsplatz verbringen. Im Gegenzug wird die Zeit zu Hause immer knapper, das Familienleben gerät unter die Imperative eines tayloristischen Zeitregimes.

Hochschild steht mit ihrer Analyse keineswegs allein. Andere prominente Autoren wie Robert Putnam und Robert Reich stellen die Frage, ob das Amerika der New Economy nicht zuviel an Familien- und Lebenszeit und an Gemeinschaftsleben geopfert hat. Putnam beklagt den Verlust und die Ausdünnung des Gemeinschaftslebens (Putnam 1995) und Reich beschreibt den „unglaublichen Schwund der Familie" und den hohen Preis, den die Arbeit der New Economy dem Familienleben abverlangt (Reich 2002).

Die eindringlichen Beschreibungen der Zeitnöte berufstätiger Eltern, die Innenansichten der amerikanischen Zeitarchitektur, die uns Hochschilds Lektüre vermittelt, sind sie überhaupt auf die Situation in der Bundesrepublik übertragbar? Sind diese überlangen Arbeitszeiten und die damit verbundene Zeitkultur nicht ein amerikanisches Phänomen, weit entfernt von der bundesrepublikanischen Wirklichkeit mit einer tariflichen Wochenarbeitszeit von teilweise 35 Stunden, bis zu 30 Tagen Jahresurlaub, 14 Wochen bezahltem Mutterschutz und drei Jahren Elternzeit?

Hochschild sieht Deutschland eher als ein arbeitszeitpolitisches Musterland, durchaus ein Vorbild in Sachen Arbeitszeitregulierung. In ihren Überlegungen, wie der Zeitfalle zu entkommen sei, weist sie, neben Schweden, immer wieder auf Deutschland als Beispiel für eine bessere zeitliche Balance von Arbeit und Leben hin. Sind also Hochschilds Analysen der Zeitfalle auf Deutschland übertragbar? Ist das, was sie beschreibt, nicht weit entfernt von der Zeitkultur der Bundesrepublik? Oder ist dieses amerikanische Modell der Beziehung zwischen der Arbeitswelt und der Welt des Zuhauses vielleicht doch eines, das auch auf uns zukommen könnte?

Auch in Deutschland haben sich die Arbeitszeiten und Modelle ihrer Regulierung in den letzten 20 Jahren verändert. Trotz aller gewerkschaftlichen Bemühungen um weitere Arbeitszeitverkürzung gibt es eine Stagnation bei den tariflichen Arbeitszeitverkürzungen und in den 1990er Jahren in manchen Bereichen sogar eine Verlängerung der effektiven Arbeitszeiten. Eine jüngst erschienene Studie geht sogar davon aus, „dass die 40-Stundenwoche in Deutschland günstigstenfalls weiterhin die faktische Durchschnittsarbeitszeit für Vollzeitkräfte ist und vielleicht sogar davon ausgegangen werden muss, dass die 40-Stunden-Schwelle ungefähr die Mitte zwischen tariflichen und tatsächlichen Arbeitszeiten in Deutschland markiert" (Bosch u.a. 2002, 39). Eine Repräsentativerhebung in allen 15 Mitgliedstaaten der Europäischen Union und in Norwegen im Jahr 1998 kommt zu dem Ergebnis, dass die tatsächliche wöchentliche Arbeitszeit aller Beschäftigten in Deutschland 38,8 Stunden beträgt, die tatsächliche Wochenarbeitszeit von Beschäftigten, die sich selbst als Vollzeitkräfte bezeichnen, sogar 44,4 Stunden und damit 1,3

Stunden mehr als der europäische Durchschnitt mit 43,1 Stunden (Bielenski 2000).

Neben der Stagnation der tariflichen Arbeitszeitverkürzung und einer partiellen Verlängerung der effektiven Arbeitszeit ist die Situation in Deutschland vor allem durch einen Prozess der Flexibilisierung von Arbeitszeiten gekennzeichnet. Seit Mitte der 80er Jahre findet eine Deregulierung der Arbeitszeit in Form von zunehmender Wochenendarbeit, Schicht-, Abend- und Nachtarbeit, von Vertrauensarbeitszeit und Jahresarbeitszeitmodellen, von befristeter Beschäftigung, Teilzeitarbeit und geringfügiger Beschäftigung sowie Heimarbeit und alternierender Telearbeit statt. Die Einschätzungen des Ausmaßes und der Tragweite dieser Flexibilisierungstendenzen differieren, aber unbestreitbar ist, dass in einem relevanten Ausmaß eine Erosion der Normalarbeitszeit und damit verbunden eine teilweise Auflösung kollektiver Arbeitszeitstrukturen stattfindet und schon stattgefunden hat (Garhammer 1999).

Die Deregulierung der Arbeitszeit scheint sich in Abhängigkeit vom Qualifikationsniveau und z.T. vom Geschlecht in zwei gegensätzliche Richtungen zu bewegen. Zum einen beobachten wir einen Trend in Richtung Aufsplittung von Vollzeitarbeit in Teilzeitarbeit und geringfügige Beschäftigung; hiebei sinken die wöchentlichen Durchschnittsarbeitszeiten dieser – meist weiblichen – Beschäftigten. Zum anderen führen neue Formen der Arbeitsorganisation und neue Managementmethoden zur Verlängerung von Arbeitszeiten über die tariflich oder vertraglich vereinbarten Arbeitszeiten hinaus. Dies gilt insbesondere für hochqualifizierte Angestellte, die „möglicherweise als Vorreiter neuer Formen der individuellen Arbeitszeitgestaltung angesehen werden können" (Wagner 2000, 258f.). In ihrer Analyse der Daten des Sozioökonomischen Panels stellt Wagner fest, dass gerade für hochqualifizierte Angestellte die Differenz zwischen vereinbarter und tatsächlicher Arbeitszeit größer wird, dass von diesen vermehrt und häufig unentgeltlich Überstunden geleistet werden und dass es bei einem wachsenden Anteil der hochqualifizierten Angestellten keine vertragliche Regelungen über die Dauer der Arbeitszeit mehr gibt (ebd., 264).

Die ‚schleichende' Verlängerung von Arbeitszeiten, gerade im Zusammenhang mit ihrer Flexibilisierung, ist bislang vor allem im gewerkschaftlichen Kontext unter dem Stichwort des „Arbeitens ohne Ende" thematisiert worden. Interessant ist hier etwa das Beispiel von IBM, wo die Einführung der Vertrauensarbeitszeit von einem massiven Zuwachs an Arbeitsbelastungen und einer Verlängerung der Arbeitszeit begleitet war und zu einer Reihe von gewerkschaftlichen Aktionen im Kampf gegen das „Arbeiten ohne Ende" geführt hat (Pickshaus 2000). Wenig untersucht worden ist bisher, wie sich diese überlangen Arbeitszeiten auf das Familienleben auswirken.

Interessanter, auch für die sozialwissenschaftliche Forschung, sind offenbar ‚spektakulärere' Formen und Modelle der Arbeitszeitflexibilisierung, vor allem wenn sie mit Arbeitszeitverkürzungen einhergehen. So ist etwa das Modell der 28,8 Stundenwoche bei VW in seinen Auswirkungen auf die Beschäftigten und ihr Familienleben relativ breit erforscht worden (Jürgens/Reinecke 1998), auch über die Auswirkungen von Blockfreizeiten und Sabbaticals auf Familienzeiten gibt es erste empirische Hinweise (Pfahl/Reuyß 2002). Kritisch wurde vor allem angemerkt, dass sich die Flexibilisierung der Arbeitszeit bei VW wie auch in anderen Betrieben weitaus stärker an den Anforderungen des Unternehmens als an den individuellen Zeitwünschen der Beschäftigten orientiert und die mit der Flexibilisierung verbundenen Hoffnungen und Wünsche auf mehr Zeitsouveränität sich nur bedingt erfüllen (Hildebrandt u.a. 2000).

Nicht nur auf der Ebene der faktischen Arbeitszeiten scheint sich eine Trendwende in Richtung längerer Arbeitszeiten anzudeuten. Es gibt auch Hinweise auf Veränderungen in den Arbeitszeitpräferenzen der Beschäftigten. So zeichnen sich in einer Auswertung der Daten des Sozioökonomischen Panels durch das Deutsche Institut für Wirtschaft (DIW) deutliche Veränderungen in den Arbeitszeitpräferenzen zwischen 1993 und 1997 ab. Nach diesen Daten wollten 1997 in Westdeutschland fast ebensoviele Frauen ihre Arbeitszeit ausweiten (27%) wie einschränken (29%), während 1993 die Anteile 11% bzw. 36% betrugen. Im Jahr 1997 wollten 44% der vollbeschäftigten Männer mit einem Kind unter drei Jahren im Haushalt ihre Arbeitszeit ausweiten, während noch 1993 praktisch kein vollbeschäftigter Mann mit einem Kleinkind im Haushalt seine Arbeitszeit ausdehnen wollte und fast zwei Drittel eine Verkürzung anstrebten (1997 nur noch ein knappes Fünftel) (Holst/ Schupp 1998, 3). In Ostdeutschland ist 1997 generell eine höhere Erwerbsorientierung beider Geschlechter zu verzeichnen; der überwiegende Teil der Beschäftigten, sowohl Männer wie Frauen, möchte einer Erwerbstätigkeit im Umfang von 35 und 40 Stunden nachgehen, ein Fünftel aller Männer und 7% der Frauen wünschen sich eine Arbeitszeit von mehr als 40 Stunden. Generell stellt die Studie fest, dass die Akzeptanz für weitere Arbeitszeitverkürzungen deutlich gesunken und der Wunsch nach Ausweitung der Arbeitszeit erheblich gestiegen ist (Holst/Schupp 1998, 6). Gründe für diese Wünsche nach einer Ausweitung der Arbeitszeit sehen die Autoren im Realeinkommensverlust, in der bereits vollzogenen Arbeitszeitverkürzung und in neuen Arbeitszeitmodellen. Ob diese veränderten Arbeitzeitpräferenzen auf einen tiefergehenden Wertewandel im Verhältnis von Arbeit und Leben hinweisen, bleibt offen und wird von den Autoren so nicht diskutiert.

Natürlich geht es nicht nur um individuelle Arbeitszeiten und Arbeitszeitpräferenzen. Wenn wir uns fragen, ob die von Hochschild beschriebene Zeitfalle auch für Deutschland Bedeutung gewinnen könnte, dann müssen wir auch familiale Erwerbsmuster in beiden Ländern vergleichen und nach dem Muster der Erwerbsintegration von Frauen in Deutschland fragen. Auch hier gibt es deutliche Unterschiede. Trotz der Zunahme der Erwerbsbeteiligung von Frauen kann, zumindest für Westdeutschland, noch immer von der Dominanz eines wenn auch modernisierten männlichen Ernährermodells ausgegangen werden; in Ostdeutschland finden wir eher ein *Dual Earner*-Modell mit Tendenz zu egalitären Erwerbsmustern (Dingeldey 1999). Rund 40% aller Haushalte in Westdeutschland mit Kindern unter 15 Jahren haben einen männlichen Alleinernährer, ca. 50% dieser Haushalte sind Zweiverdienerhaushalte, in knapp 30% aller Haushalte mit Kindern unter 15 Jahren besteht das familiale Erwerbsmuster aus der Kombination Vollzeitarbeit des Mannes und Teilzeitarbeit der Frau.

Dies mag vielleicht dazu beitragen, dass das Problem der Zeitnot zumindest in westdeutschen Familien weniger dramatisch ist als in den USA. Allerdings wäre es falsch, von einem einheitlichen Profil familialer Erwerbsmuster auszugehen. In immerhin einem Fünftel aller westdeutschen Haushalte mit Kindern unter 15 Jahren arbeiten beide Partner Vollzeit, in Ostdeutschland sind es fast 46%. Geht man davon aus, dass im Zuge steigender Frauenerwerbstätigkeit das Modell des männlichen Familienernährers weiter abnehmen wird und Zweiverdiener-Haushalte weiter zunehmen (Dingeldey 1999), dann können wir uns vorstellen, dass zunehmend auch Familien in Ost- und Westdeutschland von der Zeitfalle betroffen sind.

Doch auch wenn die Arbeitszeiten in Deutschland noch immer unter denen der USA liegen und auch das Modell der Erwerbsintegration von Frauen ein anderes ist, das Problem der Balance zwischen Arbeit und Leben gewinnt auch in der Bundesrepublik zunehmend Aufmerksamkeit. Bemerkenswert ist das derzeitige Medieninteresse am Thema *Work-Life-Balance*. Von einem Wertewandel in der Arbeitswelt ist die Rede und von Arbeitnehmern, die nicht mehr bereit seien, sich ausschließlich für ihre Arbeit zu engagieren, sondern den Ausgleich mit ihrem Privatleben suchen (Schneider 2001).

Die FAZ schreibt in ihrem Hochschulanzeiger:

> „Die Krieger der New Economy sind müde. Was haben sie nicht auch alles gegeben: Arbeit Tag und Nacht bei Fertigpizza und Cola aus der Dose (...) Der Preis war hoch: Nicht nur sind ihre Aktienoptionen nichts mehr wert, viele Start-up-Helden haben schlicht ihre Gesundheit ruiniert. Aber sie sind nicht die einzigen: Die Wirtschaftskapitäne der Old Economy sind genauso müde.(...) ‚*Work-Life-Balance*!' heißt deshalb der neueste Schlachtruf, der aus den Strategieabteilungen der Unternehmen tönt" (Jacoby 2002, 6).

Aber – wie tragfähig sind solche Konzepte, schaffen sie wirklich eine bessere Balance von Arbeit und Leben, gewinnen Familien dadurch mehr Zeit oder geraten die Beschäftigten nur in neue Zeitfallen? Hochschilds Studie könnte uns hier zu mehr Skepsis veranlassen, hat doch ihre Studie gezeigt, dass solche Programme bei ihrer Umsetzung auf mehr Hinternisse stoßen als wir zunächst annehmen. Die Zeitschrift *management & training* kommt 2001 in einem Heft mit dem Schwerpunkt *Work-Life-Balance* zu dem Ergebnis, dass die Unternehmen noch nicht hinter diesem Konzept stehen:

> „In den Unternehmen sieht es ganz anders aus. Hier sind traditionelle Werte wie Pflichtbewusstsein, Fleiß und eine ausgedehnte Arbeitszeit immer noch karriereentscheidend. (...) In den meisten Firmen steigt eher der permanente Leistungsdruck" (Schneider 2001).

Bei ihrer Recherche fand Schneider „kein einziges Unternehmen", das ein umfassendes Konzept zur *Work-Life-Balance* eingeführt hat. Einzelne Elemente sind eher „Benefits zur Mitarbeiterbindung, die es schon lange gibt und die heute – vielleicht aus Imagegründen – nach außen als Fördermaßnahmen zur *Work-Life-Balance* dargestellt werden. Doch Verantwortung für die Umsetzung will keiner übernehmen (Schneider 2001, 3).

Nimmt man die angebotenen Programme genauer unter die Lupe, dann lassen sich im Wesentlichen zwei Varianten unterscheiden. Zum einen handelt es sich um flexible Arbeitszeitmodelle, die es ermöglichen sollen, das Privatleben besser mit dem Beruf abzustimmen. Zum anderen ist festzustellen, dass typische Freizeitelemente wie Schlafen, Duschen, Fitness in die Arbeitswelt integriert werden „Damit wird ebenfalls *Work-Life-Balance* betrieben – jedoch innerhalb der Arbeitswelt" (Mai 2001, 12). Den Arbeitsplatz ein Stück weit zum Zuhause machen – was bedeutet dies für den anderen Pol, das Zuhause, die Familie? Ist dies nicht nur ein weiterer Schritt zur Verstärkung der kulturellen Dominanz der Erwerbsarbeit und zur Verlängerung der Arbeitszeit? Ist eine solche Verschmelzung von Arbeit und Leben wünschenswert, „mit Fitnessgeräten am Arbeitsplatz, Freizeit im Kreis der lieben Kollegen und Laptop-Arbeit zu Hause" oder verstärkt die Anreicherung des Arbeitsplatzes mit solchen Elementen des Zuhausese letztlich Workaholismus und Burn-out (Jacoby 2002, 6)?

Bei aller Skepsis gegenüber den Versprechungen der *Work-Life-Balance*-Programme sollten wir aber nicht übersehen, dass das Interesse an dieser Thematik auf ein sehr reales Problem der Lebensführung verweist. Wie kann eine Balance zwischen Arbeit und Leben gelingen, wenn es im Zuge eines tiefgreifenden Strukturwandels zur Entgrenzung von Arbeit (Döhl u.a. 2001) kommt und die klaren Grenzziehungen zwischen Erwerbsarbeit und Nichterwerbsarbeit, zwischen Arbeitszeit und Freizeit, sich tendenziell auflösen? Was bedeutet dies für unsere Vorstellungen von Erwerbsarbeit und Zuhause und wie gestaltet sich die Relation von Erwerbsarbeit und privater Lebensführung unter diesen Bedingungen? Die These vom flexiblen „Unternehmer der eigenen Arbeitskraft" (Voß/Pongratz 1998) betont vor allem das Übergreifen von Marktimperativen auf das Leben außerhalb der Erwerbsarbeit. Der Arbeitskraftunternehmer ist gezwungen, aktiv die Vermarktung seiner Arbeitskraft zu betreiben. Der Alltag wird damit zu einem Ort systematischer Effizienzsteigerung und zu einem Objekt weiterer Rationalisierung und Zeit zu einer zentralen Gestaltungsdimension in diesem Prozess (Hildebrandt u.a. 2000). Die „Verbetrieblichung" der Lebensführung wird in diesem Zusammenhang als weiterer Rationalisierungsschritt gesehen, der nun auf den privaten Lebensbereich übergreift. Parallelen zu der von Hochschild beschriebenen Taylorisierung des Familienlebens sind nicht zu übersehen. Beschränkt sich dieser Prozess der Entgrenzung von Arbeit aber darauf, dass „arbeitsweltliche Forderungen an die Lebenswelt gestellt werden" oder ziehen nicht ebenso „lebensweltliche' Anforderungen in die Arbeitswelt" ein (Döhl u.a. 2001, 228) – in Form von sozialen Kompetenzen, Teamarbeit und Anerkennung? Hochschilds Analyse kann uns auch hier für die Wechselbeziehungen zwischen dem Arbeitsplatz und dem Zuhause sensibilisieren.

Wenn wir davon ausgehen, dass die Erosion bisheriger Grenzziehungen zwischen Arbeit und Leben zu einem wesentlichen Charakteristikum neuer Formen der Arbeitsorganisation gehört und auch private Lebensformen davon tangiert sind, dann stellt sich die Frage, mit welchen Konzepten und Begriffen dieser Prozess untersucht werden kann. Integrative Konzepte wie das der alltäglichen Lebensführung (Jurczyk/Rerrich 1993), das allerdings mehr die individuelle Lebensführung analysiert, oder das Konzept der familialen Lebensführung (Jürgens 2001), das die Verschränkung verschiedener Lebensführungen im Rahmen von Familie untersucht, sind hier fruchtbare Ansätze. Zu bedenken ist allerdings, dass es sich bei den zu untersuchenden Prozessen um mehr als die Kombination klar definierter Elemente handelt. Wir werden uns deshalb fragen müssen, was denn Erwerbsarbeit und Zuhause unter diesen veränderten Bedingungen bedeuten. Am Beispiel von Amerco, einem großen amerikanischen Unternehmen, zeigt Hochschild exemplarisch die Wechselbeziehungen zwischen den beiden emotionalen Kulturen von Erwerbsarbeit und Familie, ihre innere Verflechtung und ihre Konkurrenz miteinander, und sie führt uns vor Augen, wie Arbeit und Zuhause für viele Beschäftigte eine andere Bedeutung gewinnen.

Die Analyse des inneren Zusammenhangs der verschiedenen gesellschaftlichen Teilbereiche, ihrer Trennungen und Verknüpfungen (Becker-Schmidt 1998) ist ein wesentliches theoretisches und methodisches Prinzip einer gesellschaftstheoretisch orientierten Frauen- und Geschlechterforschung (Knapp/Wetterer 2001). Erst der Blick auf den Zusammenhang scheinbar getrennter Bereiche und ihrer strukturellen Asymmetrien erlaubt es, Strukturzusammenhänge und Reproduktionsmuster einer Gesellschaft im Zusammenhang mit der Verfasstheit des Geschlechterverhältnisses zu analysieren. Die strukturelle Dominanz der Erwerbsarbeit gegenüber der Familie, die Durchsetzungsschwäche der Familie gegenüber Arbeitsmarktvorgaben (Krüger 1995) verweisen auf die asymmetrische Relation der verschiedenen Institutionen und auf die in ihnen geronnene Geschlechterstruktur.

Solange sich an dieser Hierarchisierung zwischen Familie und Arbeitsmarkt nichts ändert, solange die Institutionen des Arbeitsmarktes und der Familie und darüber hinaus die der Bildung und der Sozialpolitik nicht in ein neues Verhältnis zueinander treten (Krüger 1995), solange wird die zunehmende Erwerbsbeteiligung von Frauen wenig an der strukturellen Asymmetrie des Geschlechterverhältnisses ändern und zudem die Belastungen der Familie und anderer privater Bindungen weiter verschärfen.

Hochschild zeigt, wie die zunehmende Erwerbsintegration von Frauen (bei ansonsten unveränderten Rahmenbedingungen) zu einem Zeitkrieg zwischen den Geschlechtern führt, der auf dem Rücken der verletzlichsten Mitglieder dieses Systems, den Kindern und anderen pflegebedürftigen Personen, ausgetragen wird. An dieser Stelle Hochschild misszuverstehen, wäre bedauerlich. Sicher, sie argumentiert auch moralisch und politisch und sie fragt nach den Kosten dieses Arbeitszeitregimes für das Familienleben und vor allem für die Kinder. Aber nichts liegt ihr ferner, als diese Kosten auf das Konto der Erwerbsbeteiligung von Frauen zu verbuchen. Sie zeigt, warum für Männer wie für Frauen die Erwerbsarbeit so attraktiv ist, sie analysiert, wie im Zuge einer neuen Unternehmenskultur und der damit verbundenen Anerkennung, Wertschätzung und Autonomie in der Arbeit der Arbeitsplatz noch mehr an Anziehungskraft gewinnt – und das Zuhause an Attraktivität verliert. Sie beschreibt eindringlich die Folgen dieses Wertewandels für die Familie und sie fragt, wieviel Elternzeit Kinder brauchen und wieviel Betreuung durch Institutionen. Diese Frage richtet sich jedoch an beide Geschlechter gleichermaßen. Sie ignoriert keineswegs die kulturellen und institutionellen Rahmenbedingungen dieser Werteverschiebung, zeichnet aber akribisch nach, wie Individuen sich angesichts dieser Parameter orientieren und welche Entscheidungen sie treffen oder auch nicht treffen.

Arlie Hochschild macht aber auch deutlich, dass es bei der Zeitfalle um mehr geht als um individuelles Zeitmanagement oder um individuelle biographische Entscheidungen. Sie skizziert mögliche Ziele und Akteure einer neuen Zeitbewegung und betont die Notwendigkeit einer gesellschaftlichen Regulierung von Arbeitszeit. Nur auf diese Weise kann es zu einer Balance zwischen der Erwerbsarbeit und dem Zuhause, zwischen der Arbeitszeit und der Zeit für biographische Bindungen an andere kommen. Im Zentrum einer solchen Zeitbewegung müsste die Frage stehen, „wie Frauen und Männer einander ebenbürtig werden können in einer stärker kindorientierten und mit mehr Bürgersinn ausgestatteten Gesellschaft" (Hochschild in diesem Band).

Im Vorwort zur deutschen Ausgabe seines Buches *The Future of Success. Wie wir morgen arbeiten werden* betont Robert Reich, dass die deutsche Gesellschaft ebenso wie andere Gesellschaften Europas entscheiden muss, ob sie den von ihm beschriebenen Kapitalismus amerikanischer Prägung übernehmen und den damit verbundenen Preis in Form eines „Schwunds" an Familien- und Gemeinschaftsleben bezahlen möchte. Letztlich geht es um die grundlegende Frage, wie die Relation zwischen der Sphäre der Ökonomie und dem Leben zu Hause und in der Gemeinschaft aussehen soll.

Die Lektüre von *Keine Zeit* kann uns die Tragweite solcher Entscheidungen bewusst machen und uns für den Preis bestimmter Entwicklungen im Verhältnis von Erwerbsarbeit und Zuhause sensibilisieren.

Mechild Oechsle
für die Herausgeberinnen
der Reihe
„Geschlecht und Gesellschaft"

Literatur

Becker-Schmidt, R. (1998). Zum feministischen Umgang mit Dichotomien. In: G.A. Knapp (Hrsg.), *Kurskorrekturen. Feminismus zwischen Kritischer Theorie und Postmoderne*, Frankfurt/Main; New York, S. 84-125.

Bielenski, H. (2000). Erwerbswünsche und Arbeitszeitpräferenzen in Deutschland und Europa. Ergebnisse einer Repräsentativbefragung, in: *WSI-Mitteilungen* 53 (2000), H. 4, S. 228-237.

Bosch, G. u.a. (2002). *Zur Zukunft der Erwerbsarbeit. Eine Positionsbestimmung auf der Basis einer Analyse kontroverser Debatten* (Arbeitspapier der Hans Boeckler Stiftung, Bd. 43), Düsseldorf.

Dingeldey, I. (1999). *Begünstigungen und Belastungen familialer Erwerbs- und Arbeitszeitmuster in Steuer- und Sozialversicherungssystemen – Ein Vergleich zehn europäischer Länder*. Graue Reihe des Instituts Arbeit und Technik 1999-04.

Döhl, V./Kratzer, N./Moldaschl, M./Sauer, D. (2001). Auflösung des Unternehmens? Die Entgrenzung von Kapital und Arbeit. In: U. Beck/W. Bonß (Hrsg.), *Die Modernisierung der Moderne*, Frankfurt a.M., S. 219-232.

Garhammer, M. (1999). *Wie Europäer ihre Zeit nutzen. Zeitstrukturen und Zeitkulturen im Zeichen der Globalisierung*. Berlin 1999.

Hildebrandt, E./Reinecke, K./Rinderspacher, J./Voß, G. (2000). Einleitung: Zeitwandel und reflexive Lebensführung. In: E. Hildebrandt (Hrsg.) in Zusammenarbeit mit Gudrun Linne: Reflexive Lebensführung. Zu den sozialökologischen Folgen flexiber Arbeit. Berlin, S. 9-45.

Holst/Schupp (1998). Arbeitszeitpräferenzen in West- und Ostdeutschland 1997, in: *DIW-Wochenbericht* 65 H. 37.

Jacoby, A. (2002). Freizeit trotz Aufstieg, in: *Frankfurter Allgemeine Zeitung*, Hochschulanzeiger, Ausgabe 61, Juni 2002, 6-7.

Jürgens, K. (2001). Familiale Lebensführung. Familienleben als alltägliche Verschränkung individueller Lebensführungen. In: G.G. Voß/M. Weihrich (Hrsg.), *tagaus-tagein. Neue Beiträge zur Soziologie familialer Lebensführung*. München; Mehring, S. 33-60.

Jürgens, K./Reinecke, K. (1998). *Zwischen Volks- und Kinderwagen. Auswirkungen der 28,8 Stunden-Woche bei der VW AG auf die familiale Lebensführung von Industriearbeitern.* Berlin.

Jurczyk, K./Rerrich, M. (1993). Einführung: Alltägliche Lebensführung: der Ort, wo alles zusammenkommt. In: dies. (Hrsg.), *Die Arbeit des Alltags: Beiträge zu einer Soziologie der alltäglichen Lebensführung.* Freiburg, S. 11-45.

Knapp, G.A./Wetterer, A. (Hrsg.) (2001). *Soziale Verortung der Geschlechter. Gesellschaftstheorie und feministische Kritik*, Münster.

Krüger, H. (1995). Dominanzen im Geschlechterverhältnis: Zur Institutionalisierung von Lebensläufen. In: R. Becker-Schmidt/G.A. Knapp (Hrsg.) *Das Geschlechterverhältnis als Gegenstand der Sozialwissenschaften*, Frankfurt/Main; New York, 195-219.

Mai, J. (2001). Unternehmen stehen noch nicht dahinter. In: *management & training*, H. 10, 12-13.

Pfahl, S./Reuyß, S. (2002). Blockfreizeiten und Sabbaticals. Mehr Zeit für die Familie? In *WSI-Mitteilungen*, H. 8.

Pickshaus, K. (2000). Arbeiten ohne Ende und ohne Maß. in *Computer Fachwissen* 4/2000, S. 14-17.

Putnam, R. (1995). Bowling Alone: America's Declining Social Capital. In: *Journal of Democracy* 6, S. 65-78.

Reich, Robert (2002). *The Future of Success. Wie wir morgen arbeiten werden.* München; Zürich.

Schneider, M. (2001). Editorial. In *management & training*, H. 10, 3.

Thompson, E.P. (1973). Zeit, Arbeitsdisziplin und Industriekapitalismus. In Braun, R. u.a. (Hrsg.), *Gesellschaft in der industriellen Revolution.* Köln, S. 81-112.

Voß, G.G./Pongratz, H.J. (1998). Der Arbeitskraftunternehmer. Eine neue Grundform der „Ware Arbeitskraft"? In *Kölner Zeitschrift für Soziologie und Sozialpsychologie*, 50. Jg., H. 1, S. 131-158.

Wagner, A. (2000). Arbeiten ohne Ende? Über die Arbeitszeiten hochqualifizierter Angestellter. In Institut Arbeit und Technik (Hrsg.). *Jahrbuch 1999/2000*, S. 258-275.

Vorwort zur deutschen Ausgabe
von Arlie Russell Hochschild

Ich bin sehr erfreut, dass es jetzt eine deutsche Übersetzung von *The Time Bind* gibt. Die Amerikaner beneiden die Deutschen schon lang um ihre 30 Tage bezahlten Urlaub und ihre 35-Stundenwoche. Die starken deutschen Gewerkschaften und die besondere Aufmerksamkeit, die sie dem Thema der Arbeitszeit gewidmet haben, scheinen der Familie einen größeren Schutz zu bieten, als das in den Vereinigten Staaten, in Japan oder vielen anderen Industrienationen der Fall ist. Amerikaner haben im Durchschnitt 16 Tage bezahlten Urlaub pro Jahr und ein Viertel von ihnen nimmt ihn gar nicht. Arbeiter in kleinen amerikanischen Unternehmen – wo die Gewerkschaften kaum vertreten sind – haben im Durchschnitt sieben Tage bezahlten Urlaub, Angestellte in Büro und Verkauf neun. Sollten daher Amerikaner nicht lieber Bücher über deutsche Ferien lesen, und nicht Deutsche Bücher über die amerikanische Arbeitssucht?

Was auch immer geschieht, in den USA passieren die Dinge oft zuerst. Gegenwärtig scheinen die USA das Modell des geschrumpften Wohlfahrtsstaates, die Missachtung der Umwelt und das abfallreiche Konsumieren zu exportieren. Genauso könnten sie auch ein Modell der kulturellen Dominanz der Arbeit über Familie und Gemeinschaftsleben exportieren. Auch wenn die Geschichte, die ich bei meiner Untersuchung von Amerco, einem großen Fortune-500-Unternehmen, aufgedeckt habe, sehr weit entfernt erscheinen mag vom Bild der ferienmachenden Deutschen, so ist sie doch in Wirklichkeit für manche Menschen näher, als wir es uns vorstellen mögen. Sollte dies so sein, dann ist dieses Buch eine Warnung.

Tatsächlich sagt eine neuere Untersuchung, dass die deutschen Erwerbstätigen im Durchschnitt eine 40-Stundenwoche haben. Wenn man Fahrtzeiten dazu nimmt und die Verpflichtung, sich um kleine Kinder oder alte und kranke Verwandte zu kümmern, dann steigt die Herausforderung, Arbeit und Familie in ein gutes

Gleichgewicht zu bringen. Mit der Zunahme flexibler Arbeitszeiten wird es zudem schwieriger zu wissen, wo die Arbeit endet. Ein Handy kann immer klingeln. Emails warten. Zwei Drittel der deutschen Frauen sind erwerbstätig. Aber während Frauen nun mehr bezahlte Arbeit leisten, übernehmen die deutschen Männer – wie ihre amerikanischen Geschlechtsgenossen – meist nicht den entsprechenden Anteil an Kindererziehung und Haushalt.

Aber dieses Buch handelt in Wirklichkeit nicht nur von Überarbeitung. Es befasst sich auch mit unseren tiefsten Gefühlen über Zeit und den Einfluss der sozialen Welten von Zuhause und Arbeitsplatz auf diese Gefühle. Abhängig von Geschlecht, Alter und Beruf können Menschen sehr unterschiedliche Empfindungen zum Thema Zeit haben. Sicherlich fühlt sich eine voll arbeitende Mutter von zwei kleinen Kindern, stärker eingespannt als ein Mann im mittleren Alter, der gerade in Pension gegangen ist.

Manager und Berufstätige in der Industrie, die eingebettet sind in eine mehr und mehr deregulierte globale Wirtschaft, fühlen sich wahrscheinlich mehr unter Druck als Arbeiter und Angestellte im öffentlichen Dienst. Vermutlich ist es so, dass jedes Geschlecht, jede soziale Klasse oder jeder wirtschaftliche Bereich seine eigene Geschichte zum Thema Zeit hat. Und diese Geschichten können sich verändern. Als Robert und Helen Lynd 1929 *Middletown* veröffentlichten, eine Familienstudie in Muncie, Indiana, einer durchschnittlichen amerikanischen Stadt im mittleren Westen, fanden sie heraus, dass Fabrikarbeiter länger bei der Arbeit blieben als Manager. Als andere Forscher 20 Jahre später zurück kehrten, fanden sie heraus, dass die Fabrikarbeiter ihren Arbeitsplatz früher verließen als die Manager. Und in den USA hat dieser Trend weiter angehalten.

Mehr als in den Antworten, die es gibt, und in den Szenen, die es aufdeckt, liegt das Herz eines jeden Buchs in den Fragen, die es stellt. Dieses Buch stellt Fragen zur Anziehungskraft von Arbeit und von Zuhause. Die Menschen erleben den Arbeitsplatz und Zuhause so, als wären sie der Kraft zweier gegensätzlicher Magnete ausgeliefert. Und wie ich in Kapitel 14 nahelege, können diese Magneten auf verschiedenste Weise zusammen wirken. Nach dem Hafen-Modell ist für manche das Zuhause ein gemütlicher Hafen und die Arbeit eine schmerzvolle Notwendigkeit. Für andere ist die Arbeit völlig absorbierend, während das Zuhause eine schwierige Notwendigkeit ist – das umgekehrte Hafenmodell. Einige traditionelle Männer lieben ihre Jobs, aber erfahren auch ihr Zuhause wie einen angenehmem Rückzug in ihr Sommerferienhaus. Ihre traditionellen Frauen fühlen die Anziehungskraft nur eines Magneten: Zuhause. Viele Frauen und Männer am Rande der Gesellschaft fühlen sich weder vom Zuhause noch von der Arbeit angezogen. Und allzu wenige unter der steigenden Zahl von Doppelverdiener-Familien erfahren eine zufriedenstellende Balance zwischen Arbeit und Familie. Die Frage der Balance ist nicht einfach zwischen, sagen wir, Mutter- und Rechtsanwältin-Sein, sondern zwischen der ganzen sozialen Welt der Mütter und der der RechtsanwältInnen. Die zweite Welt kommt, um die erste zu kolonialisieren. Um Frauen in das moderne, öffentliche Leben einzubeziehen – und ich bin zutiefst davon überzeugt, dass das eine gute Sache ist – und zugleich ein erfüllendes Familien- und Gemeinschaftsleben aufrecht zu erhalten, brauchen wir eine umwälzende Neubestimmung unseres privaten und öffentlichen Lebens. Wenn Deutschland lediglich mehr und mehr Frauen der traditionellen und unveränderten Welt der männlichen Arbeit zuführt und wenn Deregulierung letztlich die Arbeitszeiten verlängert und die Arbeitsbedingungen verschlechtert, dürfte sich Deutschland auf viele der Probleme, die ich hier beschreibe, ebenfalls zubewegen. Ich meine, wir müssen eine bessere Alternative ins Auge fassen, eine, die für Männer wie für Frauen, das aktuelle Modell von Arbeit und Leben verändert.

Viele berufstätige Eltern reagieren auf den mächtigen Konflikt zwischen Arbeit und Zuhause, indem sie sich ein Bild von sich selbst erschaffen, das zu realisieren sie nie die Zeit finden. Sie stellen sich vor, sie würden ihre alten Eltern besuchen, „wenn sie nur Zeit hätten", sie würden ihren Kindern helfen, ein Kasperletheater zu bauen, „wenn sie sich Zeit verschaffen". Sie wären ein großer Freund für jemanden in Not, „wenn sie doch bloß die Zeit hätten zu helfen". Diese Aussagen sind mehr als nur Fantasien. Wie ich in diesem Buch beschreibe, reflektieren sie eine „Kreditkartenmentalität" in Bezug auf die Zeit. So, wie wir Kreditkarten benutzen, um ein Auto oder einen Computer zu kaufen, den wir in der Gegenwart benutzen, aber erst später bezahlen, so genießen wir – mangels größerer Veränderungen – eine idealisierte Identität in der Gegenwart und planen in einer unbestimmten Zukunft dafür zu „bezahlen". Oft werden auch die Waren und Dienste, die wir kaufen, zu einem greifbaren Ersatz für das tägliche Leben, das wir uns nicht erlauben, selbst zu leben. Es könnte sich lohnen, einen Augenblick darüber nachzudenken.

Danksagungen

Vor allen anderen gilt mein Dank dem damaligen Generaldirektor von Amerco und seiner Frau für ihren großartigen Bürgersinn, ihre Herzlichkeit und ihre freundliche Einladung, eine Untersuchung über Amerco zu machen. Vielen Dank und viele Umarmungen all denen, die mir bei Amerco weiterhalfen – Ihr wisst, wer gemeint ist. Mein besonderer Dank auch den Besitzern von *The Blue Pine Bed and Breakfast* (mein Zuhause während der Untersuchung), die mir zum Abschied selbst gemachte Brombeermarmelade schenkten. Vielen Dank all denen, die mir ihre Zeit und ihr Vertrauen geschenkt und großzügig Einblick in ihr arbeitsreiches Leben gewährt haben, in der Hoffnung, dass ihre Erfahrungen den Leserinnen und Lesern dieses Buchs helfen mögen, ihr eigenes Leben zu verstehen.

Auf andere Weise dankbar bin ich der *Alfred P. Sloan Foundation*, die mein Projekt finanzierte, und besonders meiner Projektbetreuerin Kathleen Christensen für ihre unermüdliche Unterstützung. Mein Dank gilt auch der *Ford Foundation* für die Anschubfinanzierung, und June Zeitlin und ihrer Mitarbeiterin Rhona Rapoport, einer Pionierin im Bereich der Forschung zum Verhältnis von Arbeit und Familie.

Michael Rogin und Todd Gitlin sei Dank für ihre klugen Kommentare zu ersten Entwürfen, Dank auch an Ann Swidler, die sich bei unseren wöchentlichen Frühstücken in einem Wirbelsturm von Entwürfen meine sich immer wieder ändernden Ideen anhörte.

Zutiefst dankbar bin ich Tom Engelhardt für sein verlegerisches Geschick. Tom ist eine Klasse Verleger für sich; er ist der König der Verleger. Tom las das Manuskript nicht einfach, er inhalierte es und gab es mir dann mit zehn einzeilig bedruckten Seiten voller Veränderungsvorschläge zurück, ein Privileg, in dessen Genuss wohl nur wenige Autoren kommen. Es war ungeheuer bereichernd und ein großes Vergnügen mit ihm zu arbeiten.

Und als ich mich mit dieser außerordentlichen Betreuung ohnehin schon reichlich beschenkt fühlte, steuerten Sara Bershtel,

Chef-Lektorin bei *Metropolitan Books*, und Stephen Hubbell, Senior-Lektor, noch einmal Dutzende von Arbeitsstunden bei, in denen sie meine Logik bis an Punkte weitertrieben, an die ich nie gedacht hätte, den Text von den letzten Unklarheiten befreiten und mich auch sonst an ihrem brillanten Denken und ihrer ungeheuren Energie teilhaben ließen. Vielen Dank, Sara und Stephen. Diana Gillooly leistete hervorragende Arbeit bei der Durchsicht des Manuskripts, und Riva Hocherman überprüfte alle Anmerkungen und Verweise und half, uns sicher durch unsere eigene Zeitfalle bis zum Erscheinen des Buchs hindurchzusteuern. Mein Dank auch an Jean Margoles, die die ersten Entwürfe tippte.

In den letzten Jahren habe ich mich allmählich gefragt, ob an der Vorstellung von Schicksal nicht doch etwas daran ist. Eines Tages stand völlig unerwartet Laurie Schaffner in der Tür meines Büros, eine Smith-Studentin, die herausfinden wollte, ob sie sich mit der soziologischen Forschung anfreunden könnte. Laurie, die einstige Schulabbrecherin, erwirbt zur Zeit ihren wohlverdienten Ph.D. in Soziologie an der *University of California*, Berkeley und war drei Jahre lang eine erstklassige Bibliografin und Forschungsassistentin. Sie überprüfte alle Anmerkungen und Verweise und erstellte die Tabellen im Anhang; ihre solide wissenschaftliche Arbeit, ihre kollegiale Begeisterung und ihr kluger Verstand sind auf allen Seiten dieses Buchs präsent.

Bonnie Kwan tippte wieder und wieder das Manuskript, achtete mit Argusaugen auf Fehler und sorgte für ihre – und meine – gute Laune, während per Federal Express eine Fassung nach der anderen zwischen ihrem Schreibtisch in San Francisco, meinem Schreibtisch in Maine, Tom Engelhards Schreibtisch auf Cape Cod und Laurie Schaffners Schreibtisch in Berkeley hin und her sauste. In all der Zeit verband Bonnie erstklassige Arbeit mit vielen Freundlichkeiten und immer wieder großem Spaß. Danke, Laurie und Bonnie, ich liebe euch beide.

Adam, mein Partner auf der langen Reise, war für das Grundgefühl meines Lebens wichtiger, als ich sagen kann. Dies gilt besonders für dieses letzte Jahr, in dem wir eine Reihe schrecklicher Verluste unter den Menschen hinnehmen mussten, die wir lieben. Adam war außerdem mein Partner beim Brainstorming, las ein Rohmanuskript durch und begleitete mich, die eigene Arbeit im Schlepptau, einen Sommer lang nach Spotted Deer. Meine Mutter sagte eines Morgens, wenige Tage vor ihrem Tod: „Männer wie Adam sind sehr selten". Ein seltener Mann, ja, und auch ein seltener Mensch.

Einleitung

Während meiner ersten Recherchewoche für dieses Buch gab es einen Moment, in dem es mir schien, dass der Gegenstand meiner Untersuchung womöglich gar nicht existierte.

Ich hatte meine Bücher und meinen Computer auf den Tisch gepackt und ein paar Kleidungsstücke in den Schrank des kleinen Zimmers einer freundlichen Pension in Spotted Deer gehängt, einer Stadt unweit von Amerco, dem Unternehmen, das ich untersuchen wollte. Ich hatte eine ulkige kleine Leselampe auf einen Stapel Bücher neben mein Bett gestellt, mir den Lampenschirm zurecht gerückt, ein paar Kissen in den Rücken gestopft und mich zurückgelehnt, um mich in den zentralen Amerco-Bericht zu vertiefen. In diesem Bericht ging es darum, wie viele Amerco-Beschäftigte die aufgeklärte familienfreundliche Politik des Unternehmens in Anspruch nahmen -Teilzeitarbeit ohne Abstriche bei sozialen und sonstigen Leistungen, Job Sharing, komprimierte Wochenarbeitszeiten, flexible Arbeitszeiten, flexible Arbeitsplätze. Für mich waren diese Informationen ungeheuer wichtig. Schließlich hatte ich mich gerade deshalb für eine Untersuchung bei Amerco entschieden, weil dieses Unternehmen in dem Ruf stand, in den USA ein Vorreiter auf dem Weg zu einem ausgeglichenen Verhältnis von Arbeit und Familie zu sein. Hier wurden Frauen nicht auf die weniger anspruchsvollen Karrieren der „Mama-Schiene" abgeschoben; hier war das Ziel, Männern und Frauen ein Stück echter Selbstbestimmung über ihr Arbeitsleben zu geben. Das jedenfalls sagten Leute, die das Unternehmen kannten, und das sagte auch das Unternehmen über sich selbst.

Aus diesem Grund hatte mir Amerco, voller Stolz auf seine fortschrittliche Politik, bemerkenswert bereitwillig Zugang gewährt und mir versprochen, dass ich mich ungehindert in Fabrikhallen, Büros und Cafeterias bewegen und mit den Beschäftigten vom Generaldirektor bis zum Hausmeister Interviews führen durfte. Ich konnte also über einen außergewöhnlichen Arbeitsplatz schreiben, so dachte ich und hoffte, auf diese Weise die Kunde zu verbreiten, wie ein Unternehmen erfolgreich sein und dabei Gutes tun kann. Wegen dieser Informationen und dieser Hoffnung war ich quer durch Amerika geflogen und hatte mich in der kleinen Pension einquartiert, in die auch Adam, mein Mann, mit seinem eigenen Computer und seinem eigenen Projekt nachkommen wollte.

Nun aber, einige Seiten nach den enthusiastischen Absichtserklärungen und Versprechungen des Berichts, war ich auf Daten gestoßen, aus denen hervorging, wie viele Beschäftigte tatsächlich von dieser Politik Gebrauch machten. Mir wurde flau. Nur drei Prozent aller Beschäftigten mit Kindern von 13 Jahren und jünger arbeiteten Teilzeit. Ein Prozent machte Job Sharing. Ein Prozent nutzte die Möglichkeit des flexiblen Arbeitsplatzes. Ein Drittel der berufstätigen Eltern machte Gebrauch von flexiblen Arbeitszeiten, aber viele arrangierten nur einen unveränderten Neun- oder Zehnstundentag um ihre übrigen Alltagstermine herum. Ein paar junge Väter hatten sich informell beurlauben lassen, aber im ganzen Unternehmen gab es nur einen Mann, der ganz offiziell im Elternurlaub war. Ich stand vor einem Rätsel.

Die Besitzer der Pension hatten einen geselligen Dackel, Tiffy, der es sich angewöhnt hatte, mein Zimmer zu besuchen – mein Zimmer, und nicht so sehr mich, wie ich allmählich begriff. Tiffy hatte die sonderbare Angewohnheit, gemächlich unter den Kanten meines Bettüberwurfs um das Bett herum zu spazieren. Wollte er sich den Rücken schubbern? Sich an einen alten Freund erinnern, der einmal in diesem Bett geschlafen hatte? Ich weiß noch, wie ich den Schwanz des exzentrischen Dackels beobachtete, der wie der Mast eines Schiffes am Horizont langsam um das Bett herum wanderte. Und ich weiß auch noch, wie ich, während ich mir den Kopf über die vor mir liegenden Statistiken zerbrach, bei mir dachte: „Na, wer weiß, was er oder ich hier eigentlich tun."

Aber am nächsten Morgen fing ich mit meinen ersten Interviews an, und sofort war ich mitten drin in den Leben, von denen mir die Männer und Frauen von Amerco erzählten, von den langen Arbeitstagen, die sie von zu Hause fern hielten, und von dem Druck, unter dem sie zu Hause standen. Welcher geheimnisvolle Zusammenhang, begann ich mich zu fragen, bestand zwischen den eindringlichen Geschichten der Beschäftigten und ihrer geringen Inanspruchnahme der familienfreundlichen Maßnahmen, wie sie in den Zahlen zum Ausdruck kam?

Mit dem Aufkommen der *New Economy* stellt sich diese Frage womöglich noch dringlicher als zu der Zeit, als ich dieses Buch schrieb. Seit 1997 geht in aller Stille ein neuer Begriff in Silicon Valley um, dem Kernland der Computerrevolution in Amerika – *Zero Drag*, null Reibung. Ursprünglich war damit die reibungsfreie Bewegung von Dingen wie Rollschuhen oder Fahrrädern gemeint. Dann wandte man ihn auf Beschäftigte an, die ohne finanzielle Anreize ganz leicht von einem Job zum nächsten wechselten. Neuerdings bedeutet er so viel wie ungebunden oder ohne Verpflichtungen. So mag der Chef einer dot.com-Firma über einen Angestellten lobend sagen, er sei *Zero Drag*, und damit meinen, dass dieser Angestellte bereit ist, zusätzliche Aufgaben zu übernehmen, in Notfällen einzuspringen oder jederzeit umzuziehen. Po Bronson, der über die Kultur von Silicon Valley gearbeitet hat, meint: „*Zero drag* ist optimal. Eine Zeit lang wurden Stellenbewerber noch im Scherz nach ihrem *Drag*-Koeffizienten gefragt. Wenn der Job eine volle Fahrstunde von San Francisco entfernt war, bedeutete eine Wohnung in der City eine volle *Drag*-Einheit. Ein Ehepartner? Ein *Drag*-Koeffizient von Eins. Kinder? Jeweils ein halber Punkt."[1] Warum bekommt ein Kind nur einen halben Punkt, fragt man sich; welche Annahmen liegen dieser Berechnung zugrunde? Stellen wir uns den perfekten *Zero-Drag*-Beschäftigten vor, so wäre wohl an einen jungen, ledigen, kinderlosen Mann zu denken, der es in seinem ersten oder zweiten Job zu etwas bringen will. Vielleicht sorgt seine Schwester dafür, dass seine Mutter zum Arzt kommt, vielleicht kümmert sich seine Mutter, wenn sie gesund ist, um seine Großeltern. Denkbar wäre aber auch ein vierzigjähriger Mann, der mit einer Nur-Hausfrau verheiratet ist, die die ganze Verantwortung für zwei kleine Kinder und die alten Eltern auf sich nimmt.

Aber natürlich ist heutzutage das Spektrum der Menschen, die arbeiten gehen, viel breiter. 45 Prozent von ihnen sind Frauen, und die Mehrheit der weiblichen Beschäftigten sind Mütter. Heute arbeiten 74 Prozent der Mütter mit Kindern von sechs bis 17 Jahren, 59 Prozent der Mütter mit Kindern von sechs Jahren und jünger und 55 Prozent der Mütter mit Kindern von einem Jahr und jünger, davon die Hälfte von ihnen ganztags. In Zeiten von Arbeitskräftemangel, aber auch sonst, sehen die Arbeitgeber zu, dass die Wirtschaft mit Frauen ebenso gut besetzt ist wie mit Männern.

---

1 Po Bronson, Instant Company, *New York Times*, 11. Juli 1999, Teil 6, S. 44.

Heute verdienen 55 Prozent der erwerbstätigen Frauen etwa die Hälfte des Familieneinkommens oder darüber. 18 Prozent von ihnen kommen für das Gesamteinkommen der Familie auf, elf Prozent für mehr als die Hälfte und der Rest für rund die Hälfte.[2] Die meisten verheirateten Männer haben ihrerseits erwerbstätige Frauen, mit denen sie sich die Familienpflichten teilen (oder zu teilen versuchen oder meinen, dass sie versuchen sollten, sie sich zu teilen). Etwa die Hälfte aller Beschäftigten sind für Kinder unter 18 Jahren oder für behinderte oder gebrechliche ältere Verwandte direkt verantwortlich oder werden es demnächst sein. Und dabei ist die gute Freundin, die gerade aus dem Krankenhaus kommt, oder der gute alte Freund, der eine Pechsträhne hat und für den man meint, da sein zu müssen, noch gar nicht mitgerechnet.

Wer also ist nun wirklich *Zero Drag*? Verschwindend wenige, denke ich. Und doch bezeichnet dieser Ausdruck für so manchen Arbeitgeber den idealen Angestellten. Als Begriff tauchte *Zero Drag* nie auf in den Interviews, die ich drei Sommer lang bei Amerco, einem Fortune-500-Unternehmen fern von Silicon Valley, führte. Aber als Vorstellung war der Beschäftigte ohne Reibungsverluste ein stets präsentes Thema. Erst durch meine Interviews bei Amerco bekam ich eine Vorstellung von dem Kampf, den die Menschen täglich bestehen müssen, um diesem Bild entweder gerecht zu werden oder sich dagegen zu wehren.

Als ich mich im Unternehmen umsah, begann ich allmählich zu ahnen, was dran war an diesen Arbeitsplätzen – die freundliche Atmosphäre, die kostenlose Coca Cola, die vielen Feiern zur Auszeichnung verdienter Mitarbeiter, die Qualitätszirkel, die Mentorenprogramme – was Menschen dazu bringen konnte, ein solcher Idealbeschäftigter sein zu wollen. Wenn ich mit müden Beschäftigten abends nach Hause ging, sah ich außerdem, wie sie es schafften, mit quengeligen Kindern, improvisierten Mahlzeiten, zu fütternden Haustieren und kaputten Haushaltsgeräten fertig zu werden. Und ich fing an, Beruf und Familie nicht mehr als getrennte Komplexe von Tätigkeiten zu verstehen, die Menschen ausführen, sondern als miteinander verflochtene und dennoch konkurrierende emotionale Kulturen. Ich begann zu verstehen, wie die alles andere als reibungsfreien Umgebungen, die die Menschen zu Hause erwarteten, den Kürzeren ziehen konnten gegenüber dem

---

2 Families and Work Institute, *Women: The New Providers*. 1995.

Gefühl von Sinn und Zweck, von Leistung und Kollegialität, die die wohlgeölte Maschinerie des Arbeitsplatzes bot.

Ich begann auch zu begreifen, wie es kommen konnte, dass die verborgenen Wechselbeziehungen zwischen den beiden Kulturen denen, die so eilig zwischen ihnen hin und her wechselten, gar nicht bewusst wurden. Tatsächlich sollte ich unter Amercos zielsicher gewähltem Slogan von der „Balance von Arbeit und Familie" jede Menge Unklarheiten entdecken. Was war die richtige Balance zwischen Arbeit und Zuhause? Zwischen gar keiner und voller Verantwortung für die Versorgung anderer Menschen? Zwischen eigenem Sorgen für andere und der Bezahlung Fremder dafür, dass sie einem die Versorgungsarbeit abnehmen? Bedrängt von den vielen Zwängen des Alltags versuchten die meisten berufstätigen Eltern, die Frage der Balance nach Gefühl zu beantworten.

Ich hoffe, dass ich mit diesem Buch den Leser nicht nur für die Natur dieser persönlichen Entscheidungen sensibilisieren kann, sondern auch für die Kontexte, in denen wir solche Entscheidungen fällen. Man könnte sagen, es ist ein Buch über das Zuhause und die Arbeit als Gravitationsfelder. Bei Amerco schien ein Wandel im Gange zu sein, was die relative Anziehungskraft dieser Felder betraf. Die kulturelle Welt der Erwerbsarbeit wurde stärker, die Familien und das lokale Umfeld – die sozialen Welten, mit denen wir unsere tiefsten Gefühlsbindungen assoziieren – wurden schwächer. Das immer weiter ausgreifende Arbeitsleben bei Amerco schien mir einen seltsam vertrauten Anstrich von Zuhause zu tragen, während zu Hause durchaus weniger Vertrautes vor sich ging, nämlich Familienmitglieder, die immer häufiger nach eigenen Zeitplänen und in sorgfältig portionierten Zeitspannen disparate Interessen verfolgten. Fragen danach, wie eine gute Balance von Arbeit und Zuhause zu definieren und zu erreichen ist, werden uns noch sehr lange begleiten. Im vorliegenden Buch wird die These vertreten, dass beide Welten, das Zuhause wie die Arbeit, im Laufe der letzten 30 Jahre einen erheblichen Wandel durchgemacht haben, während die Art und Weise, wie wir über sie denken, unverändert geblieben ist.

Zu hoffen ist, dass unser Denken in den kommenden Jahren anfängt mit der Welt, in der wir leben, Schritt zu halten, weil die Transformationen in unserer Arbeit und in unserem Zuhause vermutlich weitergehen. Die Trends, die sich am Horizont abzeichnen, lassen vermuten, dass die Vielfalt der Arrangements von Arbeit und Familie zunehmen wird, doch nur wenige von ihnen scheinen geeignet, das wachsende Gefühl, in eine Zeitfalle geraten zu sein, zu mildern. Heute sind mehr Amerikaner erwerbstätig als ihre Eltern noch vor 20 Jahren, und ihre Arbeitszeiten sind länger. Einem vor kurzem erschienenen Bericht der *International Labor Organization* ist zu entnehmen, dass die Arbeitszeiten der Amerikaner länger sind als die der Beschäftigten anderer Industrienationen. Heute arbeiten wir pro Jahr zwei Wochen mehr als unsere Kollegen in Japan, dem viel gepriesenen Weltmeister der Arbeit.[3]

Zwischen 1969 und 1996 hat die zunehmende Zahl der erwerbstätigen Mütter in Verbindung mit dem Trend zur Alleinerziehenden-Familie dazu geführt, dass Eltern für ihre Kinder pro Woche durchschnittlich 22 Stunden weniger Zeit haben.[4] Zwischen 1989 und 1996 erhöhte sich die Zahl der von Ehepaaren in den Mittelklassen außer Haus geleisteten Arbeitsstunden von 3.550 auf 3.685, das heißt, um mehr als drei zusätzliche 48-Stunden-Wochen pro Jahr. Die meisten dieser Stunden kamen bei den Ehefrauen dazu. Frauen gehören inzwischen ebenso häufig wie Männer zu jenen acht Prozent Beschäftigten, die den Statistiken zufolge zwei Jobs haben.[5]

Meine Untersuchung über Amerco ergab, dass es zwei verschiedene Arten von Zeitfallen gibt. Führungskräfte und hoch qualifizierte Fachkräfte sagten im Allgemeinen, sie arbeiteten länger, weil sie ihre Arbeit liebten; Fließbandarbeiter sagten, sie arbeiteten Doppelschichten, weil sie das Geld brauchten. Bei Amerco kom-

---

3 John Doohan, Working Long, Working Better?, *World of Work: The Magazine of the International Labour Organization*, Nr. 31, September/Oktober 1999. In dem 600-seitigen ILO-Bericht werden die Arbeitszeiten in 240 Ländern verglichen. Useem nennt außerdem 751 Titel zum Zeitmanagement, die bei Amazon.com angeboten werden, darunter *Eating on the Run* und *Please Hold: 102 Things to Do While You Wait on the Phone.*

4 Families and the Labor Market, 1969-1999: *Analizing the Time Crunch*, May 1999, ein Bericht des Council of Economic Advisors, Washington D.C. Auch in einem Bericht für das Jahr 2000 wird festgestellt, dass 46 Prozent der Beschäftigten 41 Stunden oder länger arbeiten, 18 Prozent 51 Stunden oder länger. Siehe *The Center for Survey Research and Analysis*, University of Connecticut, 2000 *Report on U.S. Working Time*. Aus einer weiteren Studie aus jüngster Zeit geht hervor, dass auch Grundschullehrer, Menschen also in einem Beruf, der oft als Frauenberuf angesehen wird – angeben, sie hätten einen Zehnstundentag. Siehe Robert Drago, Robert Caplan, David Costanza, Tanya Brubaker, Darnell Cloud, Naomi Harris, Russell Kashian und T. Lynn Riggs, New Estimates of Working Time for Teachers, *Monthly Labor Review*, Bd. 122, April 1999, S. 31-41.

5 Lawrence Mishel, Jared Bernstein, John Schmitt, *The State of Working America 1998-99*. Ithaca, NY, ILS Press, 1999, S. 9.

men beiden Versionen der Zeitfalle tendenziell zusammen. Die starke Unternehmenskultur, die Amerco geschaffen hat, um hoch qualifizierte Arbeitskräfte anzuziehen und zu halten, hat auch die weniger qualifizierten Beschäftigten beeinflusst, wenn auch in geringerem Maße. Aber die immer weiter auseinander klaffende Schere zwischen reich und arm in unserer Gesellschaft könnte in Zukunft dazu führen, dass der Abstand zwischen diesen beiden Gruppen größer wird – mit hoch qualifizierten Fachkräfte in angenehmen, hoch autonomen, durchgestylten Büroparks in den Vereinigten Staaten und Fließbandbeschäftigten an beengten und rigide kontrollierten Fabrikarbeitsplätzen in den USA oder im Ausland.

Beim ersten Erscheinen dieses Buchs im Jahre 1997 schien der Gedanke, Arbeit könnte so etwas wie ein Ersatz-Zuhause für *Zero-Drag*-Beschäftigte sein, von einem Zuhause schlechthin ganz zu schweigen, noch ziemlich abwegig. Aber unter dem wachsenden Druck, qualifizierte Arbeitskräfte an sich zu binden, gehen manche Unternehmen in ihrem Bemühen, einen mit allen Dienstleistungen versehenen Idealarbeitsplatz zu schaffen, inzwischen erstaunlich weit. In einem Artikel in *Fortune* beschreibt Jerry Useem unter dem Titel *The New Company Town*, wie *Land's End*, ein Bekleidungs-Versandhaus, und *Amgen*, eine Biotechnik-Firma, „Schach-, Ahnenforschungs-, Garten-, Modellbau-, Rhetorik-, Tennis-, Karate-, Tauch- und Wohltätigkeitsclubs für ihre Beschäftigten gegründet haben" – lauter Aktivitäten, die wir normalerweise dem familiären und sozialen Umfeld zuordnen. *SAS Institute*, eine Softwarefirma in Cary, North Carolina, hat eine Brustkrebsgruppe, eine Gruppe für alleinerziehende Eltern, einen internationalen Club, in dem jeden Monat ein Essen aus den Heimatländern der Mitglieder gekocht wird, und eine Single-Gruppe namens Mingle. In rund 1000 Unternehmen überall in Amerika bietet die *Fellowship of Companies for Christ International* Bibelgruppen am Arbeitsplatz an.

Unternehmen dieser Art bringen das Einkaufszentrum an den Arbeitsplatz. Sie bieten die Dienste einer Bank, eines Supermarkts, einer Reinigung, eines Frisör- und Maniküre-Salons an. Sechsundvierzig von *Fortunes* „hundert Unternehmen, für die man am besten arbeitet" bieten Fertigmahlzeiten zum Nachhausenehmen an, so dass fleißige Beschäftigte auch noch die letzten zu erledigenden Punkte auf ihren Merkzetteln abhaken können, ehe sie nach Hause gehen. 26 Unternehmen bieten einen persönlichen Concierge-Service, über den die Beschäftigten jemanden anheuern können, der sich um die Lieferung eines Blumenstraußes kümmert, die Geburtstagsgeschenke für die Lieben aussucht oder die Konfirmationsfeier eines Kindes plant. So organisierte zum Beispiel ein vom Unternehmen gestellter Mitarbeiter des Concierge-Services für einen Chicagoer Bräutigam ein Verlobungsessen „mit überall verstreuten Rosenblättern". Eine Reihe von Unternehmen bieten auch einen Dating-Service an, so dass denn auch *Roper Starch Worldwide* in einer Untersuchung im Jahre 1999 feststellen konnte, dass 38 Prozent der Beschäftigten schon einmal ein Rendezvous mit einem Kollegen oder einer Kollegin hatten. Auch die psychologische Betreuung am Arbeitsplatz wird von den Schöpfern der Arbeitskultur nicht vergessen. Wie Useem berichtet, erhalten „bei der *Health Care and Retirement Corporation* in Toledo die Beschäftigten ein Umarmungstraining vom Personaldirektor Harley King, wobei dieser darauf hinweist, dass ‚der Durchschnittsmensch pro Tag acht bis zehn Umarmungen braucht – vier ist das Minimum.'"[6]

Ein Concierge-Service in Atlanta mit Namen *Two Places At One Time*, an zwei Orten zugleich, berichtet von einer Frau, der gekühlte Medikamente zur Föderung ihrer Fruchtbarkeit ins Büro geliefert wurden. Bei *Vision Service Plan*, einem Unternehmen für Augenoptik in *Rancho Cordona*, Kalifornien, stellte sich eine Angestellte sogar freiwillig als Leihmutter für Kolleginnen zur Verfügung. In einem kurz nach der Entbindung veröffentlichten Artikel erklärte sie, „für mich war *VSP* immer schon wie eine zweite Familie".

Sicher, Useem hat ein paar Extrembeispiele aufgespürt. Aber auch wenn Conciergen und Leihmütter auf dem Firmengelände immer noch Seltenheitswert haben, so scheinen sich doch Unternehmen zu entwickeln, die das Leben ihrer Angestellten zunehmend outsourcen, ein Prozess, in dessen Mittelpunkt ein zeitlich immer stärker angebundener Beschäftigter steht. Und für den lautet der faustische Pakt in etwa so: „Wenn du, sagen wir mal, zehn Stunden hier bleibst, liefern wir dir dein soziales Umfeld frei Büro." Was die Balance angeht, so meint der Personalchef bei *BMC*, einer Softwarefirma in Houston: „Ich weiß, man glaubt es kaum, aber wenn man hier ist, hat man wirklich das Gefühl, alles hinter sich lassen zu können. Der Job gibt einem diese Balance, ohne dass man raus muss."

Dieser Versuch, die Beschäftigten erfolgreich an die Arbeit zu binden, erinnert mich an einen ähnlichen Vorgang, der sich in der Landwirtschaft abgespielt hat. Als Kind habe ich, wenn ich bei

---

6   Jerry Useem, Welcome to the New Company, *Fortune*, 10. Januar 2000, S. 62-70. Weitere Zitate aus diesem Artikel auf S. 63-64.

meiner Großmutter auf ihrer Farm in Maine zu Besuch war, noch gesehen, wie auf der Weide eines Nachbarfarmers die grasenden Kühe herumwanderten. Gegen vier Uhr nachmittags wurden sie zum Melken in den Stall geholt. Heute haben die niedrigen Milchpreise viele Farmer von ihrem Land vertrieben und die überlebenden Farmer genötigt, effizientere Methoden zu entwickeln. Heute ernten die Farmer das unzertrampelte Heu und transportieren es zu den Kühen, die das ganze Jahr über im Stall bleiben. Der Farmer bringt also die Wiese zur Kuh. Könnte es sein, dass die neuen Unternehmenskulturen auch die Wiesen zu den Kühen bringen?

Der Kapitalismus ist nicht bloß ein ökonomisches, sondern auch ein höchst erfinderisches kulturelles System, und zur Zeit ist er dabei, die *Zero-drag*-Variante der *Work-Life-Balance* zu erfinden. *Zero-drag*-Unternehmen kümmern sich oft ganz hervorragend um ihre hoch qualifizierten Beschäftigten. Aber mit ihren langen Arbeitszeiten versetzen sie die Beschäftigten nicht in die Lage, sich hervorragend um ihre Kinder, ihre alten Verwandten oder um sonst jemanden in ihrem sozialen Umfeld zu kümmern. Solche Unternehmen errichten Instant-Dörfer, wo die Beschäftigten all die Dinge tun können, zu denen sie zu Hause nie Zeit haben. Gleichzeitig etablieren sie eine Kultur, die Betreuung und Versorgung outsourced.

Für die Beschäftigten, die die glänzenden Böden in den Turnhallen pflegen, das Geschirr in den Internet-Firmen spülen, die Aufzeichnungen des Umarmungsspezialisten tippen oder die Kinder der Beschäftigten in der Kindertagesstätte füttern und mit ihnen reden, ist von einem freundlichen Dorf wenig zu spüren.[7] Tat-

---

7 Werden beschäftigtenfreundliche Unternehmen wie BMC, ohne es zu wollen, den Privatisierungsprozess im amerikanischen Leben weiter voran treiben? In den letzten Jahren haben wir erlebt, wie Schulen, Gefängnisse, Krankenhäuser privatisiert wurden. Ist dies nun die Privatisierung des Lebens als Bürger? In einem berühmten Essay *Bowling Alone* hat Robert Putnam, Politikwissenschaftler in Harvard, die Meinung vertreten, dass die Beteiligung der Bürger am öffentlichen Leben im Rückgang begriffen ist. Weniger Menschen gehen wählen, werden Elternsprecher, treten dem Lions Club bei. Sogar die Mitgliederzahlen in Bowling-Gemeinschaften sinken. Gestiegen ist nur der Anteil derer, die allein zum Bowling gehen. Könnte es sein, dass die Unternehmen, zumindest die Unternehmen in der New Economy, ihre hoch qualifizierten einsamen Bowler mit gesellschaftlichem Leben füttern? Wenn ja, geben wir dann die Eintrittskarten zum einem Leben in der Bürgergesellschaft nur an solche Menschen aus, die Qualifikationen besitzen, die dringend gebraucht werden, und lassen die Jungen, die Alten und die Armen aus? So abstrus dies alles heute noch klingen mag, so wichtig kann es doch in der Zukunft als Frage werden.

sächlich dürften gering qualifizierte Beschäftigte weder bei der Arbeit ein angenehmes Leben noch zu Hause das Geld für das „Outsourcen" von Teilen ihres Familienlebens haben. Für sie bietet diese neue Form der Arbeitsplatzgestaltung keine Lösungen.

Während die Arbeit einen immer größeren Teil unseres Lebens ausmacht, während der Kapitalismus zum einzigen Motor der Beschäftigung wird, und während dieser Motor immer dringender nach *Zero-Drag*-Arbeitskräften verlangt, wird es für uns lebensnotwendig, uns ganz grundsätzlich nach unseren Arbeitsplätzen und unserem Zuhause zu fragen. Der Wert eines jeden Buchs liegt ebenso sehr in den Fragen, die es stellt, wie in den Antworten, die es gibt. Die Fragen, die das vorliegende Buch aufwirft, haben mich selber überrascht und mich gezwungen, meine Annahmen zu revidieren. Was *ist* ein Zuhause? Was *ist* Arbeit? Nehmen Sie dieses Buch als eine Erkundung der Art und Weise, wie wir über diese beiden Orte denken, und der Geisteshaltung, in der wir auf sie zugehen und aus ihr herauskommen.

So sehr ich viele der Amerco-Beschäftigten, die ich kennen lernte, am Ende mochte, so sehr ich ihren Kampf mit den Zwängen in ihrem Leben bewunderte, so sehr machte mir das, womit sie kämpften, Angst und betrübte mich. Wenn ich eine Romanschriftstellerin wäre, würde ich dieser Geschichte gern ein glücklicheres Ende geben. Aber das hier ist die Geschichte von wirklichen Menschen mit wirklichen Familien. Für ein Happy End müssen wir auf den Tag warten, an dem die amerikanische Kultur insgesamt daran geht, die Probleme zu lösen, die in diesem Buch aufgedeckt werden. Die Wahrheit nämlich ist, dass die Kosten für den Erfolg eines Unternehmens oft auf diejenigen abgewälzt werden, die am wenigsten Macht haben, sich dagegen zu wehren – Kinder, Kranke, Alte. Diese Kosten müssen wir wieder dahin zurückverweisen, wo sie hingehören – und Zeit gewinnen für das übrige Leben.

1. Teil
Über Zeit

1. Kapitel
Das Winkefenster

Es ist Viertel vor sieben und ein schöner Junimorgen in Spotted Deer, einer Stadt im Mittleren Westen. In der Kindertagesstätte im Erdgeschoss der Baptistenkirche nimmt Diane Caselli, die Kindergärtnerin, in ihren Blue Jeans und ihrem weiten Hemd die kleinen Stühle herunter, die verkehrt herum auf dem winzigen Frühstückstisch stehen. Sie deckt den Tisch: kleine Schalen, Löffel, Servietten und ein Krug Milch, rund um eine riesige Packung Cheerios. Der Raum ist freundlich, sauber, noch ein bisschen verschlafen. Diane bewegt sich langsam an Regalen mit ordentlich verstauten Puzzles und Spielzeug entlang, einem Hutständer mit gestifteten Schlapphüten zum Verkleiden, zerlesenen Taschenbüchern, einer Wanne voller bunter Papierschnitzel. An der Wand kleben Kinder-Bilder mit Eisenbahnen, die in gewaltigen Bögen zwischen windschiefen Häusern hindurch fahren.

Um sieben schaut ein großer, unbeholfen wirkender Mann zögerlich in den Raum und kommt dann, nach Diane Ausschau haltend, ein paar Schritte herein. Sein Sohn Timmy stapft hinter ihm herein. Diane geht ihnen entgegen, nimmt Timmy bei der Hand und führt ihn zum Frühstückstisch, wo sie ihn auf einen Stuhl setzt und ihm hilft, Cheerios und Milch in seine Schale zu schütten. Timmys Vater eilt derweil zur Tür.

Eine Wand des Raumes hat vier große Fenster zum Bürgersteig. Vor dem zweiten Fenster stehen kleine Trittleitern aus Holz, auf die die Kinder klettern, um ihren Eltern zum Abschied zuzuwinken. Dieses Fenster heißt das „Winkefenster". Timmy stürzt vom Frühstückstisch zum Fenster, klettert auf die Trittleiter und wartet.

Sein Vater, ein Ingenieur, geht mit schnellen, weit ausholenden Schritten zu seinem roten Volvo, der weiter unten in der Straße geparkt ist. Vor dem Winkefenster bleibt er einen Moment stehen, legt den Kopf schief, zieht die Augenbrauen hoch wie ein Clown und geht dann weiter, ohne sich noch einmal umzublicken. Timmy kehrt zu seinen Cheerios zurück, seufzt und erklärt aufgeregt: „Mein Dad hat mich gewinken sehen!" Diane und Marie Martin, die andere Betreuerin, lächeln sich über Timmys Kopf hinweg zu. Eigentlich sollten sie keine Lieblinge haben, aber manchmal ist das gar nicht so leicht.

Kurz darauf platzen, in Hochstimmung, die vierjährigen Zwillinge Jarod und Tylor in den Raum, gefolgt von ihrer Mutter, einer flinken, gepflegten Frau in schwarz-weißem Kostüm. Die erfolgreiche Jungmanagerin bleibt gar nicht erst in der Tür stehen, sondern geht gleich – tack, tack, tack – freundlich-bestimmt zum Frühstückstisch, so als wäre es ihr eigener Küchentisch. Die Autoschlüssel in der Hand, schüttet sie den Zwillingen Cheerios und Milch ein, wobei sie beide fragt, wie viel sie möchten. Ein paar Minuten sieht sie ihnen beim Frühstücken zu. Dann blickt sie auf ihre Uhr, beugt sich zu ihnen hinunter, nimmt sie noch einmal richtig in den Arm, verlässt den Raum und taucht draußen wieder auf. Beim ersten Fenster tut sie überrascht, beim zweiten macht sie ein komisches Gesicht, zum dritten rennt sie, und beim vierten winkt sie mit dem ganzen Arm. Als sie schließlich außer Sicht ist, eilt sie im Laufschritt zu ihrem Auto.

Zwanzig vor acht: die vierjährige Cassie schiebt sich durch die Tür, die Haare mehr oder weniger ungekämmt, eine Decke in der einen, einen Schokoriegel in der anderen Hand. „Ich hab mich verspätet", erklärt die Mutter und fügt dann, obwohl Diane gar nichts gesagt hat, entschuldigend hinzu: „Cassie wollte unbedingt ihren Schokoriegel, na ja, da hat sie eben einen bekommen".

Gwen Bell ist eine kräftige junge Frau mit kurzen, dunklen Haaren. Sie ist nur leicht geschminkt, trägt als einzigen Schmuck ein Paar goldene Ohrstecker und hat einen gepflegten khakifarbenen Hosenanzug an. Manche Amerco-Mütter tragen Anzüge wie Soldaten ihre Uniform, andere – wenige – Kleider mit Blumenmustern, die festlich wirken und nach Freizeit aussehen. Cassies Mutter aber ist neutral angezogen, so als wäre sich selbst zu präsentieren auch nur ein Job.

„Bitte, bitte, kann ich nicht mitkommen?" fleht Cassie.

„Du weißt doch, dass ich dich zur Arbeit nicht mitnehmen kann", erwidert Gwen in einem Ton, der vermuten lässt, dass sie diese Bitte schon häufiger gehört hat. Cassie lässt die Schultern hängen und gibt sich geschlagen. Sie hat den Versuch gemacht, sich nun aber damit abgefunden, dass ihre Mutter gleich weggehen wird, und scheint willens, nicht allzu viel Theater zu machen. Allerdings besteht sie, da sie das Unbehagen ihrer Mutter über ihren langen Tag im Kindergarten spürt, auf bestimmten Gegenleistungen. Immer wieder bekommt sie ihren morgendlichen Schokoriegel. Das ist ihre Abmachung, und Cassie nimmt ihre Mutter beim Wort. Gwen Bell hat, wie sie mir später erklärt, ständig dass Gefühl, dass sie eigentlich mehr Zeit mit Cassie verbringen sollte, als sie tut. Sie steht bei ihrer Tochter in einer Zeitschuld. Andere viel beschäftigte Eltern gleichen solche Schulden abends oder an den Wochenenden aus, wenn ihre Kinder die versprochene Zeit mit Nachdruck einfordern, aber Cassie besteht auf einer morgendlichen Anzahlung, auf dem Schokoriegel, der ihrer Mutter Unbehagen bereitet, ihr aber auch die Mühe und Peinlichkeit eines Wutanfalls erspart. Wie andere Eltern in diesem Kindergarten stellt auch Gwen fest, dass sie ihre Tochter zum Ausgleich für die nicht gehabte Zeit manchmal mit kleinen Extras verwöhnt oder bei den Alltagsregeln ein Auge zudrückt. Diane redet leise auf Cassie ein, damit sie aufhört zu schmollen und sich zu den anderen setzt.

Im Kindergarten gilt „Kinderzeit". Ihr Rhythmus wird bestimmt vom Tempo der Kinder, er ist flexibel und meist langsam. Die Betreuerinnen überwachen geduldig die mühselige Arbeit des Schnürsenkel-Zubindens, eine lange Sitzung auf dem Topf, eine etwas kraus erzählte, aufregende Geschichte. In dieser wie auch in anderer Hinsicht ist es ein hervorragendes Kinderbetreuungszentrum, eine von einem Dutzend Inseln solcher Kinderzeit, auf die ich in meinen drei Sommern Feldforschung bei Amerco*, einem *Fortune-500*-Unternehmen mit Sitz in Spotted Deer, stoßen sollte. Diese über die ganze Stadt verteilten Inseln – ein Spielplatz, das Wartezimmer eines Kinderarztes, die Rücksitze eines Familienvans – kontrastieren mit den schnelleren Rhythmen und der eher bürokratischen Einteilung der Arbeitszeit der Erwachsenen.

Und tatsächlich hocke ich an jenem Junimorgen auf einem winzigen Stuhl im Kindergarten und merke, wie ich ungeduldig darüber nachdenke, dass es hier aber auch *wirklich* langsam zugeht. Ich sehe Timmy zu, während der so tut, als säße er in einem Flugzeug und die Zeit erscheint mir sehr lang. Jarod und Tylor sortieren langsam Puzzlesteine, die sich ein Erwachsener blitzschnell zu-

---

* Zum Schutz der Menschen, die in diesem Buch vorkommen, habe ich dem Unternehmen einen fiktiven Namen gegeben und mich auch darüber ausgeschwiegen, was seine Beschäftigten produzieren und wo sie wohnen. Ich habe außerdem ihre Namen, ihre Berufe und die Details ihres persönlichen Lebens geändert. Dagegen habe ich versucht, ihre Erfahrungen mit ihrem Leben zu Hause und bei der Arbeit und den Kern der Kultur, die beide Welten durchdringt, so genau wie möglich zu dokumentieren.

rechtgelegt hätte. Und ich, ich beginne, mich ein wenig zu langweilen. Schließlich habe ich meinen eigenen hektischen Tagesablauf an der Universität hinter mir gelassen – Vorlesungen und Seminare abhalten, Studenten beraten, eine ganze Sturzflut von Faxen, Anrufen und E-Mails bewältigen. So habe ich es nun auch eilig, mit meiner Arbeit hier voran zu kommen.

Ich war nach Spotted Deer gekommen, um einer Frage nachzugehen, die am Ende meines letzten Buchs, *Der 48-Stunden-Tag. Wege aus dem Dilemma berufstätiger Eltern*, unbeantwortet geblieben war.[1] In diesem Buch hatte ich die Spannungen untersucht, die zu Hause entstehen, wenn beide Ehepartner berufstätig sind und die berufstätigen Frauen auch noch die Hauptlast von Kinderversorgung und Hausarbeit tragen. Wie ich feststellte, gab es viel weniger Spannungen in den Ehen, in denen die Männer bereit waren, sich an „der zweiten Schicht" zu beteiligen, so nannte ich die Versorgung der Kinder und die Hausarbeit. Aber selbst wenn diese Arbeit gemeinsam erledigt wurde, schien es immer weniger Zeit für diese zweite Schicht zu geben, von einem entspannten Familienleben ganz zu schweigen. Irgendetwas stimmte nicht, und was immer es war, ich spürte, ich würde es nicht herausfinden, wenn ich mich nur mit dem Leben zu Hause befasste.

Alles, was ich schon wusste oder bald erfahren sollte, deutete darauf hin, dass eigentlich der Arbeitsplatz das Feld war, das untersucht werden musste. Zunächst einmal war mir sehr bewusst, dass noch 1950 nur 12,6 Prozent aller verheirateten Frauen mit Kindern unter 17 Jahren einer Erwerbsarbeit nachgingen, während es 1994 bereits 69 Prozent waren; und dass bei den verheirateten Frauen mit Kindern von einem Jahr und jünger 58,8 Prozent erwerbstätig waren.[2] Viele dieser Frauen hatten darüber hinaus mit der Betreu-

---

1 Siehe Arlie Hochschild und Anne Machung, *Der 48-Stunden-Tag. Wege aus dem Dilemma berufstätiger Eltern*. München: Hanser, 1997. Orig.: *The Second Shift: Working Parents and the Revolution at Home*, New York: Viking Penguin, 1989.
2 Zahlen für 1950, siehe *Historical Statistics of the United States, Colonial Times to 1970, Bicentennial Edition, Part 1,* Series D63-74. Married Women (Husband Present) in the Labor Force, by Age and Presence of Children: 1948-1970. Washington, D.C., U.S. Bureau of the Census, 1975, S. 134. Zahlen für 1994, siehe *Statistical Abstracts of the United States: 1995*, 115. Ausg., Nr. 638, Employment Status of Women, by Marital Status and Presence and Age of Children: 1960 to 1994. Washington, D.C., U.S. Bureau of the Census, 1975, S. 134. Siehe auch *Statistical Abstracts of the United States: 1995*, 115. Ausg., Nr. 639, Labor Force Participation Rates for Wives, Husband Present,

ung älterer Verwandter zu tun. Hinzu kam, dass die Arbeitszeiten von Männern und Frauen länger geworden waren, je nach Statistik entweder nur bei Beschäftigten mit College-Abschluss oder bei allen Beschäftigten. In ihrem Buch *The Overworked American* meint die Wirtschaftswissenschaftlerin Juliet Schor, im Laufe der letzten 20 Jahre hätte ein durchschnittlicher Beschäftigter pro Jahr 164 Arbeitsstunden – also einen ganzen Monat Arbeit – zusätzlich geleistet. Heute nehmen die Beschäftigten weniger unbezahlten und noch weniger bezahlten Urlaub.[3] Allein 1980 wurden die Urlaube um 14

---

by Age of Own Youngest Child: 1975 to 1994. Washington, D.C., U.S. Bureau of the Census, 1995, S. 406.

3   Quelle: Bureau of Labor Statistics, zit. in Schor, *The Overworked American*, 1991, S. 32. In der zentralen Frage der zunehmenden Zahl der Arbeitsstunden an amerikanischen Arbeitsplätzen herrscht bei den Wissenschaftlern Uneinigkeit. Ausgehend von einer Sekundärauswertung der vom U.S. Department of Labor, Bureau of Labor Statistics, erhobenen Statistiken meint Schor, dass es in den letzten 30 Jahren eine reale Zunahme der Zahl der Arbeitsstunden gegeben habe. Sie stellte fest, dass 1990 ein Viertel aller Vollzeitbeschäftigten 49 und mehr Stunden pro Woche mit Arbeit verbrachten. (Schor, *The Overworked American*, S. 30). Schließt man die Beschäftigten mit irgendeiner Form von Teilzeitarbeit aus ihrer Analyse aus, so ist die Vollzeitarbeit der übrigen Beschäftigten, wie Schor meint, *noch* voller geworden.
Die These von der Zunahme der Arbeitszeit wird gestützt durch Daten des Bureau of Labor Statistics. 1970 arbeiteten Vollzeitbeschäftigte durchschnittlich 42,7 Stunden pro Woche; 1988 waren es 43,6 Stunden (*Handbook of Labor Statistics*, August 1989, Tabelle 23, S. 121; siehe auch Polly Callaghan and Heidi Hartmann, *Contingent Work: A Chartbook on Part-Time and Temporary Employment*, Washington, D.C., Economic Policy Institute, 1991, S. 36. Ebenfalls für die These der zunehmenden Arbeitszeiten sprechen Ergebnisse der Harris Polls, des National Opinion Research Center und des General Social Survey. Louis Harris berichtet, dass seit 1973 die Zahl der Arbeitsstunden der Amerikaner um 20 Prozent zugenommen hat, während die Freizeit nach Angaben der Befragten um 32 Prozent zurückgegangen ist (Inside America, New York, Vintage, 1987, S. 17).
Nach Ansicht anderer Wissenschaftler sind die Arbeitszeiten allerdings gleich geblieben (Mary Coleman und John Pencavel, Changes in Work Hours of Male Employees, 1940-1988, *Industrial and Labor Relations Review*, 46, 1993, S. 262-283) oder haben abgenommen (F. Thomas Juster und Frank P. Stafford, The Allocation of Time: Empirical Findings, Behavioral Models, and Problems of Measurement, *Journal of Economic Literature*, 29, 1991, S. 471-522; John Robinson, The Time Squeeze, *American Demographics*, Februar 1990, S. 30-33). Ein Teil des Rückgangs der Zahl der Arbeitsstunden, über den Juster und Stafford berichten, könnte auf die porösen Arbeitstage der Beschäftigten zurückzuführen sein. Juster und Stafford schließen – im Gegensatz zu Schor alle Zeiten aus der Arbeitszeit aus, in denen ein Beschäftigter sein

Prozent kürzer.⁴ Dem Wirtschaftswissenschaftler Victor Fuchs zufolge sank zwischen 1960 und 1986 die Zeit, die Eltern für ihre Kinder da waren, in weißen Haushalten um zehn und in schwarzen Haushalten um zwölf Stunden pro Woche.⁵ Welche Zahlen auch immer man zugrunde legte, offensichtlich war, dass die Arbeit immer stärker in den Mittelpunkt des Lebens rückte. Immer mehr Frauen waren auf den Zug der Berufstätigkeit aufgesprungen, und dieser Zug fuhr immer schneller. Es gingen nicht nur immer mehr Mütter mit kleinen Kindern einer Erwerbsarbeit nach, sondern immer weniger dieser Erwerbsarbeit war Teilzeitarbeit. Dazu nahmen immer weniger dieser Mütter Urlaub, nicht einmal im Sommer, wie sie es früher vielleicht getan hätten, um sich in den Ferien um ihre schulpflichtigen Kinder zu kümmern.⁶ Frauen, die eine

---

Büro verlässt, um etwas zu erledigen oder eine Kaffeepause zu machen. Wieder andere Untersuchungen deuten darauf hin, dass die Zahl der Arbeitsstunden zunimmt, aber nur bei bestimmten Kategorien von Beschäftigten: Frauen zwischen 25 und 54 Jahren, höher qualifizierte Beschäftigte, Männer von 55 bis 59 Jahren, schwarze Frauen von 55 bis 64 Jahren (siehe Coleman und Pencavel, Changes in Work Hours, 1993; und Janice Neipert Hedges, Work and Leisure, Besprechung von *The Overworked American* von Juliet Schor, *Monthly Labor Review*, Mai 1992, S. 53-54).

4   Siehe „The Changing American Vacation", *Newsweek*, 28. August 1989, S. 8, zitiert in Sylvia Hewlett, *When the Bough Breaks: The Cost of Neglecting Our Children*, New York, Basic Books, 1991, S. 92.

5   Quelle: U.S. Bureau of the Census, 1960, und Current Population Survey, März 1986, zitiert in Victor Fuchs, *Women's Quest for Economic Equality*, Cambridge, Mass., Harvard University Press, 1988, S. 111; sowie in Victor Fuchs, Are Americans Under-investing in Their Children?, *Society*, 28, Nr. 6, 1991, S. 21.

6   1975 lag der Anteil der Teilzeitbeschäftigten bei Frauen mit Kindern unter drei Jahren bei 33,6 Prozent. 1988 war er auf 31,7 Prozent gesunken. 1975 hatten 26 Prozent der erwerbstätigen allein erziehenden Mütter mit Kindern unter drei Jahren eine Teilzeitbeschäftigung, 1988 waren es 23 Prozent (Bureau of Labor Statistics, *Handbook of Labor Statistics*, 1989, Tabelle 56, Employment Status of All Women and Single Women by Presence and Age of Children, 1975-1988, S. 241). 1970 hatten nach einem neueren Bericht des Bureau of Labor Statistics 32 Prozent aller erwerbstätigen Frauen eine Teilzeitbeschäftigung, 1993 waren es 31 Prozent (Bureau of Labor Statistics, Division of Labor Statistics, Women in the Workforce: An Overview, Bericht 892, Juli 1995, S. 6). Seit 1966 ist der Anteil der das ganze Jahr über voll erwerbstätigen Mütter von 38,6 auf 49,6 Prozent gestiegen. Von 1968 bis 1986 nahmen die Häufigkeit der Wechsel zwischen Erwerbstätigkeit und Nichterwerbstätigkeit innerhalb eines Jahres bei Frauen von 25 bis 34 Jahren, der Altersgruppe, bei der die Wahrscheinlichkeit, dass sie kleine Kinder haben, am

Erwerbsarbeit aufnahmen, waren – ob Mütter oder nicht – weniger denn je geneigt, diese wieder aufzugeben. Ja, offensichtlich glich sich das Profil der erwerbstätigen Mütter immer mehr dem Profil der erwerbstätigen Väter an. Wie Untersuchungen zeigten, waren diese Väter aber weit davon entfernt, nun etwa kürzer zu arbeiten und zu Hause mit Hand anzulegen. Sie arbeiteten jetzt sogar noch länger. Ihre Arbeitszeiten waren tatsächlich genauso lang wie die von Männern ohne Kinder.[7]

All dies konnte man den Zahlen entnehmen – aber auch den Spannungen in vielen der Haushalte, die ich besucht hatte. Zurück blieb eine bohrende Frage: Wie konnten Eltern angesichts längerer – und vermehrter – Arbeitstage zu einem ausgewogenen Verhältnis von Arbeit und Familienleben kommen? Oder, um es anders zu formulieren, war das Arbeitsleben dabei, den Sieg über das Leben in Haus und Familie davonzutragen? Und wenn ja, gab es nicht irgendeinen Weg, die Arbeit so zu organisieren, dass sich der Druck auf die Kinder verringerte und dass man verhinderte, die Beschäftigten, Männer wie Frauen, dafür zu bestrafen, außerhalb der Arbeit noch ein Leben zu haben?

Über solche Fragen dachte ich nach, als etwas Überraschendes geschah. Ich wurde gebeten, einen Vortrag bei Amerco zu halten, einem Unternehmen, über das ich wenig wusste, außer dass es vom *Families and Work Institute*, von der Zeitschrift *Working Mother* und von den Autoren von *Companies That Care* als eines der familienfreundlichsten Unternehmen Amerikas identifiziert worden war.[8] Bei dem Essen, das auf meinen Vortrag folgte, fragte mich ein neben mir sitzender Unternehmenssprecher, ob ich schon einmal daran gedacht hätte, familienfreundliche Politik am Arbeitsplatz selbst

---

    größten ist, stetig ab (Earl Mellor und William Parks, A Years Work: Labor Force Activity from a Different Perspective, *Monthly Labor Review*, September 1988, S. 15).

7 Männer arbeiten durchschnittlich 48,8 Stunden pro Woche einschließlich Wegzeiten und Überstunden (Ellen Galinsky, James Bond, und Dana Friedmann. *The Changing Workforce: Highlights of the National Study*, New York, Families and Work Institute, 1993, S. 9).

8 Siehe Ellen Galinsky, Dana Friedman und Carol Hernandez, *The Corporate Reference Guide to Work Family Programs*, New York, Families and Work Institute, 1991; Robert Levering und Milton Moskowitz, *The 100 Best Companies to Work for in America*, New York, Penguin Books, 1993; und Hal Morgan und Kerry Tucker, *Companies That Care: The Most Family-Friendly Companies in America – What They Offer, and How They Got That Way*, New York, Simon and Schuster, 1991.

zu untersuchen. Ich konnte, ehrlich gesagt, mein Glück kaum glauben. Wenn es für Familien je eine Chance gegeben hatte, die Balance zwischen Arbeit und zu Hause herzustellen, so dachte ich, dann in einem Unternehmen wie diesem. Amercos Management hoffte ganz offensichtlich, dass meine Ergebnisse ihnen helfen würden, ein paar ihrer eigenen Fragen zu beantworten. Ende der 1980er Jahre war das Unternehmen auf einen erschreckenden Tatbestand aufmerksam geworden: Ihm gingen hoch qualifizierte weibliche Fachkräfte wesentlich schneller verloren als entsprechende männliche Fachkräfte. Jeder Verlust einer solchen hoch qualifizierten Kraft aber kostete das Unternehmen, das immer wieder Ersatz finden und ausbilden musste, eine Menge Geld. Man hatte versucht, dieser Verschwendung von Geld und Fähigkeiten entgegen zu steuern, indem man einen der möglichen Gründe für das Verschwinden der Frauen zu beseitigen versuchte: das Fehlen einer „Balance von Arbeit und Familie". Amerco bot jetzt eine Reihe unterstützender Maßnahmen an, darunter Optionen wie Teilzeitarbeit, Job Sharing und flexible Arbeitszeiten. War Amerco mit dieser Politik wirklich geholfen? Angesichts der aktuellen Entwicklungen schien die Führungsspitze des Unternehmens der Antwort auf diese Frage große Bedeutung beizumessen. Und so war ich sechs Monate später in einer gemütlichen Pension in einer baumbestandenen Straße in Spotted Deer einquartiert und bereit, eine Antwort auf diese Frage zu finden.

In der Unternehmenszentrale händigte man mir am Empfang eine Magnetplakette aus. Sie erinnerte ein wenig an die Zauberringe, die Kinder früher in den Cornflakes-Packungen fanden, und öffnete mir jederzeit sämtliche Türen im Unternehmen. Drei Sommer lang, von 1990 bis 1993, blieb ich damit den jeweiligen Beschäftigten, deren Tagesablauf ich gerade verfolgte, türein, türaus auf den Fersen. Außerdem sprach ich regelmäßig bei Amy Truett vor, der Frau, die in Amercos Personalabteilung, in der alle Personalangelegenheiten zusammenliefen, für das *Work-Life-Balance*-Programm zuständig war. Amy Truett, eine lebhafte, dunkelhaarige, offene Frau mit lakonischem Humor, war bei allen, mit denen sie arbeitete, sehr beliebt. Sie kleidete sich in klare, freundliche Farben, durchschritt energiegeladen Amercos Flure und strahlte freundliche Effizienz aus. Amys Aufgabe war es, dafür zu sorgen, dass aus der Balance mehr wurde als ein bloßer Firmenslogan. Vielleicht um dieses Ziel noch zu unterstreichen, hatte eine Psychologin, die 1991 eingestellt worden war, um die Politik der *Work-Life-Balance* umsetzen zu helfen, in ihrem direkt neben Amys gelegenem Büro eine Reihe von Fotos ihrer Tochter an die Wand gehängt, auf denen diese eine triefende Tomate aß, einen großen Fisch hoch hielt und Matschkuchen buk, jedes Bild eine stumme Erinnerung daran, dass Kinder keine Ikonen sind, die man aus sicherer Entfernung vergöttern kann, sondern Schmutz und Unordnung verbreitende, liebenswerte, richtige Menschen.

Ich interviewte hohe und mittlere Manager, Verwaltungsangestellte und Arbeiter – insgesamt 130 Personen. Die meisten waren Teil eines Doppelverdienerpaares, manche waren allein erziehende Eltern, einige wenige alleinstehend und kinderlos. Manchmal trafen wir uns in ihren Büros oder in einem Pausenraum in der Fabrik, manchmal zu Hause, oft an beiden Orten. Früh morgens und abends, an Wochenenden und Feiertagen, saß ich auf dem Rasen am Rande der Parkplätze rund um die Unternehmenszentrale und beobachtete die Leute auf dem Weg von und zu ihren Vans, Autos oder Pick-ups, um mitzubekommen, wann sie zur Arbeit kamen und wann sie nach Hause gingen.

Ich sprach mit Psychologen im Unternehmen und von außerhalb, mit Kindergärtnerinnen, die bei Amerco angestellt waren, mit Hausfrauen, die mit Amerco-Beschäftigten verheiratet waren, und mit Unternehmensberatern. Neben der Kindertagesstätte in Spotted Deer besuchte ich Schülerbetreuungsprogramme des CVJM und ein vom Unternehmen finanziertes Elternzentrum. Ich nahm im Unternehmen an Sitzungen des Frauenqualitäts-Verbesserungsteams und des Kommitees für den Fortschritt von Arbeit und Familie teil, an einem Workshop zu Wertschätzung von Unterschiedlichkeit und an zwei Treffen des Hochleistungsteams. Auch ein Team in Amercos Verkaufsabteilung ließ mich an seinen Sitzungen teilnehmen. Zu ihrer – und meiner – Überraschung nahm ich sogar als fünftes Rad an einem Golf-Ausflug teil, der der Verbesserung des Teamgeists dienen sollte. Während mehrerer Nachtschichten unterhielten sich müde Arbeiterinnen mit mir geduldig bei einer Tasse Kaffee im Pausenraum einer Amerco-Fabrik. Eine von ihnen nahm mich dann sogar in eine Bar am Ort mit, wo ich Freunde und Verwandte von ihr kennen lernte.

Das Unternehmen gewährte mir Einblick in eine Reihe von internen Umfragen zum Betriebsklima, in denen die Beschäftigten zu ihren Einstellungen befragt wurden. Ich durchkämmte Forschungsberichte über andere Unternehmen, nationale Meinungsumfragen und eine üppig wuchernde Literatur zu Arbeit und Familie. Ich nahm außerdem in New York, San Francisco, Los Angeles und Boston an Konferenzen zu Arbeit und Familie teil, alle veranstaltet vom *Conference Board*, einer angesehenen Organisation, die Informationen für Manager in der Industrie sammelt und verbreitet.

Sechs Familien – vier Eltern-Familien und zwei Familien mit allein erziehenden Müttern – ließen mich einen typischen Arbeitstag mitverfolgen, vom Morgen bis zum Abend und noch darüber hinaus. Ich erlebte mit, wie ein kleines Kind früh morgens zu seiner Mutter ins Bett kroch, um noch ein bisschen zu schmusen und zu dösen. Ein anderes Mal saß ich über eine Stunde auf einer grünen Plastikschildkröte und sah zwei übermütigen Mädchen zu, wie sie die Rutsche im Schwimmbad heruntersausten. Immer wieder kamen Kinder zu mir, damit ich den Hemdknopf wiederfand, den sie verloren hatten, oder – da hatte ich weniger Chancen – damit ich auf ihrem Nintendo Super Mario Brothers mit ihnen spielte, während ein Elternteil dabei war, das Abendessen zu machen.[9]

Dank dieses Forschungsprojekts war ich also in die Kindertagesstätte in Spotted Deer gekommen und versuchte, mich auf den Zeitrhythmus von Vierjährigen einzustellen. Der Kindergarten war Teil meiner Untersuchungen über das Erwerbsleben geworden, weil berufstätige Eltern die Betreuung ihrer Kinder immer häufiger und für immer längere Zeiten Menschen übertrugen, mit denen sie nicht verwandt waren. Für Kinder wie Timmy, Jarod oder Tylor können die Tage im Kindergarten inzwischen ziemlich lang sein; und je jünger ein Kind ist, desto mehr Zeit dürfte es, wie eine landesweite Studie über Kinderbetreuung ergab, im Kindergarten ver-

---

9 Um unter möglichst vielen Gesichtspunkten zu einem tieferen Verständnis der Balance von Arbeit und Familie zu gelangen, untersuchte ich diese Balance in den Unternehmen von oben nach unten. Als Beraterin in einen Projekt der Ford Foundation war ich in der Lage, die Fortschritte dreier anderer Forschungsprojekte zur Gender-Gleichheit und zur Balance von Arbeit und Familie in Unternehmen zu verfolgen. Außerdem leitete ich 1990 in La Jolla in Californien bei einer Konferenz am *Institute for Research in the Behavioral Sciences*, an der Führungskräfte aus Unternehmen aus ganz Amerika teilnahmen, eine Arbeitsgruppe von Generaldirektoren. In unseren Diskussionen wurde deutlich, was aus der Sicht der Manager die Probleme mit und der Nutzen von familienfreundlicher Unternehmenspolitik für Beschäftigte waren. 1995 arbeitete ich am Design eines Fragebogens mit, der an über 1.200 Eltern in ganz Amerika geschickt wurde, deren Kinder in unternehmenseigene Kindertagesstätten gingen, die von *Bright Horizons* betrieben wurden, einem Unternehmen mit Sitz in Boston.

bringen. So gab es Kinder von unter einem Jahr, die dort durchschnittlich 42 Stunden pro Woche waren.[10]

Die Leiterin von Amercos Kindertagesstätte in Spotted Deer, eine besonnene Frau von 44 Jahren und Mutter zweier Kinder, meinte dazu:

> „Die meisten unserer Amerco-Eltern arbeiten von acht bis 17 Uhr. Sie bringen ihre Kinder eine halbe Stunde vor Arbeitsbeginn hierher und holen sie eine halbe Stunde nach Arbeitsschluss wieder ab. Wenn sie eine späte Sitzung haben oder versuchen, zwischendurch noch etwas zu erledigen oder zum Sport zu gehen, wird es noch später. Die meisten Kinder haben hier einen Neun- oder Zehnstundentag."

Als ich sie fragte, wie viel Zeit im Kindergarten ihrer Meinung nach für ein Kind am besten wäre, antwortete sie, im Allgemeinen sollten Drei- und Vierjährige „vormittags aktiv sein, mittags etwas essen, dann einen Mittagsschlaf machen und danach nach Hause gehen – sechs oder sieben Stunden, das wäre ideal." Zwar meinte sie genau wie ihre Kolleginnen in der Kindertagesstätte, den meisten Kindern ginge es gut unter ihrer Betreuung, war aber dennoch überzeugt, dass neun Stunden grundsätzlich zu lang seien.

In ihrem Buch *When the Bough Breaks: The Cost of Neglecting our Children* stellt die Wirtschaftswissenschaftlerin Sylvia Hewlett einen Zusammenhang zwischen dem von den langen Arbeitszeiten der Eltern verursachten Zeitdefizit und einer Reihe von beunruhigenden Trends in der kindlichen Entwicklung her. Bei den heutigen Jugendlichen, so Hewlett, sei die Wahrscheinlichkeit, „dass sie schlecht in der Schule sind, Selbstmord begehen, psychiatrische Hilfe brauchen, schwere Eßstörungen haben, ein uneheliches Kind bekommen, Drogen nehmen, Opfer von Gewaltverbrechen werden", größer als in der Generation davor.[11] Andere Untersuchungen zeigen, dass Kinder, die lange Zeit allein zu Hause sind, stärker zu

---

10 Aus einer vom Urban Institute durchgeführten Studie zur Kinderbetreuung in den USA geht hervor, dass Kinder erwerbstätiger Mütter (deren jüngstes Kind vier Jahre oder jünger war) durchschnittlich 43 Stunden pro Woche in Kindertagesstätten verbrachten (Sandra Hofferth, April Brayfield, Sharon Deich und Pamela Holcomb, *National Child Care Survey*, 1990, A National Association for the Education of Young Children (NAEYC) Study, Urban Institute Report 91-5, Washington, D.C., Urban Institute Press, 1991, S. 105. 1965 wurden mehr Kinder im Vorschulalter von Verwandten (33 Prozent) als in Kindertagesstätten (6 Prozent) betreut, 1990 weniger von Verwandten (19 Prozent) und mehr in Kindertagesstätten (28 Prozent) (S. 99).
11 Hewlett, *When the Bough Breaks,* 1991, S. 81.

Alkohol- oder Drogenkonsum neigen. Im Grunde aber wissen die Wissenschaftler noch nicht, welche Zusammenhänge, falls überhaupt, zwischen diesen beunruhigenden Trends und den immer kürzeren Zeiten bestehen, die Eltern mit ihren Kindern verbringen. Aber abgesehen von den ganz massiven Problemen wie Heroinkonsum oder Selbstmord, liegt es auf der Hand, dass Kinder wie die in der Kindertagesstätte von Spotted Deer ein Zeitproblem haben. Es genügt zu hören, dass Kinder sagen, sie wünschten, ihre Eltern hätten mehr Zeit für sie, und dass Eltern bedauern, nicht mehr Zeit mit ihren Kindern verbringen zu können. In einer 1990 von der *Los Angeles Times* durchgeführten Umfrage mit 1.000 Familien gaben etwa 57 Prozent der Väter und 55 Prozent der Mütter an, sie hätten Schuldgefühle, weil sie zu wenig Zeit für ihre Kindern hätten.[12]

In der Kindertagesstätte in Spotted Deer ist die Gruppe am Frühstückstisch langsam größer geworden, wobei die früher Gekommenen sich vom Schauspiel der immer noch eintreffenden Neuankömmlinge unterhalten lassen: Da kommt Sally daumenlutschend herein. Billy wird, obwohl er schon fünf ist, von seiner Mutter hereingetragen. Jonathans Mutter vergisst zu winken, und kurz darauf versetzt Jonathan dem Frühstückstisch von unten einen solchen Tritt, dass die Milch überschwappt und die Kinder aufschreien. Marie nimmt ihn beiseite, um seiner Mutter ein Briefchen zu schreiben, dass es ihn kränkt, wenn sie nicht winkt.

Cassie steht immer noch an der Tür und hält ihren Schokoriegel wie eine Fahne hoch, ihrem Symbol eines Waffenstillstands im Kampf um die Zeit. Hin und wieder leckt sie die ein oder andere klebrig-tropfende Seite ab, während Diane, die nicht recht weiß, was sie da tun soll, missbilligend zuschaut. Die Cheerio-Esser sehen vom Tisch aus fasziniert und neidisch zu. Gwen Bell wendet sich zum Gehen und winkt Cassie zum Abschied zu, die Autoschlüssel in der Hand. An diesem Tag werde ich verabredungsgemäß ihr Schatten sein, und so folge ich ihr aus der Tür und in die Welt von Amerco.

Als Gwen Bell wie immer genau um 7:50 Uhr ihr Büro betritt, findet sie auf ihrem Schreibtisch ihren Kaffeebecher voll Kaffee, mit

---

12 Gary Bauer, Congress Gets the Child-Care Issue Wrong, *Wall Street Journal*, 10. Oktober 1990, S. A18. Außerdem gaben 41 Prozent der erwachsenen Amerikaner an, sie hätten zu wenig Zeit für ihre Familien (George Gallup, Jr., und Frank Newport, Time at a Premium for Many Americans, *Gallup Poll Monthly*, November 1990, S. 45.

Milch, ohne Zucker (genauso, wie sie es mag), zubereitet von einer Kollegin, die heute schon vor ihr da war. Eine andere Kollegin, die gerade eine Diät macht, hat die übrig gebliebene Hälfte ihres Geburtstagskuchens auf einen Tisch vor Gwen Bells Büro gestellt, damit jemand anders ihn aufisst, ehe sie es selber tut. Gwen stellt die Unterlagen für ihre erste Besprechung zusammen, mit der ihr offiziell von acht bis 17:45 Uhr dauernder Arbeitstag heute beginnt – gestern abend hat sie den anderen Teilnehmern schon von zu Hause aus E-Mails geschickt. Während sie eine Vorlage, die fotokopiert und bei einer für neun Uhr angesetzten zweiten Besprechung verteilt werden muss, auf Fehler durchliest, knabbert sie ein kleines Stück von dem Kuchen.

Gwen ist Assistentin des Leiters vom Büro für Öffentlichkeitsarbeit und zuständig für alle Antworten auf Presseberichte, die über das Unternehmen erscheinen. Dieses Mal ist das erwartete Medienecho positiv ausgefallen, und eine erste Besprechung ist einberufen worden, um darüber zu reden, wie man nun das Beste daraus machen kann. Während die Kollegen von der Öffentlichkeitsarbeit nach und nach in ihrem Büro eintrudeln und einander freundlich begrüßen, seufzt sie. Sie ist bereit.

Gwen mag ihren Job bei Amerco, und sie ist sehr gut in ihm. Wie viel Stress der Alltag auch bringen mag, man merkt deutlich, dass sie sich darin auch zu Hause fühlt. Ihr Chef, ein Mann, von dem sie sagt, er erinnere sie an die besten Seiten ihres Vaters, hilft ihr bei Arbeitsproblemen und unterstützt ihre Aufstiegswünsche im Unternehmen. Ihr „Amerco-Vater" ist in mancherlei Hinsicht besser als ihr eigener Vater es war, der sie und ihre Mutter von einem Tag auf den anderen verließ, als sie noch ganz klein war. Sie findet, dass sie Glück hat, einen so fürsorglichen Chef zu haben, der sich so um sie kümmert, und für ihn zu arbeiten hat ihren Wunsch verstärkt, in der Arbeit ihr Letztes zu geben – soweit sie kann. Sie und ihr Mann sind auf ihr Gehalt angewiesen, erzählt sie mir. Sein Job ist zwar einträglicher als ihrer, aber weniger sicher.

Im Laufe der letzten drei Jahre ist Gwens Arbeitstag nach und nach immer länger geworden. Früher hielt sie sich strikt an ihren Achtstundentag. Jetzt sind es regelmäßig achteinhalb bis neun Stunden, nicht mitgerechnet die Arbeit, die sie oft noch von zu Hause aus erledigt. Gwen ist darüber nicht glücklich. Sie findet Cassies Zehnstundentag im Kindergarten zu lang, gibt sich aber auch keine große Mühe, ihren expandierenden Arbeitstag einzugrenzen. Was sie allerdings tut, ist, sich darüber zu beklagen, Witze zu machen und mit Freundinnen bei der Arbeit entsprechende Geschichten auszutauschen. Sie erzählt nicht die prahlerischen Heldengeschichten der älteren Männer bei Amerco, die sich mit ihren Zehnstundentagen und alle zwei Wochen wiederkehrenden Dienstreisen brüsten. In Gwens Geschichten geht es eher um Situationskomik, etwa, wie sie vergessen hat, einzukaufen, nach Hause kommt und im Kühlschrank nur einen verschrumpelten Salatkopf und ein Glas Oliven vorfindet, Geschichten, die sie in einer Art amüsierter Hoffnungslosigkeit erzählt. Gwen weiß um die Möglichkeiten der flexiblen Arbeitszeitgestaltung oder auch -reduzierung, die Amerco Angestellten wie ihr bietet. Aber weder sie noch ihre witzelnden Kolleginnen haben je mit ihrem Chef darüber gesprochen, weniger zu arbeiten, noch hat der Chef jemals von sich aus das Thema angeschnitten. Es ist einfach immer so viel zu tun im Büro.

Punkt 17:45 Uhr ist Gwen zurück im Kindergarten. Cassie wartet schon ungeduldig an der Tür auf sie, ihren Mantel über dem Arm, ein zerknittertes Bild in der Hand, das sie gemalt hat. Gwen umarmt Cassie lange und liebevoll. Es ist 18:25 Uhr als Gwen und Cassie in die Einfahrt ihres zweistöckigen, von wuchernden Büschen umgebenen Hauses mit den weißen Fensterrahmen hineinrollen. John Bell ist schon da. Er hat eingekauft, den Anrufbeantworter abgehört, den Tisch gedeckt und den Backofen vorgeheizt. Dies ist einer der beiden Tage in der Woche, an denen er früher aus dem Haus geht und früher nach Hause kommt als seine Frau. Er hat ausgiebig zu Mittag gegessen, denn er weiß, dass sie üblicherweise ein spätes, leichtes Abendessen machen, aber heute Abend ist er hungriger, als er eigentlich sein wollte. Er spielt mit Cassie, während Gwen das Essen zubereitet.

Damit sie in der „Stunde" – 20:00 bis 20:30 Uhr – des Abendessens ungestört sind, vergewissert sich Gwen, dass der Anrufbeantworter eingeschaltet ist, und während des Essens hören wir ihn mehrmals anspringen. John spricht das Tischgebet, und wir fassen uns bei den Händen. Es ist Zeit, so scheint es, loszulassen und zu entspannen. Gleich nach dem Abendessen allerdings ist es Zeit für Cassies Bad. Cassie liebt ihr abendliches Bad und doch wehrt sie sich dagegen. Gwen ist inzwischen schon darauf eingestellt, dass Cassie beim Ausziehen trödelt oder unbedingt erst noch ein Lieblingsspielzeug für die Badewanne suchen muss und auf diese Weise versucht, das Ganze in ein wenig Mini-Ferien zu verwandeln. Gwen lässt sie gewähren, hört ihre Anrufe ab und merkt sie zur späteren Erledigung vor.

Um 21 Uhr ist das Bad beendet und Gwen und Cassie haben ihre „Quality Time" oder „QT", wie John es liebevoll nennt. Für sie ist das ihre kleine, vor allen Anforderungen der Außenwelt geschützte Zeitburg. Eine halbe Stunde später, um 21:30 Uhr, bringt Gwen Cassie ins Bett.

Später, als Gwen und John mir ihr Haus zeigen, macht mich John nebenbei auf eine teure Elektrosäge und eine Bohrmaschine aufmerksam, die er sich vor zwei Jahren gekauft hat, weil er vorhatte, ein Baumhaus für Cassie zu bauen, einen größeren Stall für Max, das Kaninchen, und ein Gästezimmer für Freunde, die zu Besuch kommen. „Das Werkzeug habe ich", sagt John. „Ich habe bloß nicht die Zeit, es zu benutzen." Irgendwann einmal müssen diese Werkzeuge die Verheißung künftiger Projekte bedeutet haben. Jetzt scheinen sie an deren Stelle getreten zu sein. Vielleicht hat John versucht, sich mit den Werkzeugen die Illusion jener Muße zu kaufen, für die sie zu stehen scheinen. Später, als ich andere berufstätige Eltern bei Amerco interviewte, entdeckte ich lauter solche auf Dachböden und in Garagen verbannte Geräte. Timmys Vater hatte ein Boot gekauft, mit dem er in diesem Jahr noch kein einziges Mal gesegelt war. Jarods und Tylors Eltern hatten einen Campingbus, mit dem sie kaum gefahren waren. Andere hatten Kameras, Skier, Gitarren, Enzyklopädien, sogar die Geräte, die man zum Ernten von Ahornsirup braucht, alles gekauft von Gehältern, die zu verdienen man Zeit brauchte.

Johns Werkzeuge schienen die Verheißung eines anderen Ich zu sein, des Ich, das er wäre, „wenn ich nur Zeit hätte". Seine Werkzeuge waren für ihn das geworden, was der Schokoriegel für Cassie war: oder, ein magischer Zeitersatz, ein Talisman.

In gewissem Sinne gab es zwei Bell-Haushalte: die immer unter Zeitdruck stehende Familie, die sie wirklich waren, und die entspannte Familie, die sie ihrer Vorstellung nach sein könnten, wenn sie nur Zeit hätten. Gwen und Bill klagten darüber, in der Zeitfalle zu sitzen: Sie wollten mehr Zeit für ihr Leben zu Hause, als sie hatten. Sie wollten nicht weitere kleine Segmente von *Quality Time* in ihren ohnehin schon vollgepackten Tag pressen. Sie wollten ein *Quality Life*, und zumindest Gwen arbeitete für ein familienfreundliches Unternehmen, dessen Politik genau dies zu verheißen schien. Was also hielt sie davon ab, es sich zu holen?

2. Kapitel
Wertemanagement und lange Arbeitstage

Von der Kindertagesstätte in Spotted Deer bis zur Amerco-Zentrale sind es mit dem Auto 15 Minuten, vorbei an idyllisch grünen Getreide- und Luzernefeldern und hier und da einer Herde grasender Kühe. Die Landstraße folgt einem Fluss, der sich durch ein langes, üppig grünes Tal windet, und führt zu einer jener freundlichen kleinen Städte, die für den Mittleren Westen der USA typisch sind. In ihrer Mitte erhebt sich der Schornstein einer Amerco-Fabrik, die im 19. Jahrhundert gebaut wurde und an Spotted Deers lange Geschichte als Industriestadt erinnert.

Die Amerco-Zentrale liegt schön, eingebettet in dieses bewaldete Tal, direkt am Ufer des Flusses und ist ein atemberaubender Neubau aus Stahl und Glas. Sie bildet das optische Zentrum des Ortes Spotted Deer. 6.000 Amerco-Beschäftigte arbeiten in diesem Tal; weitere 20.000 verteilen sich auf 25 Produktionseinheiten überall in den Vereinigten Staaten sowie auf Dutzende weitere in anderen Ländern. Über ein Drittel von Amercos Beschäftigten und 25 Prozent der Manager sind Frauen.

Auf einer Amerco-Broschüre, die Besucher im Hauptgebäude erhalten, ist ein kleiner Junge abgebildet, der goldgelbes Herbstlaub in seinen roten Leiterwagen häuft. Darunter steht: „Vielleicht liegt es an der frischen Luft, an den breiten, baumbestandenen Straßen, an den Kindern und den kleinen Hunden und den Leiterwagen und den langen, faulen Sommernachmittagen. Was immer es ist – dies ist ein Ort zum Wohlfühlen." Als ich durch die Gegend schlendere, entdecke ich tatsächlich dieses Postkartenidyll. Auch wenn sich, versteckt in den Hügeln außerhalb der Stadt, das eine oder andere heruntergekommene Wohnwagen-Gelände findet, das Bild auf der Broschüre stimmt – bis auf die faulen Nachmittage.

Die Beschäftigten von Amerco sind offenkundig stolz auf die Geschichte ihres erfolgreichen Kleinstadtunternehmens. Jede Weihnachten freuen sie sich auf ein hundert Jahre altes Ritual, bei dem der Generaldirektor, ein energischer Mann von 58 Jahren und Urenkel des Firmengründers, durch alle im Tal verteilten Gebäude des Unternehmens, einschließlich der eigenfinanzierten Kindertagesstätte geht und den Beschäftigten für ihre Mitarbeit dankt. Den meisten Beschäftigten scheint das traditionelle Kleinstadtleben auf den baumbestandenen Straßen rund um die Zentrale zu gefallen. Offenbar scheinen sie auch die Innovationsbereitschaft des Unternehmens zu schätzen, die im Mitspracherecht und in einer familienfreundlichen Personalpolitik zum Ausdruck kommt.

Die Menschen, mit denen ich sprach, meinten, Arbeitsplätze bei Amerco seien sehr begehrt. Da Amerco zu den prosperierenden Kernbereichen der von der Globalisierung erfassten Wirtschaft Amerikas gehört – von 1970 bis 1996 konnte Amerco durchgängig große Gewinne verzeichnen – und seit langem einen guten Ruf als beschäftigtenfreundliches Unternehmen genießt, bewerben sich wesentlich mehr Menschen auf Stellen, als tatsächlich eingestellt werden. Wie Studenten, die zu Eliteuniversitäten zugelassen werden, fühlen sich die meisten Amerco-Beschäftigten als Auserwählte und betrachten es als Ehre, hier zu arbeiten.

Amercos Weg zum Erfolg war nicht immer einfach. In den 1980er Jahren drangen japanische Konkurrenten auf Märkte vor, die Amerco in der Hand zu haben glaubte. Zur gleichen Zeit wurde Amerco von ausländischen Investoren entdeckt und begann seinerseits, in ausländische Firmen zu investieren und seinen Aktienbesitz zu streuen, eine Vorkehrung für schlechte Zeiten. Sinkende Marktanteile und scharfe Konkurrenz von den Pazifik-Anrainerstaaten, einem wiedervereinigten Deutschland und einer sich entwickelnden Europäischen Union veranlassten Amerco zu verstärkten Anstrengungen, um „den Kunden glücklich zu machen", wie ein Motto des Unternehmens lautet.

Um weltweit konkurrenzfähig zu sein, verfolgen die meisten Unternehmen eine Kombination aus drei Strategien. Die erste besteht darin, in die Beschäftigten zu investieren, das heißt, ihre Fähigkeiten durch Fortbildung zu erweitern und ihre Entscheidungsbefugnisse in Produktion und Vertrieb auszudehnen. Unternehmen, die sich für dieses Vorgehen entscheiden, investieren in ihre Beschäftigten in der Hoffnung, dafür mehr zurück zu bekommen.

Eine zweite Strategie ist, weniger in sie zu investieren – also Abstriche zu machen bei Löhnen, Sozial- und sonstigen Leistungen und bei der Arbeitsplatzsicherheit – dabei aber die gleiche Menge Arbeit aus ihnen herauszuholen. Unternehmen, die diese Strategie verfolgen, entlassen möglicherweise reguläre Beschäftigte oder schicken sie in den vorzeitigen Ruhestand und nehmen dann billigere Arbeitskräfte auf befristeter oder Zeitarbeitsbasis. Je nach Marktlage specken sie Unternehmensfunktionen ab oder stocken sie auf, entlassen Beschäftigte oder stellen sie ein. Solche Maßnahmen senken die Kosten und erhöhen angeblich die Fähigkeit des Unternehmens, auf Nachfrageschwankungen zu reagieren.

Eine dritte Strategie, die mit der ersten vereinbar ist und die negativen Seiten der zweiten abfedert, besteht im Aufbau und Management einer starken Unternehmenskultur. Dieser dritten Strategie hat sich Amercos viel bewunderter Generaldirektor seit Anfang der 1980er Jahre mit ganzem Herzen verschrieben. Seit anderthalb Jahrzehnten erweist sich Amerco also als kreativer Manager einer Arbeitsplatzkultur, fördert Motivation und Einsatz seiner Beschäftigten und versichert sich so ihrer Zustimmung für die jeweilige Strategiemischung, die das Unternehmen in der weltweiten Konkurrenz zum Erfolg führen soll. Das Kernstück des entsprechenden Plans, der 1983 aufgestellt wurde, ist eine Form der Arbeitsorganisation, die unter dem Namen *Total Quality*[1] bekannt ist. Statt bürokratischer Kontrolle, vereinfachter Jobs und einer vielstufigen Hierarchie begann Amerco autonome Arbeitsgruppen zu fördern, also „angereicherte" Jobs, und eine flachere Hierarchie. Ziel war, dadurch besser qualifizierte und mit dem Unternehmen stärker identifizierte Beschäftigte zu haben, die man auffordern konnte, sich mit ihren Managern über eine gemeinsame Vision der Unternehmensziele zusammen zu tun und durchzusprechen, wie diese umzusetzen wären. Mitunter wurden die Beschäftigten auch aufgefordert, bei der räumlichen Gestaltung ihrer Arbeitsplätze mitzuwirken. In der zentralen Verwaltung, wo die gesamte Buchhaltung des Unternehmens zusammenläuft, suchten die Arbeitsgruppen

---

1 1983 gab der Generaldirektor eine Grundsatzerklärung ab, mit der *Total Quality* als Arbeitssystem eingeführt wurde. Amerco wies *Total Quality* ein Budget von fünf Millionen Dollar zu und ernannte für jeden der vier Marktbereiche des Unternehmens einen *Total Quality*-Manager. Amerco richtete außerdem ein *Total Quality*-Institut ein, dessen Lehrkräfte unter bewährten Managern der mittleren Ebene rekrutiert wurden. Der erste *Total Quality*-Kurs wurde 1984 angeboten. Inzwischen haben über 26.000 Beschäftigte an 58 Standorten an einem solchen Kurs in einer von sechs Sprachen teilgenommen. Die Fortbildung beansprucht drei Prozent der Arbeitszeit jedes Beschäftigten, etwa 66 Stunden pro Person im ersten Jahr von *Total Quality*.

selbst ihre Büromöbel und Teppiche aus, gestalteten die Arbeitsabläufe neu und wirkten bei der Einstellung neuer Beschäftigter mit.

Was die Reformpädagogik für die Schulen und Benjamin Spock für die Kindererziehung war, das ist *Total Quality* für die Arbeit. Es setzt voraus, dass der Beschäftigte ein kompetenter Erwachsener ist und kein unmündiges Kind. Die Kontrolle von oben verschwindet dabei keineswegs, sie taucht wie bei der Reformpädagogik in neuer Gestalt wieder auf. Unter *Total Quality* werden die Beschäftigten, die auf Stundenlohnbasis arbeiten, zu Arbeitsgruppen zusammengefasst und von Anfang bis Ende des Produktionsprozesses mit erheblich mehr Entscheidungsbefugnissen ausgestattet. *Total Quality* heißt, dass Beschäftigte, die in einem Werk auf unterschiedliche Weise mit denselben Gütern oder Dienstleistungen zu tun haben, stärker auf einander angewiesen sind. Jede Arbeitsgruppe erhält Zeitvorgaben, Budgets, Verkaufsinformationen und die Befugnis, ihr Produkt auf die effizienteste Weise herzustellen und zu vertreiben. Die einzigen nicht unter die Befugnisse der Arbeitsgruppe fallenden Aspekte dieses Prozesses sind die Wünsche der Kunden, die als sakrosankt gelten – und die Messung der Gruppenleistung durch das Unternehmen.

Bei Amerco bestand die wichtigste Auswirkung von *Total Quality* in der Schaffung einer gemeinsamen, aus neuen Werten und Praktiken bestehenden Kultur.[2] Für Außenstehende ist eine Unternehmenskultur etwas, worin man lebt, nicht etwas, das man gezielt entwickelt. Aber innerhalb des Unternehmens sprachen die Leute ohne weiteres vom „Management" der Kultur. Sie sagten, dass sie Werte „hatten" und fast im selben Atemzug, dass sie diese managten. Manche redeten von der Unternehmenskultur sogar wie von etwas, das man kaufen und verkaufen kann. Pat O'Mally, die Leiterin der Abteilung für Aus- und Weiterbildung, bemerkte stolz: „Es bräuchte acht Jahre, wenn ein anderes Unternehmen unseren Wandel in der Firmenkultur nachmachen wollte. Sowas kann man nicht stehlen. Damit hat man für acht Jahre zu tun." Die Vorstellung, Werte „managen" zu können, ob eigene oder fremde, ist an sich bereits schon ein grundlegender Teil der Unternehmenskultur.

---

2   Siehe Gideon Kunda, *Engineerung Culture: Control and Commitment in a High-Tech Corporation*. Philadelphia, Temple University Press, 1992. Tatsächlich gibt es in Forschung und Lehre einen eigenen Unterbereich Unternehmenskultur.

So wurde von der Unternehmensspitze eine dünne Schicht Kultur nach der anderen aufgetragen („Wir glauben an die Vielfalt. Wir glauben an den Wert des Individuums. Wir glauben daran, den Kunden glücklich zu machen."). In sorgfältig formulierten Ansprachen, die mit großem Ernst aufgenommen wurden, kündigte der Generaldirektor neue Verschiebungen in der Unternehmenskultur an oder bekräftigte alte Themen. Je weiter oben in der Unternehmenshierarchie (oder je näher der Zentrale) die Beschäftigten standen, desto größer war ihre Bereitschaft zur Anpassung an solche Verschiebungen. Beschäftigte auf den höheren Ebenen nahmen diese Ideen mit nach Hause, ließen sie sich durch den Kopf gehen und entschieden, ob und wieweit sie mit ihnen einverstanden oder nicht einverstanden waren. Jedem stand frei, mit der Rede des Generaldirektors nicht einverstanden zu sein. Aber seine Aussagen waren in aller Munde. Sie lagen in der Luft. Sie fühlten sich an wie etwas, an das man gerne glaubt. Aussagen wie: „Wert des Individuums", oder: „Die Vielfalt achten", wirkten moralisch, verbindend und akzeptabel. Als ich eines Tages in den Ergebnissen einer unternehmensinternen Befragung las, bei der es um Einstellungen zu Gender und ethnischer Vielfalt ging, fiel mir eine Zeile auf dem Deckblatt des Fragebogens ins Auge: „Die Vielfalt achten – Amercos Politik". Im Fragebogen wurden die Beschäftigten zwar nach ihrer Meinung gefragt, aber gleichzeitig wurde ihnen gesagt, was sie denken sollten.

In einem Amerco-Handbuch für neue Beschäftigte gibt es eine Liste der ungeschriebenen Normen und ihrer Auswirkungen auf die Karriere: „Die Zeit, die Sie am Arbeitsplatz verbringen, spricht für ihr Engagement. Arbeiten Sie länger." Oder: „Wenn Sie länger arbeiten, zeigt das Ihren Einsatz" oder: „Kleidung ist wichtig. Seien Sie konservativ. Wenn sie das missachten, passen Sie nicht gut in unser Unternehmen." Diese schriftlich niedergelegten, „ungeschriebenen" Normen, diese expliziten Formulierungen der Amerco-Kultur waren dafür verantwortlich, dass sie als so anders empfunden wurde als die intuitiven, nicht kodifizierten Kulturen, in denen sich die meisten von uns bewegen. Die Amerco-Kultur war explizit gemacht worden, aber der Unterschied zwischen einer explizit formulierten Unternehmenskultur und der intuitiven Kultur des Privatlebens wurde verwischt, und das Verwischen des Unterschieds zwischen formellen und informellen Selbstverständlichkeiten war selbst ein zentraler Teil der Unternehmenskultur.

Bei der Entscheidung über die zu schaffende Kultur suchte sich das Unternehmen externe Modelle. So wie Flugzeugkonstrukteure ihr Design an Vögeln orientierten oder Architekten für Einkaufszentren den Stil eines Dorfplatzes aus dem 19. Jahrhundert kopieren, so übernahm das Unternehmen seine Kultur von Familie und Gemeinschaft. In einem Workshop für Personalchefs, den ich beobachtete, untersuchten die Teilnehmer zum Beispiel Möglichkeiten, wie man Freundschaften zum Nutzen des Unternehmens einsetzen könne. Ein Manager sagte zu mir: „Das Unternehmen kann die Fehlerquote senken, indem es Problemlösungsfähigkeiten zusammenholt. Man packt sie sozusagen auf die normalen Freundschaften oben drauf. Joe ruft Bill an und unterhält sich mit ihm über die Familie oder über Fußball. Zum Schluss sagt er dann: ‚Übrigens, ich habe da noch so ein Problem mit [irgendetwas bei der Arbeit]. ... Weißt du nicht jemanden, der mir dabei helfen kann?' Wir bringen sie dazu, ein paar persönliche Chips für die Arbeit zu aktivieren. ‚Indem du mir einen Gefallen tust, tust du der Firma einen Gefallen'. Wir müssen unseren Beschäftigten beibringen, das zu tun." Durch geschickte Verknüpfung nutzte Amerco so sich entwickelnde Freundschaften, um seine eigenen, sorgfältig geplanten Unternehmenspraktiken zu stärken.

Darüber hinaus setzte *Total Quality* bewusst oder unbewusst auch bei jener Kultur an, die viele Frauen zu Amerco mitbrachten – persönliche Bindungen, Zuspruch und nicht-hierarchische Zusammenarbeit. In gewisser Weise förderte *Total Quality* eine „mütterliche" Arbeitskultur, wozu auch die Feminisierung der Amerco-Belegschaft passte. In manchen Arbeitsgruppen feierten die Frauen ihre Geburtstage miteinander, erzählten sich Geschichten von ihren Kindern, halfen einander bei Problemen oder wenn es etwas zu erledigen gab. Diesen Gemeinschaftsgeist lenkte *Total Quality* nun auf die Arbeitsziele. So sagte etwa eine Amerco-Managerin, die bei der Gestaltung einer Feier zur „Auszeichnung verdienter Mitarbeiter" ihrer Abteilung mithalf: „Ich habe gerade die Feier zum 80. Geburtstag meiner Mutter organisiert. Ich möchte den Teilnehmern das Gefühl geben, dass es wirklich genauso gemeint ist wie für meine Mutter."

Amerco trat offiziell für bestimmte Werte ein und hatte sich damit den Ruf erworben, etwas anderes zu sein als eine kalte ökonomische Maschine.[3] Im 19. Jahrhundert dagegen hatten viele Fa-

---

3 Siehe Catherine Casey: „Come Join Our Family: Discipline and Integration in the New Corporate Culture." Beitrag auf der American Sociological Asso-

brikbesitzer eine Arbeitsordnung eingeführt, ohne in aller Form für Werte einzutreten, die ihren Beschäftigten zugute kamen. Dies war Sache von Familien, Kommunen und Kirchen. Doch wie andere Chefs von multinationalen Unternehmen hielt der Generaldirektor von Amerco es für einen wichtigen Teil seiner Arbeit, in Grundsatzreden seine Visionen und Missionen darzulegen und Werte zu formulieren, für die das Unternehmen einstand. Im Grunde sagte Amerco jetzt seinen Beschäftigten: Ihr müsst eure Werte nicht beim Pförtner abgeben. Wie haben sie hier. Moralisch gesprochen seid ihr so geschützt, so sicher, als wärt ihr zu Hause.

Ob die Beschäftigten über die von oben verordnete Unternehmenskultur liebevoll, kritisch oder, was oft der Fall war, liebevoll *und* kritisch sprachen, selten konnten sie sich ihrem Einfluss lange entziehen. Jedes Jahr erhielten sie einen Fragebogen, in dem sie anonym zu einem breiten Spektrum von Fragen Stellung nehmen sollten. Diese Erhebungen zum Betriebsklima dienten jedoch nicht nur der Überprüfung der Unternehmenskultur, sie waren selbst ein Teil von ihr. Die Rücklaufraten waren hoch, und nur wenige meiner Gesprächspartner äußerten sich zynisch zu diesen Umfragen. Der scheinbare Zweck dieser Umfragen war, herauszufinden, wie die Stimmung unter den Beschäftigen war. Fühlte sich eine Angestellte von ihrem Chef gut betreut? Förderte er den Gruppengeist? Die Mitwirkung? War eine Beschäftigte zufrieden mit ihrer Entwicklung am Arbeitsplatz? War ein Angestellter zufrieden mit der Anerkennung, die er für gute Arbeit bekam? Fand eine Beschäftigte, dass man ihr eine echte Chance gab, sich weiter zu qualifizieren? Solche Fragen holten nicht bloß Informationen ein. Sie festigten auch die Vorstellung, dass das Unternehmen auf diese Weise versuchte, etwas für die Beschäftigten zu tun und dass es wirklich wissen wollte, ob ihm das auch gelang. Die Umfragen gaben den Leuten das Gefühl, dass ihnen jemand zuhörte – und es hörte ja auch jemand zu. Sie boten den Beschäftigten eine Möglichkeit, ein moralisches Votum zu Unternehmensangelegenheiten abzugeben. Am Ende jedes Fragebogens wurden die Befragten gebeten, zusätzliche Kommentare aufzuschreiben. So wurden die Umfragen zu einer Art anonymer Meckerecke, einer „Mauer der Demokratie" mitten im Kernland des Kapitalismus. Zugleich erinnerten sie die Beschäftigten daran, dass Amerco hoffte, sich selber zu verbessern.

---

ciation Conference, Los Angeles, 1994, S. 13; siehe auch Catherine Casey, *Work, Self, and Society: After Industrialization*. New York, Routledge, 1995.

Nach und nach begriff ich, dass sich Amerco tatsächlich um Verbesserungen bemühte, wirklich wissen wollte, was nicht gut war, sich wirklich kümmerte. Zwar blieben Produktion und Profit die Unternehmensziele, doch die Grundsatzreden und die Umfragen waren nicht bloß ein Versuch, den Anschein einer moralischen Welt zu erwecken; sie waren der Versuch, eine moralische Welt zu sein. Daher überrascht es nicht, dass sich die Beschäftigten aufregten, wenn sie meinten, ein Kollege oder ein Vorgesetzter führe die Grundsätze, die in diesen Reden verkündet wurden, nur im Munde, ohne sie anzuwenden. Wie viel Ärger der Arbeitsalltag auch bringen mochte, es war schwer, einen solchen Unternehmensgeist nicht zu schätzen. Vielleicht schienen die Amerco-Beschäftigten deshalb so gern bereit, sich die Amerco-Symbole zu eigen zu machen. Leute, die bei den vielen unternehmensinternen Wettbewerben ausgezeichnet wurden, waren stolz auf ihre Anstecknadeln und auf sonstige Gegenstände mit dem Unternehmenslogo. „In Amerika", sagte eine Angestellte, „haben wir keine Familienwappen mehr, aber wir haben das Unternehmenslogo".

In diesem Klima von Zusammenarbeit und Anpassung begannen sich Anfang der 1980er Jahre einige versprengte Amerco-Beschäftigte – allein erziehende Mütter und Väter, Alleinstehende, die künftige Konflikte zwischen Arbeit und Familie voraussahen, und ältere Leute, sie sich an solche Konflikte erinnerten – für familienfreundliche Reformen einzusetzen. Eine Umfrage nach der anderen ergab, dass auf allen Ebenen der Unternehmenshierarchie Familien, in denen beide Eltern arbeiteten, an der Grenze ihrer Belastbarkeit angelangt waren. In einer dieser Umfragen sollten die Beschäftigten zu folgender Aussage Stellung nehmen: „Es ist schwierig für mich, Arbeit und Familie bzw. andere persönliche Verantwortlichkeiten miteinander zu vereinbaren." Drei Viertel der Frauen und die Hälfte der Männer stimmten dieser Aussage zu. Sechs von zehn Frauen und die Hälfte der Männer stimmten außerdem dem Satz zu: „Meine Gesundheit leidet, weil ich Arbeit und Familie bzw. andere persönliche Verantwortlichkeiten miteinander vereinbaren muss." Von den Beschäftigten in Fertigung und Instandhaltung, die nach Tarifvertrag stundenweise bezahlt wurden, stimmte die Hälfte bei der Aussage zu, der Zeitdruck wirke sich negativ auf ihre Ehen aus. Ein Drittel hatte „große Schwierigkeiten" mit der Betreuung der Kinder, die zu Hause sich selbst überlassen waren. Ein Viertel von ihnen hatte „große Schwierigkeiten", frei zu bekommen, um an einer Schulveranstaltung ihres

Kindes oder an einem Elternabend teilzunehmen oder einfach, um sich um ein krankes Kind zu kümmern.

Aber schon bald erhielten die Amerco-Beschäftigten Verstärkung durch eine neue Art von Sozialaktivisten. Personal-Spezialisten in maßgeschneiderten Anzügen und mit ledernen Diplomatenkoffern begannen bereits Mitte der 1980er Jahre auf den nationalen Jahreshauptversammlungen aufzutauchen und eine familienfreundliche Personalpolitik zu propagieren. Diese Teilnehmer, die rund zweitausend amerikanische Unternehmen vertraten, sahen durchaus nicht wie zerzauste Altachtundsechziger aus. Auch ihre Sprache war anders: Sie redeten von *„buy-ins"*, vom „Ideen-Marketing für den internen Abnehmer" und vom *„Networking"*. Sie warfen mit Formeln um sich wie: „Lösungen für Arbeit und Familie an der Vielfalt aufhängen", oder: „Arbeit und Familie in *Total Quality* einbauen". In ihrer überwältigenden Mehrheit waren sie weiblich, weiß, gehörten der Mittelklasse an und fungierten als die Sozialarbeiterinnen der Unternehmenswelt. Wie viele Sozialarbeiterinnen waren sie zugleich ein Teil des Systems und seine idealistischen Kritikerinnen. Sie waren überzeugt, dass eine familienfreundliche Personalpolitik der Schlüssel zum Unternehmenserfolg war; aber, so beklagte sich eine von ihnen, wie inhuman es sei, „Kinder und alte Menschen immer nur als Betreuungsproblem zu behandeln."

1985 verkündete Amerco einen neuen Grundsatz: Es wolle seinen Beschäftigten helfen, Arbeit und Familie miteinander zu vereinbaren. Das Unternehmen legte eine familienfreundliche Personalpolitik mit zwei unterschiedlichen und potentiell widersprüchlichen Teilen vor. Der erste Teil ermöglichte den Beschäftigten, mehr sorgenfreie Zeit bei der Arbeit zu verbringen, der zweite Teil versprach mehr konfliktfreie Zeit zu Hause. Der erste Teil bestand aus Maßnahmen und Programmen wie hochwertiger Kinderbetreuung, Betreuung kranker Kinder, zusätzlicher Kinderbetreuung in Notfällen, Betreuung vor und nach der Schule und Vermittlungsdiensten für die Betreuung alter Menschen – alles, was es braucht, um die Beschäftigten in die Lage zu versetzen, sich acht oder mehr Stunden am Tag besser auf ihre Arbeit zu konzentrieren. Tatsächlich erweiterte Amerco schließlich auch die bescheidene Kindertagesstätte, in der Timmy und Cassie 1990 frühstückten, und baute für fünf Millionen Dollar ein neues *Community Child Development Center*, ein lokales Kinder-Entwicklungszentrum, mit 150 Plätzen für Amerco-Kinder im Vorschulalter. Die Betreuerinnen wurden am örtlichen Amerco Junior College ausgebildet und vom Unternehmen mit Zuschüssen und Stipendien unterstützt. Amerco veranstaltete außerdem Foren zur Kinderbetreuung, Altenpflegeseminare und Elternmessen und finanzierte ein Elternzentrum, das der ganzen Kommune offen stand.

Die zweite Art von familienfreundlichen Reformen ermöglichte den Eltern, ihre Arbeitszeit flexibel zu gestalten oder zu verkürzen und damit mehr Zeit für das Leben außerhalb der Arbeit zu gewinnen. Hierfür bot Amerco bezahlten Mutterschaftsurlaub vier Wochen vor und sechs Wochen nach der Geburt oder der Adoption eines Kindes und bis zu 20 Wochen unbezahlten Elternurlaub für jedes neu geborene oder adoptierte Kind an. Eine Broschüre des Unternehmens propagierte Teilzeitarbeit, Job Sharing, flexible Arbeitszeiten oder Arbeit zu Hause als mögliche Optionen für Beschäftigte.

Im Laufe der Zeit wurde den Aktivisten im Unternehmen jedoch klar, dass es Probleme gab, die Kluft zwischen Unternehmensbroschüre und Alltag zu schließen. Amy Truett war Amercos Vorkämpferin für den Wandel und eine aktive Befürworterin beider Arten von Reformen. Auf ihre Anregung hin wurde ein Video entwickelt mit dem Titel „Klug gemanagt", mit dessen Hilfe Manager lernen sollten, den Beschäftigten bei der Umsetzung der diversen Formen von alternativer Zeitgestaltung zu helfen. Auf einer Konferenz nach der anderen forderte sie zum Brainstorming auf, um Wege zu finden, dem obersten Management mehr Unterstützung abzuringen, die hemmenden mittleren Managementebenen zu umgehen und denjenigen Beschäftigten Mut zu machen, die bei all den schmerzhaften Fragen zur Balance von Arbeit und Familie ein Ja angekreuzt hatten. 1990 erklärte Amy Truett:

> „Wir haben jetzt fünf Jahre Arbeit hinter uns und zehn weitere vor uns. Die Topmanager halten familienfreundliche Maßnahmen für richtig. Aber von denen packt doch keiner seinen Koffer selbst, die *wissen* gar nicht, wie so ein Morgen bei den meisten von uns abläuft. Die mittleren Manager wollen bloß ihre Haushaltspläne machen und möglichst wenig Ärger haben, und für die sehen wir eben nach Ärger aus."

Mit der Zeit begannen die Beschäftigten, die Manager danach zu beurteilen, ob sie es in puncto Balance von Arbeit und Familie bei Lippenbekenntnissen bewenden ließen oder nicht. Sekretärinnen redeten darüber, ob ein bestimmter Topmanager sich endlich auch zur *Work-Life Balance* bekehrt hätte. Sorgfältig, wenn auch beiläufig, beobachteten die Leute einander und suchten – vor allem bei

Personen in Machtpositionen – nach Zeichen des Umdenkens. Potentielle Bekehrte klagten darüber, dass sie beobachtet würden, und achteten schon deshalb sorgfältig darauf, sich überzeugt zu geben, oder doch so gut wie überzeugt, oder hielten sich mit der Äußerung von Vorbehalten zurück. Auch ihre Reaktion auf diese Beobachtung wurde kommentiert. „Warum ist er immer so vorsichtig?", sagten die Leute. Auf diese Weise sickerten die tatsächlichen Werte des Arbeitsalltags allmählich von oben nach unten durch.

Dies also war das kulturelle Klima, das ich bei meiner Ankunft bei Amerco vorfand. Amerco ging es in vielerlei Hinsicht besser als anderen Unternehmen. Die Belegschaft war stabiler, die Beziehungen zwischen Management und Gewerkschaft kooperativer (der letzte Streik lag 100 Jahre zurück), die Profite höher und die Kommune, in der es seinen Sitz hatte, ländlicher, ruhiger und isolierter als üblich. In einem zentralen Punkt allerdings war Amerco typisch. Einst eine Männerbastion, beschäftigte es nun eine ständig steigende Zahl von Frauen. Während früher die meisten Männer, die bei Amerco arbeiteten, mit Frauen verheiratet waren, die zu Hause blieben, waren 1990 bereits 69 Prozent der Amerco-Männer mit Frauen verheiratet, die ebenfalls erwerbstätig waren, und 84 Prozent der Beschäftigten mit Kindern unter 13 Jahren hatten keine Nur-Hausfrau zur Frau. 12 Prozent der Beschäftigten versorgten außerdem behinderte oder alte Verwandte, und weitere 25 Prozent sahen eine solche Verantwortung in naher Zukunft auf sich zukommen.[4] So wurde die familienfreundliche Unternehmenspolitik, die ursprünglich als ein Magnet für Frauen und nicht für Männer sowie für hoch qualifizierte Fachkräfte und nicht für Arbeiter gedacht war, für viele Beschäftige relevant.

Ein Unternehmen mit einer starken, von der Geschäftsführung getragenen Kultur, guten Absichten und einer zunehmenden Zahl von Doppelverdienerfamilien mit neuen Bedürfnissen – konnte es, so fragte ich mich, für die erfolgreiche Umsetzung von familienfreundlichen Reformen eine vielversprechendere Situation geben? Schon jetzt bekannte fast die Hälfte der Amerco-Beschäftigten ähnlich wie Cassies Mutter Gwen, dass sie Hilfe brauchten, um Arbeit und Familie zu vereinbaren. Als ich 1990 nach Spotted Deer kam, schien diese Hilfe nur einen Vorgesetzten weit entfernt zu liegen.

---

4 Siehe Anhang, Tabelle C, Flexible oder verkürzte Arbeitszeiten: Bedarf bei Beschäftigten.

3. Kapitel
Zeit für die Familie – ein frommer Wunsch?

Gleich zu Beginn meines Aufenthalts in Spotted Deer fiel mir auf, dass die 1985 mit soviel Tamtam eingeführten familienfreundlichen Reformen irgendwie merkwürdig aufgenommen wurden. Dreierlei schien festzustehen: Erstens, bei jeder neuen Umfrage erklärten Amercos Beschäftigte, sie seien an den Grenzen ihrer Belastbarkeit angelangt. Zweitens, das Unternehmen bot ihnen Maßnahmen an, mit deren Hilfe sie ihre Arbeitsbelastung verringern konnten. Drittens, fast niemand tat es. Timmys Vater, Jarods und Tylors Mutter, Cassies Eltern – keiner von ihnen arbeitete weniger. Amy Truetts Projekt war, kaum dass es geboren war, schon in zwei ungleiche Teile zerfallen: Programme, die den Eltern ermöglichen, ihre Arbeit unbeeinträchtigt von Familienbelangen zu tun, erfreuten sich einer nicht enden wollenden Nachfrage, während bei allen Maßnahmen, die den Beschäftigten Arbeitszeitverkürzungen und damit mehr Freizeit bzw. mehr Zeit für die Familie anboten, Flaute herrschte.

Um mir auf dieses Paradox einen Reim zu machen, nahm ich mir als erstes den Text dieser Maßnahmen und die Umfrage-Ergebnisse bei den Beschäftigten vor und begann, sie sehr genau zu lesen. Amerco definiert Teilzeitarbeit als eine Stelle mit 35 oder weniger Wochenstunden bei vollen oder anteiligen Leistungen.[1] Job Sharing bedeutet, dass sich zwei Beschäftigte eine Vollzeitstelle teilen, wobei Gehalt und sonstige Leistungen anteilmäßig aufgeteilt werden. Wie bei allen Versuchen zur Veränderung von Arbeitszeiten muss der oder die Beschäftigte, so erfuhr ich, die Genehmigung

---

[1] Diese Teilzeitbeschäftigungen sind nicht mit den Beschäftigungen ohne Sozialleistungen oder feste Verträge, den so genannten „Kontigentarbeitskräften", zu verwechseln. Die Zunahme „schlechter" Teilzeitbeschäftigungen könnte sich durchaus dämpfend auf die Suche nach „guten" auswirken. Siehe Vicki Smith, „Flexibility in Work and Employment: Impact on Women", *Research in the Sociology of Organizations*, 11, 1993, S. 195-216.

eines Vorgesetzten, eines Abteilungsleiters oder beider einholen. Außerdem hatten Beschäftigte, deren Arbeitsbedingungen tarifvertraglich geregelt waren – gut die Hälfte der Amerco-Belegschaft einschließlich der Arbeiter in Fertigung und Instandhaltung – keinen Anspruch auf Teilnahme an Maßnahmen zur Flexibilisierung oder Verkürzung der Arbeitszeiten.

Aber ich entdeckte, dass auch bei den anspruchsberechtigten Beschäftigten mit Kindern von 13 Jahren und jünger nur drei Prozent Teilzeit arbeiteten. Tatsächlich waren 1990 nur 53 der 21.070 Amerco-Beschäftigten in den Vereinigten Staaten Teilzeitbeschäftigte, das ist weniger als ein Viertel Prozent der Gesamtbelegschaft – und weniger als ein Prozent der Beschäftigten teilten sich eine Arbeitsstelle.

Amerco bot seinen Beschäftigten außerdem ein Programm zur flexiblen Arbeitsplatzgestaltung an, das *flextime* genannt wurde und bei dem die Beschäftigten ihre Arbeit von zu Hause oder einem anderen Ort aus erledigen konnten. Dies wurde von einem Prozent der Beschäftigten in Anspruch genommen. Auch konnten sich Beschäftigte unter bestimmten Umständen vorübergehend von der Vollzeitarbeit beurlauben lassen. Der bezahlte Mutterschaftsurlaub betrug regulär sechs Wochen (auf Wunsch des Paares auf Mutter und Vater verteilt). Anschließend konnte, wenn die Genehmigung erteilt wurde, ein Elternteil Teilzeit arbeiten, wobei die Ausgestaltung im Ermessen des zuständigen Vorgesetzten lag, die Sozial- und sonstigen Leistungen aber voll erhalten blieben. Die meisten Mütter nahmen den bezahlten Mutterschaftsurlaub und manchmal auch mehrere Monate unbezahlten Urlaub, kehrten dann aber zu ihrer Vollzeitarbeit zurück. Fast kein Amerco-Vater nahm Elternzeit in Anspruch, und kein einziger Amerco-Vater hatte auf die Geburt eines Kindes reagiert, indem er auf Teilzeitarbeit überging.

Recht beliebt waren dagegen flexible Arbeitszeiten, die es den Beschäftigten erlaubten, früher oder später zu kommen oder zu gehen oder ihre Arbeitszeit auf andere Weise flexibel zu gestalten. 1993 wurde sie bereits von einem Viertel aller Beschäftigten – und einem Drittel der beschäftigten Eltern – genutzt. Mit anderen Worten, von allen familienfreundlichen Maßnahmen bei Amerco hatte nur die Flexibilisierung, mit der die Arbeitszeit anders verteilt, aber nicht verkürzt wurde, spürbare Auswirkungen am Arbeitsplatz. 99 Prozent der Amerco-Beschäftigten arbeiteten einer Umfrage zufolge Vollzeit, und zwar durchschnittlich 47 Stunden pro Woche. Als ich mir die Zahlen genauer ansah, machte ich einige überraschende Feststellungen: Beschäftigte mit kleinen Kindern steckten sogar mehr Stunden in die Arbeit als Beschäftigte ohne Kinder. Obwohl ein Drittel aller Eltern flexible Arbeitszeiten hatten, arbeiteten 56 Prozent der Beschäftigten mit Kindern regelmäßig an den Wochenenden. 72 Prozent der Eltern machten regelmäßig Überstunden; dabei bekamen auf Stundenbasis Beschäftigte, die gewerkschaftlich organisiert waren, diese Zeit bezahlt (obwohl ein großer Teil davon angeordnet wurde), festangestellte Gehaltsempfänger dagegen nicht. Tatsächlich begannen in den Jahren, in denen ich Amerco untersuchte, sowohl Eltern als auch Nichteltern *länger* zu arbeiten. 1993 erzählten mir praktisch alle, mit denen ich sprach, dass sie inzwischen länger arbeiteten als noch wenige Jahre zuvor, und die meisten meinten, Amerco „sei ein ziemlich workaholischer Ort".

Damit steht Amerco nicht allein. 1990 ergab eine Untersuchung von 188 Fabrikationsbetrieben der *Fortune-500*-Liste, dass in 88 Prozent von ihnen Teilzeitarbeit zwar informell angeboten, aber nur von drei bis fünf Prozent der Beschäftigten in Anspruch genommen wurde. Sechs Prozent der untersuchten Unternehmen boten offiziell Job Sharing an, aber nur ein Prozent und zum Teil sogar weniger ihrer Beschäftigten machten davon Gebrauch. 45 Prozent dieser Unternehmen boten offiziell flexible Arbeitszeiten an, aber nur zehn Prozent ihrer Beschäftigten ließen sich darauf ein. Drei Prozent der Unternehmen boten flexible Arbeitsplatzregelungen an – Arbeit zu Hause –, aber weniger als drei Prozent ihrer Beschäftigten nutzten diese.[2]

---

2 Siehe Anhang, Tabelle B. Siehe auch Galinsky u.a., *The Corporate Reference Guide*, 1991, S. 85-87. Bezogen auf ganz Amerika ist der Anteil der Unternehmen, die nach eigenen Aussagen flexible Arbeitzeiten anbieten, viel höher als der Anteil der Unternehmen, die angeben, dass ihre Beschäftigten davon Gebrauch machen. In einer Untersuchung zur flexiblen Arbeitsplatz- und Arbeitszeitgestaltung gab es in 18 von 29 Unternehmen, die zum Beispiel eine familienfreundliche Arbeitsplatzgestaltung anboten, fünf oder weniger Beschäftigte, die zu Hause arbeiteten (Kathleen Christensen, *Flexible Staffing and Scheduling in U.S. Corporations*, New York, The Conference Board, 1989, S. 18).
Was die Leute mit der freien Zeit *tun*, die sie sich durch flexible Arbeitszeiten verschaffen, ist eine andere Frage. Bei einer Untersuchung zur Nutzung der gewonnenen Zeit durch die Beschäftigten in zwei Bundesbehörden konnte festgestellt werden, dass erwerbstätige Eltern mehr Zeit mit ihren Kindern verbrachten – andererseits aber eine Zunahme der Zeit, die die Frauen mit Hausarbeit verbrachten (Halcyone Bohen und Anamaria Viveros-Long, *Ba-*

Die Erfahrungen bei Amerco legen den Schluss nahe, dass die Arbeitszeiten von berufstätigen Eltern in Amerika immer länger werden. Bei Beschäftigten mit Kindern von zwölf Jahren und jünger arbeiteten nur vier Prozent der Männer und 13 Prozent der Frauen weniger als 40 Stunden pro Woche.[3] Wie aus einer Studie von Arthur Emlen von der Portland State University hervorgeht, wirkt sich die Tatsache, ob ein Angestellter ein Kind hat oder nicht, erstaunlich wenig auf seine Anwesenheitszeiten am Arbeitsplatz aus. Abgesehen von Urlaub und Feiertagen kommen auf den durchschnittlichen Beschäftigten neun Fehltage pro Jahr. Der Vater oder die Mutter eines Kindes, das an Werktagen allein zu Hause bleibt, fehlt im Durchschnitt 14,5 Tage im Jahr: nur fünfeinhalb Tage mehr. Männer mit kleinen Kindern fehlen nur einen halben Tag länger als Männer ohne Kinder.[4]

Die Idee von mehr Zeit für die Familie scheint gestorben, in den Himmel gekommen und ein Ideenengel geworden zu sein – ein frommer Wunsch. Aber warum? Warum nehmen erwerbstätige Eltern, aber auch andere Beschäftigte, die ihnen gebotenen Möglichkeiten zur Arbeitszeitverkürzung nicht wahr?

Die am weitesten akzeptierte Erklärung ist, dass es sich erwerbstätige Eltern einfach nicht *leisten* können, weniger zu arbeiten. Bei einem Durchschnittseinkommen von $ 32.264 pro Haushalt im Jahre 1996 könnten viele Erwerbstätige in den USA tatsächlich Essen und Miete mit nur drei Vierteln oder der Hälfte ihres Gehalts nicht mehr bezahlen. Aber ungeachtet des finanziellen

---

    lancing Jobs and Family Life: Do Flexible Schedules Help?, Philadelphia, Temple University Press, 1981).

    Eine 1992 von der Johnson & Johnson Company durchgeführte Untersuchung ergab, dass nur sechs Prozent der Beschäftigten ihren „family-care leave" (unbezahlten Urlaub bis zu einem Jahr) und 18 Prozent die „family-care absence" (bezahlte Freistellung für kurzzeitige Pflege in Notfällen) nutzten. Families and Work Institute, „An Evaluation of Johnson and Johnson's Work-Family Initiative", April 1993, S. 20. Obwohl es 1983 in 37 Prozent der amerikanischen Unternehmen auch Urlaub für junge Väter gab, konnten nur neun von 384 Unternehmen bei einer Umfrage auch nur einen Vater nennen, der die Elternzeit beanspruchte (Dana Friedman, *Linking Work-Family Issues to the Bottom Line*, New York, The Conference Board, 1991, S. 50.

3   Galinsky u.a., *The Corporate Reference Guide*, 1991, S. 123.

4   Arthur Emlen, „Employee Profiles: 1987 Dependent Care Survey, Selected Companies", Portland, Oregon Regional Research Institute for Human Services, Portland State University, 1987, wiedergegeben in Friedman, *Linking Work-Family Issues to the Bottom Line*, 1991, S. 13.

und zeitlichen Drucks, unter dem die meisten Eltern stehen, warum nimmt die Mehrheit von ihnen nicht einmal den ihnen zustehenden bezahlten Urlaub ganz in Anspruch? Warum – ein noch größeres Rätsel – ist gerade bei den bestbezahlten Beschäftigten, den höheren Managern und hoch qualifizierten Fachkräften, das Interesse an Teilzeitarbeit oder Job Sharing mit am geringsten? In einer der Amerco-Umfragen meinte nur ein Drittel der weiblichen Beschäftigten der obersten Gehaltsstufe (der so genannten *A-payroll*), Teilzeitarbeit habe einen „hohen Wert". Je tiefer man in der Gehaltsskala kam, desto höher stieg der Prozentsatz der Frauen, die Teilzeitarbeit gut fanden: 45 Prozent der *B-payroll*-Beschäftigten (Manager und Fachkräfte auf Gehaltsstufe B) und der Frauen in Verwaltung und Büro meinten, Teilzeitarbeit habe einen „hohen Wert". Die besser Verdienenden hatten also weniger Interesse an Teilzeitarbeit als die schlechter Verdienenden. Bei den Männern gab es auf allen Gehaltsstufen nur wenig Interesse an Teilzeitarbeit.

Wenn nun aber das Einkommen allein darüber entscheiden würde, wie oft oder wie lange Mütter nach der Geburt ihrer Kinder zu Hause bleiben, so wäre zu erwarten, dass ärmere Mütter rascher wieder arbeiten gingen und reichere Mütter länger zu Hause blieben. Doch dies ist nicht der Fall. In ganz Amerika ist bei wohlhabenden Müttern die Wahrscheinlichkeit, dass sie mit einem Neugeborenen zu Hause bleiben, nicht signifikant höher als bei jungen Müttern mit niedrigem Einkommen. Eine Studie ergab, dass ein Viertel der armen Mütter drei Monate nach der Geburt wieder arbeiten gingen, bei den wohlhabenden war es ein Drittel. 23 Prozent der Mütter von Neugeborenen in Haushalten mit einem Gesamteinkommen von $ 15.000 oder darunter nahm langen Mutterschaftsurlaub (53 Wochen oder mehr), genau wie 22 Prozent der Mütter von Neugeborenen in Haushalten mit einem Gesamteinkommen von $ 50.000 oder mehr.[5]

In einer nationalen Untersuchung aus dem Jahre 1995 gaben 48 Prozent der erwerbstätigen Frauen und 61 Prozent der Männer in den USA an, sie würden auch dann noch arbeiten wollen, wenn sie genug Geld hätten, um „so gut zu leben, wie sie wollten."[6] Auf

---

5 Hofferth u.a., *National Child Care Survey 1990*, 1991, S. 374. Siehe auch Bond und Galinsky, *Beyond the Parental Leave Debate*, 1991, S. 74.
6 Families and Work Institute, *Women: The New Providers*, Whirlpool Foundation Study, Part 1, Befragung, durchgeführt von Louis Harris and Associates, Inc., Mai 1995, S. 12.

die Frage, was „sehr wichtig" für ihre Entscheidung gewesen sei, ihre derzeitige Stellung anzunehmen, gaben nur 35 Prozent der Befragten in den USA „Gehalt/Lohn" an, während 55 Prozent den „Erwerb neuer Qualifikationen" und 60 Prozent die „Auswirkungen auf das eigene Leben/das Familienleben" als sehr wichtig bezeichneten.[7] Geld ist wichtig, ganz klar, aber eben auch andere Dinge.

Eine zweite allgemein akzeptierte Erklärung lautet, Beschäftigte arbeiten nicht deswegen länger, weil sie das Geld brauchen, sondern weil sie Angst vor Entlassung haben. Sie arbeiten mit der Angst im Nacken. Viele Unternehmen schaffen ein Klima der Angst, so das Argument, und ziehen damit die Hilfsangebote, die sie mit der einen Hand so großzügig machen, mit der anderen wieder zurück.

In den 1990er Jahren ist der Personalabbau in amerikanischen Unternehmen ein ernst zu nehmendes Problem, aber es gibt kaum Belege dafür, dass die Beschäftigten bei Amerco aus Angst arbeiteten. Ende der 1980er und Anfang der 1990er Jahre war von Entlassungen kaum die Rede. Als ich Beschäftigte fragte, ob sie lange arbeiteten, weil sie Angst hätten, auf eine Liste der bei Bedarf zu Entlassenden zu geraten, sagten praktisch alle nein. (Obwohl es in bestimmten Betrieben des Unternehmens tatsächlich in geringem Umfang Entlassungen gab, wurde der Prozess mit Fingerspitzengefühl durch „interne Umsetzungen" und „Anreize" zur Frühverrentung vollzogen). Und als ich die Zahl der Arbeitsstunden in den wenigen Amerco-Betrieben mit Personalabbau mit denen in Amerco-Betrieben ohne Personalabbau verglich, waren sie im Grunde gleich. In beiden Arten von Betrieben gingen bei den Vorgesetzten etwa die gleiche Zahl von Anträgen auf Arbeitszeitverkürzung ein.

Beschäftigte auf Stundenlohnbasis hatten mehr Angst vor Entlassungen als Gehaltsempfänger, aber auch bei ihnen war die Angst vor dem Verlust des Arbeitsplatzes nicht der Hauptgrund, den sie für ihre vielen Überstunden nannten. Immerhin ist Amerco ein gewerkschaftlich gebundener Betrieb, wo es bei Entlassungen nach der Dauer der Betriebszugehörigkeit geht, unabhängig von der Arbeitszeit. Sogar in einer besonders gefährdeten Gruppe – Fabrikarbeiter, die in der Rezession Anfang der 1980er Jahre entlassen und später wieder eingestellt worden waren – nannten die meisten nicht Angst vor Arbeitsplatzverlust als den einzigen oder wichtigsten Grund für ihre freiwilligen Überstunden.

---

7   Siehe Galinsky u.a., *The Changing Workforce*, 1993, S. 17.

Eine mögliche Erklärung ist, dass Beschäftigte, die Interesse an einer Flexibilisierung oder Verkürzung ihrer Arbeitszeit und auch einen Anspruch auf Teilnahme an den entsprechenden Maßnahmen haben, dies gar nicht wissen. Schließlich sind solche Maßnahmen selbst in einem Unternehmen wie Amerco noch etwas ziemlich Neues. Bei genauerer Untersuchung zeigte sich jedoch, dass das nicht der Fall war. Einer Umfrage aus dem Jahre 1990 zufolge wussten die meisten Amerco-Beschäftigten über die Flexibilisierungs- und Beurlaubungsregelungen des Unternehmens Bescheid. Frauen waren besser informiert als Männer, Beschäftigte auf höheren Ebenen besser als Beschäftigte auf den unteren Ebenen. Die überwiegende Mehrheit der Beschäftigten, mit denen ich sprach, wusste, dass das Unternehmen „gute" Maßnahmen anbot, und waren stolz darauf, bei einem so großzügigen Arbeitgeber zu arbeiten. Beschäftigte, die sich mit den Einzelheiten nicht auskannten, wussten immer noch, dass sie jemanden fragen konnten, der Bescheid wusste. „Ich weiß nicht genau, wie lange der Elternurlaub ist", sagte eine Sekretärin, „aber ich weiß, wie ich es herausbekomme." Warum also nahmen sie ihn nicht in Anspruch?

Vielleicht lag die Hürde auf dem Weg zu kürzeren Arbeitszeiten gar nicht bei den Beschäftigten, sondern beim Unternehmen. Waren die familienfreundlichen Maßnahmen bloß Fassade? Wollten Unternehmen wie Amerco zwar gut *aussehen*, aber nicht gut *handeln*? Wollten sie, indem sie familienfreundliche Maßnahmen anboten, die besten Beschäftigten an sich ziehen und in der Welt der Unternehmen glänzend dastehen, aber die Mühe der praktischen Umsetzung denn doch nicht auf sich nehmen? Nach dieser Logik müsste der Generaldirektor seinen mittleren Managern gewissermaßen ständig zuzwinkern und zuraunen: „Alles nicht so ernst gemeint." Und er täte dies, weil er meint, im Grunde läge es nicht im Interesse des Unternehmens, die Arbeitszeit der Beschäftigten zu verkürzen.[8]

Für viele Unternehmen mag das zutreffen, aber ich kam zu dem Schluss, dass es bei Amerco wahrscheinlich nicht der Fall war. Erstens glaubten die Amerco-Beschäftigten im Allgemeinen selber,

---

8 So sind etwa familienfreundliche Teilzeitbeschäftigungen mit vollen Sozial- und sonstigen Leistungen verbunden, so dass das Unternehmen mehr Geld für weniger Arbeit zahlen muss. Diese Leistungen könnten natürlich auch anteilig gewährt werden, aber wenn Unternehmen etwas aufgeben müssen, sind ihnen im Allgemeinen Gehaltserhöhungen lieber als Arbeitszeitverkürzungen. Siehe Schor, *The Overworked American*, 1991.

dass es ihr Generaldirektor ehrlich meinte. 60 Prozent der von mir Befragten waren der Ansicht, dass „das höhere Management die Beschäftigten bei familialen oder persönlichen Bedürfnissen unterstützt." Dies spricht für einen hohen Grad an Vertrauen in den guten Willen des obersten Managements in dieser Frage. Darüber hinaus gibt es eine Menge Belege dafür, dass von flexiblen Arbeitszeitregelungen nicht nur die Beschäftigten, sondern auch die Unternehmen selbst profitieren und dass Unternehmen wie Amerco dies auch wissen.

Amerco hatte für die Einführung der familienfreundlichen Programme gewichtige unternehmenspolitische Gründe. Die „Besten" einzustellen, bedeutet zum Beispiel immer häufiger, dass eine Frau die Stelle bekommt. Heute sind die Hälfte der Absolventen im Bereich Unternehmensverwaltung und ein Drittel aller Bachelors in den Computerwissenschaften und in der Informatik Frauen.[9] Eine Möglichkeit in der offenbar immer schärfer werdenden Konkurrenz um qualifiziertere Beschäftigte war, so schien es dem Unternehmen, Konkurrenten durch eine Politik auszustechen, die Arbeit und Familie ins Gleichgewicht zu bringen sucht.

Eine Studie über weibliche Ingenieure im Chemieunternehmen Du Pont ergab, dass gerade die besten und nicht die schlechtesten Arbeitskräfte weggingen, weil sie einen Arbeitsplatz suchten, an dem sich Arbeit und Familie besser vereinbaren ließen. Qualifizierte Beschäftigte aber, die von sich aus kündigen, kommen die Unternehmen teuer zu stehen. Für jede hoch qualifizierte Arbeitskraft, die kündigt, muss ein Unternehmen im Durchschnitt $ 40.000 aufwenden, um eine Ersatzkraft zu rekrutieren und einzuarbeiten. Eine Untersuchung von Merck und Co. ergab, dass der Verlust eines außergewöhnlich leistungsfähigen Beschäftigten das Unternehmen das Anderthalbfache von dessen Jahresgehalts kostet, und der Verlust eines weniger herausragenden Beschäftigten drei Viertel von dessen Jahresgehalt. Außerdem braucht eine neu einge-

---

9   „The Workforce 2000", ein einflussreicher Bericht des Hudson Institute aus dem Jahre 1987, sagte aufgrund der niedrigen Geburtenrate in den USA in den 1970er Jahren einen Mangel an qualifizierten Arbeitskräften zum Jahr 2000 voraus. Der Bericht wies außerdem darauf hin, dass es weniger weiße männliche und mehr sonstige Stellenbewerber geben würde. Zwar standen aufgrund der Entlassungen der 1980er Jahre wieder mehr qualifizierte männliche Arbeitskräfte auf dem Arbeitsmarkt zur Verfügung, doch führte dies zu keiner signifikanten Veränderung des langfristigen Trends zu stärker diversifizierten Belegschaften.

stellte Person mindestens ein Jahr, um ebenso gute Leistungen zu erbringen wie die Person, deren Stelle sie einnimmt.[10]

In einer Studie, die 58 Arbeitgeber in ganz Amerika befragte, gaben 31 an, familienfreundliche Maßnahmen trügen dazu bei, die gewünschten Arbeitskräfte zu gewinnen. Drei Viertel meinten, solche Maßnahmen verringerten die Fehlzeiten. Zwei Drittel bemerkten, dass sie die Einstellungen der Beschäftigten verbesserten.[11] Als Folge eines niedrigen Stresspegels bei der Arbeit können Unternehmen unter Umständen sogar ihre Ausgaben für die Krankenversicherung senken.

Darüber hinaus haben Studien, die dem Amerco-Management bestens bekannt sind, Belege für die Kosten geliefert, die – in Gestalt von steigenden Fehlzeiten, häufigerem Zuspätkommen und Produktivitätsabfall – entstehen, wenn *keine* solchen Maßnahmen eingeführt werden. Eine 1987 vom *National Council for Jewish Women* durchgeführte Untersuchung ergab, dass Frauen, die bei familienfreundlichen Unternehmen arbeiteten, seltener krank waren, mehr Arbeit außerhalb der eigentlichen Arbeitszeit erledigten, später in den Mutterschaftsurlaub gingen und nach der Geburt früher wieder zur Arbeit kamen.[12] Darüber hinaus wurde festgestellt, dass Beschäftigte, die von familienfreundlichen Maßnahmen Gebrauch machten, zu denen gehörten, die am leistungsfähigsten waren und am seltensten Probleme mit der Arbeitsdisziplin hatten. Alles in allem gibt es keine Belege dafür, dass flexible Arbeitszeiten nicht im langfristigen Interesse des Unternehmens sind, aber handfeste Beweise dafür, dass sie es sind. Es scheint, dass Amerco von seiner familienfreundlichen Politik selbst dann noch profitieren dürfte, wenn nur einige wenige Beschäftigte von ihr Gebrauch machten.

Man könnte also einwenden, dass eine solche Politik zwar im Interesse des Unternehmens liegt, nicht aber in dem der geplagten mittleren Führungskraft, die sie umsetzen soll. Amy Truett, die energischste Vorkämpferin für die familienfreundlichen Reformen

---

10 Friedman, *Linking Work-Family Issues to the Bottom Line*, 1991, S. 12.
11 Barbara Presley Noble, „Making a Case for Family Programs", *New York Times*, 2. Mai 1993, S. 25.
12 Untersuchungen über den Pharmariesen Johnson & Johnson und über Fel Pro, einen Hersteller von Dichtungen für Automobile ergaben, dass Beschäftigte in Firmen mit familienfreundlicher Politik zufriedener waren und dem Unternehmen eher treu blieben. Siehe Friedman, *Linking Work-Family Issues to the Bottom Line*, 1991, S. 47-50.

bei Amerco, war der Ansicht, der eigentliche Engpass sei die undurchlässige „Lehmschicht des mittleren Managements" – um die man allerdings nicht herum käme. Die Unternehmensbroschüre, in der die familienfreundlichen Maßnahmen beschrieben werden, weist im Kleingedruckten darauf hin, dass jede Vereinbarung der Zustimmung des unmittelbaren Vorgesetzten oder des Abteilungsleiters bedarf. Das gibt natürlich den mittleren Führungskräften, die solche Maßnahmen für ein Privileg und nicht für ein Recht halten könnten, eine gewisse Macht.

Wir könnten das als die Balashev-Theorie bezeichnen. In einer Episode in Leo Tolstois *Krieg und Frieden* schickt der russische Zar Alexander seinen vertrauten Boten Balashev los, um Napoleon, dem Kaiser von Frankreich, eine wichtige Warnung zukommen zu lassen, er solle seine Truppen aus Russland zurückziehen. Alexander gibt Balashev exakte Instruktionen, was genau er zu sagen hat, dass Russland sich als mit Frankreich im Krieg befindlich betrachten wird, solange Frankreich seine Soldaten auf russischem Boden lässt. Balashev macht sich auf den Weg. Aber er wird aufgehalten von einer Person, dann von einer weiteren, jede von ihnen mit einem wichtigen Anliegen, das jeweils Balashevs seelische Verfassung berührt. Schließlich wird er, von Ehrfurcht ergriffen, vor Napoleon gebracht. Beherrscht von den gerade zurückliegenden Einflüssen, macht Balashev die Botschaft des Zaren im letzten Moment weicher. Napoleon müsse seine Truppen nicht ganz vom russischen Boden zurückziehen, nur auf das andere Ufer eines nahe gelegenen Flusses. So ändert Balashev unachtsam die Weltgeschichte und Krieg bricht aus.

Vielleicht machen ja berechnende Unternehmensmanager in den entfernten Provinzen von Amerco Ähnliches wie Balashev. Obwohl die meisten Beschäftigten der Meinung waren, dass das oberste Management die familienfreundliche Politik des Unternehmens unterstützt, waren sie überzeugt, dass das beim mittleren Management seltener der Fall ist; und tatsächlich sagten auch manche mittleren Führungskräfte, flexible Arbeitszeiten seien „eines von diesen Dingen, die ihnen Kopfschmerzen machen". Der Chef einer großen technischen Abteilung drückte das mir gegenüber freundlich-lapidar so aus: „Meine Politik in Sachen flexible Arbeitszeiten ist, dass es keine flexiblen Arbeitszeiten gibt."

Aber wenn der Widerstand von Führungskräften der Hauptgrund für die geringe Inanspruchnahme von Teilzeitarbeit, Job Sharing und Urlaub aller Art wäre, müssten aufgeschlossene Führungskräfte mehr Anträge auf flexible oder verkürzte Arbeitszeiten erhalten als widerstrebende Führungskräfte. Tatsächlich aber gab es in Büros mit aufgeschlossenen Chefs nur wenig mehr Teilzeitarbeit, Job Sharing und flexible Arbeitszeiten als in Büros mit ablehnenden Chefs. Bei aufgeschlossenen Chefs gingen im Großen und Ganzen genauso viele Anträge ein wie bei ablehnenden. In den meisten Fällen war es nicht etwa so, dass die Beschäftigten Anträge stellten und abgewiesen wurden. Vielmehr stellten sie erst gar keine Anträge.

Bei manchen Frauen in männerdominierten Bereichen könnten die besonders langen oder doch zumindest nicht verkürzten Arbeitszeiten daran liegen, dass die Frauen meinen, sich vor dem „bösen Blick" der männlichen Missgunst schützen zu müssen. Ein anonymer männlicher Mitarbeiter erklärte in seinem Fragebogen: „Hoffen wir, dass wir [mit den familienfreundlichen Maßnahmen] nicht die nächste Frauen-und-Minderheiten-Krise auslösen. Weiße Männer können nicht noch so etwas wie in den 1970er Jahren verkraften." Eine Ingenieurin (und Mutter) kommentierte es von der anderen Seite:

> „Zwei meiner männlichen Kollegen, die schon etwas älter sind, würden mir das zwar nie ins Gesicht sagen, aber ich weiß, dass sie denken, eigentlich hätten *sie* an meiner Stelle befördert werden müssen. Tatsache aber ist, *ich* bin befördert worden und ich habe es verdient. Aber bei der Arbeit habe ich immer das Gefühl, dass ich das beweisen muss. Ich weiß nicht, ob das der Hintergrund für meine 60-Stunden-Woche ist."

Laut offizieller Unternehmenskultur sollten weiße Männer eigentlich keine Ressentiments gegenüber Frauen und Minderheiten haben, aber manche haben sie eben doch. Viele Männer haben gut gelernt, ihre Verstimmung zu verbergen, aber Frauen sind ebenso geschickt geworden, auch deren versteckte Äußerung wahr zu nehmen. Neu eingestellte weibliche Beschäftigte, mit denen ich sprach, „wussten" von jedem Mann in jeder Berufs- und Gehaltsgruppe genau, wie viel Groll er mit sich herumtrug oder seit wann er „andere Töne" anschlug. Und doch erklärt die Theorie vom bösen Blick nicht, warum Frauen, die außerhalb eines solchen „Neidklimas" arbeiteten, nicht versuchten, mehr Zeit für zu Hause auszuhandeln; und auch nicht, warum sich diese neidischen Männer selber scheuten, Elternzeiten oder Arbeitszeitverkürzung in Anspruch zu nehmen.

Alle oben genannten Thesen haben einen gewissen Erklärungswert. Unter bestimmten Umständen waren manche Hindernisse unüberwindlich. Aber für sich genommen sind sie auch wieder nicht so groß, dass sie eine so weit verbreitete Akzeptanz der langen Arbeitszeiten wirklich erklären. Bei Beschäftigten, die es sich leisten können, weniger zu verdienen, keine Angst vor Entlassung haben, sich über die neue Politik informieren, keine neidischen Kollegen haben und bei einem Unternehmen arbeiten, das großen Wert auf die Vereinbarkeit von Familie und Beruf legt und das seine Balashevs trainiert hat, das ebenso zu sehen, deutet alles darauf hin, dass es eine andere, darunter liegende Erklärung dafür geben muss, warum die Beschäftigten nicht versuchen, mehr Zeit für sich selbst zu gewinnen.

1985 befragte das *Bureau of Labor Statistics* (Büro für Arbeitsstatistik) Erwerbstätige dazu, ob sie ihre Wochenarbeitszeit am liebsten verkürzen, verlängern oder beibehalten wollten. 65 Prozent wollten ihre derzeitige Arbeitszeitregelung beibehalten. Von den Übrigen wollten drei Viertel *längere* Arbeitszeiten. Weniger als zehn Prozent sagten, sie würden ihre Arbeitszeit gern verkürzen. In allen Altersgruppen war die Zahl der Frauen, die längere Wochenarbeitszeiten wollten, größer als die Zahl derer, die Kürzere wollten.[13] 1993 führten Ellen Galinsky, James T. Bond und Dana Friedman für das *Families and Work Institute* in New York eine Studie durch, bei der eine umfangreiche Zufallsstichprobe von Erwerbstätigen gefragt wurde, wie viel Zeit und Energie sie *tatsächlich* für ihre Arbeit, für ihre Familie und ihre Freunde und für sich selbst aufwendeten. Danach wurden sie gefragt, wie viel Zeit sie jeweils aufwenden *möchten*. Die Befragten gaben an, sie wendeten 43 Prozent Zeit und Energie für ihre Familie und ihre Freunde auf, 37 Prozent für die Arbeit und 20 Prozent für sich selbst. Aber bei der Frage, wie sie es gern hätten, fielen die Antworten auch nicht viel anders aus: 47 Prozent für Familie und Freunde, 30 Prozent für die Arbeit und

---

13 Janet Norwood, „American Workers Want More: More Work, That Is", *Across the Board*, November 1987, New York, The Conference Board. Norwood bezieht sich auf eine Erhebung des Bureau of Labor Statistics aus dem Jahre 1985 und stellt fest, dass 28 Prozent der Beschäftigten sagten, sie wollten *längere* Wochenarbeitszeiten. Weniger als zehn Prozent wollten kürzere Wochenarbeitszeiten mit Lohnverzicht (S. 60).
In Europa sind die Ergebnisse ähnlich. Helmut Wiesenthal stellte bei seinen Untersuchungen fest, dass es auch bei europäischen Beschäftigten keine Präferenz für mehr Zeit gibt, wenn mehr Zeit weniger Geld bedeutet (siehe Helga Nowotny, *Time: The Modern and the Postmodern Experience*, Cambridge, Polity Press, 1994, S. 128).

23 Prozent für sie selbst.[14] Solche Studien deuten darauf hin, dass Erwerbstätige mit Familie größtenteils deshalb keinen Gebrauch von familienfreundlichen Maßnahmen machen, weil sie nicht danach *fragen*,[15] und sie tun es nicht, weil in ihren Köpfen kein klar genug formuliertes Bedürfnis danach ist. Natürlich haben manche Eltern versucht, ihre Arbeitszeiten zu verkürzen. 21 Prozent der amerikanischen Frauen und sieben Prozent der Männer arbeiten freiwillig Teilzeit.[16] Einige Weitere treffen informelle Absprachen, die in den Umfrageergebnissen nicht auftauchen. Aber obwohl die abgehetzten erwerbstätigen Eltern sagen, sie brauchten mehr Zeit, spielt der Kampf darum, sie auch zu bekommen, keine zentrale Rolle in ihrem Leben.

Warum schaffen erwerbstätige Eltern keine „Kultur des Widerstands" parallel zu jener sozialen Bewegung, die Spezialisten wie Amy Truett in aller Stille für sie aufbauen? Wo ist *ihre* Grundsatzerklärung, *ihre* Vision? Warum stellen Eltern, die es vielleicht nicht wagen, bei ihren Vorgesetzten anzuklopfen und zum Beispiel um eine Arbeitszeitverkürzung auf 85 Prozent zu bitten, nicht wenigstens im Stillen für sich ihren Umgang mit Zeit in Frage? Eltern wie Timmys Vater und Cassies Mutter klagen darüber, dass es in ihrem Leben zu hektisch zugehe und sie zu wenig Zeit für ihre Kinder haben. Sie behaupten, sie möchten mehr Zeit zu Hause verbringen. Aber möchten sie vielleicht etwas anderes noch viel mehr?

---

14 Galinsky u.a., *The Changing Workforce*, 1993, S. 98.
15 Laut Dana Friedman ist „das größte Hindernis für Unternehmensaktivitäten womöglich die fehlende Nachfrage bei den Beschäftigten" (Dana Friedman, „Work vs. Family: War of the Worlds", *Personnel Administrator*, August 1987, S. 37).
16 Callaghan und Hartmann, Contingent Work, 1991, Tabelle 6, S. 38. Siehe auch Deborah Swiss und Judith Walker, *Women and the Work/Family Dilemma: How Today's Professional Women Are Finding Solutions*. New York, Wiley, 1993, eine Untersuchung über 1.644 Harvard-Absolventinnen und ihre Lasten mit dem Elternurlaub.

4. Kapitel
Familie und Arbeit – verkehrte Welten

Wenn erwerbstätige Eltern „entscheiden", ganztags und länger zu arbeiten, welche Erfahrungen zu Hause und bei der Arbeit könnten dann diesen Entschluss beeinflusst haben? Zu Beginn meiner Recherchen für dieses Buch nahm ich an, zu Hause sei „zu Hause" und Arbeit sei „Arbeit" – zwei Felsen in der Brandung des rastlosen Lebens erwerbstätiger Eltern. Ich nahm auch an, dass beide in klarem Gegensatz zueinander stünden. In der Familie sind Liebe und Verpflichtung weitgehend ein Zweck an sich und kein Mittel zu anderen Zwecken: „Ich arbeite, um zu leben; ich lebe nicht, um zu arbeiten", so drückte es eine Amerco-Mutter aus. Wie schwierig Familienleben auch manchmal sein mag, gewöhnlich sind wir doch der Ansicht, dass die Familienbindungen eine Klammer zwischen vergangenen und künftigen Generationen darstellen, die durch nichts zu ersetzen ist. Familie ist unsere Einbindung in die Geschichte.

Mit Arbeit dagegen verdient man Geld, das den meisten von uns als Mittel zu anderen Zwecken dient. Natürlich kann man auch bei der Arbeit Fähigkeiten entwickeln und Freundschaften schließen und sich als Teil einer größeren, auf Arbeit gegründeten Gemeinschaft fühlen. Trotzdem stellen wir uns den Arbeitsplatz selten als einen Ort vor, an dem man freiwillig Zeit verbringt. So heilig die Familie in der amerikanischen Vorstellungswelt ist, so profan scheint die Arbeit.

Außerdem nahm ich an – und auch damit stehe ich nicht allein –, dass das Zuhause im Vergleich zum Arbeitsplatz der angenehmere Ort sei. Schließlich werden die Beschäftigten unter anderem dafür bezahlt, dass sie zur Arbeit kommen, und nicht dafür, dass sie zu Hause bleiben. Schon das Wort „Arbeit" hat für viele von uns einen unangenehmen Beigeschmack von Unfreiwilligkeit, ja Zwang.

Wenn sich in unseren Köpfen Zweck und Wesen von Familie und Arbeit so drastisch unterscheiden, so darf man wohl annehmen, dass auch die Gefühle, mit denen wir beide Sphären erleben, grundsätzlich anders sind. In *Haven in a Heartless World* (Hafen in einer herzlosen Welt) entwarf der Sozialhistoriker Christopher Lasch ein Bild von der Familie als dem „sicheren Hafen", wo arbeitende Menschen Zuflucht vor der grausamen Arbeitswelt suchen.[1] Das sähe, in groben Zügen, etwa so aus: Ein müder Arbeiter schließt am Ende eines langen Tages seine Haustür auf und ruft: „Hallo, Schatz, da bin ich!". Er zieht seinen Arbeitsanzug aus und einen Bademantel an, holt sich ein Bier, nimmt sich die Zeitung und atmet tief durch. Welche Belastungen es zu Hause auch geben mag, hier ist der Ort, an dem er sich entspannt und am meisten er selbst ist. Hier hat er das Gefühl, als der erkannt, verstanden, geschätzt zu werden, der er wirklich ist. Zu Hause kann ihm nichts passieren.

Am Arbeitsplatz dagegen hat dieser Arbeiter „allzeit bereit" zu sein und sein Bestes zu geben, um den Kunden umgehend zufrieden zu stellen. Er fühlt sich als austauschbare „Nummer". Passt er nicht auf, muss er für anderer Leute Fehler gerade stehen – so jedenfalls Laschs Bild von der „herzlosen Welt", das am besten wohl schon vor langer Zeit Charlie Chaplin in seiner Satire *Moderne Zeiten* veranschaulicht hat. In diesem Film spielt Chaplin einen vom Pech verfolgten Arbeiter an einem Fließband, das so schnell läuft, dass er hoffnungslos zurückfällt, wenn er nur einen Moment innehält, um sich an der Nase zu kratzen. Vor den unmenschlichen Ausmaßen der Arbeitswelt zum Zwerg gemacht, getrieben vom erbarmungslosen Tempo des Bandes, ist Chaplin bald kein Mensch mehr. Er verliert den Verstand, klettert in die gigantische Maschine, die das Fließband treibt, und wird selbst zum Maschinenteil.

Dies also waren meine Bilder vom Zuhause und von der Arbeit, und gleich in einem meiner ersten Interviews bei Amerco gerieten sie ins Wanken. Linda Avery, eine freundliche, 38-jährige Frau und Mutter von zwei Töchtern, ist Schichtmeisterin in dem zehn Meilen von der Amerco-Zentrale entfernt liegenden Demco-Werk weiter unten im Tal. Ihr Mann Bill ist im selben Werk Techniker.

---

[1] Christopher Lasch, *Haven in a Heartless World*. New York, Basic Books, 1977. (Dt. Übers.: *Geborgenheit. Die Bedrohung der Familie in der modernen Welt*. München, dtv, 1988). Für Lasch ist das entscheidende Merkmal der Familie der private Bereich, die Fähigkeit, den Einzelnen vor der „grausamen Welt von Politik und Arbeit" zu schützen; in diesen privaten Bereich, so meint er, sei die grausame Welt, gegen die er als Schutz aufgebaut wurde, nunmehr ebenfalls eingedrungen.

Linda und Bill teilen sich die Betreuung ihrer 16-jährigen Tochter aus einer früheren Ehe und ihres gemeinsamen zweijährigen Kindes, indem sie entgegengesetzte Schichten arbeiten, so wie es ein Fünftel aller erwerbstätigen Eltern in Amerika tun. „Bill arbeitet von 7 bis 15 Uhr, da habe ich das Baby", erklärt Linda. „Ich arbeite dann von 15 bis 23 Uhr, und währenddessen passt er auf das Baby auf. Meine große Tochter arbeitet nach der Schule bei Walgreens."

Bei unserem ersten Gespräch und einigen Coca Cola im Pausenraum des Werks trug Linda Blue Jeans und einen rosa Pullover und hatte ihre langen blonden Haare zu einem Pferdeschwanz zurückgebunden. Sie war nicht geschminkt, und ihre Art war zielgerichtet und direkt. Sie machte gerade Überstunden, und so begann ich mit der Frage, ob Amerco die Überstunden angeordnet hatte oder ob sie sie freiwillig machte. „Oh, ich hab mich dafür gemeldet", antwortete sie mit einem leisen Lachen. Aber hätten denn sie und ihr Mann, wunderte ich mich laut, nicht gerne mehr Zeit zusammen zu Hause, einmal angenommen, die Finanzen und die Arbeitsbedingungen ließen es zu? Linda nahm ihre Schutzbrille ab, rieb sich das Gesicht, verschränkte die Arme, stützte die Ellbogen auf den Tisch und näherte sich einer Antwort auf die Frage, indem sie ihr häusliches Leben beschrieb:

> „Ich komme zur Tür rein, und sobald ich den Schlüssel ins Schloss stecke, steht auch schon meine große Tochter da. Klar, sie braucht jemanden, mit dem sie über ihren Tag reden kann... Die Kleine ist noch wach. Eigentlich hätte sie schon vor zwei Stunden ins Bett gemusst und das nervt mich. In der Küche türmt sich der Abwasch. Meine Tochter beschwert sich schon an der Haustür über alles, was ihr Stiefvater wieder gesagt oder getan hat, und will über ihren Job reden, und mein Mann brüllt aus dem anderen Zimmer meine Tochter an: „Tracy, ich komme nie dazu, mit deiner Mutter zu reden, weil du sie immer schon mit Beschlag belegst, ehe ich überhaupt eine Chance dazu habe!" Alle stürzen sich sofort auf mich."

Für Linda war das Zuhause kein Ort zum Entspannen. Es war ein zweiter Arbeitsplatz. Ihre Beschreibung der unaufschiebbaren Ansprüche und unausgetragenen Konflikte, die sie beim Nachhausekommen erwarten, stehen in deutlichem Kontrast zur Beschreibung ihrer Ankunft bei ihrer Arbeit als Schichtmeisterin:

> „Gewöhnlich gehe ich frühzeitig zur Arbeit, bloß um von zu Hause weg zu kommen. Wenn ich um 14:30 Uhr ankomme, werde ich schon erwartet. Wir setzen uns zusammen. Wir reden ein bisschen. Wir flachsen ein bisschen. Ich sage, was heute ansteht, wer wo hin soll, was ich für die Schicht an diesem Tag geändert habe. So sitzen wir fünf oder zehn Mi-

nuten zusammen und schwatzen. Wir lachen, wir scherzen, wir haben Spaß. Meine Kolleginnen machen mich nicht bei jeder beliebigen Gelegenheit runter. Hier geht das alles von Anfang bis Ende mit Humor und Spaß, obwohl es natürlich auch Stress geben kann, wenn eine Maschine nicht richtig läuft."

Für Linda war das Zuhause zur Arbeit und die Arbeit zum Zuhause geworden, zwei verkehrte Welten. Linda hatte tatsächlich das Gefühl, dass sie sich von der „Arbeit" des Zuhauseseins überhaupt nur erholen konnte, indem sie „nach Hause" zu ihrer Arbeit ging. Sie erklärte das so:

„Mein Mann ist eine große Hilfe beim Aufpassen auf unser Baby. Aber Hausarbeit machen oder auch nur mal das Baby nehmen, wenn ich zu Hause bin, das ist nicht drin. Er sagt, er arbeitet fünf Tage die Woche; da wird *er* ja nicht auch noch putzen, wenn er nach Hause kommt. Dass ich *sieben* Tage in der Woche arbeite, daran denkt er nicht. Aber warum sollte ich denn nach Hause kommen und die Hausarbeit machen müssen, ohne dass mir irgendjemand dabei hilft? Mein Mann und ich haben das schon hundert Mal durchgekaut. Selbst wenn er nur das Geschirr vom Küchentisch nehmen und in den Abwasch tun würde, wäre das schon was. Er macht gar nichts. An seinen freien Wochenenden muss ich für einen Babysitter sorgen, damit er angeln gehen kann. Wenn ich einen freien Tag habe, habe ich das Baby ununterbrochen, den ganzen Tag. Er springt ein, wenn ich nicht da bin, aber sobald ich da bin, bleibt die ganze Arbeit zu Hause an mir hängen."

Sie lachte ein bisschen und fuhr fort: „Also mache ich Überstunden. Je mehr ich aus dem Haus komme, desto besser geht es mir. Es ist schrecklich, wenn ich das so sage, aber so ist es nun mal." Linda sagte das nicht so, als sei dies eine neue Erkenntnis, eine verschämte Beichte oder ein geheimes Eingeständnis zwischen zwei erwerbstätigen Müttern – „Geht's dir nicht auch manchmal so, dass du nur noch raus willst?" –, sondern ganz sachlich. So war das Leben eben.

Bill, der bei unserer ersten Begegnung 56 Jahre alt war, hatte bereits drei erwachsene Kinder aus einer ersten, zerstrittenen Ehe. Er finde, sagte er, er habe „seine Zeit schon eingebracht", um diese Kinder groß zu ziehen, und sei nun in einem Alter, in dem er das Leben genießen wolle. Stattdessen müsse er nun, wenn er nachmittags nach Hause käme, „für Linda babysitten."

Früher flüchteten Männer regelmäßig von zu Hause an die Bar, zum Angeln, auf den Golfplatz, in den Billardsalon oder oft genug in die süßen Freuden der Arbeit. Heute ist Linda eine der Frauen, die 45 Prozent der amerikanischen Beschäftigten stellen, und flüchtet, überladen und in dem Gefühl, zu Hause ungerecht behandelt zu werden, ebenfalls in die Arbeit. Beide, Frauen wie Männer, können heutzutage ungewaschenes Geschirr, ungelöste Konflikte, schreiende Kleinkinder, nörgelnde Teenager hinter sich lassen, frühzeitig zur Arbeit kommen und dort ausrufen: „Hallo, da bin ich!"

Linda fände es wunderbar, wenn ihre Familie ihr beim Nachhausekommen zum Lohn für ihren mühevollen Tag in der Fabrik einen freundlichen Empfang bereiten oder, wenn schon nicht dies, ihr doch wenigstens ein bisschen Ruhe gönnen würde, und sei es auch nur kurz. Aber das war schwer, weil Bill in *seiner* zweiten Schicht zu Hause dösend vor dem Fernseher hockte, statt sich mit den Kindern zu beschäftigen. Je weniger Energie Bill für seine Schicht zu Hause aufbrachte, desto stärker hatte Linda das Gefühl, überhaupt nicht zur Ruhe zu kommen, wenn sie da war. Je begieriger die Kinder oder je unordentlicher das Haus war, wenn sie zur Tür herein kam, desto mehr kam es Linda vor, als käme sie im Grunde nur an einen Arbeitsplatz zurück, an dem sie nun aufholen musste, was sie durch Abwesenheit versäumt hatte.

Bill seinerseits erinnerte sich, dass das zweite Kind mehr Lindas als sein Wunsch gewesen sei. Also wäre nun, so argumentierte er, wo sie Eltern eines kleinen Kindes waren, auch Linda in höherem Maße für die Versorgung dieses kleinen Kindes zuständig. Sich nach einem regulären Arbeitstag um ein kleines Kind zu kümmern, war anstrengend genug. Unglaublicherweise wollte Linda, dass er noch mehr tat. Aber das war ihr Problem, nicht seins. Er hatte sich schon mit seinen ersten Kindern „seine Sporen verdient".

Samstags, wenn sich Linda und die Kinder morgens im Haus zu schaffen machten, stand Bill auf, packte seine Angelausrüstung und Bier in seinen alten Ford Laster und schwang sich auf den Fahrersitz. „Mensch, dann hau ich die Autotür zu, rumms, und ab geht's! Ich finde, die Zeit hab ich mir *verdient*."

Beide, Linda wie Bill, hatten das Bedürfnis nach freier Zeit, um sich zu entspannen, Spaß zu haben, sich frei zu fühlen, aber sie hatten sich nicht darauf geeinigt, dass Bill diese Zeit dringender brauchte als Linda. Bill stieg einfach in seinen Laster und *nahm* sich seine freie Zeit, und Linda ärgerte sich, weil sie das Gefühl hatte, dass er dies auf ihre Kosten tat. So nahm auch sie sich, großenteils als Reaktion auf diesen Ärger, was sie „freie Zeit" nannte – Arbeitszeit.

Weder Linda noch Bill Avery wollten mehr Zeit für zu Hause, jedenfalls nicht so, wie die Dinge lagen. Welche Bilder von Familie und Arbeit ihnen auch vorschweben mochten, weder empfanden sie ihr derzeitiges Zuhause als einen sicheren Hafen noch die Welt ihrer Arbeit als herzlos.

Wo konnte sich Linda am ehesten entspannen? In den Arbeitspausen in der Fabrik lachte sie mehr, machte mehr Scherze, hörte mehr interessante Geschichten als zu Hause. Da sie in der Schicht von 15 bis 23 Uhr arbeitete, fiel ihre arbeitsfreie Zeit weder mit der ihrer Mutter oder ihrer älteren Schwester zusammen, die in der Stadt arbeiteten, noch mit der ihrer Freundinnen und Nachbarinnen. Aber selbst wenn das so wäre, würde es nichts daran ändern, dass sie die Fabrik und nicht ihr Wohnumfeld als ihren eigentlichen Lebensmittelpunkt empfand. Das soziale Leben, das sie zu Hause einmal gehabt haben mochte, fand sie jetzt bei der Arbeit. Das Gefühl, Teil einer lebendigen, großen, fortdauernden Gemeinschaft zu sein – auch das hatte sie bei der Arbeit. Im Notfall, sagte Linda, würde sie für ihre Familie alles opfern. Aber einstweilen waren die „Notfälle" des Alltags, um die sie sich am liebsten kümmerte und die für sie eher aufmunternd als erschöpfend waren, immer noch diejenigen, mit denen sie in der Fabrik zu tun hatte. Das Leben dort machte einfach mehr Spaß.

Wie passen Linda und Bill Avery in das allgemeine Bild vom amerikanischen Familien- und Arbeitsleben? Der Psychologe Reed Larson und seine Kollegen haben die täglichen emotionalen Erfahrungen von Müttern und Väter anhand von 55 Chicagoer Zwei-Eltern-Familien mit Kindern vom fünften bis zum achten Schuljahr untersucht. Manche Mütter waren zu Hause und kümmerten sich um ihre Kinder, manche hatten eine Teilzeitarbeit, und manche arbeiteten ganztags, während alle Väter in dieser Untersuchung eine Vollzeitstelle hatten. Alle Teilnehmer trugen eine Woche lang einen Pager mit sich herum, und immer, wenn sie von der Projektmitarbeitern angepiept wurden, schrieben sie auf, wie sie sich gerade fühlten: „glücklich-unglücklich, vergnügt-gereizt, freundlich-ärgerlich." Dabei stellte sich heraus, dass zwar das Spektrum der bei Männern und Frauen im Laufe der Woche protokollierten Stimmungslagen gleich war, dass jedoch die Väter „positive emotionale Zustände" häufiger zu Hause, die Mütter häufiger bei der Arbeit erlebten. Dieses Ergebnis ging quer durch alle sozialen Klassen. Väter wie Bill Avery entspannten sich zu Hause mehr; Mütter wie Linda Avery machten dort mehr Hausarbeit. „Frauen können sich zu Hause schlechter entspannen als Männer", meinte Larson, „weil sie ständig für die Bedürfnisse der anderen Familienmitglieder ansprechbar sein müssen."² Frauen waren durchweg nur dann zu Hause besserer Stimmung als ihre Männer, wenn sie beim Essen waren oder für die Familie Chauffeur spielten, und immer dann schlechter gestimmt, wenn sie mit kindbezogenen Aktivitäten oder sozialen Kontakten zu tun hatten.³ Männer und Frauen fühlten sich immer dann am wohlsten, wenn sie mit Dingen beschäftigt waren, die sie weniger stark als Pflicht empfanden, berichtet Larson. Bei den Frauen war dies die erste Schicht, nämlich die Arbeit; bei den Männern die zweite.

Ein weiteres signifikantes Ergebnis kam bei einer neueren Untersuchung zu erwerbstätigen Müttern heraus: Frauen lassen sich durch Probleme zu Hause in der Regel mehr aus dem Gleichgewicht bringen als durch Probleme bei der Arbeit. Frauen, so die Studie, litten auch dann noch stärker unter Familienstress – und wurden durch ihn eher depressiv oder physisch krank –, wenn der Stress am Arbeitsplatz eigentlich größer war. Für Frauen also kann die aktuelle Stressforschung die übliche Vorstellung vom Zuhause als sicherem Hafen und von der Arbeit als Dschungel nicht bestätigen. Wie hektisch ihr Leben auch sein mag, Frauen, die erwerbstätig sind, so stellen die Forscher durchgängig fest, sind weniger depressiv, haben ein besseres Selbstbild und sind zufriedener mit ihrem Leben als Frauen, die nicht erwerbstätig sind.⁴ Eine Untersuchung kam sogar zu dem paradoxen Ergebnis, dass sich Frauen, die

---

2   Reed Larson, Maryse Richards und Maureen Perry-Jenkins, „Divergent Worlds: The Daily Emotional Experience of Mothers and Fathers in the Domestic and Public Spheres", *Journal of Personality and Social Psychology*, 67, 1994, S. 1035.
3   Larson u.a., „Divergent Worlds", 1994, S. 1039, 1040.
4   Grace Baruch, Lois Biener und Rosalind Barnett, „Women and Gender in Research on Work and Family Stress". *American Psychologist*, 42, 1987, S. 130-136; Glenna Spitze, „Women's Employment and Family Relations: A Review", *Journal of Marriage and the Family*, 50, 1988, S. 595-618. Selbst wenn man berücksichtigt, dass es depressive oder psychisch wenig belastbare Personen im Allgemeinen schwerer haben, überhaupt eine Stelle zu bekommen und zu behalten, sind Frauen immer noch psychisch gesünder als Männer. Siehe Rena Repetti, Karen Matthews und Ingrid Waldron, „Employment and Women's Health: Effects of Paid Employment on Women's Mental and Physical Health", *American Psychologist*, 44, 1989, S. 1394-1401.

arbeiten gehen, zu Hause eher gewürdigt fühlen als Frauen, die zu Hause bleiben.[5]

Kurz, Frauen, die außer Hause arbeiten, sind physisch und psychisch gesünder als Frauen, die nicht außer Hause arbeiten, und das nicht einfach, weil nur die gesünderen Frauen arbeiten gehen. Erwerbsarbeit, meint die Psychologin Grace Baruch, „bietet den Frauen positive Herausforderungen, Eigenständigkeit, feste Strukturen, positives Feedback, Selbstachtung ... und soziale Beziehungen."[6] Reed Larson stellte in seiner Untersuchung zum Beispiel fest, dass Frauen zwar auch nicht häufiger als Männer fanden, ihre Kolleginnen und Kollegen seien freundlich, aber durch freundliche Kontakte, wenn sie zustande kamen, viel häufiger in bessere Stimmung versetzt wurden.[7]

So zitiert denn Baruch auch eine Frau mit den Worten: „Für eine Frau ist ein Job, was für einen Mann eine Frau ist."[8]

Für Linda Avery waren Zufriedenheit mit sich selbst, Wohlbefinden, gute Laune und Arbeit untrennbar miteinander verbunden. Richtig gut, sagte sie, fühle sie sich in erster Linie bei der Arbeit.

---

5   Families and Work Institute, *Women: The New Providers*. 1995, S. 10.
6   Baruch u.a., „Women and Gender in Research", 1987, S. 132.
7   Larson u.a., „Divergent Worlds", 1994, S. 1041. Siehe auch Shelley MacDermid, Margaret Williams, Stephen Marks und Gabriela Heilbrun, „Is Small Beautiful? Influence of Workplace Size on Work-Family Tension", *Family Relations*, 43, 1994, S. 159-167.
8   Weitere Untersuchungen zur Bedeutung von Arbeit für Frauen, siehe Baruch u.a., „Women and Gender in Research", 1987, insb. S. 132. Siehe auch Diane Burden und Bradlex Googins, „Boston University Balancing Job and Homelife Study: Managing Work and Family Stress in Corporations", Boston, Boston University School of Social Work, 1987. Die Forschung hat auch ergeben, dass Muttersein allein nicht die Zufriedenheit im Leben erhöht (E. Spreitzer, E. Snyder und D. Larson, „Multiple Roles and Psychological Well-Being", *Sociological Focus*, 12, 1979, S. 141-148; und Ethel Roskies und Sylvie Carrier, „Marriage and Children for Professional Women: Asset or Liability?", Beitrag zum APA-Kongress „Stress in the 90s", Washington, D.C., 1992.
    Siehe auch L. Verbrugge, „Role Burdens and Physical Health of Women and Men", in Faye Crosby (Hrsg.), *Spouse, Parent, Worker: On Gender and Multiple Roles*. New Haven, Conn., Yale University Press, 1987. Allerdings spielen beim psychischen Wohlbefinden berufstätiger Mütter viele Faktoren eine Rolle. Kessler und McCrae zum Beispiel stellten fest, dass Erwerbsarbeit die psychische Gesundheit von Frauen nur dann verbesserte, wenn sich ihre Männer an der Haus- und Familienarbeit beteiligten (R. Kessler und J. McCrae, „The Effects of Wives' Employment on the Mental Health of Men and Women", *American Sociological Review*, 47, 1982, S. 216-227).

Als Vorgesetzte sah sie ihre Aufgabe darin, Mitarbeitern zu helfen, und diese wussten es zu schätzen. Nachdenklich sagte sie:

> „Zu Hause bin ich auch eine gute Mutter, aber bei der Arbeit bin ich eine bessere Mutter. Zu Hause streite ich mich mit Tracy herum, wenn sie abends spät nach Hause kommt. Ich möchte, dass sie sich für ein Junior College bewirbt, aber sie hat kein Interesse, und dann ärgere ich mich über sie, weil ich so vieles für sie möchte. Bei der Arbeit kann ich mich, glaube ich, viel besser in andere hineinversetzen. Die Kollegen kommen oft zu mir, weil ich ihnen ganz gut helfen kann."

Die Beziehungen bei der Arbeit schienen oft leichter zu handhaben. Die „Kinder", denen Linda Avery bei der Arbeit half, waren älter und konnten ihre Probleme besser formulieren als ihre eigenen Kinder. Das Werk, in dem sie arbeitete, war sauber und angenehm. Alle, die an dem Band arbeiteten, für das sie zuständig war, kannte sie. Tatsächlich kannten sich alle Beschäftigten untereinander, und manche waren sogar miteinander verwandt oder verschwägert oder, so merkwürdig es klingt, durch Scheidung verbunden. Eine Kollegin beklagte sich bitterlich darüber, dass eine Freundin der Ex-Frau ihres Mannes immer aufpasste, wie viele Überstunden sie machte, um dieser Ex-Frau Argumente für höhere Unterhaltszahlungen für die Kinder zu liefern. So reichten mitunter Feindschaften aus dem Privatleben bis in den Arbeitsplatz hinein. Aber entgegen der allgemeinen Annahme, dass Beziehungen am Arbeitsplatz emotional begrenzt seien, entstehen oft auch echte Freundschaften. Wenn sich Linda Avery nach der Arbeit mit Kolleginnen in einer nahe gelegenen Bar traf, um noch ein Bier zu trinken und über die Spionin zu lästern, die über die Überstunden der neuen Frau Buch führte, dann war sie unter echten Freundinnen. Untersuchungen zeigen auch, dass für Frauen wie für Männer Freundinnen oder Freunde bei der Arbeit als Hilfe in Lebenskrisen genauso wichtig sein können wie Familienmitglieder. In Los Angeles untersuchte der Gerontologe Andrew Scharlach, wie Menschen in mittleren Jahren mit dem Tod eines Elternteils umgingen. Er stellte fest, dass 73 Prozent der Frauen seiner Stichprobe und 64 Prozent der Männer antworteten, Arbeit habe ihnen geholfen, mit dem Tod der Mutter fertig zu werden.[9]

---

9 Andrew Scharlach und Esme Fuller-Thomson, „Coping Strategies Following the Death of an Elderly Parent", *Journal of Gerontological Social Work*, 21, 1994, S. 90. Bei Frauen war für die Reaktion auf den Tod der Mutter die Ar-

Amerco tat das Seine zur Stärkung dieser familienartigen Bindungen zwischen Kollegen. Regelmäßig wurden Feiern veranstaltet, bei denen einzelne Beschäftigte oder ganze eigenverantwortlich arbeitende Produktionsteams für ihre Leistungen ausgezeichnet wurden. Dann wurde auf Unternehmenskosten ein Teil der Fabrik geschmückt und Essen und Trinken bereit gestellt. Auch die Produktionsteams trafen sich regelmäßig. In Amercos Korridoren hingen Tafeln, auf denen Beschäftigte für kürzlich erbrachte Leistungen belobigt wurden. Solche Anerkennungsessen, Abteilungstreffen und – vor allem bei den Büro- und Fabrikbeschäftigten – der Austausch von Geburtstagsgeschenken waren recht übliche Ereignisse im Arbeitsalltag.

Im Angestelltenbereich gab sich Amerco noch mehr Mühe, eine positive emotionale Arbeitsplatzkultur aufzubauen und ein Umfeld von Vertrauen und Zusammenarbeit zu schaffen, um auf diese Weise alle zu ermuntern, ihr Bestes zu geben. Beschäftigte im mittleren und obersten Management wurden regelmäßig zu Seminaren zur Karrieregestaltung eingeladen, deren Thema die persönlichen Beziehungen am Arbeitsplatz waren. Das Kernstück von Amercos Kultur der persönlichen Beziehungen war eine visionäre Rede des Generaldirektors mit dem Titel „Individualität hochschätzen". Ihre Kernaussage wurde in zahlreichen weiteren Ansprachen wiederholt, in Unternehmensbroschüren memoriert und in den oberen Führungsetagen mit großer Ernsthaftigkeit diskutiert. Im Grunde war die ganze Botschaft eine väterliche Mahnung, andere zu respektieren. Auch das alte Geschäftsmotto „Der Kunde hat immer recht", wurde in diesem Sinne New-Age-gerecht umformuliert, um den Beschäftigten nun die „Wertschätzung des innerbetrieblichen Kunden" ans Herz zu legen. Das hieß: Seid zu euren Kolleginnen und Kollegen genauso höflich und rücksichtsvoll, wie ihr es zu Amerco-Kunden wärt. „Respekt vor dem innerbetrieblichen Kunden" wurde für die Arbeitskollegen ausgeweitet auf „Mach' den Kunden glücklich" Also: Arbeite nicht nur mit deinen Kollegen und Kolleginnen zusammen, mach' sie glücklich.

Auch andere Schlagwörter – „Beschäftigte befähigen", „*Diversity* wertschätzen" und „Balance von Arbeit und Familie" – sprachen einen moralischen Aspekt des Arbeitslebens an. Obwohl es auch bei ihnen letzten Endes um den finanziellen Gewinn ging,

---

beit „hilfreicher" als der Ehepartner oder die Religion. Bei Männern war die Arbeit hilfreicher als Familie, Freunde und Religion.

vermittelten sie doch – genau wie die Politik, die aus ihnen folgte – den Beschäftigten das Gefühl, dass sich das Unternehmen Gedanken über die Menschen und nicht nur über das Geld machte. Der Betrieb erschien als Ort eines freundlichen Sozialmanagements, bei dem sich die Beschäftigten geschätzt, geehrt und gemocht fühlten. Zu Hause dagegen – wie viele Anerkennungsfeiern für kompetente Leistungen gab es da schon? Wer respektierte dort den „innerbetrieblichen Kunden"?

Nach 30 Jahren bei Amerco fühlte sich Bill Avery für seine Stelle, wenn er überhaupt darüber nachdachte, überqualifiziert, und als Beweis diente ihm eine Anerkennungsurkunde des Unternehmens. Aber wenn seine kleine Tochter an seine Angelausrüstung ging und er sie anbrüllte und sie zu schreien anfing, empfand er angesichts ihres Wutgeheuls nichts als Ohnmacht – und niemand war da, ihm den Rücken zu stärken. Wenn seine halbwüchsige Stieftochter ihm zu verstehen gab, dass er für sie durchaus kein ehrwürdiger Patriarch war, sondern ein kindischer Konkurrent um die Aufmerksamkeit ihrer Mutter, fühlte er sich gedemütigt. In solchen Augenblicken, sagte er, musste er an sich halten, um nicht doch nach dem Whiskey zu greifen, dem er vor fünf Jahren abgeschworen hatte.

Andere Väter, mit denen ich sprach, gingen mit solchen Gefühlen weniger offen und selbstkritisch um, aber auf die eine oder andere Weise sagten viele, dass sie bei der Arbeit eher als zu Hause sicher waren, „es schon irgendwie hinzukriegen". Einen von Amercos Personal-Spezialisten veranlasste dies zu der Überlegung:

> „Wir haben uns immer über die Mutter des Jahres lustig gemacht, diese Auszeichnung, die es früher gab. Sowas gibt es heute nicht mehr. Wir haben keine vernünftige Art und Weise mehr, um Eltern auszuzeichnen. Wer bei der Arbeit seine Sache gut macht, wird dafür bezahlt und befördert. Wer zu Hause seine Sache gut macht, dem kann es passieren, dass ihm die Kinder dafür die Hölle heiß machen."

Die Familie, so nehmen wir an, gibt den ihr angehörenden Menschen zumindest eines, das Gefühl einer fortdauernden Gemeinschaft anzugehören. Der Kapitalismus hat nun mit seinen gemanagten Unternehmenskulturen diese Gemeinschaftsbindungen wieder entdeckt und nutzt sie, um eine neue Version seiner selbst zu erschaffen. Viele Amerco-Beschäftigten sprachen in den wärmsten Tönen, beglückt und ernsthaft davon, dass sie „zur Amerco-Familie gehören", und überall gab es sichtbare Zeichen dieser Zugehörigkeit. Während so manche Eheleute heute keinen Ring mehr tragen, trugen die Amerco-Beschäftigten voller Stolz Anstecknadeln mit *Total Quality* oder T-Shirts mit dem Slogan *High-Performance Team* – Symbole ihrer Treue zur Firma und der Treue der Firma zu ihnen. Von großen Familienfesten bekam ich in meinen Interviews nicht viel zu hören, wohl aber von den vielen rituellen, über das ganze Jahr verteilten und vom Unternehmen gesponserten Zusammenkünften, zu denen die Beschäftigten in Scharen herbeiströmten.

In diesem neuen Modell von Familie und Arbeitsleben flieht der müde Vater oder die müde Mutter aus der Welt der ungelösten Konflikte und ungewaschenen Wäsche in die verlässliche Ordnung, Harmonie und gute Laune der Arbeitswelt. Die emotionalen Magneten des Zuhauses einerseits und des Arbeitsplatzes andererseits werden langsam, aber sicher umgepolt. Tatsächlich vollzieht sich diese Umpolung zur Zeit in vielerlei Versionen, manche mehr, manche weniger umfassend. Manche Menschen finden in der Arbeit Ruhe vor den emotionalen Stürmen zu Hause. Andere sind praktisch mit ihrer Arbeit verheiratet, besetzen sie mit Gefühlen, die einst der Familie vorbehalten war, und tun sich zu Hause schwer, ein vertrauensvolles Verhältnis zu ihren Lieben aufzubauen. An diesem Punkt waren Linda und Bill Avery zwar noch nicht angelangt, aber ihre Situation war beunruhigend genug und beileibe nicht auf sie oder auf eine kleine Gruppe von Familien beschränkt. Insgesamt war die Umkehrung der Welten von Arbeit und Zuhause bei rund einem Fünftel der Amerco-Familien ein vorherrschendes Muster und bei über der Hälfte ein wichtiges Thema.

Was wir hier sehen, könnte ein Trend des heutigen Lebens sein, der uns alle einmal betreffen wird. Natürlich gibt es nur wenige Menschen, die sich rundum, ob bei der Arbeit oder zu Hause, sicher fühlen. Die Wellen der Massenentlassungen in den letzten 15 Jahren haben das Sicherheitsgefühl selbst von Beschäftigten auf scheinbar ganz sicheren Arbeitsplätzen untergraben, während zugleich steigende Scheidungsraten dafür sorgen, dass auch zu Hause das Gefühl der Sicherheit schwindet. Obwohl sowohl Linda als auch Bill das Gefühl hatten, dass ihre Ehe stabil war, hatten sie doch im Laufe ihres Lebens häufiger ihre Beziehungen als ihren Arbeitsplatz gewechselt. Bill arbeitete seit 30 Jahren ununterbrochen bei Amerco, aber war zweimal verheiratet und hatte in den Jahren zwischen seinen Ehen mit zwei Frauen gelebt und mit mehreren anderen lockere Beziehungen gehabt. Von allen Ehen, die in den USA geschlossen werden, wird die Hälfte wieder geschieden, meist innerhalb der ersten sieben Jahre. Drei Viertel der geschiedenen Männer und zwei Drittel der geschiedenen Frauen heiraten wieder, aber bei diesen Ehen sind die Scheidungsraten noch höher als bei ersten Ehen. Paare, die nur zusammen leben, trennen sich sogar noch häufiger als verheiratete Paare. Immer mehr Menschen bekommen zu Hause die Kündigung. Arbeit kann dann ihr eigentlicher Halt werden.

Die Zeitfalle

Die soziale Welt, die Verbindlichkeit von uns fordert, bestimmt auch unser Zeitmuster. Je mehr wir uns der Arbeitswelt verbunden fühlen, desto mehr bestimmen ihre Termine, Zyklen, Pausen und Unterbrechungen unser Leben, und desto stärker muss sich auch die Familienzeit den Zwängen der Arbeit anpassen. Bei Amerco konnte man in den letzten Jahren beobachten, wie die Beschäftigten ihre Haltung zur rechten Nutzung ihrer Zeit änderten: Familienzeit hatte für sie eine industrielle Note bekommen.

Mit der Umpolung der sozialen Welten von Arbeit und Zuhause verändert sich auch die Art und Weise, wie erwerbstätige Eltern die Zeit in diesen beiden Sphären erleben. Wie und in welchem Maße dies geschieht, hängt davon ab, wie bei dem Einzelnen der Arbeitplatz, der Betrieb und das Leben zu Hause beschaffen sind. Aber zumindest für Menschen wie Timmys Eltern, beide Ingenieure bei Amerco, ist klar, dass die Familienzeit inzwischen einem Effizienzkult unterliegt, der früher eher mit dem Arbeitsplatz assoziiert wurde. Die – immer längere – Arbeitszeit hat sich längst auf neue Weise geöffnet und bietet Raum für soziale Kontakte, Zwischenzeiten, in denen man sich über E-Mail mit Freunden unterhält, einen Streit beilegt, klatscht. Der lange Arbeitstag von Timmys Vater enthielt viele große, verborgene Freiräume der Ineffizienz, während er die weitaus geringere Zahl der wachen Stunden, die er wochentags zu Hause verbrachte, zeitbewusst und effizient nutzte. Bei der Arbeit vergaß Timmys Vater manchmal die Zeit; zu Hause behielt er sie wider Willen immer im Auge.

Die neuen Arbeitsrhythmen waren auch mit einem neuen Gefühl der Selbstkontrolle verbunden. Manager, Fachpersonal und auch viele Arbeiter in der Produktion sagten, bei Amerco hätten sie das Gefühl, sich ständig selbst zu neuen Leistungen anzutreiben, während ihnen der Druck zu Hause so vorkam, als ginge er von

Mächten aus, die ihrer Kontrolle entzogen waren. Unter dem *Total Quality*-System der *Just-in-Time*-Produktion bemühen sich die Beschäftigten, unmittelbar auf Kundenwünsche zu reagieren. Produkte sollen nicht mehr in Lagerhäusern herumliegen, die Lagerhaltung ist zu teuer. Infolgedessen kann es einem Beschäftigten immer wieder passieren, dass ihn ein Kunde wegen einer Störung anruft und er einen Auftrag ausführen muss, für den es keine ausreichenden Lagerbestände gibt. So hangeln sich Amercos Arbeitsgruppen von einem kollektiven Notfall zum nächsten durch und produzieren ihre Güter *just in time*. Periodisch wiederkehrende Versandtermine spielen dabei eine große Rolle und führen zu einem Schluckauf-artigen Arbeitsrhythmus. Im Grunde ist es der Beschäftigte selbst, der zwischen diesen nachfrageabhängigen Notfällen am Arbeitsplatz auf Lager gehalten wird. Das Wunder der gemanagten Amerco-Kultur besteht darin, dass sie Beschäftigten, die nach einem nicht von ihnen aufgestellten Zeitplan arbeiten, weiterhin ein Gefühl von Selbstbestimmung vermittelt. Damit verwandelt sie das Arbeitsklima, das sonst eine blutdrucksteigernde, spannungsgeladene Dauerkrise wäre, in eine Art niemals endenden Strom gemeinsamer Problemlösungszeit. So hetzte zum Beispiel Timmys Vater im Büro von einer Projekt-Deadline zur nächsten, aber wirklich unter Druck fühlte er sich erst, wenn er nach Hause kam. Dann versuchte er, möglichst viele notwendige Tätigkeiten in seinem häuslichen Leben unterzubringen: einen Zeitblock für Timmy, einen weiteren für Timmys Schwester, noch einen für seine Frau – alle aneinander gereiht wie Bürostunden, nur dass es keine Sekretärin gab, um seinen Besucher- und Aufgabenstrom zu steuern.

Die Art, wie erwerbstätige Eltern die Zeit erleben, hat sich verändert, aber verändert in Bezug *worauf?* Wenden wir uns noch einmal Gwen Bell zu, Cassies Mutter, und stellen wir uns zwei ihrer Vorfahrinnen vor: Gwens Ur-Ur-Ur-Ur-Großmutter etwa könnte im Jahre 1800 den Haushalt einer Farm in New England geführt haben. Ihr Leben dürfte härter gewesen sein als Gwens, sicher hat sie mehr Kinder geboren und härtere körperliche Arbeit verrichtet, wenn sie die Wäsche auf dem Waschbrett wusch, Kühe versorgte, zum Mähen auf die Felder ging. Aber da ihre Farm Familie und Arbeit in einem war, überschnitten und verschränkten sich Familien- und Arbeitszeit.

Heu noch vor dem Regen in die Scheune zu bekommen, konnte eine äußerst dringende Angelegenheit sein. Aber an gewöhnlichen Tagen dürfte es kaum etwas von jenem zeitlich exakt bemessenen, genau aufeinander abgestimmten Ankommen und Weggehen gegeben haben, das Gwen erlebt, wenn sie Geschäftsbesprechungen, berufliche Termine und Cassies Klavierstunden mit einem Gang zum Frisör oder zur Autowerkstatt verbindet. Die Ereignisse waren lockerer verteilt und eher diffus und informell miteinander verknüpft. Gwens Vorfahrin dürfte ihre Zeit intuitiv nach Arbeitswochen und Sonntagen eingeteilt haben, nicht aber in Arbeitsjahre mit einer bestimmten Zahl von Urlaubstagen. Sie hätte viele Kinder geboren, aber die Zeit, die sie dem Neugeborenen widmete, nicht nach dem ihr von einer Firma gewährten, sechswöchigen Mutterschaftsurlaub bemessen. Sie hätte die Toten betrauert, aber nicht an den drei Tagen Sonderurlaub, die ihr ein Vorgesetzter in einem solchen Falle gewähren konnte. Die Zeit richtete sich weniger nach standardisierten bürokratischen Regeln als nach den lokalen Gepflogenheiten. Die Uhr im Kirchturm des Nachbarorts mochte eine andere Zeit gezeigt haben als die Uhr am eigenen Ort, aber es hätte keine große Rolle gespielt, da es die ganze, so kompliziert zu organisierende industrielle Ordnung, die die Notwendigkeit einer exakt synchronisierten Zeit mit sich brachte, noch gar nicht gab. Termine, Öffnungs- und Schließungszeiten, Kundenbedürfnisse, all das war Gegenstand informeller Vereinbarungen, die in Übereinstimmung mit den in der Gemeinschaft üblichen Gepflogenheiten getroffen wurden.

Der Satz: „Zeit ist Geld", hätte damals wenig Sinn gehabt. Zeit war Leben. Viel vom Leben war Arbeit, aber weder die Arbeit noch die Zeit wurden so genau in Geldeinheiten gemessen. Ohne tickende Uhren war die Zeit auf einer Farm in New England im Jahre 1800 ein wenig langsamer, und die Kulturen von Arbeit und Zuhause waren schon deswegen nicht „verkehrt", weil sie noch gar nicht getrennt waren.

Gwens Urgroßmutter dann, in den 1920er Jahren, hätte eine Hausfrau sein können, die mit einem Fabrikarbeiter in der Stadt verheiratet war. Von Historikern erfahren wir, dass die Menschen damals bereits bewusster über ihre Zeit Buch führten. Gwens städtische Vorfahrin mochte als junge Frau in einer Fabrik gearbeitet, später jedoch aufgehört haben, um sich um ihre Kinder, den Haushalt, einen Garten und vielleicht noch einen zahlenden Gast zu kümmern, den sie in Pension genommen hatte. Zwar war die Hausarbeit für eine Hausfrau aus der Arbeiterklasse noch nicht mechanisiert und daher mühselig, doch konnte diese Hausfrau ihr Arbeitstempo weitgehend selbst bestimmen. Sie lebte nach dem, was die Historikerin Tamara Hareven die „Familienzeit" genannt hat, während sich ihr Mann in der Fabrik an die „Industriezeit" halten musste.[10] Dies ist das Bild von der häuslichen Frau und dem industrialisierten Mann, das Christopher Lasch in *Haven in a Heartless World* als Modell vor Augen hatte.

Währenddessen machte dank eines genialen Ingenieurs namens Frederick W. Taylor die Industriearbeit selbst einen tiefgreifenden Wandel durch. Taylor führte die Grundsätze der „wissenschaftlichen Betriebsführung" in das Fabrikleben ein und unterwarf den Arbeitsplatz und die einzelnen Arbeitskräfte einem rigiden Effizienzprinzip. Da Zeit jetzt Produktion und damit Geld bedeutete, wurde sie auch genauer gemessen, und selbst kleinste Zeitsplitter wurden sorgfältig gespart.

Zur berühmtesten Anwendung von Taylors Idee von der wissenschaftlichen Betriebsführung kam es 1899 in der Bethlehem Steel Company. Dort beobachtete Taylor einen aus Holland stammenden Amerikaner namens Schmidt dabei, wie er zwölfeinhalb Tonnen Roheisen schaufelte. Er maß die exakte Geschwindigkeit jeder einzelnen Bewegung, die Schmidt machte (Taylors Uhr war auf Sekunden geeicht) und quantifizierte sämtliche Einzelbestandteile von Schmidts Arbeit – „die Größe der Schaufel, die Tiefe des Einstichs in den Haufen, das Gewicht der vollen Schaufel, den zu überwindenden Abstand, den Bogen des Schaufelschwungs und die Pausen, die Schmidt machen sollte."[11] Taylor brachte Schmidt bei, in derselben Zeit, in der er sonst zwölfeinhalb Tonnen Roheisen schaufelte, 47 Tonnen zu schaufeln. Später wandte er seine Prinzipien auch auf Maschinenschlosser, Maurer und sonstige Facharbeiter an.

Heute misst kein Amerco-Manager mehr die Einstichtiefe oder das Gewicht der vollen Schaufel oder sonst irgend etwas. Stattdessen sind die Beschäftigten unter dem *Total Quality*-System er-

---

10 Tamara K. Hareven, *Family Time and Industrial Time: The Relationship between Family and Work in an New England Industrial Community*, New York, Cambridge University Press, 1982. Siehe Edward P. Thomson, „Time, Work-Discipline and Industrial Capitalism", *Past and Present*, 38, S. 299-309. In diesem Aufsatz beschreibt Thompson die aufgabenorientierte Zeitfeststellung in bäuerlichen Gesellschaften (S. 303). Siehe auch Michael O'Mally, *Keeping Watch: A History of American Time*, New York, Penguin, 1991.

11 Harry Braverman, *Labor and Monopoly Capital*, New York, Monthly Review Press, 1974, S. 106.

mächtigt, alles selber zu messen und auf ihre Weise effizient zu sein, währenddessen ein niedrigerer Grad des Taylorschen Effektivitätskultes auf das Zuhause übergesprungen ist. Jetzt ist das Zuhause der Ort, an dem man notwendige Aufgaben in der ihnen zugewiesenen, begrenzten Zeit erledigt. Neben Gwen und John Bell steht kein Rationalisierungsfachmann, um ihre Arbeit zu eichen; die Bells sind ihre eigenen Rationalisierungsexperten, die alle Zeiten und Bewegungen ihres Lebens auf den Arbeitsplatz abstimmen. Für Gwens Großvater von 1920 war der Arbeitsplatz herzlos taylorisiert, und demgegenüber mochte das Zuhause ihm wirklich als sicherer Hafen erschienen sein. Für Gwen aber hat ihr Arbeitsplatz ein großes, sozial gemanagetes Herz, während ihr Zuhause den Beigeschmack einer neuen Taylorisierung erhalten hat.

Auch wenn sie es nicht beabsichtigten, so wandten Gwen und John doch regelmäßig Effizienzprinzipien auf ihr Familienleben an. Für sie wie für so viele andere Amerco-Eltern wurde das Zeitsparen zu einer Art häuslicher Tugend, was sie vorher lange bei der Arbeit gewesen war. Zwischen zwei Tätigkeiten schob Gwen regelmäßig noch eine dritte ein, indem sie die Zeitrahmen für alle drei enger bemaß. Manchmal nahm sie das Handy mit ins Badezimmer, während Cassie in der Wanne planschte. Während der Geschirrspüler lief, hörte sie ihren Anrufbeantworter ab und sah ihre E-Mails durch. Immer wenn sie zu Hause viele Dinge in weniger Zeit erledigen konnte, beglückwünschte sich Gwen, ein Zeitproblem gelöst zu haben. Außer wenn sie und John bewusst auf die Zeitbremse traten, waren sie dauernd damit beschäftigt, „die Maschine rund um die Uhr am Laufen zu halten."

Zahlreiche Tätigkeiten, die früher zu Hause erledigt wurden, finden nun dank häuslichem „Outsourcing" außer Haus statt. Grundfunktionen wie Erziehung, medizinische Versorgung und ökonomische Produktion, die einst zu Hause angesiedelt waren, sind schon lange ausgezogen. Nach und nach folgten andere Bereiche. Bei Mittelklasse-Kindern finden zum Beispiel Klavierstunden, psychologische Beratung, Nachhilfeunterricht, Spiel und Unterhaltung und selbst Mahlzeiten heute häufig außer Haus statt. Die Familienzeit wird entsprechend der Zeit, die für die ausgelagerte Dienstleistung angesetzt ist – 50 Minuten für einen Termin beim Psychologen, 60 Minuten für eine Jazzdance-Gruppe –, in kleine Stückchen zerhackt. Jede Dienstleistung beginnt und endet zu einem vereinbarten Zeitpunkt irgendwo anders. Daraus entsteht ein gewisser Pünktlichkeitsdruck, denn Zuspätkommen ist unangenehm (und kostet oft Geld), Zufrühkommen ist eine Verschwendung von kostbarer Zeit. Die dann noch übrig bleibende häusliche Zeit wirkt am Ende wie ein Pausenfüller zwischen zwei Terminen. Manchmal wird dieser leere Raum mit Fernsehen gefüllt, das dann durch Werbung weiteren Dienstleistungsbedarf weckt.

Gwen und John Bell reagierten auf ihre häusliche Zeitfalle, indem sie versuchten, *Quality Time* zu fördern und zu schützen. *Quality Time*, ein Begriff, den Gwens Vorfahren noch gar nicht kannten, ist zu einem machtvollen Symbol des Kampfs gegen den wachsenden Zeitdruck zu Hause geworden. Er zeigt an, in welchem Maße moderne Eltern das Gefühl haben, die Zeit arbeite gegen sie. Viele Amerco-Familien kämpften mit aller Kraft darum, sich gewisse Inseln von *Quality Time* zu erhalten, um ihren Beziehungen die sinnvoll miteinander verbrachte Zeit nicht völlig auszutreiben.

Dem Konzept der *Quality Time* liegt die Annahme zugrunde, dass sich die Zeit, die wir Beziehungen widmen, irgendwie von der gewöhnlichen Zeit trennen lässt. Natürlich gehen Beziehungen auch während der *Quantity Time* weiter, aber dann sind wir nur passiv bei unseren Gefühlsbindungen und betreiben sie nicht aktiv, gezielt und von ganzem Herzen. Wir sind nicht mit ganzem Herzen dabei. *Quality Time* zu Hause wird behandelt wie ein Termin im Büro. Wenn man ernsthaft mit *Quality Time* beschäftigt ist, möchte man schließlich auch nicht beim Rumhängen am Kühlschrank erwischt werden. Wenn Kinderbetreuung, Ferienlager und psychologische Betreuung eine Art von häuslichem Outsourcing sind, dann fällt *Quality Time* unter eine neue Kategorie, die wir als häusliches *Insourcing* bezeichnen könnten.

Quality Time enthält die Hoffnung, den allgemeinen Zeitverlust durch Einplanung von Zeiten des intensiven Zusammenseins so kompensieren zu können, dass die Beziehung keine Qualitätseinbußen erleidet. Aber auch dies ist wieder eine Art, den Effizienzkult vom Büro auf das Zuhause zu übertragen. Statt neun Stunden am Tag mit einem Kind zu verbringen, erklären wir uns für fähig, gleiche Ergebnisse mit einer einzigen, stark verdichteten *Total Quality*-Stunde zu erzielen. Unseren Familienbindungen ergeht es wie dem armen Schmidt mit Frederick Taylor: Sie werden neu geeicht, um höhere Produktivität in weniger Zeit zu erzielen.

Angesichts des Gefühls, in einer Zeitfalle zu sitzen, *wollten* die meisten erwerbstätigen Amerco-Eltern mehr Zeit zu Hause, geschützte Zeit, Zeit, die weniger stark auf die Rhythmen der Arbeitswelt draußen abgestimmt war – Zeit, die sie einfach nicht hatten. Sie sehnten sich außerdem danach, die Zeit, die sie hatten, anders zu erleben. Aber der Mangel an Familienzeit und die Taylorisierung der wenigen Reste, die von ihr übrig blieben, zwangen die Eltern dazu, sogar noch mehr Arbeit zu leisten, und zwar Arbeit neuer Art: die emotionale Arbeit, die nötig ist, um den Schaden, den der Zeitdruck zu Hause anrichtete, wieder gut zu machen. War für Gwen ihre Arbeit im Büro die erste und ihre Arbeit zu Hause die zweite Schicht, so fand sie sich außerdem jeden Tag mitten in einer quälenden dritten Schicht wieder, dem Umgang mit Cassies Widerstand wie auch mit ihrer eigenen Hilflosigkeit und Trauer, die sie angesichts eines derart taylorisierten Familienlebens empfand. Wenn sich Arbeitskräfte gegen die Beschleunigung von Arbeitsvorgängen wehren, können die Arbeitgeber andere einstellen. Aber wenn sich Kinder gegen eine Beschleunigung zu Hause sperren, müssen die Eltern damit umgehen. Kinder trödeln. Kinder schmollen. Sie wollen etwas geschenkt bekommen. Sie geben ihren Eltern in Taten oder in Worten zu verstehen: „Ich mag das nicht." Sie wollen *Quality Time* wenn *Quantity Time* angesagt ist, sie wollen keine *Quality Time* in den Zeitfenstern, die ihre Eltern gewissenhaft gerade dafür aussparen. Väter und Mütter wiederum verlagern die Kämpfe um Zeit, die sie eigentlich mit den Managern bei der Arbeit ausfechten müssten, auf ihre Kinder und ihre Ehepartner zu Hause. Früh morgens sagt Gwen zu Cassie, als wäre sie ihre Managerin: „Es ist Zeit, sich für den Kindergarten fertig zu machen." Cassie quengelt: „Ich will mich aber nicht für den Kindergarten fertig machen." Gwen, nun schon angespannt, redet ihr gut zu: „Es ist Zeit. Mach voran. Wir kommen zu spät." Dies ist der schmerzhafteste Teil jener immer länger werdenden dritten Schicht zu Hause: die emotionale Drecksarbeit, Kinder an das taylorisierte Zuhause anzupassen und den daraus entstehenden Druck und die Anspannung wieder gut zu machen.

Eltern finden sich inzwischen immer mehr in der Rolle häuslicher Zeit-und-Bewegungs-Experten wieder und sprechen auch immer häufiger von der Zeit, als wäre sie eine bedrohte Form von persönlichem Kapital, das sie managen und investieren müssen, ein Kapital, dessen Wert aufgrund von Kräften, die sich ihrer Kontrolle entziehen, zu steigen und zu fallen scheint.

Neu daran ist, dass die Einstellung, die Finanzmanager zur Zeit haben, nun auch auf das Zuhause übergreift. Nur wenige Menschen haben das Gefühl, dass sie ihre Zeit einfach an einen Arbeitsplatz verkaufen, an dem sie dann für sie gemanagt wird. Die Mehrheit fühlt sich, als würde sie dort selber ein Paket Zeitaktien managen. Dies aber hat zur Folge, dass sie an die Zeit, die sie mit ihren Partnern und ihren Kindern verbringen, wie an eine Ware denken, ein zu investierendes oder abzuziehendes Gut, ein „Etwas", von dem sie wünschen, sie könnten mehr davon kaufen oder verdienen, um entspannter zu leben.[12]

Viele erwerbstätige Eltern kämpfen mit aller Kraft gegen diese Auffassung von Zeit an. Sie wollen nicht einfach mehr Zeit, sondern ein weniger entfremdetes Zeitgefühl. So sagt eine Amerco-Mutter: „Ich liebe meine Arbeit, ich liebe meine Familie, und ich will nicht aufs Land ziehen. Aber ich wünschte, ich könnte etwas von dem ruhigeren Leben auf dem Land, wo Beziehungen Vorrang haben, auch zu mir nach Hause bringen." In dieser alternativen Sichtweise ist Zeit für die Beziehungen das, was ein Dach über dem Kopf für die Familie ist: kein Kapital, das man investieren muss, sondern ein Haus, in dem man lebt. Menschen sind nicht Zeitkapitalisten, sondern Zeitarchitekten, die ihre Zeit strukturieren, um

---

12 Siehe Staffan Linder, *The Harried Leisure Class*. New York, Columbia University Press, 1974. Der Wirtschaftswissenschaftler Linder meint, wir übertrügen die Annahme, dass Arbeitszeit Geld sei, auch auf die Freizeit. So kann sich ein Mann im Urlaub sagen: „In jeder Stunde, die ich in Urlaub bin, könnte ich 30 Dollar verdienen!" Linder meint, dass die Menschen ständig Zeit, die „wenig einbringt", durch Zeit ersetzen, die „viel einbringt". In *The Management of Time*. New York, Kend, 1987, spricht Dale Timpe von Zeit als von etwas, das eines „Audit" bedarf, und gibt folgenden Rat:
„Viele Rechtsanwälte führen Buch darüber, wie viel Zeit sie mit einem Klienten verbringen. Sie können dasselbe tun, indem Sie aufzeichnen, was von den letzten 15 oder 30 Minuten wichtig war, oder indem Sie sich jeden Abend ein paar Minuten Zeit nehmen, um kurz festhalten, was die wichtigsten Ereignisse des Tages waren und wie viel Zeit jedes von ihnen beansprucht hat" (S. 76).
Siehe auch Ross Webber, *Time Is Money! The Key to Managerial Success,* New York, Free Press, 1988. Linder weist darauf hin, dass in vorindustriellen Gesellschaften viele Geschäftsleute mit großem unternehmerischem Geschick trotzdem mit der Vorstellung von Zeit nicht die Vorstellung von Geld verbanden.
Darüber hinaus hat der französische Soziologe Pierre Bourdieu das Konzept des „kulturellen Kapitals" entwickelt. Das kulturelle Kapital hilft wie das ökonomische Kapital dem Individuum beim Aufstieg auf der sozialen Stufenleiter. Zeitvorstellungen und habituelle Formen des Umgangs mit Zeit können ebenfalls als eine Form von kulturellem Kapital betrachtet werden (Pierre Bourdieu, *Die feinen Unterschiede,* Frankfurt/M., Suhrkamp Verlag, 1987).

ihre Beziehungen zu schützen. Einige Amerco-Familien schafften es immer noch, große Zeithäuser zu bauen, viele andere aber lebten in zunehmend beengten Zeitverhältnissen – und manche waren Zeit-Obdachlose. Manche Zeithäuser schienen solide und dauerhaft – zum Beispiel das sakrosankte Samstags-Frühstück, das es bei einer Familie gab; aber zu viele andere waren wie leicht umzuwerfende Nomadenzelte, die von einem Tag zum nächsten, von einer Woche zur nächsten verschoben wurden. Viele erwerbstätige Eltern wollten nicht nur mehr Zeit für zu Hause; vielmehr sehnten sich die meisten auch danach, sich zur Zeit so verhalten zu können, wie einer, der ein Nest baut, tatsächlich gingen sie mit ihr aber um wie Wertpapiermanager. Manche begannen zu ahnen, dass sie in die falschen Aktien investiert hatten; andere begannen, die Belastung zu spüren, die es mit sich bringt, wenn man die Perspektive eines Zeitmanagers auf die nicht in Geld berechenbaren Stunden zu Hause überträgt.

Bei meinen Gesprächen mit Beschäftigten auf allen Ebenen der Amerco-Gemeinschaft versuchte ich in der Unternehmenskultur die Faktoren ausfindig zu machen, die verhinderten, dass die ausgesprochen familienfreundliche Personalpolitik, auf die das Unternehmen so stolz war, genutzt wurde. Ich fragte mich aber auch, was es im Leben der Familien selbst gab, das sie so bereitwillig ihre eigene Zeitfalle schaffen ließ? Um Antworten zu finden, das wusste ich, würde ich das Arbeits- und Familienleben von der Spitze bis zur Basis der Amerco-Hierarchie erkunden müssen. Ich beschloss, bei der Spitze zu beginnen.

2. Teil
Von der Chefetage bis zur Fertigung

5. Kapitel
Geben am Arbeitsplatz

> carreer *(Karriere)*
> 1. Entwicklung oder allgemeiner Aktionsweg einer Person durch ihr Leben .... 2. ein Beruf oder eine Beschäftigung, insbesondere eine, die soziales Training benötigt, gefolgt von dem, was man die Arbeit eines Lebens nennt. .... 3. Ein Lauf, insbesondere ein schneller ... 4. Geschwindigkeit, insbesondere volle Geschwindigkeit „the horse stumbled in full carreer" – „das Pferd stolperte in vollem Galopp ...".
>
> *Random House Dictionary of the English Language*

Bill Denton, Chef der Personalabteilung, zuständig für alle Personalangelegenheiten bei Amerco einschließlich des Work-Life-Balance-Programms, ist in die Werkskantine gekommen, um für unser Mittags-Interview Brötchen mit Schinken und Käse zu holen, und scherzt mit der Kassiererin: „Ist das Gürkchen auf meinem Sandwich gratis?" Sie lächelt. Als wir hinausgehen, gibt er einem jungen Mann, der in eine Kostenaufstellung vertieft ist und an einem Sandwich kaut, einen Rippenstoß: „Wir erwarten Ihren Bericht in einer halben Stunde." Beide lachen. Im Fahrstuhl plaudert er freundlich mit einer Sekretärin, während wir zum neunten Stock aufsteigen, zu den Büros der mächtigsten Amerco-Manager. In seinem Büro weist er mir einen Stuhl an, beugt sich vor und sagt: „Ich habe eine Stunde Zeit für Sie."

Nach 30 Jahren im Unternehmen strahlt Bill Denton, 52, Energie, Herzlichkeit und einen deutlich spürbaren Führungswillen aus. Er ist ein stämmiger Mann von etwa 1,80 m. Sein braunes Haar ist sauber geschnitten, und seine rasche, selbstbewusste Art zu reden lässt einen ohne weiteres annehmen, dass er mit dem, was er sagt, recht hat. Seine vier Kinder in den gerahmten Fotografien hinter seinem Schreibtisch sehen ihm auffallend ähnlich. Wie, frage ich, nach einem neutralen Einstieg suchend, hat er eigentlich bei

Amerco angefangen? Er antwortet, als hätte ich ihn gebeten, das Prinzip zu erläutern, dem er seinen Aufstieg zur Konzernspitze verdankt, und dies bringt ihn unmittelbar auf das Thema Zeit:

> „Bei uns sortieren sich die Leute nach der Zeit. Natürlich haben auch viele Leute, die es nicht bis nach ganz nach oben schaffen, lange Arbeitszeiten. Aber alle, die ich kenne und die es geschafft haben, arbeiten viel und lang, einige mehr als andere. Die Mitglieder der Geschäftsleitung in diesem Unternehmen, das sind nicht die Superschlauen, wir sind die, die am härtesten arbeiten. Wir arbeiten ungeheuer. Wir arbeiten mehr als alle anderen. Wir haben mehr Praxis. Wir machen mehr Fortbildungen. Alle, die drei, vier Ebenen unter der Geschäftsleitung landen, sind sehr gut, sonst wären sie da nicht. Was also von da an zählt, ist Arbeit und Einsatz. Da sagt keiner: ‚Der arbeitet echt hart.‘ Man bemerkt einfach irgendwann Leistungsunterschiede, die daher kommen, dass jemand bereit ist, unentwegt zu arbeiten.
> Ganz zum Schluss wird dann noch einmal gesiebt. Manche Leute sind dann ausgebrannt, werden komisch, weil sie die ganze Zeit arbeiten, oder es macht keinen Spaß mit ihnen, dann werden sie eben nicht befördert. Die Leute an der Spitze sind sehr schlau, arbeiten wie verrückt und brennen nicht aus. Die schaffen es immer noch, geistig und psychisch auf der Höhe zu sein, und sie halten ihr Familienleben zusammen. Die machen das Rennen."

Dieser seltsamerweise gar nicht abgehetzte Manager mit seiner 60-Stundenwoche und seinen 300 Untergebenen ist einer der Sieger in diesem Rennen – und bei all den langen Arbeitstagen immer noch ein netter Mensch. „Allerdings stellen wir auch nur sehr gute, sehr arbeitsorientierte Leute ein", bemerkt er.

> „Die Leute brauchen sich nur umzuschauen, dann sehen sie das. Und dann arbeiten sie hart, um Schritt halten zu können, und ich glaube nicht, dass wir dran was ändern können. ... Das dürfte noch ein Weilchen dauern, bis irgendwo einer Generaldirektor wird, bloß weil er sagt: ‚Bei mir stimmt die Balance' – Es gibt einfach zu viele andere, bei denen sie nicht stimmt. Das Klima hier ist sehr konkurrenzorientiert."

Bill selbst hatte im Durchschnitt einen Zehnstundentag, und da er ein stattliches Gehalt bezog, seine Arbeit liebte und eine Frau hatte, die mit diesem Leben einverstanden war, war er glücklich damit. Alle zwölf Topmanager, die ich interviewte, hatten 50- bis 70-Stunden-Wochen. Einer bezeichnete sich als „Zwölf-Stunden-Spieler", ein anderer als „kontrollierter Workaholic". Ein dritter sagte: „Man sagt uns, macht eure Arbeit – aber steckt nicht zuviel Zeit rein. Aber die Arbeit braucht Zeit." Die meisten Topmanager kamen auch an den Wochenenden ins Büro, und alle nahmen Arbeit mit nach Hause. Interessanterweise meinte Bill jedoch, dass etwa nur ein Drittel der Beschäftigten, die er als Workaholics einschätzte, für das Unternehmen „einen echten Unterschied" machten, während dies bei zwei Dritteln nicht der Fall sei. Die Manager begannen oder beendeten ihre Sitzungen gern mit Workaholic-Witzen. „Na, Jim, wie ist das Wetter in Tokio?", fragte einer bei einer Sitzung um acht Uhr früh seinen Kollegen, der gerade vom Flughafen kam. Ein anderer zog nach: „Wenn ich von einer Geschäftsreise heim komme, weiß ich nie, ob ich meiner Frau einen Begrüßungs- oder einen Abschiedskuss gebe", woraufhin die Runde ein trauriges Lachen anstimmte.

Auch die Parkplätze erzählen Ähnliches über die arbeitswütige Unternehmenskultur. Die für die Manager reservierten Plätze füllten sich ab sieben Uhr früh und leerten sich erst nach 17 Uhr allmählich wieder. Selbst am 4. Juli, dem Nationalfeiertag, und neben Weihnachten der Tag im Jahr, an dem man am ehesten erwarten dürfte, keine Amerco-Beschäftigten bei der Arbeit zu finden, gab es auf den Parkplätzen rund um die Zentrale und bei den Gebäuden, wo die Ingenieure saßen, versprengte Autos und Vans, deren Fenster halb heruntergekurbelt waren, als wollten ihre Besitzer sagen: „Ich werde nicht lang brauchen." Ein Mann in Shorts, dem eine Reihe Stifte aus der Brusttasche seines Hemds ragte, ging mit raschen, langen Schritten zu seinem Büro. Ein anderer kam gerade heraus, die Aktentasche in der Hand. Ein dritter hatte ein Kind im Schlepptau.

Bill selbst hatte nicht das Gefühl, dass die langen Arbeitsstunden von oben verordnet waren. Aus seiner Sicht war es eher so, dass Amerco Leute anzog, die bereit waren, sich auf die Bedürfnisse des Unternehmens einzustellen. „Niemand sagt uns, wir sollten so lang arbeiten", erklärte Bill nüchtern. „Keiner fragt: ‚Was, schon wieder so früh nach Hause?' Wir machen das von uns aus. Wir sind selbst unsere schlimmsten Feinde." Wie die Protestanten in Max Webers berühmter Studie: *Die protestantische Ethik und der „Geist" des Kapitalismus*, schienen sie zwar nicht dem drohendem Finger Gottes, aber doch irgendeinem inneren Drang zu folgen, der sie zwang, ihre Arbeitstag auszudehnen. „Ab und zu hört man Geschichten von Managern, die Leute in ein Gespräch verwickeln, wenn die gerade einpacken und nach Hause gehen wollen, oder um 17 Uhr einen Kontrollgang machen, um zu sehen, wer noch da ist", erzählte mir ein Mann, „aber das ist die Ausnahme." Über seine 300 Untergebenen sagte Bill:

„Nicht ich entscheide, wie viel sie arbeiten. Sie entscheiden. Wenn sie ihre Kollegen überreden könnten, weniger zu arbeiten, könnten sie wahrscheinlich auch selber weniger arbeiten."

Wenn Bills Arbeitstage auch lang waren, so waren es doch Tage in einer privilegierten, von unerwünschten Unterbrechungen sorgfältig abgeschirmten Zone. Zu Hause nahm seine Frau seine Anrufe entgegen und begrüßte Besucher an der Haustür; im Büro machte das seine Sekretärin. Gemeinsam hielten diese beiden Frauen seinen Arbeitstag von Ungewissheit weitgehend frei. Bill erzählte so wenig wie andere Topmanager eine jener Geschichten, die man von Amerco-Beschäftigten auf den darunter liegenden Ebenen der Hierarchie so häufig zu hören bekam – von entlaufenen Katzen, Kindern, die plötzlich hohes Fieber bekamen, Notfallanrufen von älteren Verwandten oder ausbleibenden Babysittern. Bills Frau und Bills Sekretärin wachten in höflicher Form über seine Zeit und hielten Ausschau nach Zeitdieben oder unbefugten Zeitbesetzern. Bills Sekretärin war seine Uhr: Sie behielt seinen Terminkalender im Auge, sorgte jeden Tag für klare Prioritäten und sagte ihm, wann er was zu tun hatte. Dadurch konnte er „spontan" auf Anforderungen reagieren, wenn sie an ihn herangetragen wurden, und sich im Allgemeinen auf jede einzelne Aufgabe solange konzentrieren, bis sie erledigt war.[1] Er beschrieb das so:

„Ich geh da völlig drin auf. Ich liebe meine Arbeit. Mir macht sie wirklich Spaß. Wenn ich etwas nicht mag, mache ich es nicht. Damit habe ich mir eine schlechte Angewohnheit zugelegt. Ich bin undiszipliniert."[2]

---

[1] Siehe auch Helga Nowotny, „Time Structuring and Time Measurement: On the Interrelation between Timekeepers and Social Time," in J. Fraser u.a. (Hrsg.), *The Study of Time II*, Amhurst, University of Massachusetts Press, 1975.

[2] In seinem Buch *Hidden Rhythms* beschreibt der Soziologe Eviatar Zerubavel eine weitere soziale Welt, in der die Zeit genau eingeteilt und kontrolliert wurde – das mittelalterliche Benediktinerkloster. Anweisungen, wie man sich den ganzen Tag beschäftigen sollte, erschienen in den Regeln des Heiligen Benedikt (Eviatar Zerubavel, *Hidden Rhythms: Schedules and Calendars in Social Life*, Chicago, University of Chicago Press, 1981, S. 34, 35, 39). Auch im heutigen Unternehmen wird die Zeit streng organisiert, reguliert, rationalisiert. Wenn hohe Amerco-Manager erklärten, warum sie ihre Arbeit „liebten", erwähnten sie häufig die Befriedigung, die es ihnen verschaffte, anspruchsvolle Probleme zu lösen, Teil der Gemeinschaft aller Beschäftigten zu sein und, natürlich, Geld zu bekommen und Prestige zu haben. Ich fragte mich allerdings, ob nicht ein wenig von dieser „Liebe" auch auf die beruhigende Regelmäßigkeit ihrer Aufgaben zurückzuführen wäre.

Ein anderer Manager sagte: „Ich komme um 7:30 Uhr, hole mir eine Tasse Kaffee und sehe meinen Terminkalender durch. Dann geht's los und wenn ich das erste Mal wieder aufschaue, ist es meist so um die 16 Uhr."

Als Bill Denton seine Geschichte erzählte, sprach er oft von Spielern in einer Football-Mannschaft oder von Siegern auf dem Spielfeld. In den Gesprächen mit Spitzenmanagern tauchte dieses Bild vom Football-Match als Metapher für die Arbeit bei Amerco regelmäßig auf, in den Unterhaltungen mit Beschäftigten am unteren Ende der Hierarchie dagegen gar nicht. Sprachen Frauen auf der Vorstandsetage, die selten oder nie Football sahen, über ihre Karrieren, so nahmen sie häufig das Bild vom Spieler auf dem Football-Feld zu Hilfe. Wenn dagegen Fließbandarbeiter, die sehr wohl Football sahen, ihre Arbeit beschrieben, benutzten sie dieses Bild gar nicht. Dabei wäre alles andere – Schach, Poker, Monopoly, Jagd – eigentlich passender gewesen, aber in Amercos Vorstandsbüros war Football das vorherrschende Bild.

Metaphern steuern unser Empfinden. Das Bild vom Football lenkt die Aufmerksamkeit auf ein konkurrenzorientiertes, vollen Einsatz erforderndes Unternehmen, bei dem alle Teammitglieder äußerst genau aufeinander eingespielt sein müssen. Wenn man Geschwindigkeit nicht als blödsinnig oder beängstigend empfindet, sondern als aufregend, dann ist man hier richtig. Wenn die Arbeit ein Football-Match ist, verleiht dies noch den banalsten Dingen, die man gerade tut, Vitalität, Dringlichkeit, potentiellen Siegesrausch. Vor allem aber bedeutet das Denken in Football-Begriffen, dass alle Lebensbereiche, die außerhalb des Spielfelds liegen, beiseite geschoben werden. Damit erledigt sich natürlich auch das Problem des Verhältnisses von Arbeit und Familienleben.

Bill konnte ein Spieler sein, weil zwischen ihm und seiner Frau, die ganz außerhalb des Spielfelds lebte, hierüber Einigkeit herrschte. Er beschreibt ihre Beziehung so:

> „Wir haben ein Abkommen getroffen. Wenn ich so erfolgreich sein sollte, wie wir es beide wollten, dann würde ich ungeheuer viel Zeit darauf verwenden müssen. Ihr Teil des Abkommens war, dass sie nicht arbeiten gehen würde. Auf diese Weise konnte ich alle guten Sachen mitnehmen, während sie die harte Arbeit machte – Fahrgemeinschaften für die Kinder organisieren, Abendessen, Sportstunden. Damals ging das noch leichter. Alle ihre Freundinnen waren im selben Boot. Heute wüsste ich nicht, was eine Frau tun würde, die das machen wollte, was Emily gemacht hat. Womöglich gäbe es gar keine anderen Hausfrauen mehr, mit denen sie dieses Leben teilen könnte.

Als wir heirateten, war Emily im zweiten Jahr am Oakmont College und verließ es dann. Als dann unsere Sohn da war, entschied sie, dass sie lieber zu Hause bleiben wolle. Später hat sie dann doch noch am Lawrence College ihr Examen gemacht, aber selbst dann fand sie, das Beste, was sie mit ihrer Zeit anfangen könnte, war, mich und die Familie zu managen.

Ich habe wirklich alles gemacht bekommen. Ich habe immer sehr lange gearbeitet, und Emily hat einfach die Dinge gemanagt. Ich musste mir nie Gedanken darüber machen, wann ich die Wäsche abhole, wie ich die Kinder hierhin und dorthin bringe. Emily hat das zu ihrer Lebensaufgabe gemacht. Später waren die Kinder ja im Internat, aber vorher habe ich es immer so eingerichtet, dass ich auch mitten am Nachmittag zum Schultheater kommen konnte oder zu einer Sportveranstaltung, die um 16 Uhr anfing. Wenn mich die Kinder da haben wollten, war ich da."

Bill meinte, mit einer Frau zu leben, die über ihre Opfer nicht Buch führte, sei das größte Privileg überhaupt. Auch Emily war „im Management". Aber heutzutage hatte Emilys Betrieb, nämlich Haushalt und Familie, eine Position am Rand der Gesellschaft. Frauen, die gut zehn Jahre jünger waren als sie, gehörten nun zu den jungen Führungskräften, die Bill managte. Aber Bill stellte Emily als eine Frau dar, mit der man Pferde stehen konnte. Sie habe nicht das Gefühl, zu kurz zu kommen, und es mache ihr nichts aus, sagte Bill, von ihm abhängig zu sein. Es habe ihr Spaß gemacht, die vier gemeinsamen Kinder groß zu ziehen, bis sie ins Internat kamen, und sie sage immer noch, sie sei glücklich, wenn sie Bill vom Rande des Spielfelds aus anfeuern könne. Bill seinerseits fand, er habe im Vergleich zu den Männern und Frauen in Haushalten mit zwei Karrieren die glücklichere Situation. Er habe mehr Zeit.

In dieser Lage suchte Bill also nicht bei der Arbeit Zuflucht vor zu Hause oder zu Hause Zuflucht vor der Arbeit. Er suchte überhaupt keine Zuflucht, denn er hatte zwei sichere Welten, wenn auch die eine die andere ungeheuer dominierte.

Es war kein Zufall, dass die Spitzenmanager, die ich interviewte, ihre Arbeit liebten – tat doch ihre Arbeit einiges, um liebenswert zu sein. Zum Beispiel die Reisen, die, wie belastend sie auch immer sein mögen, aus dem Leben eines Amerco-Managers nicht weg zu denken sind. Dabei müssen sie oft in Hotels übernachten, in denen sie ein Täfelchen Schokolade sorgfältig auf ihrem Kopfkissen platziert vorfinden, früh morgens das leichte „sssh" der unter der Tür durchgeschobenen Zeitung hören, den vom Etagenkellner gebrachten Kaffee schlürfen und das seltenste aller Güter genießen können – verantwortungsfreie Zeit. Auf solche Kleinigkeiten waren die Ehefrauen mitunter neidisch. „Da ist er nun und lässt es sich gut gehen, während ich hier sitze und mit den Kindern mein Erdnussbutterbrot esse", vertraute mir die Frau eines Managers wehmütig an, als wir beim Sandkasten eines Kinderspielplatzes in einem Park in der Stadt saßen.

Die reibungslose Effizienz des Hotellebens gefiel diesen Managern. Das Hilton, das Marriott, das Hyatt Regency und ihre bescheideneren Nachahmer stellen sich völlig auf ihre Bedürfnisse ein und werben für sich mit ihren Konferenzräumen, Faxgeräten und Telefondiensten als eine bequeme Erweiterung des eigenen Büros. Sie alle preisen sich außerdem als ein „Zuhause für unterwegs" an, die Art von Zuhause, die Amerco-Manager am meisten schätzen, weil dort ihre Zeit, wie lange sie auch arbeiten, irgendwie ihnen gehört.

Die Ausstattung der Zimmer ist meist neutral, mit Vorhängen, Teppichen und Bettüberwürfen in gedeckten Farben, die unterschwellig beruhigend wirken sollen. Hotelzimmer verhalten sich zu Form und Farbe wie Fahrstuhlmusik zu Klang. Ihr Zweck ist nicht, Aufmerksamkeit oder Interesse zu wecken, sondern vertraut zu erscheinen, beruhigend. Zimmer im Hilton in Madrid, Paris und Mexico City sehen garantiert mehr oder weniger genauso aus wie Zimmer im Hilton in Atlanta oder San Francisco. Wo immer man sich auf der Welt gerade befindet, man kommt in das gleiche Zimmer nach Hause. Daher war es auch nicht überraschend, dass umgekehrt die Inneneinrichtung mancher Häuser von Amerco-Managern eine starke Ähnlichkeit mit dem Hoteldekor aufwies und auf diese Weise ihnen das Gefühl gab, wo immer sie waren, übergangslos zu Hause zu sein.

Ausgerechnet diese männlichen Topmanager mit ihren so wohl abgeschirmten Leben, die sich ihren eigenen Maßstäben zufolge für gute Ehemänner und Väter hielten, sollten Amercos neue familienfreundliche Personalpolitik einführen. Sie sollten die ersten Vorkämpfer für die ihnen unterstellten abgehetzten, zeithungrigen Beschäftigten abgeben, die verzweifelt versuchten, ihre Verpflichtungen zu Hause und bei der Arbeit unter einen Hut zu bringen. Manche dieser Manager gehörten zum Amerco *Corrective Action Team*, dem „korrektiven Aktionsteam", das über die Bewilligung von familienfreundlichen Leistungen befand. Sie also sollten die Masse jener Beschäftigten verstehen, deren Sorgen sich von ihren eigenen so sehr unterschieden, als lebten sie auf einem anderen Stern.

Die Hälfte der Amerco-Beschäftigten hatten für Kinder von 13 Jahren und jünger oder für ältere Verwandte oder für beides zu sorgen oder gaben bei Umfragen an, dass dies in nächster Zukunft auf sie zu käme,[3] und die meisten Beschäftigten, die für Kinder oder ältere Angehörige sorgten, hatten erwerbstätige Ehepartner, die genauso unter Zeitdruck standen wie sie selbst. Gab es da überhaupt eine Möglichkeit, solchen Beschäftigten zu helfen, die Balance in ihrem Leben zu finden, und zugleich Amerco zu nützen? Dies war die Frage, die Bill für den Generaldirektor beantworten sollte. Bill verstand sich gut darauf, Aufgaben zu lösen, bei denen er sich in Umstände hineinversetzen musste, die nicht seine waren. Er war keineswegs egozentrisch oder unflexibel. Er wusste, dass seine Untergebenen vermutlich anderen Zwängen unterlagen und andere Arbeitsarrangements brauchten als er.

Mit seiner Bereitschaft, alte Regeln über Bord zu werfen, gehörte Bill Denton zu den Ausnahmen unter den Amerco-Managern. Wenn eine Frau der beste „Mann" für den Job war, dann, bitte, sollte sie es sein. Auch drückte er sich nicht vor dem Problem familienbedingter Bedürfnisse, indem er Frauen gar nicht erst einstellte, weil er das Gefühl hatte, diese würden das Thema wohl am ehesten mit Nachdruck verfolgen. Bill glaubte, dass neue Talente häufig gerade unter den Frauen mit Familie und unter den Männern mit berufstätigen Frauen zu finden wären. Ein Unternehmen, das diese Arbeitskräfte für sich gewann und auf ihre Bedürfnisse einging, wäre anderen im Kampf um Anteile an den globalen Märkten um eine Nasenlänge voraus. Bill wusste auch, dass die Frage der Vereinbarkeit von Beruf und Familie auch auf sein Unternehmen, seine Abteilung, seinen Arbeitsplatz zukam. Er war nicht wie manche Topmanager der Ansicht, dies sei ein Problem für höchstens „fünf Prozent". Er spielte die Notwendigkeit einer solchen Politik nicht herunter, jedenfalls nicht an der Oberfläche.

Zwei Dinge hielten Bill dennoch davon ab, nach seinem Verständnis des Problems zu handeln: sein Mitgefühl für die Familienverhältnisse der Amerco-Beschäftigten musste mit anderen dringenden Unternehmensbelangen konkurrieren, etwa den zu erreichenden Produktionszielen; und außerdem lebte er in einer Art sozialer Seifenblase unter lauter Männern, die ebenfalls viele lange Stunden arbeiteten, zu Hause eine Ehe- (und Haus-) Frau hatten und dies für normal hielten. Vielleicht waren diese beiden Faktoren für die Ungeduld verantwortlich, mit der er auf das Problem der

---

[3] Siehe Tabelle C im Anhang, die die Anteile der Beschäftigten mit bestimmten familialen Verpflichtungen bei Amerco und in den USA insgesamt zeigt.

Balance von Arbeit und Familie reagierte. So platzte er denn auch einmal heraus: „Ich habe es *satt*, mich immer wieder damit beschäftigen zu müssen. Ich wünschte, wir hätten es einfach hinter uns."

Vater sein bei der Arbeit

Bill stand also vor einem Dilemma. Er sollte dabei helfen, familienfreundlichere Arbeitsbedingungen zu schaffen. Aber die Umstände unterminierten seine Motivation, sich dieser Aufgabe mit aller Kraft zu stellen. Dennoch führte er einige Veränderungen ein, die durchaus auf der Linie dieser neuerdings so wichtigen Familienfreundlichkeit lagen: So wurde er – im Rahmen der Arbeit – ein guter Vater.

Bill Denton war – wie viele seiner sozialen Gruppe – praktisch bei Amerco groß geworden. Viele seiner bedeutendsten Lebensereignisse hatten sich während der 30 Jahre seiner Zugehörigkeit zur Firma abgespielt. In der Firma fühlte er sich am sichersten. So war es ganz natürlich, dass er begonnen hatte, das Büro als den geeigneten Ort anzusehen, um Familiengefühle zum Ausdruck zu bringen.

Das Zuhause war für Bill im Idealfall ohnehin eine kleine Amerco-Filiale, aber zusätzlich sollte sich Amerco jetzt auch noch wie ein Zuhause anfühlen. Bill fand, dass zum Job eines Managers gehört, den Arbeitsplatz zu einem emotional angenehmen Umfeld zu machen, an dem sich effizient arbeiten lässt. Seine Aufgabe – wie er und seine Kollegen sie intuitiv auffassten – war, ein solches Zuhause am Arbeitsplatz zu schaffen, indem sie dort in die Vaterrolle schlüpften.[4] Bill bemühte sich, für die von ihm geführten Beschäftigen jederzeit ansprechbar zu sein und sie zu „motivieren", gut und hart zu arbeiten. Für manche seiner Beschäftigten hatte seine Fürsorge aber auch noch eine persönlichere Bedeutung.

Männer, deren eigene Rolle als Familienvater zu Hause zu kurz kam, verbrachten bei der Arbeit viele Stunden mit „Vätern" wie Bill. Viele Frauen, aber auch Männer, die ihre eigenen Väter durch Workaholismus oder Scheidung verloren hatten, entdeckten als berufstätige

---

4   Siehe Roma Hanks und Marvin B. Sussman (Hrsg.), „Where Does Family End and Corporation Begin: The Consequences of Rapid Transformation," in *Corporations, Businesses and Families*, New York, Haworth Press, 1990, S. 6.

Erwachsene auf einmal wieder, wie es war, einen Vater zu haben, der ihnen zeigte, wie man etwas machte, einen Vater, der schimpfte, Forderungen stellte, gut zuredete, sich kümmerte. Endlich, nach all diesen Jahren, konnten sie wahrhaftig seine Aufmerksamkeit gewinnen.

Bill war bei der Arbeit ein besserer Vater als zu Hause – zuallererst in dem Sinne, dass er fast immer da war. Im Büro, stellte Bill fest, konnte er den Fehlern seiner Beschäftigten mit einem Gleichmut begegnen, den er seinen eigenen Kindern gegenüber selten aufbringen konnte. Im Büro waren seine „Söhne" – und neuerdings auch „Töchter" – im Allgemeinen dankbar und lernwillig. Sein eigener Sohn zu Hause dagegen hatte keine Lust, in die Fußstapfen seines Vaters zu treten, und fragte inzwischen, wo sein Vater eigentlich seine ganze Kindheit über gewesen war.

In Wahrheit fiel den meisten dieser Manager und Vaterfiguren schon die Vorstellung schwer, sich von der Arbeit loszureißen. Am Arbeitsplatz Vater zu sein, war einfach befriedigender als anderswo. Einer von ihnen formulierte das so:

„Ich weiß, ich sollte nicht so viele Stunden hier sein, wie ich bin, weil ich damit eine ungeschriebene Regel für die Arbeitszeiten aufstelle. Aber ich bin hier, weil es mir Spaß macht, und außerdem habe ich einfach viel zu tun. Das ist ein richtiges Dilemma für mich. Manchmal denke ich, ich sollte zu Hause in meiner Bibliothek arbeiten. Aber dann wäre ich nicht hier, und damit verringert sich die Zeit, die ich hier für die Leute ansprechbar bin. Mein Job besteht zu einem Gutteil darin, ansprechbar zu sein, den Leuten Mut zu machen und ihnen ab und zu was Freundliches zu sagen. Die Leute finden es ganz gut, wenn ich hier bin."

Nachdem das Unternehmen *Total Quality* als neue Managementphilosophie eingeführt hatte, merkte Bill, dass er eine Sitzung nach der anderen einberief, um „den Prozess zu steuern". Diese Sitzungen führte Bill so, dass er den einen ermutigte, einen anderen lobte, einen dritten ein wenig aufzog, wobei Beschäftigte aus unterschiedlichen Abteilungen miteinander bekannt wurden, ins Gespräch kamen, Witze machten und kollegiale Gefühle entwickelten. Immer wieder ärgerte sich Bill über die Zeit – bis zu einem Drittel eines Arbeitstages –, die auf diese Weise verbracht wurde, und drängte die Manager in seiner Abteilung, Zahl und Länge der Sitzungen, die sie einberiefen, zu verringern. In solch einer Stimmung stellte er entrüstet aber auch mit einem kaum verhohlenen Anflug von Befriedigung fest:

„Zum Teil kommen die Leute in die Sitzungen, um sich Streicheleinheiten zu holen. Zum Teil kommen sie, um meinen Segen zu bekommen: ‚Ja, mein Kind, das wird schon.' Dann kommen sie, um gesehen zu werden. Oder sie kommen, um irgendein Risiko nicht allein tragen zu müssen. Oder um Informationen zu bekommen. Aber warum lösen wir unsere Probleme in der Gruppe? Schließlich wird hier jeder Einzelne dafür bezahlt, dass er Probleme löst. Ich glaube kaum, dass je bei einer Sitzung irgendeine großartige Idee herausgekommen ist. Wir können das runterfahren. Es ist Wahnsinn."

Aber kaum hatte Bill Dampf abgelassen, da berief er schon die nächste Sitzung ein. Sicher, sie waren zeitaufwändig und verlängerten den Arbeitstag, aber wenn die Leute nun mal hingehen wollten, warum nicht?

Wie der Kindergarten von Spotted Deer erschien auch Bills Arbeitsplatz oft in viel strahlenderem Licht als die Familie, für die er angeblich nur ein magerer Ersatz war. Er bot seinen Beschäftigten Befriedigungen, von denen sie aufgrund ihrer Erziehung annahmen, dass nur die Familie diese bieten kann. Es war hier am Arbeitsplatz und nicht zu Hause, wo sich viele seiner Bürokinder am ehesten gewürdigt fühlten.

Und doch gab es Grenzen. Büroväter erhielten Anweisungen von einem noch höheren Bürovater, und manchmal mussten sie Dinge tun, die schlecht für die Kinder waren. Sie mussten mehr Arbeit aus den Leuten herausholen. Sie mussten Leute degradieren und ihnen mitunter kündigen. Schließlich befand man sich in einem Unternehmen, und es gab Arbeit, die getan werden musste. Wenn Entlassungen anstanden, schaltete Amerco üblicherweise externe Unternehmensberater ein, denen man den Schwarzen Peter zuschob, denn ein anderes Vorgehen hätte die Bindung zwischen Beschäftigten und Managern möglicherweise geschwächt.

Bill Denton fiel es dank seiner traditionellen Auffassung von der Vaterrolle und seiner Beziehung zu seinem ersten Chef bei Amerco leicht, bei der Arbeit ein guter Vater zu sein. Er erklärte:

> „Als ich hier anfing, war das erste, was ich von meinem Vorgesetzten zu hören bekam: ‚Sie haben kleine Kinder zu Hause. Es wird Theateraufführungen, Ballettauftritte, Fußballspiele geben. Ich nehme an, Sie werden da hingehen müssen, und Sie sollten auch die Zeit dafür finden – aber Sie sind mir immer noch dafür verantwortlich, dass Ihre Arbeit getan wird.' Ich kann mir nicht vorstellen, dass die Manager heutzutage ihren Beschäftigten nicht ganz genau dasselbe sagen. Ich weiß nicht, wo da das Problem sein soll."

„Väterlichkeit" – in Bills Vorstellung evozierte das Veranstaltungen, bei denen die Kinder zeigen, was sie können – Bilder von jenem Teil der Kindheit also, der einer Karriere am nächsten kommt. Wie ein Meeting im Unternehmen ist ein Konzert oder ein Fußballspiel dann ein Zeitfenster, das von jemand anders im Voraus geplant wird. Eine Konzertprobe beginnt vielleicht um 14 Uhr und endet um 15:30 Uhr; ein Fußballspiel mag von 16 bis 18 Uhr dauern, ein Theaterstück von 20 bis 22 Uhr. Wenn Bill von guten Vätern oder von der Balance von Arbeit und Familienleben sprach, dann fielen ihm diese klar begrenzten Ereignisse in den „Karrieren" seiner Kinder ein, Routine-Unterbrechungen, die Ähnlichkeiten zu seinem eigenen Tagesverlauf aufwiesen.

Außer solchen Veranstaltungen schienen auch medizinische Notfälle ein legitimer Grund für einen Vater zu sein, sich frei zu nehmen. Ein Autounfall, eine Sportverletzung, eine plötzliche Krankheit konnten ihn aus jeder noch so wichtigen Sitzung herausholen. Am Krankenhaustor hörten die Anforderungen der Arbeit auf. Fixiert auf Veranstaltungen und Notfälle – die besten und die schlechtesten Zeiten, wie er sagte –, wusste er wenig über die Zeiten, in denen seine Kinder nicht auf der Bühne standen, nichts mit sich anzufangen wussten, mutlos oder verwirrt waren. Gewiss, Bill lebte in einer Stadt, in der Arbeit und Zuhause nahe beieinander lagen. Aber Bills Vorstellungen von Vatersein und Zeit ließen das, was am häuslichen Leben Alltag war, sehr weit weg erscheinen.

Waren die Söhne und Töchter dann erwachsen, blickten viele Manager auf ihre Jahre als Väter mit leichtem Bedauern zurück, darüber, dass sie so wenig Zeit mit ihren Kindern verbracht hatten. Vielleicht lag dies einfach an dem Einfluss, den die neuen Vorstellungen von der Vaterrolle sogar auf diese mittlerweile über 50-jährigen „Zehnstunden-Spieler" ausübten. „Als Ihre Kinder heranwuchsen, hatten Sie da genug Zeit für sie?", fragte ich einen Manager, der angeblich einem begabten jungen Ingenieur in seinem Werk einen Vaterschaftsurlaub verweigert hatte. Er antwortete:

> „Nein. Nein. Naja, bei dem jüngsten, ja. Aber zu meinem ältesten Kind hatte ich keine gute Beziehung aufgebaut. Ehrgeizig wie ich war, habe ich anfangs unglaublich viel gearbeitet. Jetzt ist unser Verhältnis gut, aber rückblickend habe ich das ein bisschen spät begriffen. Während der ersten sechs Lebensjahre meines ältesten Kindes habe ich nicht einmal Urlaub genommen."

„Wenn sie noch mal von vorn anfangen müssten", fragte ich, „würden Sie dann etwas anders machen?" Hier zögerte er.

„Ich weiß nicht. Das kann ich nicht beantworten. Wahrscheinlich nicht. Ich sage Ihnen auch, warum. Ich war das jüngste von sechs Kindern, das einzige, das zum College ging. Mein Vater war Mechaniker bei der Eisenbahn in Peoria, Illinois. Als ich in der *High School* war, wurde er entlassen. Es war eine niederschmetternde Erfahrung für ihn und auch für mich. Ich wollte es anders machen."

Sein eigener Erfolg bei der Arbeit, die Bewältigung des Schmerzes, den die Erinnerung an das Versagen seines Vaters ihm bereitete, dies war ihm – sogar jetzt im Rückblick – wichtiger, als zu Hause selbst ein guter Vater zu sein. Bill Denton wiederum umging die Frage mit dem Satz: „Ich bin zufrieden mit dem, was aus meinen Kindern geworden ist."

Es waren nicht die Topmanager selbst, sondern ihre Frauen, die die Abwesenheit ihrer Männer vom Familienleben bedauerten. Eine von ihnen, deren Mann in einer unrentablen Abteilung gekündigt worden war, bekam in Amercos Büro für Karriere-Übergänge fast einen Nervenzusammenbruch. Neben ihrem Mann sitzend, brach es gegenüber dem jungen *Outplacement*-Berater aus ihr heraus:

„Mein Mann hat die *Geburtstage* unserer Kinder verpasst! Er hat ihre *Sportveranstaltungen* verpasst! Er hat die Vater-Tochter-*Bankette* verpasst! Hat die Firma nicht *genug* von seiner Zeit bekommen? *Wir* jedenfalls hatten *nichts* von ihm!"

Wenn männliche Topmanager selbst Bedauern wegen jener für immer verlorenen Zeit mit ihren Kindern zu Hause äußerten, taten sie dies oft in Form einer Darstellung dessen, was ihre Frauen meinten. Einer sagte:

„Meine Frau würde sagen, sie hat mich in der Vaterrolle vermisst. Sie würde sagen, dass sie Mutter und Vater zugleich war. Sie bekommt aus erster Hand mit, was das für unsere Kinder bedeutet hat, sie hat da wohl den besseren Einblick."

Ein anderer erinnerte sich:

„Meine Frau hat mir erst nach 20 Jahren gesagt, dass es sie verletzt hat, als ich ihr sagte, mein Job wäre meine erste Priorität und meine Familie die zweite. Ich kann mich nicht daran erinnern, das gesagt zu haben, aber dass ich so was gesagt haben muss, ist klar."

Manche dieser Manager begannen in den Jahren, in denen zu Hause keine Kinder mehr groß gezogen wurden, eine gewisse Verunsicherung zu empfinden, die jedoch ihre Neigung zu langen Arbeitstagen nur verstärkte. Zwar gab es auch bei der Arbeit Wutanfälle,

Rivalitäten und Stress, aber für viele von ihnen waren das Kleinigkeiten im Vergleich zu den Problemen, die zu Hause aufbrachen. So schwierig es bei der Arbeit auch zugehen mochte, das Leben des erschöpften Managers dort war immer noch leichter vorhersagbar und besser vor Verstimmungen abgeschirmt als sein Leben zu Hause. Die eigentlich beunruhigenden Fragen – Bin ich es wirklich wert, geliebt zu werden? Liebe ich wirklich? – tauchten nicht bei Amerco auf, wo sich ihnen die Manager im Allgemeinen nicht direkt stellen mussten, sondern im Familienleben. Zu Hause waren ihre tiefsten Motivationen kritischen Nachfragen viel stärker ausgesetzt als im Büro mit seinen beruhigenden, eingebauten Grenzen. Ein Manager vertraute mir an:

> „Ich habe meiner Frau gesagt, dass ich für sie so lange arbeite, aber sie glaubt mir das nicht. Sie sagt, ich arbeite bloß für mich selbst, weil ich auch dann lange arbeite, wenn ich weiß, dass sie es nicht will."

Manche Frauen glaubten, für ihre Männer sei die Arbeit so etwas wie eine Geliebte, und gaben dann der Geliebten die Schuld und nicht dem Mann. Die trauernde Witwe eines Managers, der ganz plötzlich an einem Herzschlag gestorben war, lud niemanden aus der Firma ein, bei der Beerdigung zu sprechen. „Warum sollte ich?" sagte sie zu einer Freundin. „Schließlich hat die *Firma* ihn umgebracht!"

Manche dieser, wenn nicht durch Herzschläge, so doch durch die langen Arbeitstage ihrer Männer, verwitweten Frauen bauten sich in Gesellschaft anderer Managergattinnen ein eigenes Leben auf. Über ihr Engagement in der Schule oder für kommunale Belange kamen manche von ihnen schließlich zu der Einsicht, dass sie ihre Männer nicht mehr ganz so dringend brauchten wie früher. Gleichzeitig fühlten sich jetzt einige der älteren Nur-Hausfrauen, die ihr Familienleben wirklich genossen hatten, an den Rand gedrängt und leise unwohl, wenn sie auf Cocktailparties immer wieder gefragt wurden: „Und was machen Sie?"

Nur wenige dieser Frauen erwogen ernsthaft, die „Zuschauerränge" zu verlassen und sich selber am „Spiel" zu beteiligen. Die meisten scheuten vor einer eigenen Karriere zurück und waren auf berufstätige Frauen, die genauso lange arbeiteten wie ihre Männer, schlecht zu sprechen. Bill Denton bekam oft beim Abendessen zu Hause von seiner Frau Horrorgeschichten von pflichtvergessenen Müttern mit ehrgeizigen Karriereplänen aufgetischt, die sie von anderen Hausfrauen gehört hatte, die diese selber auch wieder aus zweiter Hand hatten. Wie Emily Denton mussten viele dieser Mütter feststellen, dass sie Teil einer schwindenden Schar ehrenamtlicher Helferinnen in der Schule, bei den Pfadfinderinnen oder beim Weihnachtsspiel in der Kirche waren. „Wenn ich noch einmal höre, ‚*ich ... kann ... nicht ... helfen*,' fange ich an zu schreien", sagte eine ebenfalls nicht berufstätige Freundin von Emily und brach in einen Singsang aus: „*Ich* muss *arbeiten.*" Ehrenamtliche Helferinnen scheinen heutzutage nicht mehr so leicht das Gefühl zu bekommen, dass ihre Arbeit von der Gemeinschaft gewünscht und geschätzt wird.

Angesichts dieser bei Amercos Topmanagern vorherrschenden Arbeits- und Familienkultur nahm Bill die Frage der familienfreundlichen Personalpolitik der Firma mit einem seltsam gespaltenen Bewusstsein auf. Zeitweilig sprach er davon, als gäbe es da überhaupt kein Problem. „In einer Kleinstadt wie dieser", erklärte er, „sind Sie doch keine fünf Minuten von zu Hause entfernt. Man braucht sich nur ins Auto zu setzen und hinzufahren. Das habe ich doch auch gemacht. Zu den Fußballspielen meines Sohnes habe ich es immer geschafft."

Bohrte man aber nach, kam fast unmerklich eine andere Argumentation ins Spiel. Wie alle Topmanager begann auch Bill, über Zeit zu reden, als sei sie nicht nur mit den Fähigkeiten, sondern auch mit den Karrierevorstellungen der Beschäftigten fest verdrahtet. Er weigerte sich, das von manchen vertretene meritokratische Prinzip – „Was zählt, ist die Arbeit, nicht die Anwesenheitszeit" – zu akzeptieren. Sein Glaube an Flexibilität stand in direktem Widerspruch zu einem unverrückbaren Grundsatz, dass die Zeit, die ein Beschäftigter arbeitet, ein Zweck an sich ist und genauso viel zählt wie die in dieser Zeit erbrachten Ergebnisse. Zeit war für ihn ein Symbol für Engagement.

Ob Zeit wichtiger war als Ergebnisse, war einer der am heftigsten umstrittenen Punkte. Aber er ging in der Firmenrhetorik unter: Bei einer anderthalbstündigen Sitzung des firmeninternen Aktionsteams, an der ich teilnahm, stellte Bill eine Gruppe von Beschäftigten aus unterschiedlichen Unternehmensbereichen zusammen, die helfen sollten, Amercos familienfreundliche Personalpolitik umzusetzten und zu überwachen. Bill setzte sich mit fünf anderen Mitgliedern des Teams zusammen und unterzog mögliche Formulierungen der Amerco-Philosophie in Bezug auf die Balance von Arbeit und Familie einer gründlichen Überprüfung. Sollte man sagen:

> „Übereinstimmend mit unserer Wertschätzung der Individualität ist es uns ein zentrales Anliegen, dass unsere Beschäftigten ein ausgewogenes Leben führen."

Oder:

> „Für uns haben auch die außerberuflichen Anforderungen und Zwänge im Leben unserer Beschäftigten Anspruch auf Berücksichtigung."

Oder:

> „Wir sind der Überzeugung, dass eine solide Arbeitsmoral der Grundstein jeder Karriere ist. Aber harte Arbeit ist kein Zweck an sich und wird nicht um ihrer selbst willen gefördert."

Oder:

> „Müde, überarbeitete Menschen, die sich Sorgen um ihre Kinder, Eltern und andere außerberufliche Probleme machen, können bei der Arbeit nicht ihr Bestes geben, noch kann man es von ihnen erwarten."

Am Schluss der Sitzung hatte sich das Komitee auf die erste Formulierung geeinigt. Die eigentliche Frage aber – ob die Firma die Beschäftigten nach ihrem Output oder nach ihren Arbeitszeiten bewertete – war nicht wirklich beantwortet worden. Als Amy Truett Bill fragte: „Wie würden Sie denn ‚vollen Einsatz' definieren?", antwortete er prompt:

> „Ich glaube nicht, dass es vollen Einsatz mit weniger als 50 oder 60 Wochenstunden gibt. So wird das in anderen Unternehmen gehandhabt, und so müssen wir es auch tun, wenn wir konkurrenzfähig sein wollen. Ich kann mir nicht vorstellen, dass wir da viel anders handeln können."

In der Runde erhob sich Protest. Aber niemand traute sich, die eigentliche Frage wirklich auszusprechen: Wie sieht dann die „Balance" aus? Wo bleibt bei diesem vollen Einsatz noch Platz für die Familie?

Als Amercos Erklärung zur Vereinbarkeit von Arbeit und Familie eine Woche später als Rundschreiben verbreitet wurde, reagierten die Spitzenmanager einer anderen Amerco-Abteilung durchaus weniger wohlwollend als Bill. Ihrer Ansicht nach war diese Balance das ausschließliche, und damit begrenzte, Problem weiblicher Manager, und mit ein bisschen Job Sharing hier und ein bisschen Teilzeitarbeit da wäre alles in schönster Ordnung.

Ein 30-jähriger Juniormanager schilderte mir nachdenklich eine Sitzung von Spitzenmanagern, die – wenn auch vertraulich und unter sich – auf das Rundschreiben verärgert reagiert hatten. Seine eigene Familie war in seiner Kindheit auseinander gebrochen. Seine Eltern hatten immer weniger Zeit zu Hause verbracht und sich schließlich scheiden lassen. „Meine Mutter lebt jetzt in einem kleinen Apartment in Orange County in Kalifornien. Mein Vater hat wieder geheiratet und lebt in Texas. Ich weiß nicht, wo die Wiege ist, in der ich als Baby geschlafen habe. Ich weiß nicht, wo meine alten Spielsachen sind. Wahrscheinlich haben sie sie weggegeben." Gekleidet in eine Firmen-Uniform, die 70-Stunden-Wochen vorschreibt, sprach hier der potentielle Fahnenflüchtige eines menschenverachtenden Systems:

> „Ich habe über die Ergebnisse einer Umfrage zum Betriebsklima in meiner Abteilung berichtet. Ich sagte, die Leute, mit denen ich arbeitete, wollten eine bessere Balance zwischen Arbeit und Familie. Ich habe mächtig eins auf den Hut bekommen. Dave explodierte förmlich: ‚Nehmen Sie nie wieder das Wort ‚Balance' in den Mund! Ich will davon nichts mehr hören! Punkt! Wir müssen hier alle hart arbeiten. *Wir* arbeiten hart. *Die* müssen hart arbeiten. Das ist einfach so. Bloß weil sich ein paar Frauen um die Balance sorgen, werden wir doch nicht die Regeln ändern. Wenn sie sich für diese Karriere entscheiden, werden sie dafür in Stunden zu bezahlen haben, so wie wir alle auch.'"

Ein anderer junger Manager, der das Vertrauen einer Gruppe von Topmanagern gewonnen hatte, ließ „durchsickern", was er in einem Gespräch über familienfreundliche Personalpolitik gehört hatte:

> „Die Alten hatten eine Sitzung. Sie fragten sich: ‚Was ist eigentlich los? Was haben die auf einmal gegen uns?' Sie denken, dass die Frauen sie kritisieren und dass die Art, wie sie ihr Leben gemanagt haben und wie sie groß geworden sind, in Frage gestellt wird. Das ist die größte Bedrohung überhaupt, und sie werden das nicht dulden. Sie merken allmählich, dass es ernst ist."

Der Grad der Verärgerung und die Heftigkeit der Reaktion der Manager in dieser Amerco-Abteilung ist ein Hinweis darauf, wie grundsätzlich die neue Politik ihren lieb gewordenen Vorstellungen vom Arbeitsleben widerspricht.

Die zunehmend schärfere Debatte über die Notwendigkeit von familienfreundlicher Flexibilität brachte auch Bill Denton dazu, über ein Problem nachzudenken, das für sein eigenes Leben eine größere Bedeutung hatte, als er ursprünglich geglaubt hatte. Gegen Ende unseres Interviews sprach er über seine Kinder, drei Töchter und ein Sohn:

„Jetzt, wo sie alle in den Zwanzigern und alle berufstätig sind, sind ihre Anrufe daheim anders geworden. Als meine Töchter noch im Internat waren, riefen sie an, um mit ihrer Mutter zu sprechen, und zum Schluss noch mit mir, um auch auf mich einzugehen. Jetzt, wo sie arbeiten, wollen sie mit mir reden: ‚Mein Gott, du wirst nicht glauben, was mein Chef wieder zu mir gesagt hat' und: ‚Soll ich mich um diese Beförderung bemühen?' Dann, zum Schluss: ‚Ist Mommy da?'

Dawn, meine älteste Tochter, ist seit fünf Jahren im Beruf, seit dem College-Abschluss, aber eigentlich möchte sie Nur-Hausfrau sein wie ihre Mutter. Ihr Verlobter ist Syndikus in einem Unternehmen. Meine zweite Tochter, Jan, ist eine Spitzenstudentin, hervorragende Sportlerin, ehrgeizig, konkurrenzbewusst, und will weder heiraten noch Kinder haben. Meine Jüngste, Katie, hat gerade angefangen zu promovieren und möchte beides, Karriere und Familie. Für sie wird es am härtesten, denke ich. Aber hart wird es auch für meinen Sohn. Er ist 29. Seine Frau ist Ingenieurin, und sie haben gerade ihr erstes Kind bekommen. Ich habe keine Ahnung, wie sie das hinkriegen wollen."

Die Frage der Balance von Arbeit und Familie war bei ihm zu Hause angekommen. Als unser Interview beendet war und Bill mich zur Tür seines Büros begleitete, kam er auf die Managerinnen zu sprechen, die nach einem aufreibenden Arbeitstag nach Hause rasen, um das Abendessen auf den Tisch zu bringen und den Kindern noch etwas vorzulesen. Sein abschließender Kommentar, den ich so oder ähnlich immer wieder von Topmanagern zu hören bekommen sollte, lautete: „Ich weiß nicht, *wie* die das schaffen."

6. Kapitel
Die Mutter als Verwalterin

Ein Tag im Leben von Vicky King offenbarte ein Paradox. Unter den Managern war sie als engagierte Befürworterin der flexiblen Arbeitszeitgestaltung bekannt. Ihre Abteilung war in den letzten drei Jahren dafür ausgezeichnet worden, dass sie die Ausschussraten gesenkt und die Fristen zwischen Auftragserteilung und Auslieferung verkürzt hatte, und dieser Erfolg gab Vicky das Selbstvertrauen zum Alleingang in Sachen Arbeitszeit. Anders als Bill Denton beurteilte sie die meisten ihrer 150 Untergebenen nach ihrer Arbeit und nicht nach der Zeit, die sie am Arbeitsplatz verbrachten. Ich fragte sie, wie viele Beschäftigte in ihrem Werk ohne Leistungseinbußen auch mit unregelmäßigen oder verkürzten Zeiten arbeiten könnten. „85 Prozent", antwortete sie zu meiner Verblüffung und erklärte:

> „Ich brauche einen Kern von 15 Prozent der Beschäftigten, die die regulären Zeiten oder auch darüber hinaus arbeiten. Man könnte aus einer Stelle zwei oder aus zwei Stellen drei machen oder flexible Arbeitszeiten einführen, und wenn dann noch die Sozial- und sonstigen Leistungen bei Teilzeitbeschäftigung anteilig aufgeteilt würden, hätte man nicht einmal mehr Kosten, weder beim Geld noch bei der Leistung. Wahrscheinlich würde die Gesamtleistung des Unternehmens dadurch sogar steigen. Die Beschäftigten müssten bloß ihre Stellen anders aufteilen, das ist alles. Ich bin da voll und ganz dafür."[1]

Vicky selbst jedoch führte paradoxerweise das gleiche Arbeitsleben wie Bill Denton: hohe Arbeitsintensität, knappe Terminplanung, lange Arbeitszeiten. Der einzige Unterschied war, dass Bill Denton zu Hause seine Frau hatte, die sich um die Kinder kümmerte. Vicky hatte einen Sohn, eine Tochter und einen gutwilligen Mann, der jedoch auch keine Patentlösung für das Problem von zu viel

---

1 Amerco bot Beschäftigten, die in der Woche 30 Stunden oder mehr arbeiteten, volle Sozial- und sonstige Leistungen.

Arbeit und zu wenig Zeit zu Hause hatte. Bei Amerco trat kaum jemand so hartnäckig wie sie für das Recht auf flexible und kürzere Arbeitszeiten ein. Eines Nachmittags fragte sie mich:

> „Haben Sie eigentlich mal den Film *Nine to Five* gesehen? Erinnern Sie sich, wie am Schluss die Frauen einen Kindergarten am Arbeitsplatz aufmachen und mit flexiblen Arbeitszeiten kommen und gehen? Wie sie Job-Sharing machen? Und wie das Geschäft tatsächlich besser läuft als vorher, weil es jetzt auf Vertrauen und Flexibilität aufgebaut ist? Das ist meine Vision."

Vicky selbst aber hielt, um als Führungsperson glaubwürdig zu sein, an langen, nicht-flexiblen Arbeitszeiten fest. Ihre Einstellung zur Arbeitszeit war familienfreundlich; ihr eigenes Leben aber ganz auf die Arbeit ausgerichtet.

Vicky war eine Person, die man spontan mochte: eine große, schlaksige Mittvierzigerin, blond, hier und da auch schon grau. Sie durchmaß Amercos Korridore mit weit ausholenden Schritten und konnte wunderbar lachen. Meist trug sie ein Leinenkostüm, eine Jacke mit leichten Schulterpolstern und eine pastellfarbene, eher weit geschnittene Bluse. Dieser Stil entsprach weder der neuesten Mode noch ihrem eigenen Geschmack, sondern der Amerco-Kleiderordnung für Managerinnen, die sich von Zeit zu Zeit informell und kollektiv änderte.

Genau wie für viele aufsteigende männliche Amerco-Stars hatte auch für Vicky der Karriereerfolg große persönliche Bedeutung. Sie war in einer Kleinfamilie im Mittleren Westen aufgewachsen und das Geld war immer knapp gewesen. Ihr Vater hatte ein Lebensmittelgeschäft, ihre Mutter war Hausfrau und von chronischen Ängsten vor Unglücksfällen aller Art geplagt, die sie, wenn sie wirklich eintraten, gewöhnlich unvorbereitet trafen. Als Vicky zu Hause ausgezogen war und aufs College ging, rief ihre Mutter jeweils am Semesterende an, um ihr völlig aufgelöst mitzuteilen, demnächst sei kein Geld mehr da und Vicky müsse das College abbrechen. Mit Stipendien, Jobs und Zähigkeit brachte Vicky sich trotzdem durch das Ingenieurstudium. In ihrer jetzigen Position bei Amerco kehrte sie das Verhalten ihrer Mutter dauerhaft um. Hatte ihre Mutter gewartet, bis das Unheil geschah, ehe sie seine Existenz zur Kenntnis nahm, so sah Vicky mit geradezu unheimlicher Genauigkeit Probleme voraus und machte Pläne, um sie abzuwenden. Voraussehen und abwenden, damit verdiente sie ihren Lebensunterhalt.

In zweiter Ehe glücklich verheiratet mit Kevin, hatte sie einen achtjährigen Sohn und eine vierjährige Tochter. Vicky und Kevin teilten sich die zweite Schicht, aber unter den wachsenden Anforderungen zweier Karrieren mit langen Arbeitszeiten wurde der Anteil dieser Schicht an ihrem Leben immer geringer.

Arbeit war für Vicky eine wohlgeordnete Hochdruck-Welt, in der sie sich als kompetente, helfende „Mutter" voll entfalten konnte. Sie schuf eine anheimelnde Atmosphäre innerhalb einer großen betriebsamen Gemeinschaft, in der alle möglichen kleinen Dramen abliefen. Selbst zu arbeiten, von Arbeit umgeben zu sein und sie zu beobachten, war interessant für Vicky. Vicky mied ihr Zuhause nicht wirklich, aber sie arbeitete hart daran, seinen Einfluss auf ihr Leben einzugrenzen. Von ihrer Rückkehr zur Arbeit sechs Wochen nach der Geburt ihres ersten Kindes erzählte sie ganz unbefangen:

> „Alle sagten zu mir: ‚Was, Sie haben nur sechs Wochen Mutterschaftsurlaub genommen?' und ich hab' geantwortet: ‚Leute, das waren sechs Wochen, in denen ich niemanden zum Reden hatte. Meine Freundinnen sind bei der Arbeit. Die Sachen, die mich interessieren, sind bei der Arbeit. Meine Anregungen bekomme ich bei der Arbeit. Ich bin *heilfroh*, dass ich wieder da bin.'"

Ihre Elterntätigkeit maß Vicky King genau wie Bill Denton an den Leistungen ihrer Kinder, nicht an der Zeit, die sie mit ihnen verbrachte. Anders als Bill jedoch bestimmte sie ihr Engagement nicht über die Zahl der Sportveranstaltungen oder Schüleraufführungen, die sie besuchte. So wie sie in ihre Arbeitsumgebung ihre mütterliche Präsenz einbrachte, so brachte sie in ihre mütterliche Betreuung von Kevin Jr. und Janey ihre administrativen Fähigkeiten ein. Sie telefonierte viel, um Termine mit Sport- und Klavierlehrern, einem Spielplatzleiter und zwei Babysittern auszumachen. Während der Woche bewältigte sie ihre Mutterpflichten durch Outsourcing; wirklich verfügbar war sie nur, wenn die Familie an sonnigen Wochenenden in ihr Ferienhaus in den Bergen fuhr. Aber trotz ihrer heroischen Bemühungen, auch als Mutter eine gute Managerin zu sein, hatte sie oft das Gefühl, das Ganze wachse ihr über den Kopf. „In meiner ganzen Karriere habe ich mich noch nie so hilflos gefühlt", erzählte sie mir eines Tages. „Ich kam von einer Dienstreise nach Hause und las den Zettel, den ich Cammy [der Babysitterin] geschrieben hatte, damit sie Kevin Jr. in diesen Wochen zu anderen Zeiten als sonst vom Hort abholte. Ich hatte den falschen Monat *und* die falsche Woche aufgeschrieben. Ich habe nur noch gedacht: ‚O Gott, jetzt geht es los, bei der Arbeit und zu Hause. Das war's dann wohl.'"

Was war die Lösung für den Zeitmangel der Kings? Hätten sie in China gelebt, hätten möglicherweise die Großeltern die Kinder aufgezogen, während sie und ihr Mann „produktive Arbeit" leisteten. In einem Dorf in Ghana wäre vielleicht ihre Schwester eingesprungen, während sie Waren auf dem Markt verkaufte. In New England um 1800 hätte man Kevin Jr. womöglich als Müller-Lehrling zu einer Nachbarfamilie gegeben, weil es dort zu wenig Jungen gab. Aber in dieser Stadt im mittleren Amerika der 1990er gab es keine dieser Möglichkeiten. Vickys Eltern lebten weit weg, und Kevins Eltern waren zum Einspringen nur begrenzt bereit. Die Babysitterin war eine aufgeweckte, ehrgeizige Collegestudentin, die demnächst zu ihrer eigenen Karriere aufbrechen würde. Am Ende standen Vicky und Kevin alleine da, einen großen Teil der Hilfe mussten sie sich also kaufen.

Vicky King hatte den gleichen Zehnstundentag wie Bill Denton und fügte dem noch ihre Rolle als häusliche Managerin hinzu. Bei all den anderen Jobs jedoch, die Bills Frau übernahm – Freunde einladen, im Garten arbeiten, Handarbeiten machen, sich um ältere Verwandte kümmern oder ehrenamtlich Geld für die örtliche Schule sammeln – musste sie passen. Auf die Handarbeiten konnte sie verzichten, aber ihre alte Tante besuchen – dafür hätte sie schon gerne Zeit gehabt.

Bill Denton und Vicky King, eine männliche und eine weibliche Führungskraft, entsprechen einem weit verbreiteten Muster. Nach einer Amerco-Umfrage aus dem Jahre 1990 hatten Männer mit Spitzengehältern wie Bill Denton zwar etwas längere Arbeitszeiten als ihre Kolleginnen, aber nimmt man die Arbeit im Büro und die Arbeit zu Hause zusammen, dann arbeiten die „Bills" 75 und die „Vickys" 96 Stunden pro Woche.[2]

Frauen, die arbeiten, stellen außerdem fest, dass sie bei ihren Bemühungen um die Balance von Arbeit und Familie in direkten Konflikt mit Müttern geraten können, die zu Hause bleiben. Auf

---

2   Bei Amerco arbeiteten Mütter auf der höchsten Gehaltsstufe (A-payroll) in einer Doppelverdienerehe im Durchschnitt 50 Stunden am Arbeitsplatz und 45 Stunden bei der Kinderbetreuung und im Haushalt (für Männer auf der entsprechenden Gehaltsstufe liegen die Zahlen bei 53 und 25 Stunden). Der Gesamtzahl ihrer Arbeitsstunden nach werden solche Frauen nur noch von Fabrikarbeiterinnen übertroffen, die allein erziehende Mütter sind. An dritter Stelle stehen mit 94 Stunden pro Woche die Mütter mit nichtarbeitenden Ehemännern. Allerdings kommt es nicht bloß auf die Zahl der Stunden an, sondern auch darauf, wie weit man selbst über sie bestimmen kann. Siehe zum Beispiel R. Karesek, „Lower Health Risk with Increased Job Control among White-Collar Workers", *Journal of Organizational Behavior*, 11, 1990, S. 171-185.

der Suche nach einer Möglichkeit, wie Kevin zur Schule kommen könnte, ging Vicky zum Beispiel zu Beverley, einer in der Nachbarschaft wohnenden Nur-Hausfrau-und-Mutter, deren Sohn ebenfalls acht Jahre alt und einer von Kevins Spielkameraden war. Vicky schlug vor, die Jungen könnten jeden Morgen um acht Uhr losgehen, da Vickys Arbeit um 8:15 Uhr und die Schule um 8:30 Uhr anfing. Beim Gedanken an Beverlys Reaktion verdrehte Vicky jetzt noch die Augen:

> „Beverly sagte: ‚Können wir nicht einfach jeden Morgen um acht Uhr telefonieren, um abzusprechen, wie die Jungen zur Schule kommen? Manchmal lass' ich ihn ganz gern länger schlafen. Manchmal will er selber früh hingehen.' Dann schnappte Beverly ein, und die Wahrheit kam ans Licht: ‚*Ich* habe extra aufgehört zu arbeiten, um flexibel sein zu können, und das werde ich jetzt nicht aufgeben, nur um *deinem* Zeitplan zu dienen.'"

Beverly hatte ihre Karriere widerstrebend aufgegeben, um mit ihrem Kind zu Hause zu bleiben. Vielleicht fürchtete sie jetzt heimlich wie der glücklose Bauerssohn in Lafontaines Fabel, eine gute Kuh gegen einen alten Esel und den gegen ein Huhn eingetauscht zu haben. Nun sollte ihr für die Henne ein Stock angeboten werden und sie war fest entschlossen diesen „Stock" abzulehnen – und mit ihm jeden Anklang an die Zwänge des Arbeitslebens, der sich im festen Punkt-Acht-Uhr-Aufbruch manifestierte.

Beverlys Verständnis von Kinderzeit war das einer Hausfrau. Sie baute geräumige Zeitschlösser für die frühen Ereignisse im Leben ihres Kindes, und das fing mit dem Zeitpunkt an, zu dem es aufwachen sollte. An einer Karriere festzuhalten bedeutete für sie, ein Kind in ein Zeitgefängnis einzusperren, in die Mauern der rigiden Anforderungen des Arbeitslebens. Wollte eine Frau eine gute Mutter und keine Gefängniswärterin sein, so musste sie ihre Karriere aufgeben, fand Beverly.

Und Vicky fand, Beverly habe ein Problem. In ihren Augen war der Acht-Uhr-Aufbruch der Beginn eines glücklichen Tages für Kevin Jr. und kein Gefängnisleben. Eine gute Mutter zu sein, bedeutete für sie, zu wissen, wann ihr Sohn mit dem Segelboot-Bild nach Hause kam, das er in der Malstunde nach der Schule gemalt hatte, oder sich von seinen Spielplatzfreunden und -feinden erzählen zu lassen, aber nicht unbedingt, zu Hause zu sitzen und auf ihn zu warten. Es hieß, mit ihrem Sohn telefonisch Kontakt zu halten und dafür verantwortlich zu sein, dass er bekam, was er brauchte, auch wenn nicht sie es war, die es ihm gab. Eine gute Mutter sein, das war für sie, ihren Kinder den richtigen Hort und den richtigen Babysitter auszusuchen. Beverlys Zeit mit ihrem Kind ähnelte mit ihren weniger vorausgeplanten, flexibler gestalteten Abläufen und langsameren Rhythmen eher der Zeit in einem gegen die Industrialisierung abgeschirmten Zuhause des 19. Jahrhunderts; die Zeit, die Vicky für ihre Kinder aufbrachte, ähnelte eher der Zeit bei der Arbeit.

Vicky und Beverley standen auf den entgegengesetzten Seiten einer merkwürdigen, vor allem Frauen betreffenden Trennungslinie – Zehnstundentage auf der einen, keine Stundentage auf der anderen Seite. Bislang waren sie Freundinnen gewesen, Mütter unter sich. Vicky beeilte sich, die kleine aktuelle Krise beizulegen, aber verabredete, vorsichtig geworden, dass Kevin Jr. mit dem Sohn einer anderen berufstätigen Mutter zur Schule ging, einer Verbündeten auf ihrer Seite der Scheidelinie. Jetzt waren die beiden berufstätigen Mütter und ihre Söhne befreundet, während Beverly und Vicky nur noch selten miteinander zu tun hatten.

Vickys Mann, Kevin King, war ein großer, schlanker, freundlicher Mann, der in der Stadt eine Zahnarztpraxis betrieb. Als Vater wollte er voll für seine Kinder da sein, hatte aber Bedenken, seine Elternaktivitäten könnten eine Flucht vor einem Konflikt darstellen, mit dem er gerade in seiner Karriere konfrontiert war. Während für Vicky die Arbeit ein Weg gewesen war, sich aus der emotionalen Enge und ökonomischen Unsicherheit ihrer Kindheit zu befreien, machte Kevins Arbeit eher den Eindruck eines schlecht beschilderten Pfads, der sich an einer Reihe von Fallgruben vorbei schlängelte. Als Sohn eines angesehenen Kieferchirurgen hatte er dieselbe Laufbahn eingeschlagen wie sein Vater, doch fand dieser Vater bei jeder sich bietenden Gelegenheit etwas an ihm auszusetzen. Kevins Zuflucht vor dieser Kritik war eine künstlerische Berufung: Er war ein begabter Maler, und so begann er, ausdrucksstarke, windgepeitschte Landschaften zu malen und sie in lokalen Kunstausstellungen zu zeigen, denen sein Vater kurze Pflichtbesuche abstattete.

Währenddessen stieg seine Frau bei Amerco immer weiter auf. Kevin war stolz auf jeden neuen Schritt, den Vicky auf dieser Stufenleiter machte, aber er bereitete ihm auch Unbehagen. Er freute sich über ihre Energie und teilte ihre Freude, aber bei einem Abendessen im Lion's Club, bei dem die Mitglieder zum Spaß danach „taxiert" wurden, was ihnen in letzter Zeit an Gutem widerfahren war, wurde für Kevin Vickys letzte Beförderung „veranschlagt". Seine Club-Freunde zogen ihn auf: „Jetzt kannst du doch in Rente gehen, Kevin. Lass Vicky das Geld ranschaffen." Er trug es mit Fassung, aber abends fragte er Vicky kurz vor dem Einschlafen dann doch mit mehr Sorge, als er eingestehen wollte: „Was meinst du, wann das Gerede wohl endlich aufhört?"

Vickys Erfolge schufen ein Dilemma für Kevin, aber ein Dilemma, das von einer glücklichen Ehe und zwei schönen Kindern so gut überdeckt wurde, dass er das Gefühl hatte, er dürfe sich eigentlich nicht beklagen. Die Kinder brauchten mehr Elternzeit, und wenn er ehrlich war, *könnte* er im Grunde auch mehr Zeit mit ihnen verbringen. Aber in einer Stadt im Mittleren Westen war es für einen Mann wie Kevin auch in den 1990er Jahren immer noch auffallend schwer, jene öffentliche Anerkennung zu bekommen, die er seiner Meinung für all das, was er zu Hause tat, verdient hätte. In den Augen anderer Leute war Vatersein etwas ganz anderes als Muttersein. So sehr er seine Kinder liebte – noch mehr Zeit mit ihnen zu verbringen, machte es nur noch schwerer, seine öffentliche Identität zu verbessern. Doch mit einer Ausweitung seiner Praxis, auch das wusste er, würde er sich nur noch mehr Kritik von seinem Vater einhandeln.

Angesichts von Vickys Aufstieg und seinen eigenen Sorgen um sein Bild in der Öffentlichkeit begann Kevin halb-bewusst, mit Vicky gleichzuziehen und Arbeitsverpflichtung gegen Arbeitsverpflichtung zu setzen. Hatte Vicky einen Monat lang jeden Dienstag von 17 Uhr bis 18:30 Uhr eine Sitzung, die sie nicht versäumen durfte, fand Kevin, dass er in seiner neuen Position im Lion's Club zu keiner der dort jeden Mittwochabend stattfindenden Finanzdiskussionen „Nein" sagen konnte. Musste Vicky im November auf eine Geschäftsreise, so fand Kevin einen Grund für eine Reise im darauf folgenden Februar. Es war nicht eigentlich Konkurrenz; es war Anpassung. Aus Kevins Sicht sorgte das dafür, dass sie vor den Augen der Welt ebenbürtig da standen, wenn er ebenso viel Zeit zu Hause verbrachte wie sie, aber keine Sekunde mehr. So wurde die zu Hause verbrachte Zeit zu einem Zeichen der Schwäche, nicht nur in den Augen von Außenstehenden, sondern auch in der Ehe selbst. Und die Familie zog den kürzeren.

Bei der Arbeit dagegen stand Vicky mit Leib und Seele hinter dem Prinzip des flexiblen Managements und der Leistungsbewertung nach Ergebnissen. Während Bill Denton und andere Gleichgesinnte gern behaupteten, dass Zeit, Leistung und Anerkennung untrennbar zusammen gehörten, vertrat Vicky, so oft sich die Gelegenheit bot, die gegenteilige Meinung. Ein frischer, ausgeruhter Dynamo, behauptete sie, „kriegt einen Berg Arbeit so schnell klein wie ein Sushi-Koch seine Pilze zerhackt." Warum ausgerechnet denjenigen belohnen, fragte sie dann immer, der für die Arbeit am längsten brauchte?

Vicky hatte einmal Kolleginnen aus anderen Abteilungen zugehört, die sich über Urlaubsanträge unterhielten, und dabei von bestimmten mehr oder weniger verborgenen Praktiken bei Amerco erfahren. So hatten zwei männliche *High Potentials* bei ihrem Vorgesetzten ein Jahr Urlaub beantragt, um auf Weltreise zu gehen und Unterwasserfotografien von australischen Korallenriffs zu machen. „Ich wollte, dass sie wiederkommen", hatte der Vorgesetzte etwas betreten erklärt, „also haben wir ihnen ‚Bildungsurlaub' gegeben."

Wenn Vorgesetzte so große Ausnahmen für *High Potentials* machen konnten, meinte Vicky, warum konnten sie dann nicht Eltern, die ihre Kinder lieber um 16:30 Uhr statt um 17:30 Uhr abholen wollten, flexible Arbeitszeiten anbieten? Also begann Vicky, Ausnahmen zu sammeln – und nannte sie „Korallenriffe". Dan Danforth etwa war dafür bekannt, dass er sich die Zeit zwischen 11 und 13 Uhr regelmäßig von Terminen frei hielt, um sich als Grundstücksmakler zu betätigen. Er hatte seinen Chef nicht gefragt, aber sein Chef wusste davon, und weil Dan ein außerordentlich guter Arbeiter war, beklagte sich der Chef nicht. Das war ein solches Korallenriff. Oder die Golfpartien, zu denen sich die verschiedenen regionalen Amerco-Verkaufsteams sechs Mal im Jahr, immer wenn ihre nächsten Verkaufsreisen anstanden, nachmittags von 13 bis 17 Uhr trafen und bei denen die Sekretärinnen die Golfcarts fuhren, kaltes Mineralwasser in Kühlboxen bereit hielten und gute Spieler anfeuerten: Diese Ausflüge wurden ganz ernsthaft als ein Beitrag zur Verbesserung des Arbeitsklimas und der Zusammenarbeit in der jeweiligen Abteilung vertreten und hatten sich längst eingebürgert, „fast wie Arbeit", aber eben auch eine andere Art von Korallenriff.

Wenn man genau hinschaute, fand man noch mehr davon. 1975 hatte Amerco ein „40-Prozent-System" eingeführt, bei dem Beschäftigte mit 50, 55 oder 65 Jahren in den Vorruhestand gehen und nur noch 40 Prozent ihrer bisherigen Zeit arbeiten konnten. „Der 40-Prozent-Plan ist sehr erfolgreich", meinte der Manager eines Amerco-Werks. „Wir bekommen ihre Erfahrung. Sie bekommen die Balance, die sie möchten." „Warum", fragte sich Vicky,

„konnte Amerco einen Plan, der sich bei älteren Männern bewährt hatte, nicht auch für junge Eltern einführen?"

Mit dieser Korallenriff-Sammlung im Hinterkopf begann Vicky eines Tages während des Mittagessens mit Bill über die Arten zu diskutieren, wie Zeit und Arbeit miteinander verknüpft sind. Bill behauptete, dass die schiere Zeit, die die Leute in ihren Büros bei Amerco verbrachten, etwas Gutes für den Arbeitsplatz tat. Praktisch lebte zwar auch Vicky nach dieser Überzeugung, aber sie hatte sie sich nicht zu eigen gemacht. Was war denn letztlich Arbeit? „Die Leute reden darüber, als sei ihr Job etwas Klares, fest Umrissenes, genau Definiertes", sagte Vicky zu mir. Aber wie viel vom Job eines Managers, fragte sie sich, bestand ganz einfach darin, ein guter Vater für vaterlose Beschäftigte zu sein? Und wie notwendig war diese Art Arbeit? War das überhaupt Arbeit?

Ohne lange Zeitspannen im Büro, meinte Bill, würde es bei Amerco nicht brummen, und um Amerco zum Brummen zu bringen, kam man nicht darum herum, sich um die zwischenmenschlichen Beziehungen zu kümmern. Eine gut funktionierende Fußballmannschaft sei im Grunde eine Sammlung von reibungslos ineinander greifenden Beziehungen, sagte Bill, und diese Beziehungen müsse man pflegen, und dieses Pflegen brauche seine Zeit. Unbeirrt verteidigte Bill seine Rolle als Hausvater am Arbeitsplatz; während Vicky die ganze Idee in Frage stellte, dass es bei der Arbeit irgendeine Entsprechung geben sollte zu Blumen pflanzen, Rasen mähen oder mit den Kindern spielen – also zu eben jenen Tätigkeiten, die sie zu Hause gezwungenermaßen kurz halten oder ganz unterlassen musste. Zu Hause waren es im Allgemeinen die Männer, die eine Strategie des „Runterfahrens" propagierten und die Notwendigkeit in Frage stellten, das Haus in Ordnung, die Fenster geputzt und die Badewanne sauber zu halten. Vicky nun war fest entschlossen, dieselben Kriterien an Bill Dentons „Hausvaterrolle" bei der Arbeit anzulegen. Über dem Nachtisch waren sie zwar noch lange nicht zu einer Lösung, aber in dieser Angelegenheit doch zu einem Waffenstillstand gekommen, und das Gespräch hatte sich den Kindern zugewendet, ihren Campingabenteuern, ihren unglaublich schwierigen Wissenschafts-Projekten und anderen Themen, die die gemeinsame Basis wieder herstellten.

Der abgebrochene Tanz

Zu Hause war Vicky in einen weiteren Kampf verstrickt, der sich nicht lösen lassen wollte – diesmal mit ihrer vierjährigen Tochter Janey. Bei der Arbeit kämpfte Vicky darum, Bill davon zu überzeugen, dass Arbeit und Produktivität getrennte Dinge seien und dass man ohne zehn- oder elfstündige Anwesenheit am Arbeitsplatz genauso viel oder sogar mehr leisten konnte. Zu Hause war es Janey, die ihr auf ihre Weise klar machte, dass sie die Zeit brauchte, für die Vicky sich einsetzte.

Der ganze Sommer schien besonders arbeitsreich gewesen zu sein und Janey und Vicky hatten ungewöhnlich wenig Zeit füreinander gehabt. Unter der Woche ging Janey in den Kinderhort. Ihr Morgen begann um 7 Uhr, wenn Vicky sie weckte und ihr beim Anziehen half, damit sie um 7:30 Uhr zum Hort loskam. Um 17 Uhr holte Cammy, die Babysitterin, Janey und ihren Bruder vom Hort ab und ging manchmal noch mit ihnen essen, so dass sie nicht vor 19 Uhr nach Hause kamen. Dieser Tagesablauf war ziemlich typisch für Janeys Leben von Montag bis Freitag. Samstags ließ die Familie die Uhr Uhr sein und fuhr in ihr Ferienhaus in die Berge. Zumindest war es so gedacht. Aber am vorigen Wochenende war Janey bei Verwandten gewesen, während ihre Eltern endlich einmal wieder eine dringend nötige und lang ersehnte Nacht allein miteinander verbrachten. Vicky, die wegen ihrer Arbeit von Zeit zu Zeit verreisen musste, war in den letzten Wochen außerdem einige Tage gar nicht da gewesen. Das war, wie Vicky ohne weiteres zugab, *Quality Time* ausgereizt bis zur Grenze dessen, was man Janey noch zumuten konnte.

An diesem Donnerstagabend nun fanden Cammy und die Kinder beim Nachhausekommen vier Erwachsene in der Küche vor – Mutter, Vater und zwei Gäste (einer davon ich). Kevin Jr. kam hereingehüpft, um zu erzählen, was er den Tag über gemacht hatte. Janey blieb zurück und klammerte sich an ihre Schmusedecke. „Mommy", murmelte sie, offenkundig verstimmt durch unsere Anwesenheit. Nur Mommy sollte sie begrüßen. Mit viel gutem Zureden von beiden Eltern schob sich Janey dann doch noch langsam in die Küche. Cammy steuerte begütigend und mitfühlend Geschichten von Janeys Tag bei, die Janey selber nicht erzählen mochte. Indem sie sich an Kinder und Erwachsene zugleich wandte, gelang es ihr, die gespannte Situation mit Freundlichkeit zu überbrücken. Später erzählte mir Vicky: „Cammy hat das Zeug zu einer echten Managerin. Ich will sehen, ob ich ihr nicht einen Job bei Amerco verschaffen kann."

Während die Erwachsenen aßen, wurde Janey „eingeladen", doch mit einem Spielzeug auf die Veranda zu gehen, „wo mehr Platz ist", und noch später wurde sie gedrängt, doch die Schaukeln hinter dem Haus auszuprobieren. Nach kurzer Schaukelei jedoch war Janey wieder da und stand schweigend neben dem Stuhl ihrer Mutter.

Plötzlich, gegen Ende des Abendessens, verkündete Janey zur allgemeinen freudigen Überraschung, sie wolle einen Tanz vorführen. Ihr Vater stand auf, ging zum Plattenspieler im Wohnzimmer und legte Janeys Lieblings-Tanzmusik auf. Janey stand vor uns wie auf einer Bühne. Aller Augen waren auf sie gerichtet – ihre hoffnungsvollen Eltern, die höflichen Gäste, die hilfsbereite Babysitterin und ihr lieber Bruder. Sie wartete einige Augenblicke, dann fing sie an. Sie tanzte ein paar Drehungen nach rechts, ein paar Drehungen nach links. Dann ließ sie sich, mit direktem Blick auf ihre Mutter, mitten auf den Fußboden fallen, ein wirrer Haufen Gliedmaßen. „Mach weiter", drängte ihre Mutter sachte, „nicht mittendrin aufhören." Die Gäste lächelten erwartungsvoll weiter. Es war, als wartete die ganze Welt und als tickte irgendwo eine riesige Uhr. Schließlich stand Janey auf. Wieder dehnte sich die Zeit, während sie bewegungslos da stand. „Okay", sagte ihr Vater freundlich-sachlich, „wenn du nicht zu Ende tanzen willst, dann muss ich die Musik wieder abstellen. Du hast noch eine letzte Chance." Nein, der Tanz war nur halb getanzt, aber Janey *war* fertig.

Cammy, die dafür gesorgt hatte, dass das Abendessen nicht durch die Kinder gestört wurde, aber ein paar Kontaktmöglichkeiten mit den Eltern erlaubt hatte, meinte: „Ich glaube, Janey ist m-ü-d-e." Nachdem sie mit Janey diskutiert, sie dann nicht weiter beachtet, dann wieder mit ihr diskutiert hatte, legte Vicky sanft entschlossen ihre Serviette auf den Tisch, stand auf und entzog Janey unseren Blicken, wenn auch nicht unseren Ohren. Janey wehrte sich mit Händen und Füßen: *„Warum? ... Früh ... Will noch ... Gemein!"*

Wir konnten hören, wie Vicky ihr bestimmt, aber besänftigend zuredete, und es klang, als stiegen die beiden die Sprossen einer nur allzu oft schon betretenen Leiter hinauf: *„Wenn du ... dann mache ich ... Wir müssen ... Wir haben doch immer ..."* Vicky, die die volle Wucht von Janeys Wut abbekam, nahm sie sachte auf den Arm und trug sie ins Bett. Schließlich war morgen wieder ein vollgepackter Tag, der wieder früh anfing.

Was ging hier vor? War Janeys abgebrochener Tanz nur eines von diesen Dingen, die Kinder eben manchmal tun? Oder wollte Janey damit vielleicht sagen: „Ich weiß, dass ihr es gut findet, wenn ich mich vor Euren Gästen von meinen besten Seiten zeige, aber wenn ihr mir nicht *meine* Zeit gebt, dann gebe ich *Euch* auch keine Zeit und tanze auch nicht zu Ende." Vielleicht war Janey in eine Art Sitzstreik gegen die Beschleunigung ihres häuslichen Fließbands getreten: „Mehr *Quality Time!* Mehr *Quality Time!*"

Im Haushalt der Kings hatten beide Eltern das Gefühl, sich in der zweiten Schicht gleich stark zu engagieren. Aber Vicky brachte mehr Zeit damit zu, den Groll der Kinder über die wenige Zeit abzufangen, die ihre Eltern für sie hatten. Vicky versuchte oft, Janey ihre Ansicht zu erklären, dass Liebe nicht nach der Zeit bemessen werden sollte, die man zusammen verbrachte. Sie versuchte, sie davon zu überzeugen, dass den Sommer über die Wochentage hauptsächlich für Arbeit und Kinderhort und die Wochenenden für ein entspanntes Familienleben da waren. Die Zeit für die Liebe war natürlich die *ganze* Zeit, ob sie zusammen waren oder nicht. Doch aus Janeys Sicht waren die Wochentage zu lang, selbst in einem Hort, in den sie gerne ging. Das Ergebnis – für Vicky – war eine lange erste Schicht, eine schnelle zweite Schicht und eine uneingestandene dritte Schicht, in der sie verzweifelt versuchte, ihr Kind emotional für sein Unglücklichsein über den Mangel an Familienzeit zu entschädigen.

Vicky drängte Janey, einen Schuldschein auf künftige elterliche Zahlungen zu akzeptieren. Die Abmachung lautete: Wenn du brav bist und „deinen Job machst", indem du montags bis freitags auf dich selbst gestellt bist, verspreche ich dir, mich am Wochenende ganz viel mit dir zu beschäftigen.

Diese Abmachung warf allerdings eine Reihe neuer Fragen auf: Wie fühlte sich Janey bei diesem Arrangement, und was konnte ihre Mutter tun, um ihre Gefühle zu beeinflussen? Wie sollten angesichts der Tatsache, dass sich die Situation kaum ändern würde, Mutter wie Tochter mit ihren Gefühlen umgehen? Erstaunlich viel von Vickys knapp bemessener Elternzeit wurde damit verbracht, diese bohrenden Fragen zu beantworten oder auch nur abzuwehren. In der Zwischenzeit brachte Vicky Janey bei, wie man zeitlich auf Kredit lebte. „Wenn Mommy jetzt arbeitet", lernte Janey, „schuldet sie mir später Zeit zum Spielen." Aber wie viel Zeit schuldete Vicky ihrer Tochter genau und wo und wann? Diese Fragen mussten immer wieder ausgehandelt werden. Und Janey war, so klein wie sie war, eine Meisterin in der Kunst, Rechnungen einzutreiben.

Vicky King hatte ein Arbeitsleben, das dem von Bill Denton ähnelte; aber da es niemanden für sie gab, auf den sie zurückgreifen konnte wie Bill auf seine Frau, reichte sie die zeitlichen Kosten ihrer Karriere an ihre Kinder weiter, und eines dieser Kinder wehrte sich. Als Vicky endlich wieder am Tisch saß, hatte sich der Sturm gelegt. Alle waren sich rasch einig, dass Janey m-ü-d-e war, die übliche Quengelei am Ende eines langen Tages. Ihr Bruder hatte sich den langen Arbeitstagen seiner Eltern besser angepasst. Er war sehr gut in der Schule, was an sich schon ein Beweis dafür schien, dass alles in Ordnung war. Zufrieden sagte seine Mutter zu mir: „Kevin Jr. ist ein guter Junge." Sein Vater stimmte zu, und auch die Babysitterin, die sich jetzt in die Küche zurückzog, gab noch ihre Stimme ab: „Das ist er. Janey war einfach müde." Aber sprach nicht der abgebrochene Tanz eine andere Sprache?

7. Kapitel
„Alle meine Freundinnen sind Arbeitsbienen":
Hochqualifiziert und Teilzeit?

> *„Die Vollzeitleute sehen einfach kein Land mehr. ....*
> *An Teilzeit ist gar nicht zu denken. Dann kann man nicht mehr mithalten."*
> Zwei Aussagen aus ein und demselben Interview mit einem Manager in der Finanzabteilung

Ein Familienfoto an der Wand eines Büros ist wie Händeschütteln: es bringt uns eine Person näher. In gewisser Weise kamen die unterschiedlichen Standpunkte von Vicky King und Bill Denton auch in den Familienfotos zum Ausdruck, die sich überall auf den Schreibtischen, in den Fluren und in den Gebäuden von Amerco fanden. Platzierung und Inhalt dieser Bilder variierten nach Position und Geschlecht der Person, die sie aufgestellt oder aufgehängt hatte. Bei männlichen Topmanagern wie Bill Denton gab es meist einzelne, großformatige Farbfotos ihrer Kinder, aufgenommen im Studio oder bei feierlichen Anlässen (bestandene Prüfungen, Hochzeiten, Taufen) oder Familienabenteuern (Wildwasserpaddeln, Pausieren auf der Skipiste, Segeln). „Ich habe durchaus Zeit für meine Kinder", schienen diese Bilder zu sagen, „und – bitteschön – sie haben Spaß dabei". Bei den eher förmlichen Bildern überwogen Gesichter in Nahaufnahme, und hier schien die Botschaft zu lauten: „Ich bin nicht wie manche arbeitssüchtigen Väter, ich kenne meine Kinder wirklich". Solche Fotos, die wie Diplome aufgezogen und gerahmt waren, hingen gewöhnlich hinter dem Manager („Wie Football-Pokale", sagte eine Juniormanagerin bissig bei einem Lunch für Frauen, die die Bemerkung mit einem kollektiven Auflachen quittierten, das Wiedererkennen signalisierte). Auf den Schreibtischen der Manager waren Familienfotos neben Telefonen oder Posteingangskörben eher selten. Nicht der Manager selbst, so schien es, sollte die Bilder sehen, sondern der ihm gegenüber sitzende Besucher, den sie über die Schulter des Mannes hinweg anblickten. Fotos von Kindern, die deutlich älter waren und den Besucher auf die Möglichkeit früherer Ehen hätten aufmerksam machen können, waren, wie ein Beobachter bemerkte, „je nach Fall" zu sehen.

In den fensterlosen Innenräumen, wo Frauen für Manager und Fachpersonal Telefonanrufe entgegennahmen und Berichte tippten, gab es in den Schreibtisch-Randzonen kleine, ungerahmte Fotos, diskret neben PCs oder Telefonen platziert oder so an die Wände geheftet, dass die berufstätigen Mütter sie sehen konnten. In den Sekretariaten und in der Verwaltung waren die Fotos oft eine Mischung aus offiziellen Schulfotos einzelner Kinder und informellen Schnappschüssen von der ganzen Familie, wie sie zu Weihnachten in der Küche saß oder bei einem Familientreffen vor dem Haus stand. Diese Fotos schienen wie persönliche Mahnungen, informelle Erinnerungen an andere Leben, und hingen neben Kinderzeichnungen von strahlenden Sonnen, Katzen mit Schlagseite oder einmal sogar einem Zebra, das vertrauensvoll ins Leere trat.

Weibliche Manager – vor allem in männerdominierten Abteilungen – steckten zwischen den Kulturen. Bei ihnen gab es meist weder die großen, trophäenartigen Fotos noch die kleinen, intimen Schnappschüsse von der letzten Familienfeier. Statt dessen hingen an den Wänden hinter ihnen oft Urkunden – Diplome und Auszeichnungen. Familienfotos fehlten entweder ganz oder waren gering an Zahl.

Für Managerinnen und weibliche Fachkräfte schien schon das Thema Familienfotos schwierig. Die meisten äußerten sich sogar auf Nachfragen nur ganz zurückhaltend dazu. Eine Managerin allerdings, die in einem überwiegend mit Männern besetzten Büro mit sehr langen Arbeitszeiten arbeitete, erklärte mit Nachdruck:

> „Als ich hier anfing, gab es eine Regel, dass alles, was an die Wand kam, gerahmt sein musste. Aber die Bilder von meinen Kindern sind nicht gerahmt, und deshalb habe ich mich anfangs auch nicht getraut, sie aufzuhängen. Aber das sind meine Kinder. Ich will sie ansehen. Ich habe keine Rahmen um sie und werde nie welche haben!"

So hingen sie rahmenlos. Meist aber signalisierten solche Frauen durch ihre fotofreien Büros, dass sie weder „einer von den Boys" noch „eine von den Girls" waren. Eine Managerin, die erfolglos versucht hatte, auf 80 Prozent Teilzeit zu gehen, erklärte: „Frauen, die Karriere machen, geben sich bewusst Mühe, den Männern, mit denen sie arbeiten, mitzuteilen: ‚Ich bin keine Frau und Mutter. Ich bin eine Kollegin.'" Bei einem eintägigen Firmenseminar zum Thema „Vielfalt fördern" hatte eine Ingenieurin und Mutter von vier Kindern vor einer Versammlung verblüffter Manager und unbehaglich dreinschauender Sekretärinnen verlegen erklärt, warum die Entscheidung zwischen „Fotos aufhängen" oder „Fotos nicht aufhängen" für die hochqualifizierten weiblichen Fachkräfte so schwierig war: „Wenn ich meine Bilder auf dem Schreibtisch habe, denken die Männer, ich wäre eine Sekretärin." Prompt stand eine beleidigte Sekretärin auf und hielt vor versammelter Mannschaft eine flammende Rede zur Verteidigung ihres Berufs, ihrer Fotoarrangements und der Art und Weise, wie sie die Balance von Arbeit und Familie bewerkstelligte. Für sie gehörten die drei Dinge zusammen.

In den Fabriken gab es keine Bürowände und keine Schreibtischflächen und also auch keinen Platz für Kinderbilder. Gelegentlich klebten an der Innenseite von Spindtüren Fotos, aber nicht von Kindern, sondern von Anglern, die lächelnd einen Fächerfisch in die Luft hielten, oder von triumphierenden Jägern neben glasig blickenden Zwölfendern. Dafür tauchten Familienfotos dann mitten in den Interviews auf, die ich mit den erwerbstätigen Müttern im Pausenraum führte – hervorgezogen aus Plastikhüllen in Brieftaschen, die prall gefüllt waren mit kleinen Farbfotos von Kindern, Schwestern, Brüdern, Nichten, Neffen, Stiefkindern und manchmal sogar angeheirateten Verwandten aus früheren Ehen, denen die Besitzerin immer noch nah stand.

Außer solchen statusbedingten Variationen nach Art und Präsentation der Fotos gab es auch noch Unterschiede zwischen einzelnen Abteilungen. Je starrer die Hierarchie in einer Abteilung war, desto weniger Familienfotos gab es; je lockerer es zuging und je mehr Wert auf Teamarbeit gelegt wurde, desto mehr Fotos tauchten auf. Je näher ein Büro der Hauptverwaltung stand und je förmlicher Kleidung und Arbeitsklima waren, desto häufiger landeten die Bilder hinter statt vor der betreffenden Person.

Fotos symbolisierten die Bereitschaft eines Beschäftigten, zu sagen: Bitte, hier bei der Arbeit, nimm' zur Kenntnis, dass ich eine Familie habe. Bei Topmanagern wie Bill Denton bedeuteten Familienfotos: Ich nehme meiner Familie ungeheuer viel Zeit für meine Arbeit weg, und da ich das tue, obwohl ich meine Familie liebe, kannst du sehen, wie groß mein Einsatz für die Firma ist. Bei den Sekretärinnen sagten Familienfotos oft: Ich habe auch noch ein anderes Leben. Hier mag ich eine Untergebene sein, aber zu Hause bin ich eine ganze Person. Bei Fabrikarbeitern und besonders für die Frauen unter ihnen bedeuteten die Familienfotos manchmal: Hier bin ich vielleicht nicht gerade der Chef, aber ich habe auch noch ein anderes Leben, wo ich es bin.

Zusammen genommen repräsentierten diese Hunderte von Familienfotos eine Phantom-Familienwelt – Menschen, die an diese Beschäftigten glaubten, sie anfeuerten, zurückhielten, belasteten, ihnen einen Grund gaben, lebendig zu sein. Sie erinnerten außerdem nachdrücklich daran, dass diese realen Familien in all ihrer Komplexität immer noch da waren, trotz der Versuche, die Arbeit durch simulierte Familienbeziehungen emotionaler zu machen und einen Ausgleich für die möglicherweise vorhandenen Defizite der realen Familien zu schaffen.

In einigen dieser fotogesäumten Büros saßen hoch qualifizierte Fachkräfte, die tatsächlich versuchten, kürzer zu arbeiten. Für manche Amerco-Beschäftigte klangen kürzere Arbeitszeiten nach einer wirklich familienfreundlichen Lösung für ihr gehetztes Leben – wenn man sie zu den richtigen Bedingungen bekommen konnte. So jedenfalls dachte Eileen Watson, eine 30-jährige Keramik-Ingenieurin, die in einer überwiegend mit Männern besetzten Abteilung von Amerco arbeitete und stolz die Fotos von ihrer einjährigen Tochter Hannah und ihrem Mann Jim auf ihrem Schreibtisch stehen hatte. Die Fotos waren klein, aber dafür gab es fünf davon. „Wenn Männer in mein Büro kommen, sehen die meisten zu den Fotos hin, ohne etwas zu sagen", erzählte Eileen. „Wenn Frauen reinkommen, sagen viele von ihnen: ‚Oh, wie süß. Wie alt ist denn Ihr Kind?'"

Als ich Eileen das erste Mal traf, kam sie mit Hannah in einem Tragesitz auf dem Rücken in das Büro gestürzt, das mir Amerco überlassen hatte, gefolgt von Jim, der wie ein Weihnachtsmann einen Sack mit dem ganzen Drum und Dran schleppte. Eileen und Jim erzählten ihre Geschichte abwechselnd, so als würden sie einen Zopf flechten. Eileen fing an. Klein-Hannah wachte auf; Jim hob sie aus der Tragetasche und setzte Eileens Geschichte fort, während er das Kind im Arm wiegte. Eileen wartete ein wenig, dann fiel sie wieder ein. Zusammen erzählten sie die Geschichte von Eileens Versuch, Teilzeit zu arbeiten:

> „Als Jim noch zur Technischen Hochschule ging, habe ich 60 bis 70 Stunden die Woche gearbeitet. Ich war die kleine Miss Karriere. Ich arbeitete mich in meinen Produktbereich ein, bis ich Expertin war und nach Deutschland und Japan geschickt wurde. Elf Jahre lang habe ich mich hochgekratzt und -gebissen, um eine anerkannte Expertin zu werden. Es wäre mir nicht einmal im Traum eingefallen, Teilzeit zu arbeiten. Ich ar-

beitete bis einen Tag vor der Entbindung und wollte ein paar Wochen später wiederkommen.

Das Hausfrauendasein liegt mir nicht, ich habe auch keine Freundinnen in der Nachbarschaft. Alle meine Freundinnen sind Arbeitsbienen, und auch ich liebe meine Arbeit. Ich kriege zu Hause einfach nicht denselben Kick wie bei der Datenjagd in der Arbeit. Dass ich jetzt zu Hause sein will, ist also wegen meiner Tochter und nur wegen ihr."

Ich fragte, wo sie sich für ihre Qualitäten am meisten geschätzt fühlte.

„Wenn ich was mache, dann mache ich es sehr gut, und die Leute bei der Arbeit schätzen das. Zu Hause habe ich nicht das gleiche Gefühl, etwas geleistet zu haben. Ich wünschte, ich hätte es. Ich beneide Frauen, die das haben. Sie haben den härteren Job, aber ich finde es zu Hause langweilig. Ich habe da nichts zu tun außer zu warten, bis Hannah aufwacht."

Trotzdem beschloss Eileen, kurz nachdem Hannah geboren war, etwas von ihrer aufregenden Zeit bei der Arbeit aufzugeben und die „langweiligere" Zeit zu Hause auszudehnen. Jim sagte, er habe darüber nachgedacht, ob er nicht ebenfalls dieses Opfer bringen sollte. Sie besprachen, wer mehr Zeit darangeben sollte, und beschlossen gemeinsam, dass Eileen versuchen würde, ein paar Jahre lang auf 60 Prozent zurückzugehen. Jim, der erst kurz zuvor bei Amerco eingestellt worden war, meinte, er sei eher gefährdet und sein Chef stehe ohnehin im Verdacht, in Bezug auf Vaterschaftsurlaub ein „Neanderthaler" zu sein. Eileen sagte: „Bei Jim ist nicht dran zu denken, dass er nach kürzeren Arbeitszeiten fragt."

Also war es an ihr, zu versuchen, die Arbeitszeit zu verkürzen. 60 Prozent der Arbeitszeit schienen ihr das Richtige – nicht für immer, aber für jetzt. Sie hatte bei Amerco eine Ebene erreicht, so sagte sie, unterhalb derer Frauen mit Durchsetzungsvermögen als aggressiv galten und oberhalb derer sich die Leute fragen, warum Frauen nicht mehr Durchsetzungsvermögen an den Tag legten. Deshalb wusste Eileen nicht, wie aggressiv sie ihre Arbeitszeitverkürzung betreiben musste. Verschlimmert wurde das Ganze noch dadurch – so Eileen –, dass „mein Chef unchristlich lange Arbeitszeiten hatte. Ich weiß, dass es zwischen ihm und seiner Frau darüber immer wieder zu Reibereien kommt, weil er ihr oft Rosen kauft, aber fast nie Zeit zu Hause verbringt."

Eileen ging ihren Chef vorsichtig an, und er reagierte auf die Neuigkeit neutral. „60 Prozent? Das habe ich noch nie gemacht. Ich weiß nicht, wie das geht", antwortete er. Dabei gab es bei Amerco immer wieder Diskussionen über Teilzeitoptionen, und

Amy Truett schickte ihm regelmäßig Literatur über die in anderen Abteilungen und Betrieben praktizierten „Modelle". In zweifelndem Ton erklärte sich Eileens Chef zu dem Versuch bereit, sie nach ihrem sechswöchigen bezahlten Mutterschaftsurlaub nur noch 60 Prozent arbeiten zu lassen.

> „Als ich damals zurückkam, sah ich, dass sich eine Menge Arbeit angesammelt hatte. Ich musste Fehler ausbügeln, die während meiner Abwesenheit gemacht worden waren. Neue Arbeit war dazugekommen. Es war schrecklich. Aber irgendwie habe ich mich da durchgebissen und fand, dass es eigentlich ganz gut lief. Ich hatte weder Klagen noch Lob gehört. Also sagte ich: „Ich hätte gern eine Besprechung, wie es läuft." Oh Mann, da fiel mir aber der Himmel auf den Kopf! „Das Ganze ist ein Flop", sagte mein Chef."

Als sie ihren Chef fragte, ob er wolle, dass sie Teilzeit weiter mache oder eine Vollzeit-Vertretung vorziehe, sagte er zu ihrer Bestürzung, er wolle lieber jemand anderes mit Vollzeit einstellen. Eileen steckte das ein und versuchte es auf andere Weise: „Was brauchen Sie denn, das Sie von mir und meinen 60 Prozent nicht bekommen?" fragte sie.

> „Wir haben mehr zu tun als letztes Jahr", sagte er. „Die Arbeit ist härter. Ich sehe nicht, wie Sie diesen Job mit Teilzeit schaffen wollen."

Dabei versuchte Eileen weder, einen Achtstundentag in sechs oder vier Stunden zu bewältigen, noch ihre volle Bezahlung zu behalten. Eine junge, neu eingestellte Ingenieurin hatte drei bis vier Stunden ihrer täglichen Arbeit übernommen, etwa 30 Prozent. Eileen selbst, die neue Ingenieurin und ein altgedienter Ingenieur in der Abteilung deckten zusammen 95 Prozent des Jobs ab. Die fehlenden fünf Prozent konnten anderen übertragen und von dem Geld bezahlt werden, das Amerco sparte. Eileen wies darauf hin, dass sie im übrigen weit mehr als 60 Prozent ihrer Zeit arbeitete und dass Amerco bei dieser Absprache, obwohl sie weiter die vollen Sozial- und sonstigen Leistungen erhielt, ihrer Meinung nach auch noch Geld verdiente. Das überzeugte ihren Chef. Sie erklärte:

> „Ich bekam sie soweit, dass sie zugaben, dass sie mit meiner Arbeit nicht unzufrieden waren. Sie hatten Angst vor der Zukunft. Also sagte ich: „Wenn es jetzt funktioniert, dann lassen Sie uns weitermachen. Wenn es anfängt, nicht mehr zu funktionieren, müssen wir eben dann sehen, wie wir das lösen." Ich beantragte ein Faxgerät und einen PC für zu Hause. Ich reise mit meinem Partner aus dem Verkauf, um wie gewöhnlich Amerco-Geräte zu präsentieren. Alles lief gut."

Hier schaltete sich Jim belustigt ein:

„Na ja, mit ein paar Ausrutschern ... Eileen hat damals noch gestillt und deshalb eine Milchpumpe mit zur Arbeit genommen. Ich war mit dem Kind zu Hause und gab ihm dort die Flasche. Eines Tages vergaß sie das Handbuch einzupacken, als sie auf Dienstreise ging, also rief sie mich an und fragte: „Jim, habe ich im Küchenschrank einen Dichtungsring liegen lassen?" Wir versuchten herauszukriegen, wie sie die Pumpe ohne den Dichtungsring zum Laufen bekommen konnte."

Inzwischen waren sowohl ihr Chef als auch ihr Partner aus dem Verkauf im Stillen entsetzt, weil sie ahnten, was sie machte – während Geschäftsreisen Muttermilch abpumpen. Eileen erklärte:

„Beide sind 55 und zu ihren Zeiten war das noch anders. Sie waren an der Geburt oder am Großziehen ihrer Kinder nicht beteiligt. Ich bin nicht einmal sicher, ob ihre Frauen gestillt haben. Also habe ich das gemacht, ohne irgendetwas zu sagen. Ich war einfach einmal mittags und einmal um 16 Uhr 20 Minuten lang nicht da, und das war's.
Bei meiner letzten Reise habe ich japanische Besucher zum Mississippi-Werk begleitet und hatte meine kleine Kühltasche mit den leeren Babyfläschchen dabei, die ich mit Muttermilch füllte. Tony, mein Partner vom Verkauf, fragte mich: ‚Wie willst du dich denn da rausreden?' Ich sagte: ‚Das sind Teile eines neuen Prototyps.'"

Jim und Eileen lachten, schwangen das Baby hin und her und fielen sich gegenseitig ins Wort, um die Geschichte in der richtigen Reihenfolge zu erzählen, einander korrigierend und zum Weitererzählen auffordernd. Jim fügte hinzu:

„Die Japaner wussten, dass Eileen ein Kind hatte. Also fragten sie: ‚Wo ist Ihr Baby?' Sie erzählte ihnen, ihr Baby wäre zu Hause bei seinem Vater. Sie waren völlig entgeistert, dass ich allein ein Baby versorgen konnte. Wenn Anrufe kamen, meinten sie immer, das könnte nur ich sein, um Eileen nach Hause zu beordern."

Eileen leistete weiter hervorragende Arbeit. Aber ihr Chef war immer noch skeptisch wegen der 60 Prozent.

„Er dachte, da ich jetzt auf Teilzeit war, würde ich telefonisch nicht zu erreichen und die Kunden unzufrieden sein. Aber ich habe jeden Tag von zehn bis 15 Uhr gearbeitet. Alle anderen Anrufe nahm die Sekretärin entgegen und sagte dann: ‚Sie ist in einer Besprechung und wird Sie zurückrufen.' Und so habe ich das auch gemacht. Die Kunden bekamen gar nicht mit, dass ich auf Teilzeit war."

Schließlich landeten Eileen und ihr Chef bei derselben Frage, über die sich, eine Ebene höher, auch Bill Denton und Vicky King nicht einigen konnten:

> „,Eileen', sagte er zu mir, ‚ich weiß nicht, wie das mit der Teilzeit gehen soll. Meiner Erfahrung nach sind die erfolgreichen Leute diejenigen, die voll arbeiten.' ‚Messen Sie mich an meinen Ergebnissen,' sagte ich. ‚Nein', antwortete er, ‚so läuft das nicht. Worauf es ankommt, ist die Zeit, die Sie in Ihre Arbeit stecken, der Umfang der Arbeit.'"

Eileen antwortete:

> „Nehmen wir mal an, Sie und ich mähen Ihren Rasen. Sie brauchen drei Stunden, ich brauche vier Stunden. Wir machen den gleichen Job, aber Sie machen ihn in kürzerer Zeit. Wäre ich dann die bessere Arbeitskraft, weil ich dafür länger gebraucht habe?"

Ihr Chef war eine Weile still, dann sagte er:

> „Ich höre zu. Ich habe nicht Nein gesagt. Aber das ist alles neu für mich. Ich kann mich damit irgendwie noch nicht richtig anfreunden. Alle hier arbeiten viel und lange. So weit ich sehe, ist das die einzige Basis, um weiter zu kommen."

Wie Eileens Chef die Sache sah, war der verabredete Arbeitsumfang eine feste Größe und Teil-Zeit, wie der Name schon sagte, nur Teil eines Ganzen. Teilzeit zu arbeiten hieß, eine Vereinbarung aufzukündigen, die sich auf einen ganzen, vollständigen Job bezog. Früher hatte er, wie er meinte, mehr Einsatz von Eileen bekommen. Jetzt bekam er weniger. Der offensichtliche finanzielle Gewinn, den das neue Arrangement mit sich brachte, schien für ihn wenig ins Gewicht zu fallen. Eileen bekam jetzt 40 Prozent weniger Gehalt. Außerdem zahlte Amerco Laura, der neuen Ingenieurin, weniger, als Eileen für die gleiche Arbeitszeit bekommen hätte, und dafür erhielt sie eine frisch eingearbeitete Beschäftigte. Das war für die Firma ein Plus. Lauras Einarbeitung kostete etwas von Eileens hoch bezahlter Zeit, aber das war nur ein vorübergehendes Minus. Außerdem gab es einen weiteren Faktor, der Amerco zugute kam: Eileen arbeitete regelmäßig mehr als ihre 60 Prozent Teilzeit. So attraktiv die Teilzeitarbeit war, brachte sie es doch nicht über sich, Punkt 15 Uhr aus dem Büro zu verschwinden und unerledigte Angelegenheiten und schuftende Kollegen hinter sich zu lassen. Obendrein arbeitete sie nach jedermanns Ansicht weiterhin so erstklassig wie immer. Ihr Chef sah das alles und blieb doch unschlüssig, und so ging dieses Arrangement stockend und von Zweifeln begleitet weiter.

Dann geschah etwas, das Eileen bewusst machte, wie wichtig die Arbeit für sie war, die sie zu verkürzen versuchte. Sie wurde entlassen. Sie wurde nicht von ihrem Chef in seinem Büro entlassen, sondern von dessen Chef in einem nahe gelegenen Hotel, so als sollte die soziale Welt des Arbeitsplatzes nicht durch die schlechte Nachricht beschmutzt werden. Eileen beschrieb die Szene so:

> „Alle 44 Ingenieursstellen in meiner Abteilung wurden über Regierungsaufträge finanziert. Als die Regierung sparte, gingen die Abteilung und alle 44 Leute mit unter. Meine Stelle wurde gestrichen. Mitgeteilt bekam ich das innerhalb von fünf Minuten, vom Chef meines Chefs, einem Mann, den ich noch nie gesehen hatte. Er sagte, ich sollte gar nicht erst in mein Büro zurückgehen, weil sich die anderen Beschäftigten sonst aufregen könnten. Er sagte, ich sollte meine Sachen am Wochenende holen. Ich habe tagelang geweint. Für mich war meine Arbeit nicht einfach ein Job, sie war elf Jahre lang mein Leben, mein Blut, mein Schweiß, meine Tränen. Und das wurde mir nun mit einem Federstrich genommen. Es war, als ginge ich durch eine Scheidung!
> Die Zeit blieb für mich stehen, so wie wenn einem jemand sagt, deine Mutter ist gestorben. Ich fuhr in der Gegend herum und versuchte, Jim zu erreichen, weil ich nicht zu früh zum Babysitter kommen und die Kinder verstören wollte.
> Meine Freunde, die Leute, die ich gern habe, waren im Büro und fragten sich, was um Himmels willen los war. Sie machten sich genau so viel Sorgen um mich, wie ich mir selber machte. Eine andere Frau, die auch entlassen worden war, ging am Wochenende hin, wie man ihr gesagt hatte, und da funktionierte ihre Karte [die Magnetkarte, mit der die Beschäftigten ins Gebäude kamen] schon nicht mehr. Die anderen haben bloß gedacht: ‚Was soll's, was brauch ich meine Kaffeetasse.'"

Eileens Abteilungsleiter sagte, ihr neuer Job wäre nun, sich innerhalb oder außerhalb von Amerco nach einem Job umzusehen. Wenn sie nicht innerhalb von zwei Monaten einen Job bei Amerco fände, würde sie eine Abfindung bekommen.

> „Das Zimmer begann, sich um mich drehen. Ich gehörte also immer noch zur Amerco-Familie. Sie wollten, dass ich innerhalb von Amerco suchte, und zugleich sagte der Stellenberater, ich sollte mich auch außerhalb umsehen. War ich also drin oder war ich draußen?"

Nach außen hatte Eileen in ihrem Job nur 60 Prozent der Zeit gearbeitet, aber für sie fühlte es sich an wie eine „110-prozentige Ehe". Da alle anderen Beschäftigten in ihrer Abteilung ebenfalls ihre Stellen verloren, konnte man nicht sagen, dass sie ihre verloren hatte, weil sie Teilzeit arbeitete. Trotzdem war es ihr wichtig, herauszubekommen, ob zwischen ihrer verkürzten Arbeitszeit und ihrer „Scheidung" ein Hauch von Zusammenhang bestand.

> „Ich fragte den Topmenschen, und der fragte den wirklichen Topmenschen: ‚Wurde Eileen wegen der Teilzeitarbeit entlassen?' Er sagte, Teilzeit hätte damit gar nichts zu tun. Workaholics mussten gehen. Ganz normale Beschäftigte mussten gehen. Teilzeitbeschäftigte mussten gehen. Die ganze Abteilung musste gehen."

Eileen fand wie fast alle anderen einen Job in einer anderen Amerco-Abteilung. Als ich Eileen zwei Jahre später das zweite Mal interviewte, arbeitete sie auf dieser neuen Stelle Vollzeit. Und erklärte:

> „Der einzige Job, den ich finden konnte, war die Vollzeitstelle im Bürosystem-Design. Hier ist nichts soft und unscharf. Hier geht es nur um Geld, Geld und nochmals Geld. Ich arbeite mittags durch bis 18 Uhr. Die fressen einen hier bei lebendigem Leibe auf. Es ist sehr aggressiv, ein Marathonlauf."

Als sie wieder zur Arbeit kam, traf sie einen früheren Kollegen, der sie begrüßte: „Willkommen zurück bei der Amerco-Familie." Sie bemerkte: „In seiner Vorstellung war ich von Amerco weggegangen und kam nun zurück. Das geht mir nicht aus dem Kopf – ‚Willkommen zurück bei der Amerco-Familie.'"

Ob sie immer noch das Gefühl habe, Amerco sei ihre Familie, fragte ich. „Irgendetwas zwischen Familie und nicht Familie", antwortete sie.

> „Mein Job jetzt ist wie eine zweite Ehe. Es heißt doch immer, das erste Mal heiratet man aus Liebe, das zweite Mal wegen des Geldes. Ich bin gespannt, ob ich in diesem Job auch so ein Gefühl bekommen werde. Jetzt ist das noch wie miteinander ausgehen. Ich mache alles, was man dabei so macht, aber ich bin nicht verliebt und weiß auch nicht, ob ich es je sein werde."

Eileen war auf der Hut, aber bereit, es noch einmal mit der Liebe zu probieren. Sie stellte fest, dass die anderen 60 Leute bei Büro System Design keine solchen Zweifel hatten.

Während dieser Zeit bekamen Eileen und Jim ein zweites Kind, Danny. Aber es war, wie Eileen berichtete, eine schwere Geburt:

> „Mit dem zweiten Baby hatten wir wirklich Probleme. Er war zehn Tage im Brutkasten, weil seine Lungen nicht richtig entwickelt waren. Er konnte nicht atmen und wäre in den ersten vier Tagen dreimal fast gestorben, einmal schon gleich bei der Geburt. Er bewegte seine Finger nicht und starrte immer nur nach rechts. Der Arzt machte sich Sorgen, ob das Hirn geschädigt wäre. Jim nahm sich die ersten paar Tage frei, aber als

unser Baby aus dem Gröbsten raus war, hatte er das Gefühl, dass er wieder arbeiten sollte. Jim sprach seinen Chef auf flexible Arbeitszeiten an. Der Chef sagte Nein, aber Jim machte es trotzdem."

In der letzten Zeit hatte Danny Anfälle gehabt, die vielleicht mit einem Hirnschaden zusammenhingen, der bei einem MRI-Test nachgewiesen worden war. Zwei Mal hatte er plötzlich kein Gefühl mehr im Bein gehabt und war hingefallen. Also zwang sich Eileen, erneut die Frage nach einer Arbeitszeitverkürzung (und weniger Gehalt) zu stellen:

> „Mein neuer Chef hat praktisch im Flüsterton gesagt: ‚Vielleicht können wir das hinkriegen, aber behalten Sie es bloß für sich.' Ich sagte: ‚Nanu, drüben bei Plastics waren sie stolz auf ihre familienfreundliche Personalpolitik.' Er sagte: ‚Hier nicht. Wir haben keine Zeit.'"

Eileen meinte, sie sei sich vorgekommen, als hätte sie etwas Peinliches getan:

> „Ich sollte die im Büro nicht beunruhigen. Alle anderen arbeiten 40, 50, 60 Stunden. Sie arbeiten 120 bis 150 Prozent der normalen Arbeitszeit. Sie machen regelmäßig 20 bis 50 Prozent Überstunden."

Wegen ihrer Sorgen um Danny und vielleicht auch wegen ihrer kurz zurückliegenden „Scheidung" von der Arbeit, fügte Eileen hinzu: „So will ich nie arbeiten. Was dauern soll, ist meine Familie!"

Jim seinerseits nahm einen kurzen Elternurlaub, unterstützte Eileen bei ihren Bemühungen um eine Arbeitszeitverkürzung und pries das Prinzip der Arbeitszeitverkürzung für Männer. Aber wie fast alle berufstätigen Väter, die ich bei Amerco kennen lernte, dachte er nicht ernsthaft daran, seine eigene Arbeitszeit zu verkürzen. Wenn er über die Zeit für das Leben zu Hause redete, schilderte er sich selbst immer als die Sorte Mann, die sich durchaus vorstellen könnte, selbst zu Hause zu bleiben („Klar, warum nicht?"). Im Gespräch mit Eileen war er der „neue Mann". Doch als es dann tatsächlich darum ging, sich um eine Arbeitszeitverkürzung zu bemühen und sich mit seinem Vorgesetzten und seinen Kollegen auseinanderzusetzen, dann war es einfach nicht möglich. Die Kultur war dafür noch nicht reif. In Wahrheit hatte Jim viel zu viel Angst um seine mühsam errungene Stellung bei Amerco. Im dortigen kulturellen Klima war Teilzeitarbeit bei Männern ein Zeichen für mangelnden Ehrgeiz – und dies konnte auf lange Sicht den Arbeitsplatz gefährden. Und wenn schon kürzere Arbeitszeiten tabu waren, dann erst recht der Gedanke, für einen Mann könnte der Aufstieg in der Arbeitswelt nicht oberste Priorität haben. Selbst

Eileen wollte, dass Jim „Ehrgeiz" zeigte. Sie drängte ihn nicht, einen Antrag auf Arbeitszeitverkürzung zu stellen. Beide akzeptierten den doppelten Standard. Bei Eileen war der Wunsch nach Arbeitszeitverkürzung „normal" (wenn es auch nicht normal war, sie zu beantragen oder zu bekommen). Bei Jim war noch nicht einmal „normal", sie haben zu wollen.

Merkwürdigerweise bildete die Angst, sie könnten in den Augen ihrer sozialen Gruppe oder ihrer Chefs nicht genug Ehrgeiz aufweisen, ein starkes Band zwischen den Männern bei Amerco, eine Angst, die zur Stärkung ihrer Gruppenidentität beitrug. Bot die Arbeit Frauen, die zuvor ans Haus gefesselt waren, eine neue – nämlich berufliche – Identität, so bot sie Männern eine eindeutig männliche Identität. In diesem Sinne war Jim viel typischer für die Männer bei Amerco als Vicky Kings Mann. Für ihn bestand die Herausforderung nicht darin, mit seiner berufstätigen Frau auf die Stunde genau gleichziehen zu können, sondern darin, mit den langen Arbeitstagen der anderen Männer bei der Arbeit gleichzuziehen, die ihrerseits bemüht waren, mit ihm gleichzuziehen.

Diese Konkurrenz erschien Eileen im Grunde noch gefährlicher als der böse Blick, dem sie von Seiten der Männer ausgesetzt war, denn hier hatte sie keine Möglichkeit, sie direkt zu bekämpfen. Eileen glaubte an Gleichberechtigung, und aus dieser Überzeugung heraus lehnte sie auch die Idee der „Mama-Schiene" (eines Karriereverlaufs, der Frauen Flexibilität bot, aber unter Verzicht auf ihre beruflichen Ambitionen) ab.[1] Eileen war ehrgeizig, sie mochte das an sich selbst und Jim mochte es auch. Statt der „Mama-Schiene" wollte sie die Wahl zwischen verschiedenen Arbeitszeitregelungen haben, die es Frauen und Männern gleichermaßen ermöglichten, beruflichen Ehrgeiz und Familie zu vereinbaren, wie sie erklärte:

---

1 Siehe Felice Schwartz, „Management Women and the New Facts of Life", *Harvard Business Review*, Januar-Februar 1989, S. 65-76. Bei diesem umstrittenen, von Schwartz zum ersten Mal 1987 vorgelegten Modell wird eine Gruppe hoch qualifizierter Mütter auf Dauer auf eine niedrigere „nicht in erster Linie karriereorientierte" Laufbahn abgeschoben. Die Soziologin Lotte Baily stellt sich dagegen weniger statische Karriereverläufe vor, bei denen „Langsamstarter" am Ende dieselben hohen Karrierestufen erreichen wie die „Schnellstarter", deren Karriereverläufe zu Anfang steil nach oben gehen, dann aber abflachen und im „Burn-out" enden. Siehe Lotte Bailyn, „The Slow-Burn Way to the Top: Some Thoughts on the Early Years of Organizational Careers", in C. B. Derr (Hrsg.), *Work and Family, and the Career*. New York, Praeger, 1989, S. 94-105.

„Ich finde, das ist doch die praktischste Lösung, einfach zu sagen, pass auf, wenn du Kinder willst, kostet das Zeit. Lass dich beurlauben, nimm dir diese Zeit wie ein Aufbaustudium oder ein Ferienjahr. Komm frisch wieder, wenn du alles gut organisiert hast und wieder voll loslegen kannst. Komm nicht schon nach sechs Wochen wieder. Oder komm nach sechs Wochen wieder, aber nicht mit Vollzeit. Und ändere dein Zeitschema für den Aufstieg, schau auf das Ziel und nicht auf die Zeit. Du fällst jetzt vielleicht ein bisschen zurück. Aber das holst du später wieder auf.

Im Grunde könnte das eigentliche Rennen wirklich später beginnen. Wir sollten nicht denken, dass wir mit 55 in den Ruhestand gehen. Wir sollten bis 70 arbeiten. Der Einstieg in die richtige Schwerarbeit im Management, der ganz große Zeitaufwand, das sollte so richtig erst mit Mitte 30 anfangen. Unsere produktivsten Jahre könnten später kommen. Mit 55, wenn viele Männer bei Amerco ausgebrannt und nur noch für den Golfplatz gut sind, dann käme bei uns überhaupt erst der zweite Schub."

Für Eileens Vision von der Teilzeit mit Ehrgeiz gab es in der Amerco-Landschaft keinen Platz. Teilzeitarbeit wurde immer mit der Vorstellung eines dauerhaften Verzichts auf berufliche Ambition assoziiert. Auch für Frauen war Ehrgeiz die einzig gültige Eintrittskarte in die Amerco-Familie.

Damit war auch verständlich, dass von den 20 Prozent Frauen – und den weniger als zwei Prozent Männern –, die bei den Amerco-Umfragen erklärten, sie seien an Teilzeit interessiert, nur wenige ihren Wünschen entsprechend gehandelt hatten. In dieser Hinsicht waren sie bei der Arbeitszeitverkürzung noch schlechter gefahren als Eileen.

Auf der anderen Seite gab es aber auch eine kleine Zahl von hoch qualifizierten Frauen auf Stellen im mittleren Management, denen es beim Versuch, die Zustimmung ihrer Chefs zu einer Arbeitszeitverkürzung zu bekommen, besser ergangen war als ihr. Eine solche Frau war Jane Cadberry, eine 33jährige, sehr erfolgreiche Personalmanagerin in Amercos Abteilung für Aus- und Weiterbildung. Sie erzählte:

„Ich bin in der ganzen Firma die einzige Managerin mit Teilzeit, und richtig Teilzeit ist es bei mir eigentlich auch nicht. Ich arbeite nicht mehr 32 Stunden – nicht dass es jemals wirklich 32 Stunden gewesen wären. Ich nehme auch mittwochs nicht mehr frei wie früher, teils weil ich jetzt mehr Verantwortlichkeiten habe, und teils weil meine Kinder jetzt schon größer sind. Normalerweise kann ich meine Kinder jeden Morgen um 7 Uhr zur Schule bringen und an zwei Nachmittagen in der Woche um 13:30 Uhr wieder abholen. An den anderen Tagen komme ich erst um 18:15 Uhr oder 19 Uhr nach Hause. Zu Hause bin immer noch ich diejenige, die das Abendessen macht; das will ich auch nicht aufgeben. Aber tatsächlich arbeite ich 40 oder 45 Stunden in der Woche."

Die bei der Arbeit verbrachte Zeit war jedoch nur ein Teil des Ganzen. Als mich Jane im Auto zu ihrem Haus auf dem Land mitnahm, um dort zu schwimmen und zu Abend zu essen, zeigte sie mir, wie sie unterwegs die Nachrichten ihres Anrufbeantworters immer vom Autotelefon aus abhört. „Auf dem Weg von der Arbeit und zur Arbeit kann ich die Arbeit von einer ganzen Stunde erledigen. Meine Sekretärin hat flexible Arbeitszeiten, sie kommt um sieben Uhr, und ich rufe sie von unterwegs aus dem Auto an und bitte sie, bestimmte Unterlagen zu kopieren. Wenn ich um 7:45 Uhr in mein Büro komme und um 8:00 Uhr eine Sitzung habe, ist alles schon fertig."

Janes Situation unterschied sich in mehreren Punkten von der Eileens: Erstens wurden bei Amerco, als Jane eingestellt wurde, ihre Qualifikationen dringend benötigt, so dass sie von Anfang an ein Druckmittel in der Hand hatte. Als man ihr eine Vollzeitstelle anbot, machte sie einfach ein Gegenangebot – Teilzeit oder gar nicht – und Amerco ließ sich darauf ein. Zweitens hatte sie einen verständnisvollen, innovativen Chef. Drittens arbeitete sie in einer Abteilung, in der das Verhältnis von Männern zu Frauen 50 zu 50 (und nicht 80 zu 20) war. Viertens war Jane selber äußerst zeitbewusst und hervorragend organisiert und eine Zauberkünstlerin, wenn es darum ging, bestimmte Sachverhalte in Zeit-Währung umzurechnen. Ein Blick auf ein Projekt des Unternehmens genügte ihr, um sagen zu können, wie viele Schritte seine Umsetzung erforderte, wie viel von ihrer Arbeitszeit es in Anspruch nehmen würde und welche Abwesenheiten zu Hause es nach sich ziehen könnte. Obwohl sie es geschickt verbarg, behielt Jane alles Zeit-„Kleingeld", das ihr irgendwie nützlich sein konnte, stets scharf im Blick. Und schließlich erfüllte sie auch noch Bill Dentons letztes Aufstiegskriterium: Auch am Ende einer langen Arbeitswoche war Jane immer noch guter Laune.

Aber bei allen Tugenden, die Jane in ihre Arbeit einbrachte, machte auch ihre Erfahrung mit der Teilzeitarbeit ein Paradox deutlich: Die einzige Art und Weise, an einer Teilzeitregelung festzuhalten, ohne gegen die unausgesprochenen Regeln des Arbeitsplatzes zu verstoßen, war im Grunde, Vollzeit zu arbeiten. Dies war ihr schon zu Beginn ihrer Tätigkeit bei Amerco an bewusst gewesen, was sich schon daran zeigte, dass sie sich darauf einließ, von einer Standard-Wochenarbeitszeit von 50 statt der üblichen 40 Stunden auszugehen. Fast sofort begann sie, ihre Basis von 32 Stunden „aufzustocken", erst indem sie immer später nach Hause ging, dann indem sie immer mehr Arbeit mit nach Hause nahm. „Selbst an meinen freien Tagen", sagte sie, „erledige ich neben dem Swimmingpool noch Anrufe."

Eileen und Jane gingen an die Kontrolle ihrer Zeit unterschiedlich heran – was sich auch an der Art und Weise zeigte, wie meine Interviews mit ihnen endeten. Um 13:30 Uhr unterbrach Eileen abrupt eine wild bewegte Geschichte, die sie und Jim gerade erzählten, weil ihr plötzlich eingefallen war, dass sie noch etwas erledigen musste. Jane schaute während des Interviews irgendwann auf ihre Uhr und meinte, während sie freundlich anbot, sich noch einmal mit mir zu treffen: „In zehn Minuten muss ich weg. Gibt es Fragen, die wir noch gar nicht angesprochen haben?" Im Gegensatz dazu schien Bill Denton seine Zeit überhaupt nicht zu managen. Als meine Stunde mit ihm um war, klopfte seine Sekretärin diskret an die Tür, steckte ihren Kopf herein und kündigte seinen nächsten Termin an.

Weder Bill Denton noch Vicky King wollten kürzere Arbeitszeiten. Beide waren der Anziehungskraft der Arbeit zutiefst verfallen. Eileen Watson verstand diese Anziehungskraft und wollte trotzdem kürzere Arbeitszeiten. Warum konnte sie sie nicht bekommen? Weder der Einkommensverlust noch die Angst, sie könnte keinen neuen Arbeitsplatz finden, hinderten sie, noch nicht einmal nach ihrer Entlassung. Sie war über die entsprechenden Maßnahmen informiert, und in ihrem Arbeitsumfeld gab es auch nicht ungewöhnlich viel Neid. Allerdings hatte sie zwei Balashevs unter ihren Vorgesetzten, von denen der eine sich nicht für ihre Situation interessierte und der andere ihr zwar freundlich gesonnen, aber ängstlich war – und beide sahen nicht, dass ihre kürzeren Arbeitszeiten langfristig auch im Interesse von Amerco liegen könnten. Außerdem stieß sie mit einer Unternehmenskultur zusammen, für die sich beruflicher Ehrgeiz und Arbeitszeitverkürzung wechselseitig ausschlossen. Welche Alternativen hatte sie also? Würde sie die Stadt verlassen und sich ein noch familienfreundlicheres Unternehmen suchen müssen, um das Leben führen zu können, das sie wollte?

Tatsächlich suchte sie sich auf Zehenspitzen ihren Weg durch ein weiteres Jahr verdeckter Teilzeitarbeit und einen Job, dessen „Teilzeit" im Grunde langsam, aber sicher auf einen Achtstundentag ohne Überstunden hinauslief. Dann hatte Danny, ihr Dreijähriger, plötzlich eine neue gesundheitliche Krise. Eileen beschrieb das so:

„Es war furchtbar. Danny verlor das Gefühl in seinem Bein. An dem Abend waren wir bis 22 Uhr beim Neurologen. Am nächsten Morgen hatten sowohl mein Mann als auch ich sehr wichtige Präsentationen in der Firma. Ich hatte um elf Uhr eine Präsentation vor einer neuen Gruppe von Ingenieuren und musste noch ein paar Änderungen machen. Jims Präsentation war um neun Uhr. Also blieb ich morgens zu Hause. Ich wollte Danny ausschlafen lassen. Wenn er beim Aufwachen immer noch wackelig auf den Beinen war, würde ich mit ihm zu einem Enzephalogramm ins Krankenhaus fahren müssen, um zu sehen, ob er einen epileptischen Anfall gehabt hatte. Ich weckte ihn, und natürlich war er immer noch wackelig.
Ich rief Jims Sekretärin an: ‚Sagen Sie Jim, dass ich Danny zum Babysitter bringe und dass er ihn da abholen und bis Mittag ins Krankenhaus bringen soll.' Um zehn Uhr kam ich beim Babysitter an. Als Jim mit seinem Vortrag fertig war, rief er mich um 10:30 Uhr an und sagte: ‚Ich habe ihn. Mach dir keine Sorgen!' Ich ging ins Büro, änderte meine Präsentation und hielt sie. Die Sitzung, auf der ich meinen Vortrag hielt, dauerte von elf bis eins. Ich fragte meinen Chef, ob ich meine Präsentation gleich zu Anfang halten und dann gehen könnte. Es war mir gar nicht recht, dass ich meinem Chef mit einem persönlichen Problem kommen musste. Jetzt weiß ich, dass ich bei ihm im Kopf als Mutter und nicht als Ingenieurin abgespeichert bin.
Ich raste ins Krankenhaus. Danny schrie. Er hatte sich alle Schläuche und Kanülen aus dem Haar gerissen. Dann gaben sie ihm so viel Beruhigungmittel, dass er einschlief. Jim und ich saßen an seinem Bett. Wir redeten nicht viel. Wir saßen bloß da und warteten, dass er aufwachte, damit wir ihn nach Hause bringen konnten.
Zu diesem Zeitpunkt hätte einer von uns natürlich zurück ins Büro fahren können, aber wir taten es beide nicht. Obwohl wir beide das Gefühl hatten, eigentlich müssten wir das jetzt. Ich finde es entsetzlich, dass wir das beide dachten, während unser Kind mit irgendetwas Schrecklichem in einem Krankenhausbett lag.
Ich sagte zu Jim: ‚Ich muss hier raus, nur mal eine Sekunde. Ich muss mal laufen. Ich gehe zu Woolworth und kaufe ein kleines Spielzeug für Danny, wenn er aufwacht.' Also ging ich raus aus dem Krankenhaus und die Straße runter. Ich ging und ging. Ich wollte immer nur weiter gehen, einen Lastwagen anhalten und einsteigen und einfach immer weiter fahren.

Aber eine Woche später saß Eileen wieder an ihrem Schreibtisch bei Amerco.

8. Kapitel
„Ich bin immer noch verheiratet":
Arbeit als Ventil

Denise Hampton erzählte mir voll Stolz, dass ihr fünfjähriger Sohn Cliff, ein weiterer Stammgast im Kindergarten von Spotted Deer, seit kurzem lebhaftes Interesse an der Zusammensetzung von 24-teiligen Puzzles an den Tag legte – jedenfalls sagten das die Betreuerinnen. Jetzt, um ein Uhr mittags, als ich das Gespräch mit Denise in ihrem Büro bei Amerco begann, richtete sich Cliff wahrscheinlich gerade für die Ruhezeit ein. Für einen richtigen Mittagsschlaf war er schon zu alt, und so kapitulierte er vor der Verlangsamung aller Lebensvorgänge im Kindergarten gewöhnlich, indem er sich ein Buch über Flugzeuge ansah, das er jeden Tag mitbrachte. Seine achtjährige Schwester Dorothy ging in die dritte Klasse.

Als Assistentin des Marketing Direktors für eine von Amercos beliebtesten neuen Produktgruppen erhielt Denise jeden Tag 40 bis 50 Telefonanrufe oder E-Mails. Die lebhafte, zierliche Frau mit der frechen Kurzhaarfrisur sprintete durch ein Arbeitspensum, das eine langsamere, pingeligere Kollegin kaum in der doppelten Zeit geschafft hätte. Während sich Denise so im Eiltempo dem Ende ihres Arbeitstags näherte, war ihr größter Wunsch, zu Hause alles fallen zu lassen, sich ein Glas Chardonnay einzuschenken, mit ihrem Mann zu kuscheln, ihren Kindern etwas vorzulesen und vielleicht sogar ihren Anrufbeantworter abzuschalten.

Als ich sie fragte, was sich in den zwei Jahren seit unserem letzten Gespräch zu Hause und bei der Arbeit verändert hätte, lachte sie auf und erklärte: „Ich bin immer noch verheiratet, und sogar mit demselben Mann!" Denise war aus einer Alkoholikerfamilie ausgebrochen, unter anderem, indem sie sich immer wieder Mentorinnen gesucht hatte: zuerst, noch als Teenager, eine freundliche Nachbarin, dann am College eine ihrer Professorinnen und nun vor kurzem noch einmal eine ältere, sehr erfolgreiche Managerin bei Amerco. Sie war eine hervorragende Schülerin gewesen und baute nun ihre Erfolgsserie bei der Arbeit aus. Die private Seite ihres Lebens hatte ihr immer schon mehr Schwierigkeiten bereitet, aber sie hatte sich aktiv Hilfe gesucht und meinte, die Therapie habe ihr viel geholfen.

Denise hatte geheiratet, einen Sohn bekommen, sich scheiden lassen und wieder geheiratet. Allerdings hatte sich die Ehe mit ihrem zweiten Mann Daniel, die inzwischen auch schon zehn Jahre dauerte, als nicht ganz so erfreulich entpuppt, wie sie es sich erhofft hatte. Von Anfang an gab es Schwierigkeiten. Denises Sohn Dillon, damals Anfang 20, hatte sich ihrer neuen Ehe so verbissen widersetzt und ihren neuen Mann so heftig kritisiert, dass sie schließlich keine andere Wahl mehr sah, als allen Kontakt mit ihrem Sohn abzubrechen. Dillon hatte sich schließlich entschuldigt, aber der Schmerz, den diese Entscheidung ihr bereitet hatte, klang immer noch nach. Ihren beiden Kindern aus zweiter Ehe (deren kleine Fotos im Büro auf dem Schreibtisch vor ihr standen) schien es hervorragend zu gehen. Ihnen gälte all ihr Energie, sagte sie. Stolz wies sie darauf hin, dass sie beim abendlichen Vorlesen nun schon beim fünften Kapitel von *C.S.* Lewis' *Die Chroniken von Narnia* angekommen waren. Allerdings mussten ihre Kinder sie immer wieder daran erinnern, langsamer zu lesen. Selbst zu Hause fühlte sich Denise immer gehetzt, und wenn auch bei Karriere und Mutterschaft alles gut lief, so bereitete ihr ihre leblose Ehe doch Kopfzerbrechen. Trotz ihrer natürlichen Fröhlichkeit war spürbare Trauer in ihrer Stimme, wenn sie davon sprach.

Das Holzhaus der Hamptons lag eine halbe Autostunde von der Stadt entfernt auf hundert Morgen Land neben einem kleinen künstlichen See. Allein schon die Größe von Haus und Grundstück deuteten darauf hin, dass hier irgend jemand Zeit hatte, sich um beides zu kümmern. Die Hamptons hatten ihren Garten selber angelegt und machten ihren eigenen Ahornsirup (hauptsächlich Daniels Werk). Im Wohnzimmer hing der Kopf eines Achtenders an der Wand, den Daniel geschossen hatte – Denise verdrehte die Augen und betonte: „*Meine* Idee war das nicht". Die Aktivitäten, über die Mann und Frau liebevoll sprachen – Ahornsirup machen, Gartenarbeit, Jagd – ließen auf Muße schließen, ihr Tageslauf aber bedeutete Hetze. Tatsächlich musste sich Denise aus den meisten Freizeitbeschäftigungen der Familie häufig heraushalten. Hatte sie denn eine andere Wahl, wenn sie mit ihren unbarmherzig weiter eingehenden Telefonanrufen und E-Mails irgendwie Schritt halten wollte?

Daniel, Vorgesetzter von 20 Beschäftigten in einer Amerco-Fabrik weiter unten im Tal, hatte keine Ambitionen, ein zweiter

Bill Denton zu werden. Er kam um acht Uhr und ging pünktlich um 17 Uhr, und in den Augen seines Chefs machte ihn schon das zu einem Zeit-Dissidenten. „Wieder Punkt zwölf zum Mittagessen?" pflegte er zu sticheln. Daniel seinerseits merkte nur trocken an, sein Boss sei gerade in ein Buch mit dem Titel *Outperformers: Super Achievers, Breakthrough Strategies, and High-Profit Results* vertieft, in dem stand, wie Manager lernen können, jederzeit Höchstleistungen zu erbringen. „In meiner Abteilung hat die Idee von der Balance zwischen Arbeit und Familie erst eine kurze Laufzeit", sagte Daniel.

Von Daniel, der sehr klar und klug wirkte, ging eine tiefe, sanfte Traurigkeit aus. Er hatte sich von seiner Ehe, der Vaterschaft und dem Leben zu Hause ein wenig Heilung von einer schwierigen Kindheit erhofft. Seine Eltern hatten im Umgang mit ihm offenbar willkürlich zwischen sorgloser Nachsicht und strenger Disziplin geschwankt. Aufgrund dieser Erfahrung war er jedes Mal verunsichert, wenn er sagen sollte, wie *er* die Dinge haben wollte. Er hatte mit dieser Hemmung sein Leben lang gekämpft. In seiner Ehe bedeutete dies, dass ihm alle Tage wieder die Frage über die Lippen kam, wie sich Denise den Verlauf des Abends vorstellte und was er für das Abendessen machen sollte, wobei er sich jedes Mal innerlich für dieses Fragenmüssen kritisierte. Denise wiederum fühlte sich durch seine Passivität an die Hilflosigkeit ihrer „Abendeltern" erinnert, die in ihrem Whiskeydusel ebenfalls zu keinen Entscheidungen mehr fähig waren. Ein solches Verhalten löste bei ihr, am Ende eines langen, anstrengenden Arbeitstages, eine hektische Ich-kümmer-mich-schon-drum-Aktivität aus und hinterließ Ärger und das Gefühl, allein gelassen zu werden.

Es war Denise, die das Zuhause am Laufen hielt, aber es war auch Denise, die von zu Hause weglief. Als ich sie nach ihrem durchschnittlichen Tagesablauf fragte, sagte sie:

> „Kurz vor sechs klingelt der Wecker. Bis halb sieben will ich mit Duschen und Haarewaschen fertig sein. Dann gehe ich nach unten, mache alles soweit fertig, und um Viertel vor sieben hole ich die Kinder aus dem Bett. Cliff und Dorothy müssen um acht Uhr in der Schule sein, also kommt es gerade so hin.
> Ich kann nicht schon um fünf von der Arbeit weg. Inzwischen akzeptiere ich das. Es wird immer sechs Uhr, mindestens. Und dann muss ich die Kinder abholen, einkaufen, nach Hause rasen, kochen.
> Der Tag ist normalerweise randvoll gepackt, und Daniel und ich haben regelmäßig irgendwelche Missverständnisse darüber, wer was tun sollte. Ich versuche, alle Punkte durchzugehen. Habe ich irgendetwas ausgelassen? Habe ich irgendetwas vergessen? Steht heute abend noch irgendetwas

auf dem Programm? Wenn ich abends zur Tür rein komme, sind Daniel und die Kinder immer schon ganz mürrisch. Ich sehe zu, dass Dorothy wirklich ihre Schulaufgaben gemacht hat, und irgendetwas essen müssen wir auch. Wenn sie mir bloß ein bisschen Luft ließen. ... Wenn sie mir nur eine Viertelstunde ließen, um mich umzuziehen und ein Glas Wein zu trinken und vielleicht die Nachrichten zu sehen."

Bei Amerco arbeitete Denise in einem Büro mit lauter „Old Boys", die sich im Laufe der Jahre nur widerwillig bereit gefunden hatten, mehr Frauen einzustellen. Denise weiß noch genau, wie es war, als sie schwanger wurde:

„Die Männer in meinem Büro haben um Geld gewettet, dass ich nie wieder auftauchen würde, wenn das Baby erst einmal da wäre. Als ich zurückkam, musste ich beweisen, dass ich genauso gut war wie vorher. Die Männer warteten nur darauf, sagen zu können: ‚Ich hab's dir ja gleich gesagt.'"

Zum Teil, meinte Denise, waren die älteren Männer beleidigt, mit ansehen zu müssen, wie sich jemand für etwas anderes als eine Neuauflage ihrer eigenen Lebensweise entschied.

„Sie haben nie Elternurlaub genommen, und sie haben das Gefühl, sie hätten Amerco gegenüber ihre Pflicht und Schuldigkeit getan. Als ich dann in den Mutterschutz ging, nahmen sie das als Vorwand, um zu sagen, ich täte nicht meine Pflicht oder ich wäre keine so gute Managerin wie sie."

Tatsächlich schienen sich Denises Kollegen über beide Teile ihres Lebens und ihre diesbezüglichen Entscheidungen nicht beruhigen zu können, denn sie stellten auch ihr mütterliches Pflichtbewusstsein in Frage. Sie konnte sich noch gut an die abfälligen Bemerkungen erinnern: „Einmal sagte ein Mann in meiner Gegenwart ganz betont zu einem anderen: ‚Dass die Hypotheken abgezahlt sind, macht aus einem Haus noch lange kein Zuhause.'"

In einem solchen Klima empfand sie auch anscheinend neutrale Fragen ihrer männlichen Kollegen, wie sie es denn schaffe, Beruf und Familie zu vereinbaren, als Angriff. „Sie treiben einen richtig in die *Enge* mit solchen Fragen. Als ich schwanger war, haben sie mich gefragt: ‚Was machen Sie denn, wenn Sie mal beide dringende Situationen bei der Arbeit haben, Sie und Ihr Mann?'" In dieser Atmosphäre wollte Denise mit flexiblen oder verkürzten Arbeitszeiten absolut nichts zu tun haben. Wo der Geschlechterkrieg tobte, kam Arbeitszeitverkürzung einer Kapitulation gleich.

In seinem Buch *The Evil Eye* (Der böse Blick) befasst sich der Anthropologe Alan Dundes mit der Annahme, in Situationen, in denen ein bestimmtes Gut (zum Beispiel Status, Reichtum oder Gesundheit) knapp ist, zögen Menschen, die anscheinend mehr Glück als andere hatten, den Neid der Habenichtse auf sich. In den so genannt primitiven und in den antiken Gesellschaften nahm man außerdem an, diese Habenichtse besäßen die magische Kraft, Unheil anzurichten.[1] Der neidische Habenichts, so meinte man, wirft auf das Objekt seines Neides – ein gesundes Kind, eine schöne Frau, eine Rekordernte – den „bösen Blick". Die Person, die Glück hat, versucht, Unheil abzuwenden, indem sie ein Amulett trägt, wiederholt Beschwörungen einsetzt oder den Gegenstand ihres Glücks symbolisch verkleidet oder verunstaltet.

Für den Außenseiter mag es absurd erscheinen, dass sich die Männer bei Amerco als Habenichtse sehen sollten, schließlich dominierten sie fast die gesamte obere Führungsebene und waren auch in den meisten anderen Bereichen des Konzerns in der Übermacht. Aber die bescheidene Einführung von Frauen in die Reihen der hochqualifizierten Fachkräfte rief eine starke Gegenreaktion hervor. So lösten Männer und Frauen mit ihrem Glück jeweils unterschiedliche Reaktionen aus. Wurde ein Mann in einer Zeit „knapper Güter" – angesichts eines eingefrorenen Budgets oder einer Entlassungwelle – befördert, streifte ihn lediglich der böse Blick. Wurde aber eine Frau befördert, dann wurde aus dem Blick ein ausgedehntes Starren. Als Denise Hampton befördert wurde, schob ein Kollege seinem Glückwunsch gleich noch den Satz nach: „Heutzutage lohnt es sich, eine Frau zu sein."

Denise hatte immer hart gearbeitet, ein „A-Typ", wie sie sagte, „aber kein Workaholic." Trotzdem begann sie allzu bald, das Workaholic-Amulett der langen Arbeitszeiten zu tragen. Indem sie lange arbeitete, zog sie von dem Glück, das ihre Beförderung darstellte, symbolisch wieder etwas ab. „Ja, ich hatte das Glück, befördert zu werden", schien sie zu sagen, „aber ich leide dafür." Indem sie durch ihren langen Arbeitstag hetzte wie ein reicher Mann in Lumpen fragte sie permanent: „Wie könnte mich jemand beneiden, wo ich doch so mit Zeitarmut geschlagen bin?"

Wollte man vom bösen Blick bei Amerco eine Landkarte anlegen, die anzeigte, von wem er ausging und gegen wen er sich richtete, dann müsste man Denise in der Gefahrenzone ansiedeln. Am heftigsten grassierte die männliche Missgunst gegenüber Frauen in

---

1 Alan Dundes (Hrsg.), *The Evil Eye: A Folklore Casebook*. New York, Garland Press, 1981. Weitere Ausführungen zu den „knappen Gütern", siehe S. 266.

all jenen Bereichen, die einstmals reine Männerreservate waren. Bei Männern in den oberen Bereichen des mittleren Managements und bei hoch bezahlten, gewerkschaftlich organisierten Arbeitern in der Produktion – auf Arbeitsplätzen also, an denen die Männer immer eine überwältigende Mehrheit gebildet hatten – gab es mehr Ressentiments als bei Männern auf der „mittleren Verwaltungsebene", wo sie in der Minderheit waren und die Vergünstigungen geringer. Bei einer Umfrage zum Betriebsklima aus dem Jahre 1993, bei der Manager aus den „neidintensiven" Rängen zu anonymen schriftlichen Kommentaren aufgefordert wurden, kam es zu Antworten wie den folgenden:

> „Weiße Männer sollten zur selben Karriereplanung Zugang haben wie Frauen und Angehörige von Minderheiten.
> Ich sehe immer mehr Frauen im oberen Managementbereich. Meine einzige Sorge ist, dass, wenn wir Frauen und Angehörige von Minderheiten befördern, dann deshalb, weil sie die für den Job am besten geeigneten Personen sind.
> Ich habe einen lange erwarteten, wohl verdienten Geldpreis meiner Abteilung bekommen. Man hat mir gesagt, ich hätte ihn unter anderem deswegen bekommen, weil ich es so gut verstanden hätte, meine Frustration und Enttäuschung zu unterdrücken, als ich bei einer Beförderung zugunsten einer Frau übergangen wurde."

Aber die Amerco-Frauen brauchten keine Umfrageergebnisse, um zu wissen, was die Männer dachten. Im allgemeinen hatten sie es bei ihren männlichen Kollegen mit vier Typen zu tun. Der erste Typ, meinten sie, beurteilte eine Frau genauso, wie er einen Mann beurteilen würde, und sah beide als gleichwertige Menschen an. Dies waren die Männer, mit denen man wunderbar zusammenarbeiten konnte. Der zweite Typ beurteilte eine Frau auch genauso, wie er einen Mann beurteilen würde, begegnete ihr aber mit derselben harten, konkurrenzorientierten Einstellung, die er auch seinen Geschlechtsgenossen gegenüber an den Tag legte. Ein dritter Typ, der oft höflich und hilfsbereit war und sich nicht bedroht fühlte, sah in den Frauen exotische Fremdlinge. Und für den vierten Typ waren Frauen feindliche Rivalen, die nur darauf aus waren, ihm *seine* Beförderung wegzuschnappen. Von diesem vierten Typ, dem gekränkten und ausgebooteten männlichen Kollegen, kam der wirklich böse Blick.

Obwohl sie sich im Allgemeinen nicht dazu äußerten, missgönnten Männer dieses vierten Typs den Frauen oft das „Glück", dass sie angeblich von Amercos familienfreundlicher Politik profitieren konnten, die ihrer Meinung nach für Männer nicht galt.

Gelegentlich sickerten solche Vorurteile während der Seminare durch, die Fachkräfte und Manager zum Thema „Männer und Frauen als Kollegen" absolvieren mussten. Ein Ingenieur aus Forschung und Entwicklung zum Beispiel rief, während er sich, Unterstützung heischend, in seiner Gruppe umsah, auf einmal aus: „All diese berufstätigen *Mütter* können diese Maßnahmen nutzen, bloß *wir* nicht. Warum soll es die Firma überhaupt irgendjemandem leicht machen, Beruf und Familie miteinander zu verbinden? Damit sind doch nur diejenigen von uns benachteiligt, die eine traditionelle Familie haben. Und wir müssen ohne das zusätzliche Geld aus zwei Einkommen auskommen."

Bei der Arbeit stellte sich Denise der Herausforderung, den bösen Blick abzuwehren. Sie gab alles und bedauerte nichts. Zu Hause jedoch ließ sie sich nur mit einem Teil ihrer selbst und mit gemischten Gefühlen ein, denn sie spürte, wie sich ihr innerer Konflikt zwischen der Notwendigkeit, zum Beispiel das Abendessen zu planen, und dem Wunsch, es einfach nicht zu tun, immer mehr zuspitzte. Jeden Abend wiederholte sich, für sie selbst unbegreiflich, derselbe qualvolle Vorgang:

> „Ich kam nach Hause, schenkte mir ein Glas Wein ein, machte den Kühlschrank auf und versuchte, eine Idee zu entwickeln, was ich kochen könnte. Und dabei fing ich an zu weinen. Ich konnte diesen Kreis, zwischen sechs und sieben Uhr abends zu weinen, einfach nicht durchbrechen. Es wurde zur täglichen Gewohnheit. Ich bemitleidete mich selber. Warum sah Daniel denn nicht, dass ich Hilfe brauchte? Schließlich war er es doch, der für mich sorgen sollte. Schließlich verließ ich mich doch gerade deswegen auf ihn. Seine Reaktion war natürlich noch mehr Distanz zwischen uns aufzubauen. So geht das nun schon ein paar Jahre, und es geht immer noch weiter."

Denise vermutete, dass ihr Problem etwas damit zu tun hatte, dass sie als Kind von Alkoholikern nie gewagt hatte, sich auf irgendjemanden zu verlassen, eine Wahrnehmung, die schließlich auch Daniel einschloss. Also übernahm sie jeden Abend die Führung und ließ zu, dass er sich um Entscheidungen drückte. Zugleich aber hatte sie den verzweifelten Wunsch, dass einmal er entscheiden möge, was es zum Essen geben sollte, dass er das Kochen übernahm und sich ganz allgemein mit verantwortlich fühlte. Sie wollte einen Mann, der auch in der zweiten Schicht arbeitete, sie wollte zwei Kinder und nicht drei. Daniel wiederum hatte Angst davor, Entscheidungen ohne sie zu fällen, weil er fürchtete, dafür einen drüber zu bekommen. Doch auch seine Wünsche waren zutiefst widersprüchlich, denn er wollte eine offene, mitteilsame, ihn umsorgende Frau, behandelte Denise aber wie eine Managerin, die ihm nach Gutdünken Aufgaben zuwies.

Beide litten schweigend – Denise, indem sie am Kühlschrank vor sich hin weinte, Daniel, indem er auf dem Weg von und zur Arbeit vor sich hin grübelte. Auf die letzten Jahre zurückblickend, meinte Denise:

> „Ich hatte Schuldgefühle, weil Daniel in der schlechteren Position war. Ich habe eigentlich erst vor kurzem begriffen, wie verstört er war und wie ausgeschlossen er sich fühlte. Ich hatte nicht die leiseste Ahnung davon. Er hat natürlich auch nie etwas gesagt. Das macht mir große Schuldgefühle. Auch den Kindern gegenüber. Es scheint schon so lange, dass ich nicht mehr richtig für sie da war. Alles, was sie sehen, ist der Stress und die Nervosität, wenn ich versuche, die Hausarbeit hinter mich zu bringen. Sie sollten sich an Lachen erinnern und nicht daran, wie Mom weint, weil sie nicht weiß, was sie kochen soll."

In gewissem Maße bewältigte Denise ihre häuslichen Probleme, indem sie die Arbeit mit nach Hause nahm und deren Ansprüche auf ihr Leben nur halbherzig eingrenzte. Tatsächlich brachte sie auch ihr verzweifeltes Arbeitstempo mit nach Hause:

> „Ich bekomme auch zu Hause immer noch Marketing-Anrufe. Ich komme von der Arbeit nach Hause, und noch ehe ich richtig da bin und einmal durchgeatmet habe und mich entspannen kann, klingelt schon wieder das Telefon, und ich muss voll da sein."

Angesichts dieser Sackgasse war Denise, wie sie zugab, viel entspannter, wenn Daniel nicht da war. Dann mussten keine Entscheidungen gefällt werden – und man konnte ohne Schuldgefühle auch einmal von den Standards abweichen:

> „Wenn Daniel auf Reisen ist, ist das ganz anders. Ich bringe eine Pizza mit, oder ich sage, kommt, wir fahren zu McDonald's, oder die Kinder essen Crispies und ich einen Salat. Ich lasse sie die Cartoons im Fernsehen ansehen. Ich meine, es ist einfach entspannter."

Mit Daniel war das Leben immer angespannter geworden, während Denise bei der Arbeit trotz aller Spannungen auch bereichernde Freundschaften hatte. So erzählte sie:

> „Letzte Woche war ich mit fünf Kollegen in New York. Wir setzten uns zu mittags in ein nettes Restaurant, nichts Ausgefallenes, aber als das Essen vor mich hingestellt wurde, habe ich geseufzt und gesagt: ‚Es ist so *schön*, hier zu sein.' Die Männer haben mich alle angesehen, als wollten sie sagen: ‚Was soll denn das nun wieder heißen, von dieser Frau?'

Zwei der Männer hatten Frauen, die immer zu Hause gewesen waren. Einer ist Junggeselle, und einer ist mit einer Nur-Hausfrau verheiratet, die früher mal berufstätig war, und kennt also beide Situationen. Die einzige andere Frau ist eine Ingenieurin, deren Kinder schon groß sind. Der Junggeselle ist der, der am meisten auf mich eingeht. Wir sind richtig gute Freunde geworden."

Mittlerweile hatte Daniel Schützenhilfe von seiner Familie bekommen. Denise stellte das so dar:

„Daniel hat seiner Schwester erzählt, dass ich kurz davor wäre, mich von ihm scheiden zu lassen, und natürlich hat sich ihr Verhalten mir gegenüber sofort verändert. Sie beschlossen, dass ich ein Alkoholproblem hätte. Zwei Gläser Wein sind für sie schon ein Alkoholproblem."

So schlug sich Denise weiter mit ihrem enttäuschten Mann, seinen argwöhnischen Verwandten und ihren heranwachsenden Kindern herum, während ihre Mentorin, ihre Freunde, ihre Angst vor dem bösen Blick und das Bewusstsein ihres Erfolgs sie immer tiefer in die Amerco-Welt hineinzogen. Ich fragte sie, ob sie das Gefühl habe, alles in allem so viel Zeit für zu Hause zu haben, wie sie wollte. „Nein", antwortete sie automatisch; aber als ich sie fragte, ob es möglich wäre, sich mehr Zeit zu verschaffen, sagte sie:

„Nein. Tatsächlich brauche ich die Zeit zu Hause gar nicht mehr so nötig, weil die Kinder inzwischen eigene Aktivitäten haben. Sie haben schon mehr eigene Termine. Meine Tochter hat abends manchmal Baseball-Spiele. An solchen Tagen komme ich erst um acht oder halb neun von der Arbeit heim."

„Wann gehen die Kinder ins Bett?" fragte ich. „Um neun", erwiderte sie. „Wir sind etwa so um halb neun im Bett und fangen mit Vorlesen an. Aber ehe man es merkt, ist es schon halb zehn. Noch was zu trinken, und noch mal in den Arm nehmen, und oh! ich muss noch mal."

Denise hatte meine Frage, ob sie mehr Zeit für zu Hause brauchte, damit beantwortet, dass sie mir erzählte, ihre Kinder brauchten sie jetzt nicht mehr so dringend wie früher. Tatsächlich wendete sie sich immer mehr der Arbeit zu. Das mochte teilweise an der Unterstützung liegen, die sie bei der Arbeit und zu Hause erwarten oder eben nicht erwarten konnte. Katherine zum Beispiel, ihre Mentorin bei Amerco, „ist für mich persönlich ungeheuer wichtig. Ich hatte immer ein bisschen Angst, wenn ich zur Arbeit kam. Sie hat mich so eingearbeitet, dass die Angst wegging." Voller Stolz schildert Denise eine Auseinandersetzung, die sie mit Janet hatte, einer altgedienten, einschüchternd wirkenden, 20-jährigen Sekretärin, die ihrer Meinung nach die flexible Arbeitszeit missbrauchte, aber jede Kritik von sich wies. „Wenn Janets Sohn um elf einen Termin beim Zahnarzt oder beim Augenarzt hatte, kam sie an dem Tag überhaupt nicht mehr zur Arbeit. Katherine half mir, mich mit ihr auseinanderzusetzen." Bei der Arbeit hatte Denise ein Rollenmodell, eine Mentorin und eine Reihe von Triumphen, von denen sie ihr berichten konnte. Zu Hause erhielt sie in Angelegenheiten von größerer Tragweite weniger Hilfe, Angelegenheiten, denen sie sich immer weniger gewachsen fühlte. Denise hatte eine Freundin aus der Kindheit, die in Seattle lebte und die sie oft anrief, aber sonst hatte sie nahe Freunde nur bei der Arbeit.

Obwohl es sich Denise nicht oft erlaubte, in ihrer Arbeit so aufzugehen wie Bill Denton, war ihr Gefühl von freier Zeit arbeitsorientiert. Am entspanntesten fühlte sie sich, wie sie sagte, in den Stunden nach 17 Uhr, wenn sie selbst bei der Arbeit, ihre Tochter beim Baseball und Cliff mit seinem Vater zu Hause war. Die freiesten und sorglosesten Zeiten aber erlebte sie, wenn sie zu Konferenzen in andere Städte fuhr, wo sie sich entspannte und mit Kollegen verständnisvolle Gespräche über das Leben zu Hause führte.

Denise Hampton zählte sich zu den hundertprozentigen Befürwortern der familienfreundlichen Reformen, hatte aber selber nicht das geringste Interesse an einer Arbeitszeitverkürzung. Als die Familie darüber „abgestimmt" hatte, ob sich Denise mehr Zeit für zu Hause nehmen sollte, gab es sechs Ja-Stimmen (die beiden Kinder, Daniel, seine Mutter und seine beiden Schwestern) und eine Nein-Stimme (Denise). Niemandem war eingefallen, darüber abzustimmen, ob Daniel mehr Zeit zu Hause verbringen sollte. Auch in den Gesprächen der Eheleute untereinander war diese Frage niemals aufgetaucht, und das, obwohl Daniel emotional stärker auf das Zuhause ausgerichtet war als seine Frau.

Denise wollte mehr Zeit, als sie hatte. Aber sie wollte nicht mehr Zeit zu Hause. Ihr Leben dort war zu sehr mit Stress verbunden und ihr Leben bei der Arbeit zu voll von Verheißungen und – dem bösen Blick. Je häufiger Denise spät nach Hause kam, desto angespannter wurde Daniel, der dann gar nichts mehr machte; je häufiger sie ihre Weinkrämpfe am Kühlschrank hatte, desto mehr sehnte sie den nächsten Morgen herbei, um wieder zur Arbeit gehen zu können. Die Ehe blieb bestehen – mehr oder weniger -, aber ohne das Ventil ihrer Arbeit konnte Denise sie sich auf Dauer nicht harmonisch vorstellen. Irgendwie schien das eine merkwürdig verkehrte Welt – aber wer hatte schon die Zeit oder die Gelegenheit, da einmal Klarheit zu schaffen?

Als mich Daniel im Familienvan zu meiner Pension zurückfuhr, teilte er mir seine Gedanken mit, wie er glaubt, dass man dem Teufelskreis entkommen könne, in dem seine Familie so hoffnungslos gefangen schien:

> „Es gibt keine Patentlösungen für die Balance zwischen Zuhause und Arbeit. Das ist ein Problem, das ganz tief geht. Entscheidend ist die Teamarbeit in der Familie. Wir müssen die Idee vom Team wie beim Sport oder in der Produktion auf die Familie übertragen."

Aber wo, fragte ich mich, hatten denn Sportmannschaften und Unternehmen ihre Vorstellung von Zusammenarbeit ursprünglich her, wenn nicht aus der Familie? Das allererste „Team" dürfte doch wohl die Familie gewesen sein. Nun aber wurde der Teamgedanke, für den Topmanager wie Bill Denton standen, von Vicky King und anderen aufgegriffen, um eine Brücke zwischen dem traditionellen Arbeitsplatz und einem neuen Arbeitsplatz zu schlagen, mit dem dann auch Doppelverdienerfamilien wie die Hamptons leben konnten. Ein von der Familie stammendes Modell von Zusammenarbeit war zum Unternehmensmodell geworden. Welches Modell aber blieb dann für die Familie? Daniel Hampton machte mir die Tür seines Van auf, schüttelte mir herzlich die Hand und schloss: „Ich hoffe immer noch, dass wir es schaffen, aus unserer Familie ein gutes Produktionsteam zu machen."

9. Kapitel
„Endlich mal in Ruhe vor der Glotze sitzen": Männliche Pioniere der Zeitkultur

„Ich habe gerade mit zwei Männern gesprochen,
die Elternurlaub genommen haben."
Arlie Hochschild

„Ach ja? Wer ist denn der andere?"
Amy Truett

Sam Hyatt, seit sieben Jahren bei Amerco, war ein begabter Ingenieur und Vater eines drei Monate alten Jungen. 1990 war er einer der beiden Männer im Unternehmen, die in aller Form Elternurlaub beantragt und erhalten hatten. Frauen, die ein Kind bekommen, erhalten bei Amerco wie auch in vielen anderen amerikanischen Unternehmen sechs Wochen bezahlten Mutterschaftsurlaub. Darüber hinaus können 20 Wochen unbezahlter Urlaub gewährt werden, beliebig aufteilbar auf Mann und Frau. Sam und Latesha Hyatt beschlossen, dass Latesha 18 und Sam zwei Wochen nehmen sollte.

Nach der Geburt eines Kindes vereinbarten viele Männer bei Amerco informell mit ihren Chefs, ein paar unbezahlte Tage frei zu nehmen, indem sie ungenutzte Krankschreibungen dafür einsetzten, weil die Antragsformulare für Elternurlaub angeblich „zu viel Aufwand" bedeuteten. Überrascht und erschreckt stellte Sam fest, dass er der erste Mann im Unternehmen war, der offiziell Vaterschaftsurlaub genommen hatte. Ich bat Sam, einen freundlichen, 33-jährigen Afro-Amerikaner mit einem frischen Lachen, mir zu erzählen, wie es kam, dass er bei Amerco zum Bahnbrecher wurde.

„Ich komme aus Cleveland", sagte er, „aus einer Familie mit sechs Kindern. Meine Mutter war alleinstehend, und um uns durchzubringen, hatte sie mehrere Jobs auf einmal. Ich bin der Drittälteste und musste mit auf meine jüngeren Geschwister aufpassen. Wir haben einiges durchgemacht, nicht nur finanziell, auch emotional." Dann schilderte er, wie er in einer staatlichen Schule Vorbereitungskurse für das College besuchte, beim California Polytechnic Institute zugelassen wurde und nach drei Jahren seinen Abschluss als Maschinenbauingenieur machte. Im College erfuhr er von Amercos Programm für Sommerstipendien und Praktikantenplätze. Das Unternehmen bot ihm ein Praktikum an und, zufrieden mit seiner Arbeit im Sommer, nach Studienabschluss eine Stelle. Damals lernte er auch Latesha kennen, eine Chemieingenieurin, die ebenfalls bei Amerco arbeitete, und heiratete sie.

Amerco war ein überwiegend weißes Unternehmen, so wie die Stadt Spotted Deer und die umliegenden Talgemeinden. Aber getreu dem Motto „Vielfalt fördern" begann Amerco Ende der 1980er Jahre mit der aktiven Rekrutierung begabter Studenten aus Minoritäten an Technischen Hochschulen und Universitäten. Man holte sie den Sommer über als Praktikanten in die Firma und bot ihnen, wenn alles gut ging, nach dem Examen eine Stelle an.

Auf diese Weise gelangte Sam Hyatt zu Amerco und in Verhältnisse, die eine seltsame Mischung darstellten. Das Unternehmen versuchte, die Begabungsreserven aller rassischen oder ethnischen Minoritäten abzuschöpfen, und gab sich Mühe, den Neuankömmlingen das Gefühl zu vermitteln, sie seien willkommen. So sorgte Amerco zum Beispiel dafür, dass ein lokaler Radiosender Musik spielte, die vielen Afro-Amerikanern gefallen dürfte, und hatte auch den einzigen Frisör am Ort angeheuert, der sich auf schwarze Haarmoden verstand. Dennoch stellten Schwarze, Chicanos und Asiaten immer noch nur einen sehr geringen Prozentsatz in der Amerco-Belegschaft. Und im öffentlichen Leben fehlte jene Art von Rassenmischung, die Sam das gelegentlich auftretende Gefühl hätte nehmen können, man erwarte von ihm, zu allen gerade aktuellen Fragen die „schwarze Position" zu vertreten.

Tatsächlich schienen die weißen Arbeiter, die in den umliegenden Landgemeinden wohnten, ihre Kenntnisse von Afro-Amerikanern hauptsächlich aus Fernsehshows über Gewaltkriminalität bezogen zu haben. Als Sam noch neu in Spotted Deer war, verfuhr er sich einmal in den Bergen und hielt an einer Gaststätte an, um sich Kleingeld zum Telefonieren geben zu lassen. Die eiskalten Blicke, die ihn empfingen, gaben ihm das Gefühl, in ein Sheriffsaufgebot einer Mississippi-Kleinstadt der 1950er Jahren geraten zu sein. Er erstarrte und verzog sich. Dieses eine Mal genügte, um ihm seine Angreifbarkeit als schwarzer Mann in diesem weißen Tal bewusst zu machen.

Bei Amerco und zu Hause jedoch war das Leben schön. Mit einer viel versprechenden Karriere, einer liebevollen Frau und einem neuen Haus lebte Sam in glücklicher Erwartung der Geburt ihres ersten Kindes. Latesha plante, vier oder fünf Monate Mutterschaftsurlaub zu nehmen, und Sams erster offizieller Akt als Vater in spe war, Vaterschaftsurlaub zu beantragen.

> „Zwei Monate vor der Geburt sprach ich meinen Vorgesetzten an, ein wenig unsicher, wie er wohl reagieren würde. Amerco hatte 1988 gerade die Vereinbarung über den Vaterschaftsurlaub veröffentlicht. Als ich sie in der Hand bekam, war mir gar nicht klar, dass ich der erste war, der davon Gebrauch machte. Ich bin nicht mal sicher, ob ich nicht immer noch der einzige bin. Ich füllte das Formular aus und trug es zu meinem Vorgesetzten. Wir verstehen uns wirklich gut. Im allgemeinen bin ich nicht nervös, wenn ich mit ihm zu tun habe, aber diesmal war ich es aus irgendeinem Grunde doch. Er spürte meine Nervosität und sagte: ‚Machen Sie sich keine Sorgen, das ist super.' Nach wenigen Tagen oder einer Woche war der Antrag von meinem Manager unterschrieben. Das Formular galt als Vereinbarung, dass ich zwei Wochen unbezahlten Urlaub nehmen konnte."

Sam leistete gute Arbeit. Im Bericht über seine berufliche Entwicklung hatte sein Vorgesetzter geschrieben, er habe „die Anforderungen seiner Kunden stets zur vollen Zufriedenheit und gewöhnlich sogar darüber hinausgehend erfüllte und dass er als Vorgesetzter in der Abteilung bereits nach sehr kurzer Zeit hervorragende Arbeit leistete." Als die Geburt kurz bevor stand, sagte Sam:

> „Ich arbeitete gerade an einem großen Projekt, bei dem es um Design, Herstellung und den Test einer Anlage ging, und die sollte jetzt installiert werden – also ein heikler Zeitpunkt, da abwesend zu sein. Aber mein Vater hatte meine Geburt und meine Kindheit verpasst, und vielleicht wollte ich deswegen bei meinem eigenen Kind von Anfang an da sein."

Nach acht Stunden im Krankenhaus nahm Sam einen acht Pfund schweren, schreienden kleinen Jungen in Empfang, wickelte ihn in eine blaue Decke und legte ihn in seinen Babykorb. Während er seine Frau aufpäppelte, kümmerte er sich um das Haus und brachte viele Stunden damit zu, sich auf dieses kleine neue Wesen, das sie Adam nannten, einzustellen.

Als er zwei Wochen später wieder zu seinen Neunstundentagen zurückkehrte, erlebte er die unterschiedlichsten Reaktionen:

> „Für die Frauen im Büro war ich der große Held. Sam *kocht!* Sam macht die *Wäsche!* Sam nimmt *Vaterschaftsurlaub!* Aber die meisten Männer, die mir nicht nahe stehen, ignorierten das. Sie wussten alle Bescheid, aber sie taten so, als wenn sie das nicht wissen sollten, so nach dem Motto: „Wo waren Sie denn? Im Urlaub?" Meine Freunde zogen mich auf: „Muss ja

witzig gewesen sein, was hast du denn gemacht? Windeln gewechselt? Gib's zu, du hast die Zeit deines Lebens gehabt. Du hast rumgesessen und ferngesehen." Sie dachten, ich hätte diese Zeit zum Vorwand genommen, um mal raus zu kommen."

Für sie war Sams Vaterschaftsurlaub eine Zeit, in der er nicht arbeitete, sondern sich entspannte und herumtrödelte. Sie brachten Vaterschaftsurlaub nicht mit Vaterschaft in Verbindung.

Sam stand vor einer Entscheidung. Er konnte die spielerischen Sticheleien über die „Serien, die er endlich mal in Ruhe sehen konnte", über sich ergehen lassen und das, was dabei implizit mitschwang, einfach hinnehmen: Frauen bringen Babies zur Welt, also sind Babies Frauensache; Männer haben bei und nach der Geburt nichts zu suchen, und also ist Vaterschaftsurlaub unnötig oder Blödsinn. Oder er konnte reagieren. Aber dabei musste er vorsichtig sein. Er konnte nicht allzu politisch korrekt auftreten, weil für viele seiner Kollegen das Thema Vaterschaftsurlaub voller uneingestandener Spannungen war. Viele von ihnen standen unter dem Druck ihrer berufstätigen Frauen, die Zeit von ihren eigenen angehenden Karrieren geopfert hatten und sich dafür sehnlichst Anerkennung und eine entsprechende Geste des Engagements ihrer Männer wünschten, und sei sie auch noch so klein.

Sam ließ sich nicht unterkriegen und parierte die Sticheleien mit leichter Hand:

„Ich sagte ihnen, was ich tatsächlich gemacht hatte. Und ich erzählte ihnen, was es für mich bedeutete. Ihre Reaktion war: ‚Na ja, für mich wär das nichts, aber okay, wenn du das so willst', so in der Art. Ich versuchte, ihnen zu vermitteln, dass das eine große Chance für Männer ist. Wenn ich es noch mal zu machen hätte, sagte ich, dann würde ich mir noch *mehr* Zeit nehmen."

Einige jüngere Männer, die möglicherweise davon träumten, eines Tages selber Vaterschaftsurlaub zu nehmen, zollten Sam Beifall, ebenso einige ältere Männer, die meinten, sie hätten vielleicht welchen genommen, wenn sie die Möglichkeit dazu gehabt hätten.

Zu Hause hatte sich durch Sams Vaterschaftsurlaub trotz seiner Kürze ein Muster herausgebildet:

„Ich kämme Adam jeden Morgen und ziehe ihn an. Manchmal höre ich Männer sagen: ‚Ich gehe zum Babysitten nach Hause', oder: ‚Ich muss den Mr. Mom spielen', als gäbe es keinen Daddy und keinen Vater. Ich sage dann nichts, aber ich finde solche Sprüche mies."

„Ich korrigiere sie, wenn sie sagen: ‚Musst du babysitten?' Wenn sie mich fragen: ‚Was machst du jetzt?', sage ich: ‚Ich gehe nach Hause, um dort

Daddy zu sein.' oder: ‚Ich gehe nach Hause, um mit meiner Familie zu sein.' Ich weiß ehrlich gesagt nicht, ob ihnen der Unterschied zwischen Babysitter und Daddy überhaupt bewusst ist."

Nach viereinhalb Monaten, als Latesha zu ihren alten Arbeitszeiten zurückgekehrt war, begannen sie beide, um 5:30 Uhr aufzustehen, um mehr Zeit mit Adam zu verbringen. Um 7:30 Uhr lieferten sie ihn bei seiner Babysitterin ab. „Zum Mittagessen bekommen wir ihn nur selten zu Gesicht", fuhr Sam fort. „Die Zeit haben wir einfach nicht. Wir holen ihn um 17:30 Uhr wieder ab und gehen nach Hause." Nach einem Jahr beschloss Latesha, auf Teilzeit zu gehen und nur noch sechs Stunden pro Tag zu arbeiten. Sam erklärte:

> „Wir haben Latesha zur Haupt-Bezugsperson ernannt. Trotzdem ist meine Rolle nicht, zu helfen, sondern zu handeln. Wir reden dauernd darüber, wer was macht, und sind immer noch dabei, Lösungen zu finden. Latesha hätte gern eine gleichberechtigte Partnerschaft. Aber ich würde mich nicht wohlfühlen, wenn ich derjenige mit Teilzeit wäre. Erstens wegen meiner Arbeit und zweitens weil sie besser organisiert ist als ich."

Sam merkte nämlich, dass er bei Amerco allmählich an die Grenzen dessen geriet, was noch akzeptabel schien. Da er selten Arbeit mit nach Hause nahm und auch an den Wochenenden selten arbeitete, hatte er das Gefühl, dass seine Vorgesetzten ihn mit Argusaugen beobachteten, wie er sagte:

> „Mein Umgang mit der Zeit hat auch nicht entfernt etwas mit dem meiner Vorgesetzten zu tun. Ich weiß nicht, ob sich das schließlich bei mir oder bei ihnen ändern wird. Ich mag die Arbeit. Ich mag nur den Workaholismus nicht. Die Manager weiter oben erzählen einem alle, die Familie sei „Nummer eins". Sie lassen keine Gelegenheit aus, einem zu erzählen, wie ihr Kind gerade den 100-Meterlauf gewonnen hat, und zeigen einem dauernd Fotos. Für sie kommt das an erster Stelle, aber wenn man sich ansieht, wie sie leben, dann fragt man sich, ob das wirklich stimmt. Also für mich steht das Familienleben wirklich an erster Stelle."

Dennoch fand es Sam oft schwer, auch nur annähernd um 17 Uhr aus dem Büro herauszukommen:

> „Oft habe ich von 16 bis 17 Uhr eine Besprechung. Dann muss ich noch meinen Schreibtisch aufräumen, ein paar Anrufe erledigen. Wenn ich dran bin, Adam abzuholen, rufe ich manchmal den Babysitter an und frage, ob sie noch 20 Minuten länger durchhält. Wenn ich um 17 Uhr gehen will, brauche ich einen guten Grund. Adam ist kein guter Grund."

Noch hielten Sam und Latesha dem Druck der Arbeit stand, aber sie hatten dabei nicht viele Bundesgenossen. Ihr Leben zu Hause war nicht fest in einen Kreis von Gleichgesinnten eingebunden, die anriefen, vorbei kamen, sich einmischten und Unterstützung anboten. Beide waren sie weit weg von ihren Heimatorten. Latesha vermisste vor allem ihre Mutter und ihre Schwestern. Obwohl sie die meisten Leute bei Amerco freundlich und kontaktfreudig fand, belastete es sie, dass sie stets mehr oder weniger bewusst auf der Hut vor unerwünschten Blicken oder Bemerkungen war, und so fand sie die Zeit, die sie allein miteinander verbrachten, als besondere Erleichterung. Sie wollte ihre Familienzeit ebenso wenig aufgeben wie Sam sein Konzept, ein echter Vater zu sein.

Als ein weißer Manager hörte, dass es nur zwei Männer im Unternehmen gab, die offiziell Elternurlaub genommen hatten, fragte er mich, wer denn der andere wäre. Als ich Sam Hyatt nannte, überlegte er: „Vielleicht konnte er ihn nehmen, weil er schwarz ist." Ich stutzte: Dachten die Männer, die Sam damit aufzogen, dass er nun „endlich mal in Ruhe vor der Glotze sitzen" konnte, bei ihm wäre eine Ausnahme gemacht worden? Stellten sie selber keine Anträge auf Elternurlaub, weil sie *weiß* waren und deshalb wenig Chancen hatten, ihn zu bekommen? Schwer zu sagen, wie Sam hatte gewinnen können.

Ein Chef, der keinen Präzedenzfall für Vaterschaftsurlaub in seiner Abteilung haben wollte, konnte sich natürlich immer stur stellen, wenn künftige Väter Anträge stellten. Ein Beschäftigter geriet über seinen Antrag für eine einzige Woche Vaterschaftsurlaub in einen erbitterten Clinch mit seinem Chef. „Nennen Sie es Urlaub", schlug der Chef vor. „Ich möchte ihn zusätzlich zum Urlaub", sagte der Beschäftigte. „Können Sie ihn mir vom Lohn abziehen?" „Dann nehmen Sie ihn meinetwegen umsonst", erwiderte der Chef verärgert. „Ich will nichts umsonst", kam die Anwort. „Also, ich kann Ihnen keinen Vaterschaftsurlaub geben. Das ist zu viel Papierkram. Warum nehmen Sie ihn nicht einfach inoffiziell?" Im folgenden Sommer stellte der Beschäftigte zu seiner Bestürzung fest, dass sein Chef ihm den Vaterschaftsurlaub vom Erholungsurlaub abgezogen hatte. Als dieser Chef auf eine andere Stelle wechselte, musste sich der Beschäftigte mit dem neuen Chef herumschlagen, um seine verlorene Urlaubswoche wieder gut geschrieben zu bekommen. So also sahen die vereinzelten Anläufe der männlichen Zeitpioniere aus.

Wären dieser Beschäftigte und Sam Hyatt in Schweden Väter geworden, so hätten sie zu jener Hälfte aller schwedischen Väter gehört, die sechs Wochen *bezahlten* Vaterschafsurlaub nehmen.[1] In schwedischen Mittelschicht-Familien ist das inzwischen völlig üblich, und selbst in Arbeiterkreisen wären sie auf wenig Einwände gestoßen. Bei Amerco aber waren die wenigen Pioniere des Vaterschaftsurlaubs weitgehend unsichtbar und wussten auch kaum etwas voneinander.

Sam Hyatt hatte zum Beispiel noch nie von John West gehört, der ebenso wie er bewusst versuchte, Wiedergutmachung für einen abwesenden Vater (und eine abwesende Mutter) zu leisten, indem er für sein Kind da war. John war ein schüchterner, dünner, 32-jähriger Mann mit blonden Haaren, der zunächst viel mehr darauf aus schien, mir die Geschichte der Familie seiner Frau zu erzählen als seine eigene. „Der Vater meiner Frau war Tierarzt und ein Workaholic mit einem Zehn- bis 16-Stundentag. Sie wollte nicht, dass ich wie ihr Vater würde." Sein Antrag auf Vaterschaftsurlaub war also das Ergebnis des ausdrücklichen Wunsches seiner Frau.

Was seine eigene Geschichte anging, so setzte er mich rasch über die Einzelheiten des schleichenden Zusammenbruchs seiner Familie in Südkalifornien ins Bild – einer Kindheit ohne Weihnachten, Thanksgiving oder sonstige Symbole von Familienzeit oder Zusammengehörigkeit. Mit 16 fand er sich in einer Familie ohne Eltern wieder:

„Schon in der Grundschule waren mein Bruder und ich tagelang uns selbst überlassen, eigentlich zehn Jahre unseres Lebens. Die Folge war, dass wir uns schwer taten, irgendjemandem zu trauen, aber dafür ziemlich selbstständig wurden. Mein Bruder kochte und ich machte sauber. Das tun wir in unseren Ehen alle beide heute noch."

Während sich John zunächst in Sachen Vaterschaftsurlaub lediglich als Sprachrohr seiner Frau sah („Für sie war das *wirklich* wichtig!"), wurde doch bald deutlich, dass auch er selber den Wunsch danach verspürte:

„Sobald feststand, dass Tamara schwanger war, ging ich zu meinem Vorgesetzten. So gab ich ihm einen Vorlauf von sechs bis sieben Monaten. Mein Vorgesetzter ist neu bei Amerco und sagte: ‚Ah ja? Okay.' Ich brachte ihm das Buch, zeigte auf die Seite und er sagte: ‚Wenn es so weit ist, werden wir sehen, ob sich das dann mit der Arbeit vereinbaren lässt.' Ich ließ nicht locker und bekam zwei Wochen."

---

1 Siehe Linda Haas, *Equal Parenthood and Social Policy: A Study of Parental Leave in Sweden.* Albany: State University of New York Press, 1992.

Ich fragte John, wie es war, mit Vaterschaftsurlaub zu Hause zu sein.

„Ich habe geputzt und gekocht und diesen ganzen Kram gemacht, während sich Tamara von der Entbindung erholte. Ich sah zu, dass sie so viel wie möglich im Bett blieb, und habe mich um das Baby gekümmert. Es ging eigentlich richtig gut."

Seine männlichen Kollegen waren überrascht, als sie von dem Programm für Vaterschaftsurlaub erfuhren, und schnell dabei, es von der finanziellen Seite zu betrachten:

„Zuerst waren sie ein bisschen neidisch, bis ich darauf hinwies, dass es unbezahlter Urlaub ist. Dann war Schluss mit dem Neid, und sie sagten: ‚Um Himmels willen, das würde ich nie tun, dann wär ich ja pleite.' Also, *ich* denke nicht, dass sie dann pleite wären."

Für John ging es um viel mehr als um Geld:

„In meiner Familie ist nichts mehr da. Meine Mutter hat ihre Wohnung, mein Vater lebt in so einer Wohnanlage. Ich habe keine Ahnung, wo die ganzen Spielsachen und Kleider und Andenken gelandet sind, die ich als Kind hatte. Ich finde die Krippe nicht, in der ich geboren wurde.
Wenn wir meine Schwiegereltern besuchen, merke ich überhaupt erst, was eine Familie ist. Tamara kommt nach Hause, und da ist ihr Zimmer mit all den Möbeln und Bildern, wie es früher war. Jetzt kann sie die Spielsachen, mit denen sie selbst als Baby gespielt hat, an unsere Tochter weitergeben. Christy trägt Sachen, die Tamara mal getragen hat. Ich kann Ihnen gar nicht sagen, wie sehr ich das genieße."

John stellte gelegentlich auch Überlegungen an, ob er nicht versuchen sollte, seine Arbeitszeit zu verkürzen:

„Im Januar arbeitet Tamara wieder Vollzeit. Da habe ich das mal angesprochen: ‚Sag mal, vielleicht könnte ich ja auf Teilzeit gehen.' Wir könnten es so machen, dass ich zu Hause bin, wenn sie nicht da ist, und sie zu Hause ist, wenn ich nicht da bin.
In der Abteilung, wo ich arbeite, Forschung und Entwicklung, gibt es ein paar jüngere Paare, die dabei sind, das Eis in Sachen Teilzeit zu brechen. Ich denke also, wenn ich fragen würde, ob ich nicht auf 20 oder 30 Wochenstunden heruntergehen könnte, dass es möglich wäre."

Am Ende aber brachte es John doch nicht über sich, eine Arbeitszeitverkürzung zu beantragen, eine Entscheidung, die er folgendermaßen rationalisierte:

„Ich bin ein verkappter Workaholic. Es gibt Zeiten, da muss mich meine Frau richtig loseisen, damit ich zurück ins Familienleben komme. Die letzte Stunde bei der Arbeit werde ich ganz nervös, dass ich schon zu lange dageblieben bin. Beim Nachhausefahren mache ich mir Sorgen, sie könnte schlechter Laune sein. Meine Familie geht vor, aber manchmal frage ich mich, ob ich wirklich zu Hause sein *muss*? Oder ist das auch mal vorbei? Stirbt Tamara, wenn ich mal eine Stunde später komme? Nein, wohl kaum. Aber wenn ich diese Deadline bei der Arbeit nicht halte, kann das sehr unangenehme Folgen haben.

Als Tamara im Mutterschaftsurlaub zu Hause war, überließ John ihr mit Vergnügen die Rolle des Wachhunds, der die Familienzeit beschützt. Damals erklärte sie 18:30 Uhr zur offiziellen Essenszeit:

„Tamara sagt mir immer, wenn ich acht Stunden wirklich konzentriert arbeite, dann kann ich alles schaffen. Dann kann ich nach Hause gehen und die Arbeit vergessen. Also versuche ich, mich daran zu halten. Aber manchmal möchte ich eben auch mal noch ein bisschen herumstehen und mit den Kollegen reden und nicht immer gleich lossausen müssen."

Trotzdem wollte John, dass Tamara ihn auf dem „Pfad der Tugend" hielt, wie er es nannte. Ihm gefiel die Vorstellung, dass zu Hause eine Frau auf ihn wartete und ihn bei sich haben wollte.

Interessanterweise übernahm John, als Tamara nach dem Mutterschaftsurlaub wieder arbeiten ging, die Rolle des Aufpassers und half nun Tamara dabei, die Arbeitszeit in Grenzen zu halten:

„Meine Frau ist bei der Arbeit sehr gewissenhaft. Sie sagt: ‚Ich muss diesen Termin unbedingt halten,' oder: ‚Mein Gott, ich schaff das nie, ich bin noch so weit zurück.' Ich frage sie dann: ‚Was passiert denn, wenn du den Termin verschiebst? Ist das wirklich ein Problem?' Sie denkt, es ist riskant, wenn sie ihren Termin nicht einhält. Aber Arbeit ist nicht wie Schule. Da gibt es keine Noten. Auch Projekttermine sind nicht für die Ewigkeit. Du kannst mit allen Leuten reden, die dir deine Termine gesetzt haben, und zusehen, ob du sie nicht verschoben kriegst."

Obwohl John wie auch Tamara ernsthaft von der Notwendigkeit redeten, mehr Zeit für zu Hause zu haben – und auch beide wirklich Anstalten machten, kleine Stücke Arbeitszeit für ihr Familienleben und ihr Kind zurückzuerobern –, sprachen ihre Bemühungen, die Arbeitszeiten des jeweils anderen nicht ausufern zu lassen, eine andere Sprache. Was immer sie für ihre eigentlichen Zeitwünsche halten mochten, sie stimmten beide mit den Füßen ab. Für beide war die Anziehungskraft der Arbeit stärker als die Anziehungskraft des Zuhauses, und nur durch ständige Selbstkontrolle (oder die Kontrolle, die einer am anderen ausübte) gelang es ihnen, die Balance zu halten. Wie bei so vielen anderen Paaren, in denen beide Partner berufstätig waren, gab es weder zu Hause noch in der Firma noch in der Nachbarschaft irgendjemanden, der sein Gewicht für die Familie in die Waagschale geworfen hätte.

Am Arbeitsplatz führte Johns Situation zu Hause zu einer merkwürdigen Reaktion. Er begann einige Mühe darauf zu verwenden, Kollegen Mut zu machen für einem Antrag auf flexible Arbeitszeiten. Er erzählte mir eine solche Geschichte:

> „Meine Kollegin Betty sagte mir, ihre Tochter wäre schlecht in der Schule, aber sie könnte nicht früher von der Arbeit weg, um ihr zu helfen. Betty sagte: ,Ich hab' so viel Arbeit, ich kann unmöglich auf halbe Tage gehen.' Also überlegte ich mit ihr, dass sie früher kommen, um 15 Uhr gehen und einen PC mit nach Hause nehmen könnte. ,Und wenn mein Chef Nein sagt?' fragte sie. ,Ja und?' sagte ich. ,Dann hat er eine schlechte Meinung von mir', meinte sie. Ich antwortete: ,Zwei Tage lang. Dann hat er es vergessen.' Am Ende ging Betty zu ihrem Vorgesetzten und machte einen Deal. Jetzt geht sie um 15 Uhr nach Hause und arbeitet dort noch zwei Stunden am Computer."

John gab sich auch alle erdenkliche Mühe, Männern Mut zu machen, auf den Zug aufzuspringen und Vaterschaftsurlaub zu beantragen:

> „Neulich sprach ich mit einem Typen aus der Amerco-Softball-Mannschaft, in der ich spiele. Seine Frau erwartet ein Kind und er sagte: ,Ach, ich könnte nie Vaterschaftsurlaub beantragen. Mein Boss würde mich nicht weglassen.' Ich darauf: ,Woher weißt du das denn? Hast du ihn gefragt?' ,Nein, nein, aber der würde mich einfach nicht weglassen.' Also sagte ich zu ihm: ,Fragen ist das Schwierigste dabei. *Frag* ihn!'"

John wurde zum informellen Chronisten der Versuche seiner Kollegen, ihre Arbeitszeiten zu verkürzen. So erzählte er auch die folgende Geschichte von einer Frau, die nach der Geburt ihres Kindes Teilzeit arbeiten wollte:

> „Ihr Chef hielt überhaupt nichts davon, meinte aber, er hätte nicht das Recht, so zu denken. Also sabotierte er das Ganze, indem er sie vor lauter Entgegenkommen schachmatt setzte. Er nahm ihr alle Verantwortlichkeiten ab und setzte durch, dass sie ihr Gehalt trotzdem weiter bekam. Sie war völlig am Boden. Sie ist jemand, der sich selbst viel abverlangt, sie wollte ihre Arbeit tun und nicht einfach nur das Geld einstecken. Irgendwann ist ihr Chef dann aus der Firma ausgeschieden, und jetzt arbeitet sie wieder ganztags."

Indem er sich verhielt wie ein selbsternannter Gefangenenanwalt, der die anderen Gefängnisinsassen beriet, schien sich John beinahe schon selber eingeredet zu haben, dass er tatsächlich seinen Stundenplan geändert hatte. In Wirklichkeit aber war er ein Schreibtischrevolutionär, Teil einer unsichtbaren Armee von berufstätigen Vätern, die sich ein hypothetisches Ich zusammenträumten, das sich mit ihren Frauen die zweite Schicht teilte, mit den Kindern spielte und Familienzeit nur selten auf später verschob; während sie selber wie die Verrückten arbeiteten.

Die Männer, die nicht fragten

Fünf Jahre nach der Geburt seines Sohnes hatte Jimmy Wayland das Gefühl, den Zug endgültig verpasst zu haben. Als sein Kind zur Welt kam, hatte Jimmy, ein gut aussehender, dunkelhaariger Mann, Verkaufsberater und spezialisiert auf Übersee, an Vaterschaftsurlaub nicht einmal gedacht. Er hatte tatsächlich das Gefühl gehabt, seine Frau wolle die Erfahrung mit dem Neugeborenen ganz für sich allein, doch zu seinem Erstaunen musste er feststellen, dass sie es ihm übel zu nehmen schien, dass er sie allein ließ. „Ich hatte keine Ahnung, was sich da bei ihr zusammenbraute", bemerkte Jimmy. Seine Mutter wie auch seine Schwiegermutter umsorgten und verhätschelten das Baby. Jimmy fühlte sich ausgeschlossen und reagierte, indem er sich immer tiefer in seiner Arbeit vergrub.

Er schilderte sein häusliches Drama so:

> „Meiner Frau war immer wichtig, dass wir erreichten, was sie unseren Erfolg nannte. Sie ist ein guter Mensch, sie wollte nur immer, dass wir uns schneller darauf zubewegen, als ich es tat. Sie fand mich zu locker. Sie träumte immer schon vom nächsten Haus, dem nächsten Job, dem nächsten Lebensabschnitt. Meine Philosophie war, zu genießen, was wir gerade hatten. Wenn sie von der Arbeit nach Hause kam, fing sie sofort an, sauber zu machen. Wenn ich ein Sandwich in der Hand hatte, räumte sie die Mayonnaise schon weg, ehe ich fertig war. Vielleicht war sie bloß nervös, aber das drückte sich darin aus, dass sie alles „perfekt" machen wollte, die Küche, das Haus, mich.
> Mit dem Druck eines Säuglings und unseren beiden Jobs hatte meine Frau das Gefühl, alles bliebe an ihr hängen. Und sie empfand, dass das zu viel war für sie. Ich hatte keine Ahnung, wie wütend sie wirklich war. Tatsächlich hat sie mich und das Baby an dem Tag verlassen, als sie auf Teilzeit gehen sollte.
> Sie war ihr Leben lang in allem gut gewesen. Zu Hause war sie gut. Im College war sie gut. Als sie mit mir dann unglücklich wurde, rannte sie mit so einem dahergelaufenen Kerl davon und ließ mich mit Joshua sitzen, als der anderthalb war. Wir hatten einen fürchterlichen Streit um das Sorgerecht. Aber alle waren auf meiner Seite, und ich habe gewonnen."

Jimmy, der 32 war, als ich das erste Mal mit ihm sprach, hatte lange das Gefühl, dass sein Privatleben „ein Chaos" war, während bei der Arbeit alles wie am Schnürchen lief. Aber nach dem Sorgerechtsstreit brachte er es wie durch ein Wunder fertig, sich mit seiner Frau wieder anzufreunden, und gab ihr nach einiger Zeit sogar die Hälfte des Sorgerechts zurück, das juristisch ganz bei ihm lag. Bald „redeten sie über alles miteinander" und teilten sich die Betreuung ihres Sohnes in den Ferien. Musste der eine verreisen, sorgte der andere für Joshua.

Wenn Jimmy länger arbeiten oder nach dem Abendessen noch einmal in die Firma fahren musste, holten Jimmys Eltern Joshua vom Babysitter ab. Aber selbst mit der neuen, kooperativen Regelung blieb ein Problem, fand Jimmy. „Joshua arbeitet von acht bis fünf, wie ich", meinte er, „was hart ist, weil er so gern mit mir zu Hause ist. Er hat es im Leben schon schwer genug gehabt, deshalb finde ich, braucht er alle Zeit, die ich ihm geben kann."

Jimmy erklärte das noch genauer:

> „Joshua wird nie erfahren, wie Sommer sein kann, ohne aufstehen zu müssen und irgendwo hingeschafft zu werden. Er wird nie mit mir zusammen einfach frei haben. Also verwöhne ich ihn. Ich lass' ihm zu Hause vieles durchgehen. Wenn er abends nicht gleich essen will, zwinge ich ihn nicht, und manchmal geht er später ins Bett, als er eigentlich sollte. Vielleicht versucht er, Zeit herauszuschinden, aber nachts um halb zehn sagt er die witzigsten Sachen. Dann haben wir unsere besten Gespräche."

Bei der Arbeit beschrieb sich Jimmy als „kein 60-Stundenmann":

> „Hier im Werk gibt es so ein Macho-Getue mit der Arbeitszeit. Die Männer sagen: ‚Ich bin ein 80-Stundenmann!', als würden sie sagen: ‚Ich habe Haare auf der Brust.' Ich selbst arbeite 44 bis 48 Stunden. Mein Chef ist in Ordnung. Ich kann eigentlich nicht sagen, dass mein Chef oder der Chef meines Chefs mir eine Beurlaubung nicht genehmigen würden. Ich wünschte fast, sie *täten* es! Dann könnte ich ihnen mal wirklich die Meinung sagen."

Jimmy meinte, er verbrächte zu viel Zeit bei Amerco nicht „richtig" arbeitend, und das bedeutete, dass er am Ende des Arbeitstages Zeit anhängen musste, um alles zu schaffen:

> „Die Arbeit fängt um sieben Uhr an, weil von da ab die Anrufe aus Übersee kommen. Zwischen neun und halb zehn erwischen mich vielleicht drei Leute, um über einen Verkauf zu reden. Dann habe ich von halb elf bis elf ein Meeting, und zwischen halb zwölf und zwölf will bestimmt irgendjemand mit mir essen gehen. Ich bin high vom Kaffee und renne von einem Meeting zum nächsten und zum nächsten. Meetings sind ein Wirbelwind-Job im Job, und das Ganze ist wie ein Tornado.

Ich kann meine Kollegen wirklich gut leiden, aber inzwischen sage ich so oft: „Nein, ich kann nicht", wenn es darum geht, noch mehr Arbeit zu übernehmen oder noch jemandem irgendeinen Gefallen tun, dass die Beziehungen allmählich etwas gespannt sind. Jeden Tag sind tausend Dinge zu tun. Bin ich mal ein paar Stunden weg, habe ich bestimmt 20 neue E-Mails auf meinem PC, wenn ich zurückkomme. Die Leute arbeiten an den Wochenenden, das sieht man an den Daten. Sie schicken Mails freitags um zehn Uhr abends, sonnabends um neun Uhr früh, sonntags um neun Uhr abends. Von den 20 Anrufen auf meinem Anrufbeantworter muss ich auf gut zwölf irgendwie reagieren. Mir schwirrt der Kopf. Am Ende des Tages überleg ich mir dann endlich das Memo, das meine eigentliche Arbeit ist, und schon ist es aus mit dem frühen Abholen für Joshua."

In seinem tiefsten Innern wollte Jimmy auf Amercos Karriereleiter eigentlich noch höher kommen. Er wollte aber auch, dass Amerco Männern wie ihm, die zwischen den Anforderungen der Arbeit und des Zuhauses eingeklemmt waren, Verständnis wenn nicht gar Respekt entgegenbrachte. Er erklärte:

„Da sind zum einen die Blitz-Aufsteiger, die alles nehmen, was sie kriegen können. Dann gibt es weiter unten die Unzufriedenheit. Und dazwischen, in der Mitte, haben Sie dann noch so verwirrte Leute wie mich. Es vergeht kein Tag, an dem ich nicht von Überarbeitung rede. Das schwingt hier bei jedem Gespräch mit. Man will das natürlich nicht zu laut sagen. Wir sind in diesem Wirbel; wir arbeiten uns zu Tode. Und wenn wir dann sterben: Wofür das Ganze? Ist es das wert? Aber wir haben Angst, aus der Achterbahn auszusteigen, weil wir fürchten, dass wir dann nicht wieder einsteigen könnten."

Aus Jimmys Sicht haben es berufstätige Eltern wie er vor allem deshalb so schwer, weil es kein „ehrenvolles Mittelfeld" gibt. Er fuhr fort:

„Amerco tut nicht genug dafür, dass die Chancen, mehr Geld oder bessere Stellen zu bekommen, auch mit den Vorstellungen vereinbar sind, die die Leute von ihrem Familienleben haben. Was macht man, wenn man nicht nach ganz oben, aber auch nicht immer auf derselben Ebene hängen bleiben will? Man muss einfach die Gewissheit haben, dass es okay ist, wenn man sich für diesen Mittelweg entscheidet. Es muss einem auch mal gesagt werden: ‚Vielleicht geht dir dabei was an Geld oder an Aufstieg durch die Lappen, aber wir schätzen dich trotzdem.' Viele von uns haben das Gefühl, dass wir noch zulegen könnten und dafür belohnt werden sollten – ohne dass wir Topmanager werden. Dass ich dann als Loser, Doofie, Niete dastehen könnte, das ist mir egal. Aber mir ist nicht egal, dass es so aussehen könnte, als wäre ich kein ernst zu nehmender Player. Das müsste einmal ganz neu definiert werden, was das eigentlich heißt, ein ernst zu nehmender Player. Zur Zeit ist das jemand, der den Ehrgeiz hat, so hoch zu kommen, wie er nur kann, und da eine unglaubliche Menge Zeit reinsteckt, oft auf Kosten der Familie. Amerco muss auch ernst zu nehmende Spieler mit ernst zu nehmenden Familien anerkennen."

Als ich Jimmy drei Jahre später wieder besuchte, schien er sich gerade in genau den Mann zu verwandeln, den seine Ex-Frau immer hatte haben wollen – einen gehetzten, aufsteigenden Manager, der das „ehrenvolle Mittelfeld" hinter sich gelassen hatte. 1990 hatte er noch gemeint, Manager im Allgemeinen „könnten gar kein Privatleben haben". Nun war er selber solch ein Manager ohne viel Privatleben. Aus seiner Sicht hatte er „bloß die Ehrgeizmarke ein bisschen höher gehängt". Er hatte aber auch eine feste Freundin gefunden, die aufgehört hatte zu arbeiten, um Joshua „eine wunderbare Stiefmutter" zu sein. Das Ergebnis war, dass er und Joshua weniger miteinander machten. „Joshua kann stundenlang auf dem Fußboden sitzen und sich mit seinen kleinen Sportfiguren beschäftigen und dann rausgehen und mit sich selber Basketball spielen", kommentierte Jimmy wehmütig. „Jetzt muss ich mich schon selber einladen, wenn ich mal was mit ihm zusammen machen will."

Jimmy hatte sich 1990 zwar offener den Kopf über seine Situation zerbrochen als die meisten anderen Männer, die als qualifizierte Fachkräfte im „Mittelfeld" arbeiteten und die ich ebenfalls interviewte; doch auch sie steckten vielfach im gleichen Dilemma, auch wenn sie sich darüber mehr oder weniger ausschwiegen. Diese Männer hatten Stellen vom mittleren Management bis zum Techniker, vom Datenerfasser bis zum Verwaltungsangestellten. Männer im „Mittelfeld", Männer wie Jimmy, träumten oft heimlich von einem gemäßigteren Arbeitstempo und Lebensstil. Meist gingen sie weder im Kult der professionellen Workaholics auf noch standen sie unter dem Druck verzweifelter ökonomischer Not. Sie arbeiteten hart. Sie wollten, wie Jimmy es formulierte, ernst zu nehmende Spieler sein. Aber die Hälfte der Männer auf dieser Ebene hatte berufstätige Frauen; zwei Drittel hatten Kinder unter 13 Jahren. Ohne die Hilfe von Hausfrauen oder Verwandten standen sie vor der Notwendigkeit und oft auch unter einem nicht zu unterschätzenden Druck, zu Hause mitzuhelfen. Viele von ihnen schienen deshalb zum Widerstand gegen allzu lange Arbeitszeiten durchaus geneigt.

Gerade bei diesen Männern im Mittelfeld müsste es eigentlich eine Bereitschaft geben, sich dem Prozess zu widersetzen, der zur Verkehrung der Welten von Arbeit und Zuhause führt. Doch sie waren hin und her gerissen zwischen dem Druck, zu Hause mehr tun zu sollen, und dem Wunsch, dem von der Firma geförderten Image vom ernst zu nehmenden Player zu entsprechen; und der war nun einmal ein Mann mit langen Arbeitstagen. So wurde schon der kleinste Tausch von Arbeitszeit gegen Zeit zu Hause in ihren Köpfen zu einer Entscheidung ungeheuren Ausmaßes. Sam Hyatt nahm bei der Geburt seines Kindes zwei Wochen frei und versuchte danach, sich strikt an seinen Entschluss zu halten, keine Überstunden zu machen. Doch als er befördert und in einen anderen Bundesstaat versetzt wurde, brach auch dieser minimale Widerstand gegen die Anziehungskraft der Arbeit zusammen. John West und Jimmy Wayland waren zwar sehr beredt, wenn es um die Notwendigkeit von mehr Zeit für zu Hause ging, brachten es aber beide nicht über sich, nach ihren eigenen Worten zu handeln, und endeten schließlich ebenfalls als Vielarbeiter.

Der Soziologe William Goode hat festgestellt, dass Väter aus der oberen Mittelschicht zwar sagten, dass Männer zu Hause eine größere Rolle spielen sollten, sich aber vom Karrieredruck oft daran hindern ließen, ihren angeblichen Überzeugungen entsprechend zu leben. Männer aus der Arbeiterklasse dagegen taten zu Hause tatsächlich oft mehr, als sie eigentlich für richtig hielten.[2] Heute könnte zwischen diesen beiden eine neue Gruppe entstehen, die der verwirrten Männer, jener Männer, die sogar noch entschiedener als die Väter aus der oberen Mittelschicht die Meinung vertreten, dass sie mehr tun *sollten*, und noch weniger als diese in der Lage sind, ihren Idealen gemäß zu leben.

Wie aus Amercos Umfragen hervorging, waren die dort beschäftigten Frauen sehr viel stärker als die Männer an einer Ausweitung ihrer Zeit zu Hause interessiert, besser über Amercos familienfreundliche Maßnahmen informiert und eher bereit zu sagen, dass sie diese Maßnahmen gut fanden. Eher schon überraschend war die Kluft zwischen den Männern an der Spitze und den Männern in der Mitte. Zum Beispiel war der Anteil der Befürworter des Vaterschaftsurlaubs unter Männern, die Kinder im Kindergarten hatten, in der Mitte größer als auf den höheren Ebenen der Unternehmenshierarchie. 1990 meinten bei einer Amerco-Umfrage 13 Prozent der männlichen Spitzenverdiener, Elternurlaub für junge

---

2   William Goode, „Why Men Resist," in Arlene Skolnick und Jerome Skolnick (Hrsg.), *Family in Transition*, 8. Aufl., New York, HarperCollins, 1994, S. 137-148.

Väter sei „eine sehr gute Sache", während es eine Ebene darunter 26 Prozent und in den technischen und administrativen Bereichen 43 Prozent waren.[3] (Beschäftigte auf Stundenlohnbasis nahmen an der Umfrage nicht teil.) Bei den Frauen sprachen sich auf der obersten Ebene 43 Prozent für Vaterschaftsurlaub aus, während es eine Ebene darunter 38 Prozent und im administrativen und technischen Bereich 27 Prozent waren.

Für diese Unterschiede kann ich mir zwei mögliche Erklärungen vorstellen. Die Männer im unteren Management waren jünger als die Männer im oberen Management und standen der Vorstellung von mehr Mitarbeit zu Hause vermutlich positiver gegenüber. Im administrativen Bereich arbeiteten die Männer außerdem meist mit Frauen zusammen. Über die Hälfte aller Beschäftigten im administrativen Bereich waren Frauen, so dass diese Männer täglich mit Frauen sprachen und vielleicht deshalb die Welt ein bisschen mehr aus dem Blickwinkel von Frauen sahen. Aber warum auch immer sie mehr Zeit für das Familienleben wollten, die übergroße Mehrheit von ihnen machte dennoch keinen Druck, sie zu bekommen. Dabei waren weder das Geld noch die Arbeitsplatzsicherheit entscheidende Argumente für sie, und im Allgemeinen fehlte es ihnen auch weder an Informationen über Vaterschaftsurlaub oder Job Sharing, noch mussten sie den bösen Blick abwenden. Viele von ihnen konnten sich einfach nicht vorstellen, gegen Amerco und jene Art von Anerkennung zu sein, die ihnen die Firma als Gegenleistung verhieß, wenn sie ihr ihre gesamte Zeit widmeten. Sowohl Amercos offizielle Unternehmenskultur als auch die informelle männliche Arbeitsplatzkultur erwiesen sich als so übermächtig, dass es einen stillschweigenden Pakt zu geben schien, sich in die langen

---

3   Insgesamt meinten 39 Prozent der Männer bei Amerco, flexible Arbeitszeiten für Vollzeitbeschäftigte seien eine „sehr gute" Idee – 47 Prozent der Männer im unteren Management, 54 Prozent der Männer im Verwaltungsbereich und 59 Prozent der Männer im technischen Bereich. Das gleiche Muster ergab sich bei der Frage nach der Möglichkeit der Beurlaubung bei Krankheit eines Kindes. Sehr viel weniger Männer sprachen sich für Job Sharing aus, aber diejenigen, die sich dafür aussprachen, gehörten nicht zu den Topmanagern (bei den Männer der A- und B-Payroll waren es nur 12 bzw. sieben Prozent), sondern zu den Männern im administrativen und im technischen Bereich (22 bzw. 14 Prozent). Beschäftigten in der Produktion wurde die Frage nicht gestellt. Dagegen ergaben die Äußerungen von Frauen zu familienfreundlichen Maßnahmen für männliche Beschäftigte ein anderes Muster. Hier befürworteten gerade die Frauen in den oberen Rängen der Hierarchie flexiblere Arrangements.

Arbeitszeiten zu fügen. Unterwarfen sich die Männer diesen Arbeitszeiten, weil sie „mussten", weil die anderen Männer es auch so machten, weil sie gern bei der Arbeit waren oder weil die Anziehungskraft des Familienlebens zu schwach war?

Jimmy Wayland sprach für viele, als er sagte: „Ich definiere meinen Erfolg nicht als Karriereerfolg, aber ich lebe so, als ob ich es täte." Am Ende trug bei diesen Männern – und auch bei einer zunehmenden Anzahl Frauen – die Arbeit den Sieg davon. Was sich bei Amerco wie in der gesamten Gesellschaft allmählich durchsetzte, war eine subtile, aber vollständige Neudefinition des „guten Familienvaters". Traditionell war der „gute Familienvater" ein guter Ernährer, einer, der seine Liebe zu Frau und Kindern durch Schufterei am Schreibtisch oder an der Werkbank zum Ausdruck brachte. An modernen Arbeitplätzen jedoch hat der Begriff des „guten Familienvaters" einen negativen Beigeschmack bekommen. Inzwischen geht mit ihm eine unausgesprochene, aber nachdrückliche Infragestellung der Männlichkeit des betreffenden Beschäftigten einher. Die Mehrheit der Männer bei Amerco einschließlich Jimmy Wayland und John West machten einen Bogen um Maßnahmen, die jeder gute Familienvater eigentlich nutzen müsste, eben gerade weil sie vermeiden wollten, als „gute Familienväter" abgestempelt werden wollten.

10. Kapitel
Und wenn der Chef „Nein" sagt?

> Ich kann mir nicht vorstellen, das noch mal durchzumachen. Es war einfach zu hart für die Kinder. Ich musste Kenny an diesen kalten Wintermorgenden aus dem Tiefschlaf reißen, ihn anziehen, ihm Frühstück machen, ihn ins Auto werfen. Ihn zwanzig nach sieben irgendwo abliefern, nur damit ich um acht bei der Arbeit sein konnte. Ich könnte das nie mehr so machen. Ich *würde* das nie mehr so machen.
> *Connie Parker, Sekretärin und Mutter von zwei inzwischen zehn und 16 Jahre alten Kindern*

Als Connie Parker mit ihrem Chef Arney Stoltz, einem Ex-Marineoffizier mit strenger Pflichtauffassung, der „immer gleich an die Decke geht", in eine heftige Auseinandersetzung geriet, weil sie frei nehmen wollte, stürmte sie aus seinem Büro und erzählte sofort einer Kollegin, was sich abgespielt hatte. Diese Kollegin erzählte es Amy Truetts Sekretärin weiter, und bald kannte auch Amy die Geschichte, die mit jedem Mal dramatischer wurde. Die Version, die in der Personalabteilung umlief, sympathisierte mit Connie, während man es auf den Golfplätzen, in den E-Mail-Briefkästen der Manager, in der Zubehörabteilung und sogar an den Wänden der Männertoilette eher mit Arney hielt.

Sekretärinnen wie Connie, die für das Recht kämpfen, Zeit gegen Geld zu tauschen, fehlt es gewöhnlich an Schlagkraft, um eine Lösung zu erzwingen. Schreibkräfte, Kundenbetreuerinnen, Frauen in Telefonzentralen und am Empfang, Registraturangestellte und Fakturistinnen können der Firma schlecht sagen: „Unsere Ausbildung war teuer, wir sind schwer zu ersetzen, also gebt uns frei, wenn wir es brauchen." Viele dieser Verwaltungsangestellten oder *Support* – also unterstützende – Arbeitskräfte, wie sie bei Amerco genannt werden, nehmen den ganzen Tag Telefonanrufe entgegen, tippen, kopieren oder haben mit Kunden zu tun.

Verfügbarkeit – oder Anwesenheitszeit – ist also ein Hauptaspekt ihrer Arbeit.

Connie, eine couragierte, 36-jährige Frau, die kein Blatt vor den Mund nahm, Mutter zweier Kinder und Frau eines Handwerkers, der im Kundendienst eines Kühlschrankherstellers arbeitete, war Sekretärin eines Verkaufsbeauftragten in der Zubehörabteilung. Sie hatte einst dagegen gekämpft, dass das Spülen der Kaffeetassen im Büro Teil ihres Jobs sein sollte und da es auch sonst von Zeit zu Zeit zu Zusammenstößen mit ihrem Chef kam, eilte ihr beim Management der Ruf einer Unruhestifterin voraus. Sie begann ihr Interview mit mir, indem sie die Opfer aufzählte, die sie hatte bringen müssen, um ihre Stelle zu behalten:

> „Ich arbeite seit 14 Jahren bei Amerco. Finanziell habe ich immer arbeiten müssen. Ich hatte gar keine andere Wahl. Aber ich kann mir einfach nicht vorstellen, das, was ich alles durchgemacht habe, noch einmal zu erleben, Vollzeit arbeiten und zwei Kinder groß ziehen. Es war einfach zu hart. Es gab so vieles, was Dolores und Kenny nicht machen konnten oder nicht hatten. Dolores kann nicht zu Ballettstunden gehen, wenn ich nicht eine andere Mutter finde, die sie mitnimmt – und dann wird natürlich erwartet, dass man sich abwechselt, aber das kann ich ja nie, weil ich arbeiten muss. Kenny kann nicht zu den Pfadfindern. Vor zwei Jahren ging das noch, da hatten sie ihre Treffen um fünf Uhr nachmittags. Aber dieses Jahr sind sie von drei bis halb fünf, also geht es nicht. Das sind die Sachen, wo man dann ein schlechtes Gewissen hat. Ich bin einfach froh, dass sie inzwischen groß sind."

Aber auch mit zehn und 16 Jahren waren sie noch nicht ganz erwachsen, und Connie suchte immer noch nach Lösungen:

> „Im Sommer sind beide den ganzen Tag zu Hause und langweilen sich zu Tode. Sie zanken sich, und dann rufen sie bei mir im Büro an. Kenny geht jetzt von zehn bis 14 Uhr zu einem Parkprogramm bei uns in der Straße, und wir sind Mitglieder im Country Club in der Nähe, so dass wir ihn manchmal mittags abholen und ins Schwimmbad bringen, wo er auch was zu essen bekommt. Ich hole ihn dann wieder ab, wenn ich von der Arbeit komme. Dolores macht gerade ihren Führerschein, und das wird auch helfen. Dann können sie ins Einkaufszentrum fahren. Es gibt in dieser Stadt nicht so schrecklich viel, was Kinder machen können, aber das Einkaufszentrum ist wenigstes etwas anderes, als den ganzen Tag nur rumsitzen und fernsehen."

Als ich Connie fragte, wie sie sich ihre idealen Arbeitszeiten vorstellt, sagte sie:

„Wenn ich mir das geringere Gehalt bei kürzeren Arbeitszeiten leisten könnte, dann wäre für mich ideal, wenn ich um 15 Uhr zu Hause wäre. Dann kommen die Kinder aus der Schule, und ich könnte sie zum Ballett und zu den Pfadfindern bringen. Oder wenn ich nur vier Tage in der Woche zu arbeiten brauchte, so dass ich wenigstens einen Tag zu Hause hätte und mir den Sonnabend frei halten könnte, den ich sonst mit Putzen verbringe."

Connie wollte nicht eine andere Person dafür bezahlen, dass sie die Kinder abholte, wie es Vicky und andere Topmanagerinnen taten. Sie wollte diese Person *sein*, und zwar nicht, weil sie niemanden für die Kinder hätte finden können. Ihre Babysitterin, sagte sie, sei „wie eine Mutter" und „viel geduldiger als ich", und ihr Mann sei „wunderbar, Gott sei Dank." Aber das reichte Connie nicht. „Ich halte mich für eine gute Mutter", sagte sie, „aber meine Kinder haben keine schöne Kindheit."

Angestellte weiter oben auf der Amerco-Leiter waren froh, wenn sie bestimmte Aspekte ihrer Elternrolle an andere – eine Ehefrau, einen Babysitter, einen Kinderhort – delegieren konnten. Connie Parker hatte weniger Geld und verspürte auch nicht den Wunsch nach einem Outsourcing bestimmter Teile ihrer Mutterrolle. Sie hatte nicht einmal das Bedürfnis, weniger Hausarbeit zu machen. „Alan, mein Mann, hat vorgeschlagen, dass wir einen Putzdienst beauftragen, aber das wollte ich nicht. Beim Saubermachen bin ich ganz fanatisch. Ich mach dann doch nur alles noch einmal, was die gemacht haben. Ich bin einfach hyperaktiv, ich mache eine Liste und arbeite sie ab."

Connie hatte auch keinen Babysitter für nachmittags, unter anderem weil das ihre Kinder nicht wollten. Sie zu Hause zu lassen, wenn auch allein, war allerdings auch eine Art und Weise, ihre eigene Position als traditionelle Mutter zu behaupten, selbst wenn sie sie nicht ausfüllte. Andere berufstätige Mütter verdichteten ihre Mutteraktivitäten auf kürzere Zeitspannen oder verschoben Aktivitäten, die sie besonders mochten, auf die Wochenenden oder den Sommer. Connie blieb zu allen Zeiten die Schaltzentrale der Familie. Wenn die Kinder ein Problem hatten, riefen sie bei ihr im Büro an, nicht bei ihrem Mann oder der Babysitterin.

Connie wollte die Elterntätigkeit in der Hand behalten, aber in einer seltsam verkürzten Version. Sie hatte nicht das Bedürfnis, mit Kevin eine Hundehütte zu bauen oder Dorothy bei der Abfassung eines Artikels für die Schulzeitung zu helfen oder mit der Familie ein Fotoprojekt zu starten oder gemeinsam mit Nachbarsfamilien

149

einen Gemüsegarten anzulegen. Sie arbeitete schon so lange von acht bis fünf, dass sie sich gar nicht mehr recht vorstellen konnte, was sie tun würde, wenn sie mehr Zeit hätte. Sie sah sich selbst nicht als eine Mutter, die sich um Freizeitgestaltung, Bildung oder Nachbarschaftsprojekte kümmert. Sie wollte Dolores zur Ballettstunde und Kenny zu den Pfadfindern fahren können. Ihr Traum war bescheiden: Sie wollte eine chauffierende Vorstadt-Mama sein.

Für sie war das jedoch alles andere als trivial. Kenny hatte schweres Asthma, konnte deswegen oft nächtelang nicht schlafen und musste immer wieder ins Krankenhaus. Connie ging es daher im Augenblick nur darum, frei zu bekommen, um mit ihm wegen einer Reihe von Asthma-Spritzen, vor denen er Angst hatte, zum Arzt gehen zu können. Sie nahm einen Schluck Kaffee, während sie sprach; dann verschränkte sie die Arme vor der Brust und begann mit der Geschichte, wie sie versucht hatte, diese freie Zeit zu bekommen:

> „Vor zwei Jahren fing das an, da habe ich meinen Sohn jeden Mittwoch um 20 vor vier für seine wöchentliche Spritze abgeholt. Nach der Spritze mussten wir immer eine Weile warten, um sicher zu sein, dass keine Reaktionen auftraten, und bis das so weit war, war es meist schon Viertel vor fünf, so dass ich dann direkt nach Hause und nicht nochmal zur Arbeit zurückgefahren bin. Das habe ich sechs Wochen lang jeden Mittwoch so gemacht."

Connies Chef Arney war ein energischer Vorgesetzter, der überzeugt war, dass klare, feste Hierarchien am Arbeitsplatz der Firma am meisten helfen würden, im Kampf um Marktanteile zu bestehen. Zusammenstöße mit seinen Mitarbeitern und auch mit Connie hatte es auch schon vorher gegeben, wenn sie seine Regeln in Frage zu stellen schienen. Als Connie ihn zum ersten Mal ansprach, mag Arney sich vielleicht gerade sorgenvoll den Kopf zerbrochen haben, wie seine Auffassung von Disziplin und Autorität zur neuen Marschrichtung passen könnte, die auf Überzeugungsarbeit, Loyalität und „Wertschätzung des internen Kunden" basierte. Zu Hause hatte Arney mit zwei aufsässigen Töchtern und einer betriebsamen Frau zu tun, von der es hieß, sie rede derzeit immer häufiger davon, ob sie sich nicht selbst auch eine Teilzeitbeschäftigung suchen sollte. Seine Sekretärinnen mutmaßten, dass er sich wohl von allen Seiten bedrängt fühlte. Arney und seine Sekretärinnen teilten die Vertrautheit von Kleinstadt-Feinden. Jeder wusste über das Privatleben des anderen mehr oder weniger Bescheid, aber die Sekretärinnen wussten mehr.

Vielleicht stand Arney deshalb diesem Antrag auf einen freien Nachmittag pro Woche besonders skeptisch gegenüber, zumal er von der Schreibkraft seiner Abteilung kam, die ihre Meinung stets am freimütigsten vertrat. Als Connie zum ersten Mal ihren Arbeitsplatz verließ, um Kenny zum Arzt zu bringen, hatte sie kurz vorher noch in aller Eile etwas zu Arney gesagt; aber da war Arney gerade am Telefon, hatte nicht recht verstanden, was sie sagte, und ganz sicher nicht sein Okay gegeben. Beim zweiten Mal war er gerade nicht in seinem Büro, erfuhr es jedoch von einer Kollegin, die Anerkennung dafür wollte, dass sie für Connie einsprang. Am Tag nach dem dritten Mal kam es, wie Connie sich erinnert, zum ersten Zusammenstoß:

> „Arney rief mich in sein Büro, machte die Tür zu und sagte: ‚Ich weiß, dass Sie Kenny zu seinen Spritzen bringen....' Sofort erstarrte ich, denn ich wusste, was jetzt kommen würde. Er sagte: ‚Ich möchte, dass Sie eine andere Lösung finden.' Ich wurde immer angespannter. Ich sagte: ‚Es gibt keine andere Lösung.' Er sagte: ‚Sind Sie *sicher*, dass sich keine andere Lösung finden lässt?' Ich sagte: ‚Ich weiß nicht, was Sie von mir erwarten. Kenny braucht diese Spritzen.'"

Connie beharrte unbeirrt auf der *medizinischen* Notwendigkeit ihrer Arztbesuche. Ohrenschmerzen, eine Blinddarmentzündung, Asthma – das waren reale menschliche Nöte. Viel schwerer fiel es ihr, zuzugeben, dass Kenny *Angst* vor diesen Spritzen hatte und sie sich nicht vorstellen konnte, dass irgendjemand anders genauso gut wie sie in der Lage wäre, ihn zu trösten.

Arney drängte sie, ihr Aushilfs-System in Anspruch zu nehmen. Gab es keinen Babysitter, keine Großmutter, keinen Vater, der mit Kenny zum Arzt gehen konnte? Arney redete auf sie ein, sie müsse doch verstehen, dass eine berufstätige Mutter nun einmal auch die Aufgabe habe, ein gut funktionierendes System von Personen aufzubauen und zu unterhalten, die für sie einspringen konnten. Connie beharrte auf ihrem Standpunkt: „Ich weiß nicht, was für andere Lösungen ich finden könnte."

Hier nun platzte Arney der Kragen, wie Connie schilderte:

> „Er brüllte: ‚Ja, *ich* weiß das auch nicht, aber ich bin ganz sicher, dass *Sie* jemanden finden können! Und vor allem verstehe ich nicht, warum Sie dafür so früh weggehen müssen und was an einer Spritze so lange dauert.' Also sagte ich: ‚Arney, ich bringe meinen Sohn zu seinen Spritzen. Wenn Sie mich für die Zeit, die ich weg bin, nicht bezahlen wollen, bitte, aber wer ihn hinbringt, bin *ich*.' Dann stand ich auf und ging raus."

Am nächsten Tag rief Connie ihren Arzt an.

„Ich war so wütend! Ich erzählte der Sprechstundenhilfe, was passiert war, und sagte: ‚Ich möchte, dass der Doktor einen Brief schreibt, in dem er diesem Witzbold erklärt, warum mein Sohn Spritzen braucht, warum ich dableiben und auf die Reaktion warten muss und warum das alles eine Stunde dauert.' Ich schrieb Arney einen Zettel mit dem Namen und der Telefonnummer des Arztes: ‚Dr. Moore sagt, er wird gern mit Ihnen über Kennys Allergiespritzen reden, wenn Sie ihn anrufen möchten, oder Ihnen aufschreiben, warum sie nötig sind.' Ich legte ihm den Zettel auf den Schreibtisch und ging in mein Büro zurück.
Ein Weilchen später kam Arney in mein Büro und sagte: ‚Ich habe Ihren Zettel bekommen. Ich habe nicht gesagt, dass Kenny diese Spritzen nicht braucht. Und ich brauche auch keine Erklärung, warum er sie braucht. Ich habe Sie gefragt, ob Sie nicht *andere Lösungen* dafür finden können.'
Ich sah auf und sagte: ‚Arney, es *gibt* keine anderen Lösungen.' Ich verzeihe ihm das nie. Wenn es um die Gesundheit meines Sohnes geht, da kenne ich nichts, soll er mich doch rausschmeißen."

Die Wahrheit war, dass Connie durchaus andere Lösungen hätte finden können. Sowohl ihre Mutter als auch ihr Mann hatten angeboten, Kenny zu seinen Spritzen zu begleiten. Aber Connie wollte es selber machen, und sie wollte Anerkennung auch für all die anderen Male, bei denen sie „andere Lösungen" gefunden hatte, um bei der Arbeit bleiben zu können:

„Ich wette, dass ich im ganzen Jahr höchstens drei Tage fehle. Arney sieht das ja nicht, all die anderen Tage, wenn Kenny krank war und ich ihn zu meiner Mutter gebracht habe oder Alan zu Hause geblieben ist. Ich finde eine Menge anderer Lösungen. Wenn ich jedes Mal frei nähme, wenn ich das der Kinder wegen eigentlich müsste, dann würde Arney ausflippen. Wenn ich auf Teilzeit gehen könnte, würde ich die Spritzentermine auf den Freitag legen. Viele Leute im Verkauf gehen hier um 15 Uhr, um Golf zu spielen. Sie werden dafür bezahlt, dass sie Golf spielen. Ich sage nicht, dass sie nicht Golf spielen sollen. Aber dann soll man mir auch nicht sagen, dass ich meinen Sohn nicht zu seinen Asthmaspritzen bringen kann!"

Wenn Vicky King ihr Büro verließ, nahmen die Leute an, sie ginge zu einer wichtigen Besprechung. Wenn Connie, eine Sekretärin, ihren Schreibtisch verließ, um fotokopieren zu gehen, vermutete Arney, sie wäre beim Frisör. Der ungleiche Maßstab, der für das Vertrauen in die Beschäftigten galt, machte es Sekretärinnen doppelt schwer, auf Teilzeit zu gehen. „Die einzigen Leute, von denen ich je höre, dass sie Teilzeitstellen bekommen, sind Frauen, die Managerinnen sind", stellte Connie fest.

„Sie gehen in Mutterschaftsurlaub, und wenn sie zurückkommen und wollen Teilzeit arbeiten, dann geht das. Im Verwaltungsbereich und in der Technik weiß ich nur von ganz wenigen, die das machen. Aber ich habe von einer Liste gehört, auf der mindestens 35 Leute aus diesen Bereichen stehen, die gerne Teilzeitarbeit machen würden. Das wären so etwa 50 bis 60 Prozent."

Der doppelte Maßstab war Teil eines allgemeineren Klassensystems, dem Connie leidenschaftlich trotzte:

„Uns gibt es gar nicht. Wir haben immer Witze darüber gemacht, dass wir uns am besten gleich einen Stempel auf die Stirn drücken. Dann wüssten sie sofort, dass sie mit uns nicht zu reden brauchen. Einige Managerinnen, die mit uns zu mittag essen, werden angehalten, es nicht zu übertreiben. ‚Bloß nicht zu viel Sozialkontakte mit dem *Support*!'
In den Sekretariaten und bei den Technikern haben die meisten keine vierjährigen Abschlüsse. Deswegen denken sie wahrscheinlich, wir wären nicht so intelligent. Und im nächsten Atemzug sagen sie dann, sie wollten *Empowerment* für uns.
Das ist das neueste Schlagwort. Schon irgendwie prima, diese Leute trauen uns keine halbe Stunde weit, aber sie wollen uns „befähigen", große Entscheidungen zu fällen. Also, entweder ganz oder gar nicht. Zu Hause und mit meinen Kindern bin ich eine erwachsene Person, aber sobald ich zur Arbeit komme, bin ich ein kleines Schulmädchen."

Aus Arney Stoltz' Sicht war die Sache mit Connie Parker ein „Wahrnehmungsproblem". Arney begann unser Interview, indem er geduldig darlegte, worum es seiner Meinung nach ging: „Wenn ich Connie den Mittwochnachmittag frei gebe, kommt als nächstes Laura und will auch frei haben. Ihre Zwillinge sind gerade drei. Rena hat den Schreibtisch gegenüber von Connie, und ihr Vater hat gerade einen Schlaganfall gehabt. Wir sind aber ein *Betrieb*, und der muss laufen."

Es stimmte, was Arney über die Frauen in seinem Büro sagte. Eine Sekretärin, Kim Lombardo, wollte in ihrer Mittagspause in der Schule ihres Sohnes Klavierstunden geben. Rena Socci müsste in der Tat ihren Vater besuchen, der seine Tage seit seinem Schlaganfall ziemlich hilflos im Rollstuhl verbrachte. Die Liste der Familienpflichten war mindestens so lang, wie Arney befürchtete.

Im Grunde ging es bei diesem ganzen Tauziehen um ein bestimmtes Verständnis von Zeit. Arney meinte, Connie habe „wie alle Sekretärinnen" immer nur die Uhr im Auge. Je schlechter die Leute für ihre Zeit bezahlt werden, so argumentierte er, desto weniger mögen sie ihre Arbeit. Und je weniger wichtig ihnen die Arbeit scheint, desto größer ist die Wahrscheinlichkeit, dass sie frei haben wollen. Dabei, erklärte er unverblümt, übertreiben die Leute ganz schön: „Wenn ich da um halb fünf oder fünf anrufe, bekomme ich den Anrufbeantworter. Wenn ich um fünf in eine beliebige Werkshalle gehe, könnte ich da mit dem Gewehr um mich schießen und niemanden treffen." Arney selbst war ein ernst zu nehmender Spieler. Ernst zu nehmende Spieler, so glaubte er, hätten einen höheren Status als die Leute, die immer ein Auge auf die Uhr haben. Wenn sie also bei den Leuten, die immer nur auf die Uhr schauten, ihrerseits die Zeit kontrollierten, war das nur vernünftig.

Aber es gab noch einen weiteren Grund, warum Arney gegen Teilzeit war. Wäre er gezwungen, Teilzeit oder flexible Arbeitszeiten als Verhandlungsbasis zu akzeptieren, könnten „die Mädels", so Arneys größte Angst, diese Maßnahmen ausnutzen, um sich für die kleinen Demütigungen zu rächen, die sie unter ihm erlitten hatten. Ich fragte Arnie, was er gesagt hatte, als Connie sich zu einer Gehaltskürzung bereit erklärt hatte. „Gar nichts", antwortete er. Geld war nicht das Entscheidende. „Eine Asthma-Spritze hier, ein Zahnarzttermin da, ein panischer Anruf von einem Kind, das allein zu Hause ist. Das kann nicht alles Amerco auffangen." Tatsächlich machte der Druck familienbedingter Bedürfnisse aus Arneys Sicht einen großen Teil dessen aus, was ein Manager zu managen hatte. Für Arney war die am Arbeitsplatz verbrachte Zeit die Basis für eine Art Buchführung in Sachen Arbeitsmoral. Es war sein Job, Amerco vor den Feinden der Unternehmenszeit zu schützen, wie er in der Vergangenheit sein Land vor den Feinden geschützt hatte, die sein Territorium bedrohten. Ein Manager muss die Arbeitszeit schützen, vor allem in einer Zeit der Wirtschaftskrisen, und das vergangene Jahr, 1991, kam ihm wie eine einzige Serie von Krisen vor.

Arney sah sich selbst als die Sorte Mann, die man um sich haben wollte, wenn es Probleme gab. Er erläuterte das mit einer Geschichte. Er hatte sich einmal, sagte er, hinter einem Auto befunden, dessen Fahrer Unfallflucht beging. Also hätte er den Wagen verfolgt, ihn von der Fahrbahn abgedrängt und den Fahrer festgenommen. Gesetz ist Gesetz, und manchmal muss man heldenhaft handeln, um es durchzusetzen. Bei der Marine hatte er großen Respekt davor bekommen, wie Notlagen aus Männern Helden machen konnten. Nun würde es bei Connies Mittwochs-Abwesenheiten keine Verfolgungsjagden geben, aber Arney sah sie dennoch als eine Art Zeitdiebin auf der Flucht und sich selbst als der Held in dieser Situation. Es machte ihm keinen Spaß, im Büro den Buhmann zu spielen, aber manchmal musste ein Mann eben seinen Job tun und, ob er wollte oder nicht, dafür sorgen, dass die Gesetze des Unternehmens eingehalten wurden. Der Generaldirektor hatte gut reden mit seinen bewegenden Ansprachen über ein familienfreundliches Amerco, meinte Arney, aber was kam danach? Wie sollte der Mann, der das alles managte, der Mann in der Mitte, aus seinen Untergebenen die Arbeit herausholen, die notwendig war, um die Planziele der Abteilung zu erfüllen?

Erschwerend kam hinzu, dass Connie und die anderen Frauen in seiner Abteilung sein militärisches Autoritätsgebaren mit einem demokratisierenden Hauch von Bürosatire konterten. Sie flüsterten über Arneys Reizbarkeit und nannten ihn „*Ar*-nold" mit so einem gewissen übertriebenen Tonfall, als wäre er ein dummer kleiner Junge. Darüber hinaus schützten sie sich durch übertriebene Pflichterfüllung und schufen sich damit moralisch einen Raum, innerhalb dessen sie frei waren, ihn offen mit dem Ausdruck ihrer Verachtung zu strafen. „Ihr habt doch sicher schon mal was vom ‚neuen Mann' gehört?", sagte Connie einmal halblaut zu ihren Kolleginnen. „Naja, und Arney ist eben der ‚alte Mann'."

Die Grundsatzreden des Generaldirektors waren die Bausteine der Unternehmenskultur. In obligatorischen Workshops und Kleingruppenschulungen wurden diese Slogans dann in praktische Verhaltensrichtlinien umgesetzt. Für jeden Manager in der Amerco-Kultur war Regel Nummer Eins, für Verschiebungen in der Doktrin aufmerksam zu sein und abschätzen zu können, wie tief sie gingen. Kaum war eine neue Idee wie flexibles Management oder *Empowerment* verkündet worden, hatten die Manager zu entscheiden, ob und in welchem Maße sie dies managen mussten. Die Veränderungen in der Kultur kamen rasch hintereinander, jeweils gefolgt von ein- oder zweitägigen Workshops und kürzeren Schulungen. Ob sich ein Manager wirklich zu den neuen Vorgaben bekehrt hatte, wurde von denen, deren Wohl und Wehe von der Aufrichtigkeit seines Sinneswandels abhing, scharf beobachtet. Kam Arney Stoltz, wenn er in einen Workshop zum Thema „Vielfalt fördern" ging, als neuer Mann wieder heraus oder als derselbe alte *Ar*-nold, der nur eine neue Sprechblase von sich gab?

So war Arney Stoltz, Ex-Marineoffizier, eines Nachmittags auch zu einer Schulung gegangen, bei der ein Video mit dem Titel *Managing Smart* – schlaues Managen – gezeigt wurde. In dem Video ging es um familienfreundliche Planung in den Abteilungen, und von Arney wurde erwartet, dass er in der darauf folgenden

Woche mit der Umsetzung des Prinzips des flexiblen Managements und der „Suche nach Lösungen unter Mitwirkung aller Beteiligten" begann. Er stand unter dem Druck, seine Untergebenen davon zu überzeugen, dass er inzwischen wirklich an den zentralen Stellenwert der familienfreundlichen Maßnahmen für die Amerco-Kultur glaubte.

Da er auf die forschenden Blicke seiner Beschäftigten gefasst war, versuchte Arney, wenigstens das richtige Gesicht aufzusetzen, aber er war kein guter Schauspieler. Die Frauen im Schreibdienst kamen bald zu dem Schluss, dass Arney nicht einmal versuchte, die Maßnahmen aufrichtig zu vertreten. Er weigerte sich einfach, sie anzuerkennen. Er *glaubte* nicht, dass Amerco familienfreundlich sein sollte. Da er andererseits als 47-Stundenmann – und nicht 60-Stundenmann – wenig Aussicht auf einen weiteren Aufstieg in der Unternehmenshierarchie hatte, hielt sich auch seine Sorge in Grenzen, bei abweichendem Verhalten in einer Angelegenheit ertappt zu werden, bei der sich der Chef des Unternehmens seiner Meinung nach, bei allem Respekt, verrannt hatte. Dennoch, um die Sache nicht noch weiter hochzuschaukeln, unterschrieb er am Ende doch noch Connies Antrag auf den freien Mittwochnachmittag, wenn auch nicht ohne die Mahnung, das nächste Mal besser zu planen.

Aber Connies Bedarf an mehr Zeit für zu Hause war damit nicht gedeckt, und drei Jahre später, 1993, kam es zu einem zweiten Zeit-Scharmützel zwischen den beiden – diesmal über ihren Antrag auf eine Arbeitszeitverkürzung auf 30 Wochenstunden. Eine Unternehmensbroschüre hatte verkündet, dass eine solche Arbeitszeitregelung – sofern der Vorgesetzte oder der Abteilungsleiter zustimmten – nunmehr möglich war, mit der entsprechenden Gehaltskürzung, aber bei voller Krankenversicherung. Als die Kinder kleiner waren, hätten sich Connie und ihr Mann den Einkommensverlust nicht leisten können, inzwischen aber war für Connie Zeit mehr wert als Geld; also wandte sie sich an die Personalabteilung, und Amy Truett setzte ein Gespräch mit Arney an. Connie erzählte die Geschichte so:

> „Wir hatten das Gespräch – Amy, Arney und ich. Amy und ich schlugen vor, dass ich versuchsweise ein halbes Jahr lang entweder jeden Tag um drei gehen oder freitags frei nehmen sollte. Falls es nicht funktionierte, würden wir zu der alten Regelung zurückkehren, oder eine andere Frau würde die fehlenden zehn Stunden übernehmen. Arney schien überrascht. Er lächelt nicht gerade oft, und deshalb weiß man dann nicht so genau, was er denkt."

Aus Arneys Sicht hatte Connie seine schlimmsten Befürchtungen bestätigt. Diese zehn Stunden würden einfach untergehen. Welche andere Frau sollte da einspringen, wie sie sich das vorstellte? Es war offensichtlich, dass Connie kein Verantwortungsgefühl hatte, aber was noch viel schlimmer war: nun würden auch andere Sekretärinnen in seiner Abteilung auf Teilzeit gehen wollen.

Und, fast im Flüsterton, beschrieb Connie, was ihr jemand erzählt hatte:

> „Arney sagte, so nahe wie an diesem Tag wäre er noch nie daran gewesen, eine Frau zu schlagen. Damit meinte er Amy, er hätte Amy am liebsten verprügelt, weil sie sich in seinen Job als Manager einmischte. Das waren seine Worte. Jemand, der dabei war, hat es mir hinterher erzählt.
> Arneys Chef, Jack Clark, war verärgert, und Jacks Chef, Paul, war ebenfalls verärgert. Aber er hat es runter gespielt. ‚Er hat das nur so gesagt.' Er sagte mir, wir hätten Arney überrumpelt. Können Sie sich sowas vorstellen, bei dem ganzen Vorlauf?"

Nur 26 Prozent aller Verwaltungsangestellten bei Amerco, Männer wie Frauen, waren nach eigenen Angaben „bereit, kürzer zu arbeiten und weniger Gehalt zu bekommen, um mehr Zeit für die Familie zu haben." Bei Beschäftigten, die ältere Angehörige pflegten, waren es 29 Prozent, bei Beschäftigten, deren Kinder im Kindergarten waren, 39 Prozent. Connie war in zweierlei Hinsicht in der Minderheit. Erstens war ihr Zeit lieber als Geld. Zweitens handelte sie danach. Indem sie das tat, enthüllte sie die ungeheuren Hindernisse, die es selbst in einem familienfreundlichen Unternehmen geben kann. Um Zeit für die Familie zu schaffen, musste man erst einmal Arrangements am Arbeitsplatz treffen, und dies war nicht ganz so einfach, wie es in den Unternehmensbroschüren klang. Bei den höheren Managern war Zeit die Währung, in der sie ihr Engagement zeigten, während die Beschäftigten am unteren Ende, die Arbeiter und Arbeiterinnen in der Produktion, oft einfach das Geld brauchten. Folglich nahm dieser Krieg um die Zeit nur in den mittleren Rängen der Unternehmenshierarchie – also über den Fabrikbeschäftigten, aber unter dem Unternehmensmanagement – wirklich scharfe Konturen an, denn dort gab es relativ mehr Beschäftigte, die Familienzeit wollten. In diesem Bereich schlug die Amerco-Zeitpolizei deshalb eher eine härtere Gangart an, als den Beschäftigten entgegen zu kommen.

Connie verlor den Kampf um die Teilzeit, aber sie tat es mit Anstand. Mit verschmitztem Lächeln schloss sie:

„Ich habe das dann so gelöst, dass ich meinen Urlaub tageweise über den ganzen Sommer verteilt habe, jede Woche einen Tag. Also arbeite ich vier Tage in der Woche, nur dass ich voll bezahlt werde. Ich mache genau das, was sie gesagt haben, dass ich nicht machen könnte, und werde noch dafür bezahlt. Ich war bereit, es ohne Bezahlung zu machen. Niemand kommt, um freitags für mich einzuspringen, und Amerco ist trotzdem nicht zusammengebrochen."

Trotz Connies triumphierendem Ton war ihr „Arrangement" kein Sieg. Statt die Firma zu mehr Flexibilität zu zwingen, verteilte sie schließlich ihre eigene freie Zeit ein bisschen anders. Indem sie sich selbst bestahl, war Connie einigermaßen typisch für Amercos Beschäftigte, die familiäre Notsituationen durch Nutzung von Krankheitstagen und Sondertagsregelungen zu bewältigen versuchten. Lange vor Jahresende stellten sie dann mit einem Male fest, dass sie ihre Reserve an freien Tagen bereits überzogen und keine andere Alternative mehr hatten, als nun bei ihren eigenen Urlaubs- und Feiertagen und notfalls beim eigenen Schlaf stehlen zu gehen. Also grassierte bei Amerco tatsächlich der Zeitdiebstahl, wie Arney Stoltz befürchtete, nur dass die Opfer meist die „Diebe" selber waren.[1]

---

[1] Eine Amerco-Umfrage aus dem Jahre 1990 ergab, dass bei Müttern mit Kindern unter 13 Jahren zwölf Prozent der Frauen aus der A-Payroll, neun Prozent aus der B-Payroll, 23 Prozent der Verwaltungsangestellten, 29 Prozent der technischen Angestellten und 50 Prozent der auf Stundenlohnbasis beschäftigten Frauen es „sehr schwierig" fanden, einen Arzttermin während der Arbeitszeit wahrzunehmen. Väter klagten seltener über dieses Problem. So sagten zum Beispiel nur 35 Prozent der auf Stundenlohnbasis beschäftigten Väter, es wäre „sehr schwierig", einen Arzttermin während der Arbeitszeit wahrzunehmen.

11. Kapitel
„Sie sollen einmal gute, allein erziehende Mütter werden"

> „Ich habe die Hochzeitsfotos nicht zerrissen. Das Album liegt immer auf dem Couchtisch, damit Esther sie sich ansehen kann. Wenn sie dann fragt: ‚Warst du da glücklich?‘, sage ich: ‚Ja.‘ Ich möchte, dass sie wissen, dass an der Ehe auch was Gutes ist."
>
> *Becky Winters, Arbeiterin mit Wechselschicht*

Von ihrem Arbeitsplatz im Nachtdienst einer Sieben-Tage-Wechselschicht lud mich Becky Winters mit einer Kopfbewegung ein, zu ihr rüber zu kommen. Sie war eine attraktive Frau von 31 Jahren, mit langen blonden Haaren, die über der Stirn aufgetürmt und dann nach hinten gekämmt waren, eine Frisur, die bei den „Mädels" in der Fertigung sehr beliebt war. Unter dieser Haarkrone schützte sie ihre Augen mit einer großen Sicherheitsbrille aus Plastik. In den Ohrläppchen trug sie kleine, geschmackvolle Ohrstekker. Ein rosa Baumwollpullover und weiße Jeans betonten ihre gute Figur. Ihre Arbeit bestand darin, Teile von einem Fließband zu nehmen, Gewicht und Größe von einem Messgerät abzulesen und sie dann entweder zurück auf das Fließband oder zum Ausschuss zu tun. Neben der Waage lag ein Exemplar von *Cosmopolitan* mit einer eleganten blonden Frau auf dem Titelblatt. Becky nahm es immer mit in die Pause.

„Das Geld ist in Ordnung, aber ich fühle mich wie hirntot", sagte Becky zu mir. Ich war ein wenig überrascht, denn immerhin hatte sie die Möglichkeit, an dem so genannten Matrix Programm teilzunehmen, einer innovativen Fortbildung, bei der man in 20 Schritten in die Bedienung einer ganzen Reihe verschiedener Maschinen im Werk eingewiesen wurde. Nach 20 Monaten konnte man Dutzende verschiedenartiger Messgeräte bedienen und die Marotten und Eigenheiten aller möglichen Maschinen einschätzen. Während meines Interviews mit dem Manager ihres Werks hatte ich auf einem Tisch neben seinem Schreibtisch einen ganzen Stapel gerahmter Abschlusszeugnisse für dieses Matrix Programm liegen sehen, aber Becky hatte daran kein Interesse. Sie ginge nicht arbeiten, sagte sie, um ihren Horizont zu erweitern, sondern um Geld zu verdienen, Freunde zu treffen und bis zu einem gewissen Grade dem Familienleben zu entkommen.

Sie verdiente $ 11,20 pro Stunde für 40 Stunden in der Woche und etwas mehr für vier angeordnete Überstunden und im übrigen nahm sie alle Überstunden, die sie bekommen konnte. Den vom Büro für Arbeitsstatistik veröffentlichten Zahlen zufolge machen Fabrikarbeiter und -arbeiterinnen derzeit durchschnittlich vier Stunden und 42 Minuten Überstunden pro Woche, der höchste Stand, der in den 38 Jahren regelmäßiger statistischer Erfassung durch das Amt je registriert wurde.[2] Für Becky dürfte Amerco kaum jener anregende Ort der Selbstentfaltung sein, der es für die Zehnstunden-Player an der Unternehmensspitze war; aber es war allemal weniger schmerzlich als das Leben zu Hause.

Die Hälfte der Amerco-Beschäftigten werden auf Stundenlohnbasis bezahlt, und rund ein Drittel dieser Stundenlöhner sind Frauen. Von diesen Frauen wiederum sind 23 Prozent allein erziehende Mütter wie Becky; neun Prozent der nach Stundenlohn bezahlten Männer sind allein erziehende Väter. Beide Gruppen liegen damit dicht am amerikanischen Durchschnitt.[3]

Wie die meisten der auf Stundenlohnbasis beschäftigten allein erziehenden Mütter war auch Becky relativ neu bei Amerco, so dass sie am Totempfahl der Betriebszugehörigkeit ziemlich weit unten rangierte und an die begehrtesten Schichten – regelmäßige Tagschichten – nicht herankam. Die weniger begehrten Alternativen waren, in absteigender Ordnung, regelmäßige Abendschichten, regelmäßige Nachtschichten und wöchentlich wechselnde Schichten. 13 Prozent aller Amerco-Beschäftigten und 36 Prozent aller Beschäftigten auf Stundenlohnbasis arbeiteten mit Wechselschichten, darunter über die Hälfte der allein erziehenden Mütter in den Amerco-Fabriken. „Bei diesem ganzen Gerede über familienfreundliche Maßnahmen kommen wir gar nicht erst vor", sagte Becky.

---

2 „,It's Too Much of a Good Thing', GM Workers Say in Protesting Overtime," *New York Times*, 22. November 1994, S. A 10.
3 24 Prozent aller Kinder in den USA leben zu irgendeinem Zeitpunkt ihrer Kindheit in Einelternfamilien.

In den letzten fünf Jahren hatte Becky in einer Sieben-Tage-Wechselschicht gearbeitet. Das bedeutete, dass sie jede Woche andere Arbeitszeiten hatte. Fünf Tage arbeitete sie von sieben bis 15 Uhr und hatte danach einen Tag frei; dann kamen fünf Tage von 15 bis 23 Uhr und zwei Tage frei; und schließlich fünf Nächte von 23 bis sieben Uhr und fünf Tage frei – ihr „langes Wochenende". An Sonntagen erhielt sie den anderthalbfachen Lohn. Als ich sie in der Fabrik besuchte, ging gerade die dritte „Woche" in diesem Zyklus zu Ende, und sie freute sich auf das „lange Wochenende".

Während wir uns unterhielten, lagen ihre beiden Töchter im Bett, wohlbehütet von Beckys 70-jähriger Mutter Mary, die nachts bei den Kindern blieb, wenn Becky arbeiten musste. Während zweier ihrer Schichten waren die Mädchen bei Becky; in der dritten Schicht sprang ihr Ex-Mann Derek ein (zu dem die Mädchen außerdem jedes zweite Wochenende gingen).[4] Während der vierten, der „Urlaubswoche", wie auch an vielen Nachmittagen half Mary aus. Beckys Mutter war eine unermüdliche Arbeiterin und die wichtigste Person in Beckys Leben. Beckys Vater hatte zwei Jobs gehabt, um die Familie zu ernähren, während ihre Mutter das Haus blitzsauber hielt und Becky und ihre beiden Brüder groß zog. Becky erinnerte sich, dass ihr Vater die meiste Zeit schlief, wenn er zu Hause war, und im Laufe der Woche immer mehr trank. An den Samstagnachmittagen fand sie ihn dann oft schnarchend vor laufendem Fernseher auf dem Wohnzimmerboden. An solchen Nachmittagen, erinnerte sich Becky, habe sie immer mit ihrer Barbiepuppe auf der Veranda gespielt („Barbie hatte damals alle paar Tage Hochzeit"). Die Familie aß nicht zusammen und genoss auch nur wenige gemeinsame Urlaube. Mysteriöse Anrufe fremder Frauen und fehlendes Geld für den Urlaub ließen bei ihrer Mutter schließlich den Verdacht aufkommen, dass die „langen Arbeitstage" ihres Mannes auch noch andere Aktivitäten umfassten. An dem Tag, als Becky ihr Abschlusszeugnis von der Highschool bekam, reichte

---

4 Mit den derzeitigen Kinderbetreuungs-Möglichkeiten für erwerbstätige Eltern und ihren Problemen beschäftigen sich Lynne Casper, Mary Hawkins und Martin O'Connell, „Who's Minding the Kids? Childcare Arrangements," Herbst 1991, U.S. Bureau of the Census, *Current Population Reports*. Washington, D.C., U.S. Government Printing Office, 1994; und Larry Bumpass, „What's Happening to the Family? Interactions between Demography and Institutional Change," *Demography*, 27, Nr. 4, 1990, S. 483-498.

Mary die Scheidung ein.[5] Nach 34 Ehejahren behielt Beckys Vater seine ganze Rente für sich, so dass Mary nun – mit 70 Jahren und nachdem sie drei Kinder groß gezogen hatte – voll arbeitete, und zwar in einem nahe gelegenen Kindergarten, wo sie wenig mehr als das Mindestgehalt bekam.

„Es war nicht leicht", sagte Becky, „zwei Mädchen ab dem zweiten und dritten Lebensjahr allein groß zu ziehen."

> „Außer meiner Mutter habe ich hier keine Familie, die helfen könnte. Mein älterer Bruder ist im Januar gestorben. Mein jüngerer Bruder lebt in Oklahoma. Mein Vater wohnt nur ein Stück die Straße runter, aber er bedeutet mir nichts. Meine größte Hilfe ist meine Mutter."

Als ich Mary später in ihrer gepflegten Dreizimmerwohnung interviewte, erklärte sie: „Ich tue mein Bestes, um Becky zu helfen, aber ich bin 70, und ich weiß nicht, wie lange ich das noch kann." In den Vereinigten Staaten werden ein Viertel aller Kinder von allein erziehenden Müttern (und 14 Prozent der Kinder von verheirateten Müttern) von Großeltern versorgt.[6] Da jedoch immer mehr Großmütter eine Erwerbsarbeit aufnehmen oder wegziehen, um ihren Lebensabend woanders zu verbringen, beginnt diese Quelle der großmütterlichen Hilfe allmählich zu versiegen.

---

5   Zu solchen Familienproblemen siehe Lynn White und Bruce Keith, „The Effect of Shiftwork on the Quality and Stability of Marital Relations," *Journal of Marriage and the Family*, 52, 1990, S. 453-462. Arbeitsplätze mit Wechselschichten und Spät- oder Nachtschichten – wie sie Becky und ihre Freundinnen sie so oft hatten – scheinen für die Ehe eine besondere Belastung darzustellen, zugleich aber auch geradezu magnetisch auf Menschen zu wirken, die sich aus bereits problematisch gewordenen Beziehungen herausziehen möchten. In einer Studie mit 1.668 verheirateten Männern und Frauen stellten White und Keith fest, dass Schichtarbeit das Scheidungsrisiko erhöht. Die Autoren schließen: „Schichtarbeit bedeutet mehr Streit –, ohne dass man sagen könnte, was zuerst da war. Es ist nicht unwahrscheinlich, dass sich Personen, die sich ihren Pflichten bei der Kinderbetreuung entziehen möchten oder Lust auf sexuelle Abenteuer haben, eher für Schichtarbeit entscheiden. Sollte dies zutreffen, wäre Schichtarbeit der erste Schritt in jenem Prozess der Ablösung, der schließlich zur Scheidung führt" (S. 461). Siehe auch den Aufsatz von Rosanna Hertz und Joy Charlton, „Making Family under a Shift Work Schedule: Air Force Security Guards and Their Wives," *Social Problems*, 36, 1989, S. 491-507; und Harriet Presser, „Shift Work and Childcare among Dual-Earner American Parents," *Journal of Marriage and the Family*, 50, 1988, S. 133-148.

6   Siehe Andrew Cherlin und Frank Furstenberg, *The New American Grandparents*. New York, Basic Books, 1986.

Tatsächlich ist, da immer mehr Amerikaner einer Erwerbsarbeit nachgehen, *alle* Hilfe aus der Familie – dem Pool, auf den die vorige Generation bei der Kinderbetreuung noch zurückgreifen konnte – rapide im Schwinden begriffen.[7] 1977 wurden, wie aus den Zahlen des *Census Bureau*, des statistischen Bundesamtes, hervorgeht, 13 Prozent aller Kinder unter fünf Jahren, deren Mütter erwerbstätig waren, von Großeltern oder anderen Verwandten im Zuhause der Kinder versorgt. 1991 war diese Zahl auf zehn Prozent zurückgegangen.[8] „Die arbeiten alle", kommentierte Beckys Kollegin Sara-Jo schlicht, als sie sich morgens um zwei Uhr zu uns setzte, während wir im Pausenraum Kaffee tranken:

> „Meine Mutter arbeitet im Marriott Hotel, Tag- und Nachtschichten. Mein Bruder arbeitet bei Safeway, meistens tagsüber, manchmal abends. Meine Schwester Carol arbeitet beim Food Mart, hauptsächlich tagsüber, aber einmal die Woche auch nachts. Die Schwester meiner Mutter arbeitet meist am Abend und manchmal am Nachmittag. Deshalb arbeiten mein Mann und ich entgegengesetzte Schichten, damit immer jemand bei den Zwillingen ist."

Hinzu kommt, dass ältere Menschen immer länger leben und daher häufiger selber Betreuung brauchen. In dieser Hinsicht hatte Becky Glück, denn ihre Mutter war immer noch gesund und auch bereit, ihr zu helfen. Bei ihrem Vater jedoch sah das schon anders aus. Joe wohnte zwar „nur ein Stück die Straße runter", aber er und Becky waren sich seit ihren Teenagertagen fremd. „Er hat keine Beziehung zu den Mädchen", sagte sie mit kaum unterdrücktem Ärger in der Stimme.

> „Er freut sich, wenn ich sie vorbeibringe, und inzwischen gibt er sich auch schon mehr Mühe. Als Esther eine Tanzaufführung hatte, ist er immerhin gekommen. Weihnachten und Ostern gehen wir ihn besuchen. An seinem Geburtstag gehe ich mit ihm und seiner neuen Frau aus."

Ihr jetzt 77-jähriger Vater hatte sich auch geweigert, sich an der Pflege seines älteren Sohnes, Beckys Bruder, zu beteiligen, als dieser an einem Gehirntumor starb. Becky und ihre Mutter waren darüber noch immer fassungslos und empört. Mary musste die gesamten Kosten für die Beerdigung ihres Sohnes von ihrem Gehalt im Kindergarten bestreiten, während Joe, wie die Familie vermutete, seine Rente für ausgedehnte Reisen ausgab, die er mit seiner

---

7 Siehe Bumpass, „What's Happening with the Family?", 1990, S. 492; und Casper u.a., „Who's Minding the Kids?", 1994, S. 7.
8 Casper u.a., „Who's Minding the Kids?", 1994, S. 7.

neuen Frau unternahm. Noch schlimmer aber war in ihren Augen, dass sich Joe in seiner zweiten Familie offenbar als der freundliche Ehemann und Vater erwies, den sie selbst sich immer gewünscht hatten. „Mein Dad hat die Brieftasche voller Fotos von den vier Kindern und 14 Enkelkindern seiner zweiten Frau", sagte Becky mit gepresster Stimme. „Bei ihren Kindern und Enkelkindern geht er zu allen Baseballspielen und was sonst so ist. Von uns hat er in seinem Haus nicht mal Fotos."

Beckys Ex-Mann Derek schien eine ähnliche Metamorphose durchzumachen. „Ich sehe, wie Derek und seine neue Frau alles Mögliche mit den Kindern unternehmen", kommentierte Becky. „Wenn ihr neues Baby kommt, wird er sicher ein guter Vater. Warum konnte das bei mir und den Mädchen nicht auch so sein?" Aber auch wenn sich Becky und ihre Mutter als Außenseiterinnen fühlten, die das allem Anschein nach glückliche Familienleben in den zweiten Ehen ihrer Ex-Männer beobachteten, hatten sie selber doch auch ein bemerkenswert erfülltes Leben. Ständig klingelte irgendjemand bei Becky. Tania und Renée, die Töchter der allein erziehenden Mutter, die gegenüber wohnte, kamen oft zu Besuch und blieben zum Essen, und auf dem Anrufbeantworter stauten sich die Anrufe von Freunden aus der Fabrik.

Für Becky war die Zeit, die ihr Ex-Mann jetzt mit ihren Töchtern verbrachte, ein Symbol seiner allgemeinen Verpflichtungen ihnen und ihr gegenüber. Derek dagegen behauptete, da er die Kinder während Beckys Tagschichten (in der sie wach waren und also aktiv beaufsichtigt werden mussten) und an jedem zweiten Wochenende zu sich hole, sei seine Halbzeitverpflichtung ihnen gegenüber erfüllt, und er müsse nicht auch noch Unterhalt für sie zahlen. Dem hielt Becky entgegen (mit einigem Recht, wie mir schien, obwohl ich, da Derek ein Interview ablehnte, nie seine Sicht der Dinge zu hören bekam), dass eine von vier Wochen Kinderbetreuung nicht die Hälfte war und dass ihn auch eine Hälfte der Kinderbetreuungszeit nicht davon entbunden hätte, für die Hälfte ihres Unterhalts aufzukommen. Da er derzeit arbeitslos war und seine zweite Frau ein Kind erwartete, mochten dies mehr symbolische als reale Forderungen sein. Sehr real jedoch waren die Überstunden, die Becky machte, um monatlich $ 573 von der Hypothek auf das Haus abzahlen zu können, das sie und Derek zusammen gekauft hatten, damit die Mädchen hinter dem Haus einen schönen Platz mit Rutschbahn und Schaukel hatten. Jetzt erzählte ihr Derek, dass die Mädchen keinen Garten brauchten.

Für Derek war die Zeit, die er mit seinen Töchtern verbrachte, der Beweis seiner Zuneigung zu ihnen und seiner Pflichterfüllung als treu sorgender Vater (was sein Ansehen in den Augen seiner zweiten Frau nur verbessern konnte). Becky dagegen meinte, Dereks Zeit mit seinen Töchtern sei zwar für diese gut, zugleich aber auch – bei ausbleibenden Unterhaltszahlungen – „eine Waffe gegen mich". Für sie war seine Zeit nur eine kleine Anzahlung für das, was er ihr für elf Jahre Haushaltsführung sowie für jene sechs Jahre schuldete, in denen sie ihre Kinder allein kleidete und ernährte. Im Grunde empfand sie Dereks Verhalten als einen weiteren Betrug. Aber da er im Augenblick mehr Zeit als Geld hatte, führten all ihre Streitereien zu nichts.

Wie Derek wollte auch Becky Anerkennung für die Zeit, die sie mit den gemeinsamen Töchtern verbrachte. In dieser Hinsicht war für sie die Anziehungskraft des Zuhauses stärker als die Verlockungen der Arbeit. Aber ihre Welt zu Hause war voll von ungeheuren Spannungen und einer nur halb eingestandenen Sehnsucht nach einem Leben, das sie nicht mehr – und vielleicht überhaupt noch nie – hatte. Deshalb fürchtete Becky die Telefongespräche mit Derek, die Auseinandersetzungen über den Unterhalt und die große Zuneigung, die sie trotz aller guten Vorsätze immer noch zu ihm empfand. Als wir einmal zu Fuss unterwegs waren, fand Esther, Beckys stürmische, aufgeweckte, eigensinnige ältere Tochter, dass ihre Schuhe zu fest gebunden waren, setzte sich hin, um sie sich neu zu binden, und brach plötzlich in Tränen aus: „Ich kann das nicht!" Becky hörte ihrem Jammern freundlich und geduldig zu, bemühte sich aber nicht besonders um sie. Eine halbe Stunde später, als wir schon wieder zu Hause waren, warf sich Esther voller Verzweiflung bei ihrer Mutter in den Schoß und klagte, Tania, ihre Freundin von nebenan, habe ihr den Kasten mit dem Glitzerzeug weggenommen, Sternchen, Pailletten und Kleber. Esther, meinte Becky, sei immer verstört, wenn sie wieder einmal mit anhören musste, wie sich ihre Eltern am Telefon über den Unterhalt der Kinder stritten. Ihre kleinere Tochter Tiffany wirkte zurückhaltend, ordentlich, widerstandfähig. „Tiffany ist Daddys Mädchen", bemerkte Becky. „Esther ist niemandes Mädchen, weil sie Derek an mich erinnert."

Bei der Arbeit dagegen stärkten Spannungen nur Becky Winters Selbstbewusstsein. In ihren Schilderungen klang das Leben bei Amerco fast wie eine Erweiterung der Highschool-Promenade, der Bar am Ort, der Nachbarschaft – eine Welt, in der sie das Gefühl hatte, attraktiv zu sein und gemocht zu werden. In der Fabrik, erzählte sie mir gleich zu Anfang, habe sie mehr Freundschaften mit Männern als mit Frauen:

> „Als ich neu in die Fabrik kam, konnte mich die einzige andere Frau an meinem Band nicht leiden, weil sie meinte, ich nähme ihr die Aufmerksamkeit der Männer weg. Die Männer nannten mich ‚Honey', ‚Baby', ‚Beautiful'. Wenn die Männer mit einem reden, ist das immer zweideutig. In der Fabrik gibt es einen Computer, an dem man sich über andere Jobs informieren kann. Als ich da einmal saß, kam ein sehr gut aussehender Mann vorbei und sagte: ‚Was haben Sie denn vor?' Ich sagte: ‚Ach, ich würde gern mal was ganz anderes versuchen.' Er sah mir direkt in die Augen und sagte: ‚Ja, ich würde auch gern mal was *anderes* versuchen.' Ich bin knallrot geworden."

Becky wusste, dass manche älteren Frauen, die ihre Flirts bei der Arbeit mit Argusaugen beobachteten, über sie herzogen. Während sie nach außen so tat, als fände sie diese Tratschereien unmöglich, schienen sie ihr doch auch zu schmeicheln. In einem Kontext, in dem es wenig Aussicht auf berufliche Mobilität gab, richtete sich der Ehrgeiz vielleicht darauf, sexuell begehrenswert zu sein, und zwar ganz unabhängig von der Ehe. Den Frauen, die über ihre sexuellen „Erfolge" herzogen, ging Becky mehr oder weniger aus dem Weg, aber sie hatte in der Fabrik auch gute Freundinnen. Zu fünft, erzählte sie mir, planten sie gerade eine Wochenendreise zu einem Country-Western-Festival in einem anderen Bundesstaat. Eine andere Freundin bei der Arbeit hatte Kinder im selben Alter wie Esther und Tiffany, und ihr Mann reparierte Beckys Auto, wenn es kaputt war.[9]

Klatsch verbreitete sich in der Fabrik wie auf einem Dorf, und vieles davon betraf die häuslichen Verhältnisse. Als Beckys Schwägerin, die in demselben Werk arbeitete, ihren Mann verließ und eine Affäre mit einem Kollegen anfing, schrieb der sitzengelassene Mann in der Lokalzeitung einen Artikel über egoistische Frauen, die ihre Familien verlassen, um sich „grüneren Weiden" zuzuwenden. Dann vervielfältigte er den Artikel und hängte ihn überall in der Fabrik auf, damit alle ihn lesen konnten. Becky tippte eine Erwiderung, und irgend jemand hängte dann *diese* an Schränke und

---

[9] Dazu, wie Arbeiterinnen, die Mütter sind, mit ihren Kolleginnen Hilfe und Freundschaft organisieren, siehe auch Louise Lamphere, *Sunbelt Working Mothers: Reconciling Family and Factory*. Ithaca, N.Y., Cornell University Press, 1993.

Schwarze Bretter. Kurz darauf antwortete Beckys Schwägerin auf beides. Namen wurden nicht genannt, aber alle wussten, wer gemeint war. Die Arbeit war in gewissem Maße der Ort, an dem man erfuhr und beurteilte, was außerhalb der Arbeit vorging.

Für Becky und ihre Freundinnen war die Arbeit ein Ort, der mehr Vorhersehbarkeit, Sicherheit, Entspannung und emotionale Unterstützung bot als das Zuhause, und dies nicht, weil die Fabrikarbeit etwa inzwischen dank der vom Unternehmen entwickelten Arbeitsplatzkultur mehr Spaß machte. Fließbandarbeit blieb Fließbandarbeit.

Das Leben am Arbeitsplatz war größtenteils deswegen angenehmer oder doch wenigstens mit weniger schmerzhaften Enttäuschungen verbunden als das Leben zu Hause, weil das Leben zu Hause zu dieser Zeit für Becky eine Qual war. Nicht dass sie ihre Trennung von Derek bereute. Am ehesten noch empfand sie eine gewisse Genugtuung darüber, dass sie leben konnte, was ihrer Mutter versagt geblieben war – den Ausstieg aus einer unglücklichen Ehe, und zwar so rechtzeitig, dass noch genug Zeit für ein erfülltes Leben blieb. Und doch hatte sie von Kindesbeinen an große Hoffnungen auf die Ehe gesetzt und fragte sich nun, nach ihrer Scheidung, ob diese Hoffnungen jemals realistisch gewesen waren. Selbst jetzt, zwei Jahre nach ihrer Trennung, hing am Eingang immer noch das bunt bemalte Schild „Winters Family", das Derek geschnitzt hatte; und die Wände des Esszimmers zierte immer noch eine Serie Teller mit Szenen aus *Vom Winde verweht*. Einmal sah ich sie mir beim Mittagessen der Reihe nach an: Auf dem einen umarmt Clark Gable als Rhett Butler Vivian Leigh als Scarlett O'Hara; auf dem nächsten trägt Rhett Scarlett die große Treppe von Tara hinauf; auf einem dritten sind Rhett und Scarlett glücklich verheiratet und haben zwei Kinder; auf einem vierten posiert Rhett stolz neben seinen nun schon größeren Töchtern; auf dem letzten Teller steht Scarlett windzerzaust und allein vor ihrer Heimstatt. Vielleicht erkannte Becky sich selbst in dieser stürmischen Liebesgeschichte mit dem Unhappy End wieder. Mit Rhett als verlässlichem, glücklichem Vater hatte der Film in der Tellerversion allerdings eine etwas eigenartige Wendung bekommen.

Das Album mit den Hochzeitsfotos, das immer auf dem Couchtisch lag, die Zierteller, das Schild mit „Winters Family", all dies zeugte von einem hartnäckigen Festhalten am Traum von der glücklichen Ehe, und dies in einem Land, in dem Scheidungen an der Tagesordnung sind. Sie alle erinnerten Becky daran, wie erpicht sie einmal auf das Heiraten gewesen war, welche Macht dieser Traum besessen hatte, wie nebensächlich Derek für seine Erfüllung gewesen sein mochte. Sie spiegelten die Familienversion des Mythos vom Tellerwäscher wider, der Millionär wird, eines Mythos, der sich trotz sinkender emotionaler Löhne und wiederkehrender familialer Kündigungen hartnäckig hält. Schließlich war Beckys gesamte Ausstattung für die „Hochzeit" lange vor ihrer Verlobung mit Derek gekauft worden, und auch das Geld für die Anzahlung auf das frisch gestrichene Haus in einer baumbestandenen Straße in der Stadt hatte sie gespart. In dem Album mit den Hochzeitsfotos, das sie uns beiden auf den Schoß legte, gab es zahlreiche Fotos von einer strahlenden Becky und einem leicht verdrossenen Derek. Braut und Bräutigam waren beide 20. Auf einem Foto waren Derek und seine fünf Brüder aufgereiht, mit – wie sie nun sah – vom Alkohol geröteten Wangen und glasigem Blick. Tatsächlich hatte sich Derek während ihrer Ehe regelmäßig abends mit seinen Brüdern zu kleinen Trinkgelagen getroffen, bei denen sie ihn aufzogen, weil er zu Hause „unter dem Pantoffel stand", und ihn aufstachelten, sich Beckys zunehmend verärgerten Bitten zu widersetzen, „um sechs – okay, um sieben; na schön, spätestens um acht" zum Essen zu Hause zu sein.

Mit dem Trinken wurde es so schlimm, dass Derek schließlich seine Stelle verlor; und um sich die Demütigung zu ersparen, log er Becky etwas vor. Als sie schließlich die Wahrheit erfuhr, wurde sie fuchsteufelswild, und bei dieser Gelegenheit hatte Derek sie zum ersten Mal geschlagen. Aus Wut und um ihre emotionale Abhängigkeit von Derek zu durchbrechen, begann sie bei der Arbeit eine Affäre mit einem attraktiven Mann, der Trost für seinen Abstieg auf der Managementleiter suchte. Becky ermutigte auch ihre Schwägerin Dana, ihre bröckelnde Ehe durch eine Affäre am Arbeitsplatz zu beenden. So ließen sich die beiden Frauen „zusammen scheiden", was Becky bittere Vorwürfe von Dereks Familie eintrug.

Für Becky und Derek war, wie für mindestens die Hälfte aller Paare in Amerika, die Ehe kein sicherer Hafen. Die Hälfte der lächelnden jungen Verwandten und Freunde in Beckys Album war inzwischen geschieden, ein Anteil, der genau dem amerikanischen Durchschnitt entspricht. Dereks jüngerer Bruder Sam, im Album zwölf Jahre alt, hatte bereits geheiratet und sich wieder scheiden lassen und dann die Sozialversicherung angerufen und sie aufgefordert, seiner Frau zu untersagen, weiter seinen Namen zu tragen. Jay, damals 17, hatte Barb geheiratet, die ebenfalls im Album auftauchte, sich von ihr scheiden lassen und sie wieder geheiratet. Jede Scheidung schlug entsprechende Wellen in den beteiligten Großfamilien. Für Beckys und Dereks Familien, wie für viele Familien ihrer sozialen Klasse und in einer Region, die von Arbeitslosigkeit schwer erschüttert wurde, schien es eine kaum zu bewältigende Aufgabe, eine Ehe so lang zu halten wie die Vorstellung, die man damit verband.

Stattdessen sprachen Becky und ihre Freundinnen von „guten" Scheidungen, Scheidungen, die „in Ordnung" waren, und „schlechten" Scheidungen. Danas Mann hatte den Streit vor Gericht ausgetragen, behauptet, Dana sei eine unfähige Mutter, sich das Sorgerecht zusprechen lassen und eine Frau geheiratet, die den Konflikt noch verschärfte. Damit hatte Dana eine schlechte Scheidung. Dereks neue Frau war nicht gemein, und deshalb fand Becky ihre Scheidung in Ordnung. Sie hatte nicht vor, noch einmal zu heiraten, und erklärte auch, warum:

> „Ich will das nicht mehr, dieses ewige: ‚Wo warst du?' und: ‚Wo ist die Wäsche?' und: ‚Was gibt's zum Essen?' Wenn man sich erst einmal auf eine andere Person einlässt, ist man die Mutter, ob man will oder nicht. Ich habe keine Lust, mich um jemand anderen zu kümmern. Am Ende kennen sie einen in- und auswendig, und wenn sie gehen, nehmen sie das alles mit."

In Beckys Leben hatte die Ehe ihre Funktion als Basis für finanzielle und emotionale Sicherheit verloren. Für alles, was sie an dürftiger Sicherheit zusammenbringen konnte, hielt sie sich jetzt an ihre Mutter, an ihre Kinder und an ihre Arbeit.

In ihrer Welt aber waren Jobs, ebenso wie Ehen, nichts worauf man sich wirklich verlassen konnte. Nachdenklich sagte Becky:

> „Ich weiß nicht, ob wir hier im Werk jemals familienfreundliche Maßnahmen bekommen. Man hat immer das Gefühl, dass man austauschbar ist. Das sagt einem so natürlich keiner. Das muss einem auch keiner sagen. Wir hören eine Menge Gerüchte, dass Amerco die Produktion vielleicht ins Ausland verlegt und dann mexikanischen Arbeitern für die Arbeit, die jetzt wir machen, 50 Cent pro Stunde zahlt. Leute wie ich würden dann als erste rausfliegen, denn dabei geht es immer nach der Dauer der Betriebszugehörigkeit."

Auch der Job konnte also die „Scheidung einreichen". Wenn Becky auch bei der Ehe aufgegeben hatte, bei der Arbeit war sie noch nicht so weit.

Ein Zigeunerleben

Folgte man der Autobahn, die Meile um Meile durch die Hügellandschaft von der Amerco-Zentrale hinwegführte, konnte man den kleinen Wegweiser nach Treemont Village leicht übersehen. Ein Abzweig führte über eine schmale, gewundene Pflasterstraße einen Hügel hinauf zu einem Wohnwagenpark. Der Dorfinspektor unterhielt sich gerade freundschaftlich mit einem Bewohner. Als ich sagte, ich sei auf der Suche nach Sue Carpenter, meinte er lakonisch: „Sie ist da, *er* ist weg. Keine Ahnung, was los ist."

Sue kam zu spät zu unserem Interview. Während ich auf dem Treppchen hockte, das zu ihrer Eingangstür hinaufführte, beobachtete ich das Kommen und Gehen von älteren Leuten und Kindern zwischen den zwei Dutzend ordentlicher Wohnwagen, die auf beiden Seiten der gepflasterten Straße aufgereiht waren. Unter einer Plane saß eine übergewichtige Frau in einem Klappstuhl, hatte die Beine übereinander geschlagen und hielt ein Kind an der Hand. Irgendwo schrie ein Baby, irgendwo rief eine Frau. Vorsichtig, auf Kleinkinder und Dreiradfahrer achtend, rollte ein langer alter Ford auf den Platz. Kurz darauf brachte ein Laster mit der Aufschrift „Franks Transporter", einen neuen blau-weißen Wohnwagen, an dessen rückwärtiger Stoßstange ein Schild mit „Überbreite" baumelte. Ein gutes Dutzend übergewichtiger, nicht mehr ganz junger Zuschauer in Shorts und Sonnenbrillen, die Zigarette im Mundwinkel freute sich über die Abwechslung.

Jeder dieser zwischen kleinen, gepflegten Grasflächen stehenden Familienwohnwagen zeugte vom Gestaltungswillen seiner Bewohner. An dem einen hingen zwei Körbe mit rosa und blauen Plastikblumen. Bei einem anderen stand ein großer Topf mit roten Geranien auf der Anhängerkupplung. Wieder ein anderer war bunt geschmückt mit blauen Lupinen und gelben Stiefmütterchen und hatte an der Seite ein kleines Gewächshaus. Auf einem der Mini-Rasen, die es vor jedem Wohnwagen gab, hockte eine Reihe Plastikenten. Auf einem anderen standen ein Windmühlenmodell und eine amerikanischen Flagge. Überhaupt formierte sich vor den Häusern ein halbes Dutzend amerikanischer Blech-Flaggen entlang einer Reihe metallener Briefkästen zu einer Parade im Puppenstubenformat. Wenn die monotone Fabrikarbeit eigene Gestaltungsmöglichkeiten vermissen ließ, dieser Wohnwagenplatz schien einiges dafür zu bieten.

Sue Carpenters Bereich war weniger fröhlich herausgeputzt. Zwei Plastikfahrräder lehnten am Geländer ihrer Veranda; neben einem kaputten Stuhl stand eine Couch mit einem Plastiküberzug, aus dem die Füllung quoll. Sue selbst kam in einem großen, braunen Chevrolet angefahren, die Kinder auf dem Rücksitz. Wie Becky trug sie ihr langes, blondes Haar in einer vorne hochstehenden Welle. Sie war klein, flink, hübsch, wirkte aber ein wenig verschlossen. Als allein erziehende Mutter mit zwei Töchtern im Alter von fünf und zwei Jahren arbeitete sie mit Becky in der Wechselschicht. Im Inneren ihres Hauses war alles rosa und blau. Wir setzten uns zum Reden ins Wohnzimmer. Lillian, Sues zweijährige Tochter, tappte neugierig hin und her zwischen Sues Schoß, dem Schlafzimmer und einem Loch im Fliegengitter vor der Eingangstür, von der aus man auf den Wohnwagen der Babysitterin gegenüber blickte. Einmal erschien die fünfjährige Michelle mit der Post und las laut und voller Stolz von einer Drucksache ab: „Herzlichen Glückwunsch, SUE CARPENTER! Sie haben gerade den Hauptgewinn ...."

Sues Stiefbruder Brian, ein großer, muskulöser 19-Jähriger, lag auf der Couch und hatte sein verletztes Knie hochgelegt. Er sah sich einen Ringkampf im Fernsehen an. Seit ihm vor drei Monaten gekündigt worden war, lebte er bei Sue. Wenn Sue zur 15-Uhr-Schicht musste, hütete er die Kinder. Neben Brians Kopf hockte ein roter Dinosaurier, demokratischer Mitbewohner aller Kinderzimmer auf sämtlichen Stufen der Amerco-Hierarchie. An der Öffnung im Fliegengitter erschien ein kleines Kind und fragte: „Kann Michelle rauskommen und spielen?" Nachdem Sue auf die Besucherin reagiert hatte, wandte sie sich mit den Worten: „Sie kommt ständig vorbei", wieder mir zu.

Gegenüber der Wohnzimmercouch stand eine große Fernsehtruhe. Daneben gab es ein ebenso großes, gerahmtes Foto, auf dem Sue in einer flammend roten Rüschenbluse vor einer Vase mit Rosen zu sehen war, wie sie dem Betrachter über ihre nackte Schulter hinweg einen glutäugigen Blick zuwarf. „Das war ein Sonderangebot vom Fotoladen im Einkaufszentrum", erklärte sie, ‚Zigeunerlook'. Sie machen einem die Frisur und das Make-up und geben einem die Kleider, und dann wird man fotografiert." Vor diesem Bild von ihr als Zigeunerin, allein in einer exotischen Welt der Abenteuer, lehnte Sue sich auf dem Wohnzimmersofa zurück und begann, mir eine traurige und komplizierte Geschichte von zerfallenden Familienbindungen zu erzählen.

Anders als die meisten Manager und Fachkräfte, mit denen ich gesprochen hatte, fühlte sich Sue Carpenter von einem wuchernden, zusammenhanglosen Netz von Verwandten umgeben.

Ihre Mutter hatte acht, ihr Vater zwei Kinder aus erster Ehe. Sue war eines von vier weiteren Kindern, die ihre Eltern zusammen gehabt hatten. Im Gegensatz zum üblichen Stereotyp vom Leben der Arbeiterklasse jedoch bot Sues weit verstreute, vielköpfige Familie kaum soziale oder emotionale Unterstützung. Tatsächlich bekam sie die meiste Unterstützung von einer älteren Frau, mit der sie nicht verwandt war und die sie bei der Arbeit kennen gelernt hatte.

Als ich Sue bat, mir etwas über sich zu erzählen, schien sie zunächst über ihr jetziges Leben oder ihre Arbeit gar nicht reden zu wollen. Stattdessen kam sie sofort auf Verwandte zu sprechen, die sie nie besuchte und selten anrief und denen sie im Großen und Ganzen nicht traute, so als sei sie immer noch tief in der enttäuschenden Welt ihrer Kindheit gefangen:

> „Meine Mutter war diejenige, die alles zusammen hielt. Aber sie starb, als ich 19 war. Eigentlich sind wir uns erst im letzten Jahr vor ihrem Tod näher gekommen. Wir waren immer so viele zu Hause, wir hatten nicht diese Nähe, die man zu seinen Kindern eigentlich haben sollte.
> Meine Mom war Kellnerin und arbeitete immer in der Schicht von fünf bis nachts um halb zwei. Mein Vater war Arbeitsvermittler. Er ist ein Einzelgänger. Es gab nicht so schrecklich viel Arbeit, und selbstständige Vermittler können mit den großen Firmen nicht konkurrieren. Deshalb arbeitete mein Vater immer sehr lange, und meine ältere Schwester musste auf mich aufpassen. Meine Eltern tranken an den Wochenenden ganz gerne, und dann stritten sie sich. Meinem Vater brennen schnell die Sicherungen durch, und wenn er trank, wurde er gewalttätig. Sonst war er ein wunderbarer Mensch. Er hatte keine Angst, uns zu sagen, dass er uns lieb hatte, anders als die meisten Männer."

Im Laufe ihrer 27 Lebensjahre war Sues große Familie allmählich auseinander gefallen und hatte sich zerstreut. Sie zählte auf:

> „Zwei meiner Halbbrüder und einer meiner richtigen Brüder leben hier in der Stadt, aber ich habe nicht viel mit ihnen zu tun. Mein ältester richtiger Bruder ist arbeitslos, glaube ich. Mein jüngerer Bruder ist in Florida Schreiner, jedenfalls ist das das Letzte, was ich gehört habe. Er ist ein Wandervogel. Er und seine Frau haben sich getrennt, und er kam zurück und hat vier Monate bei mir gewohnt, aber das konnte ich auf Dauer nicht haben, weil er nie auf die Kinder aufpassen wollte. Ich fühlte mich von ihm ausgenutzt. Er nimmt immer nur und gibt selber gar nichts. Und meine Schwester und ich haben auch kein so enges Verhältnis, wie es Schwestern haben sollten. Sie hat versucht, die Stelle meiner Mutter einzunehmen, als die gestorben war, aber sie hat immer nur rumkommandiert. Und meinen Vater, den gehe ich nicht um Rat fragen. Brian steht mir viel näher, der, der jetzt eine Weile bei mir wohnt."

Sue beschrieb ihre Familie überwiegend danach, wie nahe sie sich nicht standen, wie oft sie sich nicht trafen, wie oft sie nicht an den Geburtstag der Zwillinge dachte und dass ihnen ihre Verhältnisse zueinander nicht das bedeuteten, was sie eigentlich sollten. „Wir treffen uns nicht zu Weihnachten. Wir treffen uns nicht zu Thanksgiving. Wir besuchen uns nicht zu den Geburtstagen", sagte sie. „Ich und meine Kinder, das ist alles."

Als Sue Carpenter das sagte, sah Brian vom Fernsehen auf und bemerkte mit einem Augenzwinkern: „Ich denke, wir kommen also aus einer dysfunktionalen Familie, stimmt's?" Sie lächelten sich liebevoll zu und lachten. „Kein Familiensinn", fügte er hinzu. Die beiden schienen ihre Familie tatsächlich am quasi-medizinischen Begriff der „funktionalen Familie" zu messen, der tagsüber durch jene Fernseh-Talkshows geisterte, die Familiensoziologie über das ganze Land bis in die Wohnwagenparks und Arbeitervororte verbreiten.

In ihrem dritten Jahr an der Highschool arbeitete Sue als Teilzeitkraft bei einem Frisör, wo sie Haare wusch. Im selben Jahr lernte sie einen schüchternen Jungen namens Michael Carpenter kennen, auch er ein Flüchtling aus chaotischem Familienleben. Sue und Michael begannen miteinander auszugehen und zogen bald darauf zusammen. Keiner von beiden glaubte an die Ehe, aber da Michaels Stiefmutter so drängte, heirateten sie eines regnerischen Novembertags dann doch in einer kleinen Kirche. Sie hatten zwei Kinder und blieben sieben Jahre zusammen, ehe sie sich scheiden ließen, ein Schritt, den beide bedauerten (Sue allerdings etwas zögernder). Auch jetzt sprachen sie voneinander als „beste Freunde".

Im Innenhof vor Michaels Apartment einige Meilen von Treemont Village entfernt lagen fünf oder sechs Puppen herum, Teil eines bunten Mosaiks von Spielzeug, das über ein Dutzend solcher Innenhöfe in dem Neubaublock verstreut war, in dem er wohnte. Aus angelehnten Türen tappten Kleinkinder in den heißen Vormittag hinaus. Michaels Apartment war sparsam möbliert und ordentlich. Das Wohnzimmer wurde vom ausgestopften Kopf eines Achtenders beherrscht, der abwesend über das Geschehen blickte. „Auch vom Wild schicke ich Sue zwei Drittel", sagte er stolz. An einer Pinnwand zwischen dem Achtender und einem ausgestopften Hecht (mit einer Fliege im offenen Maul) hing eine Sammlung neuerer Schnappschüsse seiner Töchter.

Michael Carpenter, 26, athletisch, blond und braun gebrannt, ging mit kraftvollen, elastischen Bewegungen Kaffee holen. Zusammen mit seinem Halbbruder besaß er einen Wagen, mit dem sie Stock-Car-Rennen fuhren. Bei Amerco war er für die Gestaltung und Pflege von Höfen und Rasenflächen zuständig. Er fing seine Geschichte so an:

> „Ich bin auf einer Farm groß geworden. Als ich 18 war, fühlte ich mich reif für die Rente. So mussten wir schuften. Manchmal war mein Vater nett, aber drei Viertel der Zeit war er gemein. Er verdiente seinen Lebensunterhalt mit Viehtransporten und trank den ganzen Tag Brandy und Bier aus Flaschen, die er unter den Vordersitzen seines Lasters hatte. Er beschimpfte uns dauernd. ‚Ihr dummen kleinen Bastarde, Ihr habt ja nur Scheiße im Kopf!‘ so ging das die ganze Zeit. Sein eigener Vater war auch gemein zu ihm, aber das ist keine Entschuldigung, uns so zu behandeln. Ich behandle *meine* Kinder nicht so. Das läuft bei mir anders.
> Meine richtige Mutter und mein Vater haben sich getrennt, als ich drei war, und meine richtige Mutter zog mit mir nach Florida. Mein Vater kam runter, kidnappte mich und versteckte mich bei meiner Tante. Als meine Mutter mich holen kam, drohte mein Vater, sie umzubringen. Also gab sie auf. Ich hab sie erst wieder gesehen, als ich 17 war und nach Florida runter gefahren bin. Sie rief nicht an. Sie schrieb nicht. Sie kümmerte sich nicht. Als ich fünf war, kam sie mal zu Besuch und erkannte mich nicht. Das hat weh getan."

Dann heiratete der Vater Elizabeth, eine Frau, die Michael adoptierte und ihn groß zog, als wäre er ihr eigener Sohn. Elizabeth war Busfahrerin, ging putzen und wurde „eine Supermutter, *meine* Mutter". Mit der Zeit jedoch begann Michaels Vater seine Frau zu beschuldigen, dass sie ihm Geld stahl. Er brüllte und zerrte sie an den Haaren. Als Michael 13 war, wurde auch diese Ehe geschieden. Michael bekam kurz darauf ein Magengeschwür, und noch heute schläft er schlecht, weil ihn immer wieder Erinnerungen an diese grauenhaften Auseinandersetzungen heimsuchen. Bei der Scheidung wurden Michaels zwei jüngere Brüder Elizabeth zugesprochen, aber „mich mitzunehmen traute sie sich nicht", sagte Michael, „weil sie gehört hatte, was mein Vater beim ersten Mal gemacht hatte. Danach habe ich nur noch gesagt, soll doch passieren was will, mir ist alles egal." Sein Vater heiratete ein drittes Mal, und zwar eine Frau, die, im Verein mit ihren Töchtern „mich mehr oder weniger aus dem Haus jagten." Jetzt, als Erwachsener und selber Vater, sagte Michael: „Ich habe meinen Vater seit fünf Jahren nicht mehr gesehen."[10]

---

10 In ihrem Buch *Worlds of Pain* stellt Lilian Rubin fest, dass es im Leben von Arbeiterkindern härter zugeht als bei Angehörigen der Mittelschicht. Die Eltern sind häufiger übermüdet, alkoholabhängig, psychisch krank, gewalttätig.

Als Flüchtlinge aus dem postmodernen Familienleben schienen Sue und Michael bei ihrer Scheidung klaglos in die Fußstapfen ihrer Eltern zu treten. Aber im Gegensatz zu ihren Eltern blieben sie gute Freunde. „Ich könnte niemanden mehr so lieben, wie ich sie geliebt habe und auch jetzt noch liebe", sagte Michael. „Ich weiß nicht, ob ich weiß, was Liebe ist. Aber es ist ein sehr starkes Gefühl. Ich kann mir nicht einmal vorstellen, dass ich eine andere Frau kennen lerne und dabei dasselbe Gefühl habe."

Beide hatten Affären, aber diese Beziehungen hatten ihre starke „Freundschaft" bislang nicht stören können. Michael hatte sich erst kürzlich von einer Freundin getrennt, die „Sue und mich auseinander bringen" wollte. Obwohl Sue mehr als Michael an einer neuen, ernsthaften Beziehung interessiert war, wollte sie nicht, dass sich ihre beiden Töchter allzu sehr mit ihrem derzeitigen Liebhaber anfreundeten, „falls er mich sitzen lässt und die Kinder dann drunter leiden." (Sie beschreibt ihren derzeitigen Liebhaber als jemanden, der „mich anruft, wenn sonst nichts los ist.")

Michael hielt die Ehe für ein leeres, gesellschaftliches Ritual, aber das galt für die Scheidung ebenso:

„Wenn ich zu Sue fahre, um die Kinder abzuholen, ist es gut möglich, dass sie uns was zu essen gemacht hat. Ich kann mich auf die Couch setzen und eine halbe Stunde lang dasitzen, ohne dass wir miteinander reden müssen. Wir sind einfach entspannt."

Sie erinnerten einander an bevorstehende Ereignisse, wechselten sich mit den Kindern ab, damit jeder einmal Urlaub machen konnte, und verbrachten einen Teil ihrer knappen Freizeit miteinander.

„Was meinen Sie", fragte ich Michael, „wer lebt in einer guten Ehe?"

Er war lange still; dann sagte er:

„Viele meiner Kollegen gehen nur zur Arbeit, um von zu Hause weg zu kommen. Ich denke, das ist, weil Mann und Frau einander in der Ehe nicht genug Luft lassen, um auch mal ohne den anderen einkaufen zu gehen oder sonst was zu machen. Sie müssen die ganze Zeit zusammen sein. Und wenn es dann mit dem Sex nicht mehr so heiß ist, dann hecheln viele Männer danach, bei der Arbeit andere Frauen zu sehen, weil sie zu Hause Erotik und Sex vermissen. Keiner der Männer, die ich kenne, be-

---

Dennoch beklagen sich erwachsene Kinder aus Arbeiterfamilien seltener über ihre Eltern als Erwachsene aus der Mittelschicht (Lilian Rubin, *Worlds of Pain: Life in Working-Class Families*. New York, Basic Books, 1976).

trügt seine Frau, aber ich sage nicht, dass sie es nicht gerne würden. So, wie sie flirten, denke ich, sie würden es tun, wenn sie ungeschoren davon kämen; und bereuen würden sie es natürlich trotzdem."

„Wenn Sie sich also so umsehen", fragte ich noch einmal, „wer lebt denn dann in einer Ehe, die einigermaßen gut zu funktionieren scheint?" Michael lächelte und antwortete: „Ich". Michael, der zwei Mütter verloren hatte und von seiner Frau geschieden war, hatte trotzdem eine ihn inspirierende Vision vom kleinen, sicheren Hafen verwandtschaftlicher Beziehungen, einer guten Scheidung in einer herzlosen Welt.

„Alles, was ich immer wollte, ist eine Familie und Kinder. Ich liebe meine Kinder. Sie sind mein Leben. Ich verbringe so viel Zeit mit ihnen, wie ich nur kann. Meine Jüngste hängt wie eine Klette an mir. Sie kommen in meinem Leben an allererster Stelle."

Die Arbeit dagegen war ihm nicht so wichtig.

„Für mich ist ein Job nur ein Job. Wenn ich ihn morgen verliere, verliere ich ihn eben. Wenn ich genug Geld habe, um die Rechnungen zu bezahlen, ist mir egal, was für einen Job ich habe. Aber wenn ich zu Hause immer noch meine Familie habe, das ist das schönste Gefühl."

Sues Gefühle entsprachen dem nicht ganz. Als ich sie fragte, was sie für ihre Töchter wollte, sagte sie: „Ich möchte, dass die Mädchen selbstständig werden, aufs College gehen, sich selbst ernähren können. Sie sollen einmal gute, starke, allein erziehende Mütter werden."

Becky Winters Mutter hatte eine schlechte Scheidung erlebt. Beckys Scheidung war schon „besser". Ihre Kinder können sich vielleicht auf die bislang beste Scheidung von allen freuen. Obwohl sie immer noch meinte, an der Ehe sei auch „etwas Gutes", gab sie ihren Töchtern als kulturelles Kapital die Vorstellung mit, dass Mädchen auf Scheidung gefasst sein mussten. Angesichts von Scheidungsraten, die ohnehin hoch sind, aber umso höher werden, je weiter man in der sozialen Klasse nach unten geht, scheint dieses Vermächtnis auf traurige Weise vernünftig.

Ob die Mädchen der nächsten Generation heiraten, wie es Becky Winters für ihre Kinder möchte, oder starke allein erziehende Mütter werden, wie Sue Carpenter es ihnen wünscht, sie werden zu Hause eine neue Gefühlsökonomie erleben. Denn Fürsorge scheint inzwischen umzulaufen wie Finanzkapital, das jede sich neu bietende Gelegenheit zur Investition wahrnimmt. Diese Liquidität bringt, auch wenn sie an anderer Stelle neue Möglichkeiten schafft,

Angst in das Leben derer, von denen dieses Kapital abgezogen wird. Manche Männer wie Beckys Vater und ihr Mann investieren Liebe und Fürsorge in ihre Kinder und ziehen ihre Investition dann ab, um sie in ein neues Familienunternehmen zu stecken, das bessere Bedingungen zu bieten scheint. Selbst Sue Carpenter, deren Mann nichts von seinem emotionalen Kapital von ihrer beider Familie abgezogen hatte, empfand ihr häusliches Leben als ungesichert. Denn heute herrscht zu Hause ein Klima der emotionalen „Deregulierung", die zu einer grundsätzlichen Krise des Sicherheitsgefühls führt. Die Menschen fragen sich, wo sie sich eigentlich am sichersten fühlen – und selbst bei den Menschen mit den miesesten Jobs lautet die Antwort mitunter: „Bei der Arbeit".

12. Kapitel
Die allzu große Großfamilie

Wenn der Arbeitsplatz zuweilen Zuflucht bot vor einem problematischen Familienleben, so war er doch auch ein Ort, an dem die von zu Hause mitgebrachten Konflikte besprochen, debattiert und begutachtet wurden, wo man Lösungsmöglichkeiten überlegen und prüfen konnte. Dies war der Fall bei Vivian Goodman, einer bedächtigen, würdevollen Frau von 42 Jahren, die ich eines Nachts im Pausenraum interviewte. Sie ließ sich auf einem Stuhl mir gegenüber nieder, wie vor einem Richter, und begann sofort zu beschreiben, warum sie darum kämpfte, aus der Spätschicht in die Frühschicht von 7 bis 15 Uhr zu kommen. Auf dem Spiel stand eine gerade wieder auflebende Liebesbeziehung zu einem Amerco-Kollegen, Emmanuel, der von 5:30 bis 13:30 Uhr Schicht hatte. Dazu machten beide jede Woche zehn bis 15 Überstunden.

Zu Beginn unseres Interviews sprach sie überhaupt nur über Zeit:

> „Es ist gar nicht so einfach. Emmanuel kommt nachmittags um halb drei nach Hause, und da bin ich schon zur Arbeit. Wenn ich Überstunden mache, heißt das, dass ich bis zehn Uhr abends arbeite und erst nach Hause komme, wenn er schon schläft."

Vivian, die sich vor zehn Jahren von ihrem Mann hatte scheiden lassen, hatte zehn Monate lang mit dem erst vor kurzem geschiedenen Emmanuel ein neues Leben aufgebaut. „Er ist mein Leben", sagte sie schlicht. „Er ist sehr freundlich. Wir streiten uns selten." Aber vor ein paar Wochen hatten ihre Pläne eine katastrophale Wendung genommen. Emmanuel zog aus, weil „meine Kinder", wie sie erklärte, „ihm das Leben bei uns sauer gemacht haben. Ich wohne mit meinen beiden Kindern aus meiner vorigen Ehe zusammen. Sie sollten längst ausgezogen sein, aber sie sind es nicht."

Obwohl sich Vivian von ihrem ersten Mann getrennt hatte, als ihr heute 19-jähriger Sohn Tim noch klein war, klammerte sich

Tim immer noch an Erinnerungen an seinen Vater und an Momente aus gemeinsam verbrachten Ferien, die Vivian längst vergessen hatte. Sie hatte sich mehrfach mit ihrem Mann wieder versöhnt, und jedes Mal hatte ihr Sohn neue Hoffnung geschöpft. „Tim weiß natürlich nichts von den Affären, die sein Vater mit anderen Frauen hatte, und nichts von den schrecklichen Auseinandersetzungen zwischen uns. Ich kann Tim nicht davon überzeugen, dass wir diese Familie nie wieder sein werden." Tim hatte die Freunde seiner Mutter einen nach dem anderen vergrault und nun also auch Emmanuel. Wenn Emmanuel da war, bekam Tim schlechte Laune und suchte Streit. Emmanuel hatte viel Verständnis, aber die ständigen Unverschämtheiten des Jungen hatten ihn schließlich mürbe gemacht.

Vivians Tochter Tracy, 21, hatte Emmanuel allmählich akzeptiert. Beide hatten sogar zusammen hinter Vivians Wohnwagen einen Gemüsegarten angelegt und Emmanuel hatte ihr zum Geburtstag eine blaue Jacke geschenkt, von der er wusste, dass sie sie schon lange haben wollte. Tracy fand es gut, dass Emmanuel zu ihnen ziehen wollte, bis sie erfuhr, dass er Emerald mitbringen würde, seine eigene Tochter aus einer früheren Ehe. Vivian sagt:

> „Sie hat ihren richtigen Vater kaum gekannt, und jetzt wollte sie, dass Emmanuel ihr neuer Vater ist, ein Vater für sie allein. Sie war eifersüchtig. Sie fand, Emmanuel behandelte Emerald wie eine Königin. Wir waren gerade dabei, zwei neue Räume an den Wohnwagen anzubauen, und Tracy sagte zu mir: ‚Ihr baut die doch nur an, damit Emerald hier einziehen kann.'"

Vivian hatte Emmanuels Beziehung zu seiner Tochter immer gefördert und verzweifelt versucht, sie in eine neue, gemeinsame Familie einzubeziehen. „Emmanuel sah Emerald nur jedes zweite Wochenende, und ich wollte keine Pläne machen, die da dazwischen gekommen wären", erklärte sie. Als sie einmal mit Emmanuel und Emerald ins Restaurant ging, setzte sich Emmanuel auf dieselbe Seite des Tisches wie Vivian. Vivian, die merkte, dass Emerald sich abgeschoben fühlte, redete Emmanuel zu: „Setz dich doch neben Emerald."

Mit der gleichen Großherzigkeit versuchte Vivian, die versprengten Mitglieder ihrer eigenen „Großfamilie" in ihre zänkische Herde zu integrieren. Sie ließ Tracys arbeitslosen Freund bei sich wohnen, der, wie der hart arbeitende Emmanuel sagte, „hier im Haus doch bloß rumgammelt und nichts tut." Sie nahm auch die Adoptivschwester ihres Ex-Mannes auf, die von dessen Vater sexuell missbraucht worden war. Sechs Monate lang bot sie zwei Neffen Unterschlupf, die Schutz vor ihrem betrunkenen Vater suchten. Kurz danach nahm sie auch noch Tracys beste Freundin unter ihre Fittiche, eine junge Frau, die vom Freund ihrer Mutter missbraucht worden war. Im Grunde betrieb Vivian ein Heim zum Schutze der Jungen vor den Alten, der Kinder vor den Eltern oder Ersatzeltern. Sie nahm sich der gebrochenen Herzen an und öffnete ihr Zuhause allen, die einen sicheren Ort brauchten, ein Bett, etwas zu essen oder ein offenes Ohr. So arbeitete sie eine Schicht plus Überstunden in der Fabrik, eine zweite Schicht als Hausfrau und Mutter zu Hause, und dann noch einmal Überstunden als die Mutter Teresa eines problembeladenen Kreises von Familienangehörigen und Freunden.

Emmanuel liebte Vivian für ihr großes Herz und behauptete, er teile ihr Verständnis von Zuhause als einer Zuflucht für geliebte Menschen in Not. Aber er brachte wenig Geduld auf für lange Wartezeiten vor der Klotür bei morgendlicher Hetze, für das gerade dann aus dem Kühlschrank verschwundene Bier, wenn er sich im Fernsehen eine Sportsendung anschauen wollte, für die wieder einmal von irgendjemandem verräumten Werkzeuge aus seiner Werkbank, wenn er ein paar rare Stunden Zeit für Projekte hatte, die er liebte, und am allerwenigsten für die wenige Zeit, die ihm mit Vivian blieb.

Einem Leben, zu dem die gemeinsame Fürsorge für Vivians „Fälle" gehört hätte, fühlte er sich einfach nicht gewachsen. Er bewunderte sie dafür, aber empfand zunehmend den Wunsch, auch mit seinen eigenen Bedürfnissen nicht zu kurz und in ihrer Gemeinschaft von Bedürftigen an erster oder doch wenigstens zweiter Stelle zu kommen. Inmitten dieses Flüchtlingsstroms im eigenen Heim und angesichts von Vivians sich immer weiter ausdehnenden Arbeitszeiten bei Amerco hatte Emmanuel das Gefühl, dass für ihn nicht mehr viel blieb.

So begann er, nach der Arbeit ein bisschen länger in der Bar nebenan zu bleiben – und das war, wie sich herausstellte, erst der Anfang. „Ich dachte, er wäre mit seinen Geschwistern zusammen", erzählte Vivian, „und manchmal war es auch so, aber manchmal war eben auch jemand anders da."

> „Am Ende hatte er eine Affäre mit ihr. Einmal rief mich seine Geliebte an und versuchte, sich zu rechtfertigen, indem sie sagte: ‚Sie sind ja nie zu Hause.' Das stimmte. Ich war tatsächlich nie zu Hause. Ich machte so viele Überstunden, wie ich nur konnte. Ich war nicht deswegen nicht zu Hause, weil ich nicht zu Hause sein wollte. Das Problem war, dass ich für uns alle sorgen wollte und es nicht konnte."

Auch bei Emmanuel waren von Kindheit an immer irgendwelche Verwandten im Haus gewesen; daran war er gewöhnt. Was er nicht ertrug, so sagte er, war, tatenlos zusehen zu müssen, wie Vivian von den „verlorenen Schafen", die sie aufnahm, im eigenen Haus ausgenutzt wurde. „Emmanuel sagt, die Kinder behandeln mich schlecht", sagte Vivian. „Sicher, sie kriegen ab und zu ihre kleinen Koller, aber damit kann ich inzwischen leben." Als Emmanuel schließlich auszog, waren seine letzten Worte zu ihr: „Ich kann das nicht mit ansehen, wie du die dreckigen Socken von Tracys Freund wäschst."

Das Problem schien dreifach. Erstens, viele Leute, kamen zu Vivian, wenn sie Hilfe brauchten, auch Emmanuel. Zweitens, Vivian selbst hatte zu Hause im Grunde niemanden, an den sie sich wenden konnte, wenn ihr alles zu viel wurde. Drittens, Emmanuel fiel dank seiner eigenen langen Arbeitszeiten zu Hause aus, obwohl das niemand als Problem sah. Da sie an Emmanuel keine Stütze hatte, wandte sich Vivian stattdessen ihren Freundinnen am Arbeitsplatz zu; und Emmanuel trat am Ende den Rückzug in eine Affäre an. Vivian war völlig am Boden, wie sie erzählte:

> „Ich habe nie mit Emmanuel über seine Affäre gesprochen, und ich glaube, ich werde es auch nicht tun. Wenn es wieder passiert, passiert es wieder. Es ist vorbei, und Emmanuel hat mir gesagt, dass es nie wieder vorkommt. Na ja, das hat mein Ex auch immer gesagt. Aber diesmal war es einfach zu viel. Ich habe 36 Pfund abgenommen. Der Arzt hatte mir Beruhigungspillen verschrieben. Die habe ich genommen, bin bei der Arbeit auf die Toilette gegangen und umgekippt, zwei Stunden lang war ich weg. Ich hab meine Überstunden versäumt. Meine Kolleginnen wussten, dass Emmanuel jemand anders hatte. Die sehen das, die wissen das. Manche kamen extra zu mir, um mir zu sagen: ‚Die ganze Abteilung macht sich Sorgen um dich.'
>
> Meine Kinder haben gemerkt, wie weh mir das getan hat, als er gegangen ist. Ich hatte das Gefühl, dass mir alles entglitt. Die Kinder trafen Entscheidungen. Emmanuel traf Entscheidungen. Amerco traf Entscheidungen für uns alle. Ich war wie lebendig begraben. Und bei alledem musste ich auch noch zur Arbeit gehen. Ich musste funktionieren. Aber wissen Sie, die Arbeit hat mir auch geholfen."

Die Arbeit war der einzige Ort, an dem Vivian das Gefühl hatte, in ihrem Elend Unterstützung zu bekommen. Dort war sie von lauter Kolleginnen umgeben, die zuhörten, mitfühlten, warnten, eigene Geschichten erzählten – die mehr gaben als nahmen. Die Kolleginnen sagten, sie müsse mehr essen, sich andere Medikamente verschreiben lassen, Emmanuel die Meinung sagen, selber eine Affäre (oder keine Affäre) anfangen. Beim Mittagessen, in den Pausen oder nach der Arbeit beim Bier wurde darüber diskutiert, ob so ein Kerl wie Emmanuel eine so herzensgute Frau wie Vivian überhaupt verdient hatte oder ob nicht vielmehr Vivian Emmanuel vertrieben hatte, indem sie ihre Aufmerksamkeit auf zu viele andere Menschen verteilte. Es war einfach unfair, sagten manche, dass Männer so viel Schaden anrichten konnten und dass tolle Frauen wie Vivian, die versuchten, das wieder gut zu machen, zum Lohn für ihre Mühe dann sitzen gelassen wurden. Welche Meinungen auch immer vertreten wurden, dies waren die Gespräche – die vielleicht früher einmal in der Küche einer Nachbarin oder über einen Gartenzaun hinweg statt gefunden hätten – und die Vivian halfen, ihre häusliche Krise zu überstehen.

Frauengemeinschaft und Unternehmenspolitik

Viele der Männer, die ich interviewte, waren stolz darauf, wenn sie anderen halfen, aber keiner erzählte mir auch nur annähernd eine solche Geschichte wie Vivian. Die meisten Amerco-Männer sahen sich bei der Arbeit wie zu Hause in erster Linie als Brotverdiener, und ihre Fürsorge für andere erschien ihnen meist als „Extra". Persönliche Hilfe innerhalb und außerhalb des Arbeitsplatzes zu leisten und zu erhalten, freundschaftliche Beziehungen zu vertiefen oder eine Gemeinschaft aufzubauen, war im Allgemeinen Frauen- und nicht Männersache. Mit der zunehmenden Zahl der Frauen allerdings, die bei Amerco eingestellt wurden, begann das Unternehmen auch mehr und mehr, sich der von diesen Frauen an den Arbeitsplatz mitgebrachten weiblichen Kultur anzupassen und auf sie zu bauen. So selbstverständlich, wie sich Vivian Goodman zu Hause der Menschen in Not annahm, tat dies Vicky King am Arbeitsplatz. Vickys informelle Problemfälle waren Nachwuchsmanager, Sekretärinnen in ihrem eigenen Bereich und andere Beschäftigte, die Schwierigkeiten hatten. Während das Zuhause eine „Maskulinisierung" durchmachte und wie ein effizienter „Arbeitsplatz" gemanagt wurde, an dem persönliche Bedürfnisse verlagert, verdrängt oder aufgeschoben werden mussten, „feminisierte" sich der Arbeitsplatz, und zwar dank einer Management-Philosophie, bei der Vertrauen, Teamgeist und Höflichkeit gegenüber dem internen Kunden im Mittelpunkt standen.

Allerdings gab es im Ausmaß dieser „Feminisierung" des Arbeitsplatzes einen entscheidenden Unterschied zwischen Beschäftigten mit Spitzengehältern und Lohnempfängern in der Fabrik. Fragte man Topmanager, weibliche wie männliche, nach ihrem Familienleben, war selten von Großeltern, Tanten, Onkeln, Cousins und Cousinen die Rede. Für sie bedeutete „Familie" die *Kernfamilie* – Mutter, Vater, Kinder. In den Interviews mit Fabrikbeschäftigten dagegen, weiblichen wie männlichen, fielen ständig die Namen aller möglichen Verwandten, weit über die Kernfamilie hinaus. Zum Teil lag dies daran, dass die Fabrikbeschäftigten bei Amerco in der Regel aus der Gegend von Spotted Deer kamen, während die meisten Manager von irgendwoher zugezogen waren. Teils aber schienen die Familienbindungen von Arbeitern auch einfach einen größeren Kreis von Verwandten zu umfassen.[1]

Nimmt man Familie und Freunde als informelles „Wohlfahrtssystem", gab es unter dem Personal in der Fabrik weit mehr „Sozialarbeiter" als unter den Managern. An der Unternehmensspitze wurden Familienbedürfnisse meist durch bezahlte Dienstleistungen – Babysitter, Ferienlager, Seniorensiedlungen – oder Hausfrauen abgedeckt. Bei den Fabrikbeschäftigten dagegen waren in der Regel die Familienmitglieder für sie zuständig, und das hieß gewöhnlich, berufstätige Frauen wie Vivian. So verursachten die Kürzungen bei der häuslichen Zeit, die eine Folge der immer länger werdenden Arbeitszeiten bei Amerco waren, ganz unten mehr spürbares Leiden als ganz oben.

Die Umstrukturierungen, die Amerco in den letzten Jahren vorgenommen hatte, verschärften diese Situation weiter. *Total Quality* mit seiner nachdrücklichen Betonung von Zusammenarbeit und gegenseitiger Hilfe am Arbeitsplatz wurde nun auch auf die Fabrikarbeitsplätze ausgedehnt; nicht aber die familienfreundliche Politik, die genau diese Ziele im häuslichen Umfeld hervorhob. Im Verein mit der zunehmenden Zahl der angeordneten (und oft erwünschten) Überstunden schufen diese Unternehmensentscheidungen die Rahmenbedingungen für Vivians schreckliches Dilemma.

Die Verbesserung der Balance von Arbeit und Familie war kein Thema, das man in der Fabrik ohne weiteres ansprechen konnte. Schließlich war es angesichts der Macht, die das Unternehmen hatte, einigermaßen unwahrscheinlich, dass eine Einzelperson gegen die Bedingungen des „Normalarbeitstags" angehen konnte, und so taten dies auch nur wenige. Selbst gegen die härtesten Vorschriften wurde nicht wirklich aufbegehrt. So galt in den Amerco-Fabriken die Regel, dass Beschäftigte, die – aus familiären oder sonstigen

---

1 Elizabeth Bott, *Family and Social Network: Roles, Norms, and External Relationships in Ordinary Urban Families*. New York, Free Press, 1967.

Gründen – zu spät kamen, wegen unerlaubten Fernbleibens vom Arbeitsplatz einen Vermerk in ihrer Personalakte erhielten. Kamen sie ein weiteres Mal zu spät, wurden sie bestraft, indem man ihnen unbezahlte Tage frei gab. Es mag paradox erscheinen, dass Beschäftigte, die Zeit brauchten, von Amerco mit noch mehr Zeit bestraft wurden, aber diese Strafsuspendierung war nur der erste von drei Schritten, die unerbittlich zur Entlassung führten. Drei solcher Suspendierungen innerhalb eines Jahres, und die betreffende Person war gefeuert.

Viele Mütter von kleinen Kindern bekamen es mit diesen Regeln zu tun, wenn medizinische Notfälle eintraten. Eine von ihnen schilderte eine solche Situation:

> „Die Kinder waren den ganzen Winter über krank. Jetzt hat Todd die Windpocken. Vor zwei Wochen bekam Teddy eine Lungenentzündung und musste ins Krankenhaus. Wir riefen meinen Vorgesetzten an und fragten, ob ich frei bekommen könnte, um bei Teddy zu bleiben. Aber er sagte nein. Ich nahm drei Krankheitstage und dann noch ein paar Urlaubstage, und bekam einen Vermerk in die Personalakte. Aber ich kann meine Kinder nicht jedes Mal, wenn sie krank sind, zu meiner Mutter oder Schwiegermutter bringen. Die sind auch beide berufstätig. Und außerdem, wenn Teddy krank ist, dann will er mich und sonst niemanden."

In einem anderen Fall musste der Sohn einer allein erziehenden Mutter operiert werden, aber weil sie schon alle Krankheits- und Urlaubstage aufgebraucht hatte, zögerte sie den Operationstermin sechs Monate hinaus, um dann einen freien Tag nehmen zu können. Aufgrund dieser Verzögerung drohte ihr der Kinderarzt mit einer Klage wegen Kindesmisshandlung. In einem anderen Fall deckten Kollegen einen allein erziehenden Vater, der jeden Abend seine halbstündige Pause um 15 Minuten überzog, um nach Hause fahren und seine zehnjährige Tochter, die dort allein war, ins Bett bringen zu können. Als der Vorgesetzte dahinter kam, unterband er diese Praxis. In einem dritten Fall drohte ein Vorgesetzter einer Mutter mit der Kündigung, weil sie ihren Arbeitsplatz verlassen hatte, um sich um ihre Tochter zu kümmern, die mit gefährlich hohem Fieber im Bett lag.

Eine andere Mutter, die in der Fabrik arbeitete, bekam ihren Vermerk wegen unerlaubten Fernbleibens aus einem ganz anderen Grund:

> „Ich musste noch einen Tag frei haben, um mit meinem Mann zum Familiengericht zu gehen und ihm zu helfen, das Sorgerecht für seine beiden Töchter [aus einer früheren Ehe] zu bekommen. Beide zusammen haben wir fünf Kinder. Das Familiengericht ist wie all diese Ämter, man wartet

ewig. Als wir endlich raus kamen, war es halb drei. An all den Tagen, an denen ich wegen dieser Gerichtssache schon zu spät gekommen war, bekam ich von meinem Chef einen Vermerk. Ich habe drei Tage Lohn verloren. Ich bin durch alle Instanzen in der Fabrik und dann auch noch zu einem Manager in der Industrial-Relations-Abteilung in der Zentrale gegangen, und alle haben mir dasselbe gesagt: „Tut uns Leid, aber Sie haben die Zeit schon frei genommen."

In neun von zehn Beispielen für Krisen in der Balance von Arbeit und Familie, die in meinen Interviews mit Fabrikbeschäftigten erwähnt wurden, ging es um kranke Kinder. Aber während medizinische Notfälle noch einigermaßen klar umrissen waren, kamen die weit schwierigeren Probleme, die man vielleicht als semichronisch bezeichnen könnte – Kinder, die Depressionen hatten, in der Schule versagten, keinen Anschluss fanden oder mit den falschen Freunden herumhingen – und die nach mehr elterlicher Zeit und Aufmerksamkeit geradezu schrieen, fast gar nicht zur Sprache.

Abgesehen von Notfällen jedoch beklagten sich die meisten Beschäftigten nicht allzu sehr über ihre ausufernden Arbeitszeiten. Zum einen brauchten die Eltern das Geld. Zum anderen aber war die Arbeit auch eine Art Vermeidungsstrategie:[2] Für Becky Winters war sie eine Möglichkeit, Auseinandersetzungen aus dem Weg zu gehen; für Vivian eine Art und Weise, Abstand zu ihren belastenden „Fällen" zu Hause zu bekommen; und für Dolores Jay, eine ihrer Kolleginnen, der Fluchtweg aus der häuslichen Gewalt. Eines Tages zeigte sie auf die holzverkleidete Wand des kleinen Büros in der Fabrik, in dem ich Interviews durchführte, und sagte:

„Sehen Sie die Bretter da an der Wand? Mein Mann würde jetzt nachsehen, ob da Staub drauf wäre, und mich verprügeln, wenn er welchen fände. Er würde den Abstand zwischen dem Couchtisch und der Wand nachmessen, und wenn es nicht genau 65 Zentimeter auf beiden Seiten wären, würde er mich schlagen. Einmal kam er auf Urlaub von der Marine nach Hause. Er hatte weder mich noch unser einjähriges Baby gesehen. Ich stand gerade unter der Dusche, und mein Mann kam ins Badezim-

---

2 In einer neueren Erhebung wurden in den USA 1.502 Frauen gefragt: „Wenn Sie genug Geld hätten, um so gut zu leben, wie Sie es möchten, würden Sie dann lieber Vollzeit arbeiten, Teilzeit arbeiten, ehrenamtliche Schreibarbeiten übernehmen oder sich zu Hause um die Familie kümmern?" Nur insgesamt 31 Prozent entschieden sich für „sich zu Hause um die Familie kümmern". Je höher der Bildungsstand war, desto größer war auch das Interesse an der Erwerbsarbeit. Aber auch bei den Frauen, die nicht zur Highschool gegangen waren, optierten zwei Fünftel für die Erwerbsarbeit (Families and Work Institute, *Women: The New Providers*. 1995, S. 56).

mer, riss den Duschvorhang auf und gab mir den Jungen. Er hatte ihn geschlagen. Ich legte den Kleinen aufs Bett. Er hat stundenlang keinen Ton von sich gegeben. Mein Mann ließ mich nicht aus dem Haus. Er saß auf der Veranda, so dass ich keine Hilfe holen konnte. Ich saß bloß da mit dem Baby, weil ich kein Telefon hatte, weil es niemanden gab, den ich anrufen konnte. Ich konnte nirgends hin! Nach ein paar Stunden fing mein Sohn an, sich zu bewegen. Ich glaube, er dachte, ich wäre das gewesen. Ich habe seither immer Probleme mit meinem Sohn."

Hilfe für Dolores kam über den Arbeitsplatz ihres Mannes. Einer seiner Kollegen rief den für die Marine zuständigen Kaplan an, und der telefonierte mit Dolores' Vater. Dann schickte er Dolores eine Fahrkarte für die einfache Fahrt zurück nach Hause.

Arbeit kann also – wie für Dolores Jay – auch ein Ort sein, an dem man sich vor traumatischen Erfahrungen verstecken und sich von ihnen erholen kann, und das Zuhause der Ort, an dem Traumatisches geschieht. Eine andere Frau, die in der Fabrik arbeitete, kam dahinter, dass ihr Mann eine Affäre hatte und dass ihre besten Freundinnen das schon lange wussten. „Das geht mir bei der Arbeit den ganzen Tag im Kopf herum", sagte sie. „Wie konnte er? Und warum hat mir niemand was gesagt?" In solchen Fällen wurde die Arbeit zum Erholungsort, an dem man die Wunden, die einem das Leben draußen geschlagen hatte, heilen lassen oder doch wenigstens mit einiger Ruhe betrachten konnte. In anderen Fällen kann Arbeit das Mittel sein, mit dem man versucht, dem Trauma überhaupt aus dem Wege zu gehen. So musste einmal ein Beschäftigter seine Frau, die an einer Totgeburt zu verbluten drohte, ins Krankenhaus bringen. Der völlig verstörte Mann rief vom Krankenhaus aus die Freundin seiner Frau an, um ihr Bescheid zu sagen, und fuhr dann wieder zur Arbeit. Diese Freundin aber marschierte zu seinem Arbeitsplatz, schlug ihm auf die Schulter und sagte: „Sie *braucht* dich. Geh hin!" Später bedankte sich der Mann beschämt und kleinlaut bei ihr, dass sie ihm geholfen hatte, in einem so wichtigen Augenblick das Richtige zu tun.

Die Struktur der Arbeitszeit mit ihren Wechselschichten und Überstunden verschärfte eben jene Probleme, vor denen die Leute meinten von zu Hause weglaufen zu müssen. Mit Amercos Hilfe wurden Zehntausende individueller Teufelskreise von Zeitmangel in Gang gesetzt. Je mehr Überstunden Vivian Goodman zum Beispiel machte, desto größere Ansprüche stellten ihre Kinder und desto mehr zog Emmanuel sich zurück. Je größer die Ansprüche der Kinder waren und je mehr Emmanuel sich zurückzog, umso schwerer fiel es Vivian, zu Hause zu sein, und desto mehr Überstunden machte sie. Erst als Emmanuel auszog und die Krise so offenkundig wurde, begann Vivian auch nur zu ahnen, dass es einen Teufelskreis gab und fing an Wege zu suchen, ihn zu durchbrechen.

Joann Redman, eine weitere von Vivians Kolleginnen, erlebte diesen Teufelskreis in einer extremen Form. Als Mutter einer vierjährigen Tochter arbeitete sie neun Stunden am Tag und dies sechs Tage in der Woche, um 77 Morgen Land, einen Wohnwagen und ein 40.000-Dollar-Boot abzuzahlen, mit dem die Familie den ganzen Sommer über ein einziges Mal auf dem Wasser gewesen war. Joann erklärte:

> „Mein Vater hat manchmal 20 Stunden gearbeitet und war vier Stunden später schon wieder in der Fabrik. Auch meine Mutter hat eine Menge Doppelschichten gemacht. Also musste ich kochen und mich um meinen kleinen Bruder kümmern, was ich gehasst habe. Jetzt mache ich das genauso, glaube ich. Das letzte Jahr habe ich acht Monate lang täglich zwölf Stunden gearbeitet, Wechselschicht."

Paul, ihr Mann, kam mit solchen Arbeitszeiten oft schwer zurecht. Da sie so wenig Zeit füreinander hatten, wollte sie diese wenige Zeit nicht auch noch mit Kochen zu Hause vergeuden.

> „Wir gehen mit den Kindern zu Burger King, McDonald's, Friendly's. Gestern sind wir ausgegangen, weil meine Schwestern in der Stadt waren. Wir haben was gegessen und getrunken. Das war das erste Mal seit über einem Jahr, dass wir ohne die Kinder weg waren. Paul wurde richtig vergnügt. Er war ganz überrascht. Er sagte: ‚Mir ... geht ... es ... ja ... richtig ... gut!' "

Am härtesten waren die langen Arbeitstage für ihren vierjährigen Sohn Lewis. Bei solchen Arbeitszeiten gab es nur einen Tag in der Woche, an dem Joann ihn längere Zeit sah, und das wirkte sich auf die Art und Weise aus, wie sie mit ihm umging.

> „Ich werde so einen Tag doch nicht damit zubringen, den Spielverderber zu machen. Also lasse ich Lewis alles Mögliche durchgehen. Ich bekomme das jetzt heimgezahlt, denn er ist ein ziemlicher Rüpel geworden. Nicht zu Paul, nur zu mir."

Joann selbst war von ihren Workaholic-Eltern abwechselnd vernachlässigt und verwöhnt worden. So wie sie Spielzeug und Eis statt Elternzeit bekommen hatte, so gab sie nun Lewis Geschenke zum Ausgleich für fehlende Zeit. Noch komplizierter wurde das Ganze dadurch, dass Pauls zwei Kinder, die elf und neun waren, jedes zweite Wochenende zu den Redmans kamen.

„Es gibt Tage, da finde ich es ungerecht, dass ich auch noch für Pauls zwei Kinder mitbezahlen soll. Es wurmt mich, dass ich der „Papa" bin, der immer so lange arbeitet. Ich hatte Schuldgefühle, dass ich wieder zur Arbeit gegangen bin, als Lewis erst sechs Wochen alt war, zurück zu meinem Zwölfstundentag und meiner Sechstagewoche. Ich bin wie mein Vater, der einen großen Teil meiner Kindheit gar nicht mitbekommen hat. Aber vielleicht ist es das Ganze ja wert. Ich möchte Lewis und meinen Stiefkindern diese 77 Morgen Land schenken."

Das eigentlich Beunruhigende an ihren Überstunden und an ihrem Dasein als „Papa" war für Joann jedoch die Tatsache, dass sie nicht recht wusste, warum sie das machte. Keine ihrer Erklärungen befriedigte sie ganz. „Das Geld ist natürlich schön; aber wenn man dann nur noch am Arbeitsplatz lebt, das ist es doch auch nicht wert", schloss sie. Zugleich aber tat sie nichts, um ihre Arbeitszeiten zu ändern. Über diesen Grübeleien hatte sie sich eine Zeit lang ein privates Feierabendritual angewöhnt:

„Wenn ich die Schicht von 15 bis 23 Uhr habe, schlafen Paul und Lewis schon, wenn ich nach Hause komme. Ich hatte eine Zeit, da fuhr ich dann erst einmal in einen Laden, kaufte mir einen Sechserpack Bier, packte es in den Wagen, fuhr eine Stunde auf irgendwelchen Landstraßen herum, hielt dann 500 Meter vom Haus entfernt an, saß im Auto und trank vielleicht zwei Bier. Dann fragte ich mich: ‚Ist es das, was ich eigentlich will? Will ich Lewis aus allem rausreißen und ihn allein groß ziehen? Will ich frei sein?' Paul hatte von alledem keine Ahnung, und so ganz allein auf diesen Landstraßen bekam ich selbst auch Angst. Aber bis zum nächsten Mal hatte ich das vergessen, und ich machte es immer wieder. Ich habe lange gedacht, ich sei dabei, den Verstand zu verlieren."

Becky Winters fand bei der Arbeit Linderung für den Schmerz ihrer traumatischen Scheidung. Vivian Goodman fand Entlastung von ihren häuslichen Rettungsmissionen. Aber Joann Redman, die sogar noch längere Arbeitszeiten hatte, fand nicht heraus, warum sie so lange arbeitete. Wie viele Menschen, überlegte ich, fuhren wohl sonst noch um Mitternacht auf ihren eigenen „Landstraßen" herum und fragten sich, warum ihr Leben so war, wie es war, und bekamen doch den Zusammenhang zwischen ihrem Wunsch, dem zu entkommen, und dem Wunsch des Unternehmens, Profit zu machen, nie ganz zu fassen.

13. Kapitel
Überstundenhechte

„Mir gefällt dieser Job, da kann ich Weihnachten arbeiten."
Fabrikarbeiter

Während ich den Pausengesprächen der Frauen und Männer lauschte, die bei Demco am Fließband arbeiteten, tauchten zwei Themen immer wieder auf – lange Arbeitszeiten und Gleichberechtigung. Deb Escalla, Mutter von drei Kindern und für die Qualitätskontrolle an Band fünf zuständig, glaubte an die Gleichberechtigung. Mario, ihr Mann, glaubte in seiner gutmütigen Art nicht daran. Er war ein Überstundenhecht, und er wollte seinen Spaß haben, und das stand einem Mann nun mal zu.

An einem stillen Vormittag in der Woche fuhr ich durch ein Wohnviertel mit bescheidenen Einfamilienhäusern inmitten ausgedörrter Rasenflächen zum zweistöckigen Holzhaus der Escallas. Ich sah zwei Jungen, die unter die Motorhaube eines großen, rostigen Pick-up spähten, und einen älteren Mann, der spazieren ging, aber sonst war kaum jemand unterwegs. Ich klingelte bei den Escallas und wurde auf der Stelle von drei ausgelassenen Kindern in Empfang genommen – Gina, fünf Jahre, die das Kommando hatte; Gordon, anderthalb, der uns umkreiste, als wollte er uns mit einem unsichtbaren Seil verschnüren; und Hunter, eine niedliche Dreijährige, die wissen wollte, ob ich gekommen wäre, um mit ihr zu spielen.

Deb Escalla, 27, führte mich zu einer in Ehren gealterten Couch in einem gemütlichen Raum im Erdgeschoss, von wo sich unser aller Blicke unwillkürlich auf die flackernden Bilder eines riesigen Fernsehschirms richteten. Gina spielte gerade ein Nintendo-Spiel, während Baby Gordon die bunten Illustrationen in den Nintendo-Spielanweisungen anstarrte. Hunter reckte sich auf die Zehenspitzen, um ihr geliebtes *Pinocchio*-Band in den Video-Player zu schieben, und war frustriert, weil es wegen eines bereits darin befindlichen *Dumbo*-Bandes nicht ging. Bücher gab es in diesem Raum nicht.

Die Kinder schossen hin und her wie ein Schwarm Fische. Eigentlich spielten nicht alle zusammen mit demselben Spielzeug, aber oft wollten alle zugleich dasselbe haben, und dann musste Deb immer wieder den darüber entbrannten Streit schlichten. Alle drei wollten Spiegeleier-Braten spielen oder das *Barney*-Lied auf meinen Kassettenrecorder singen oder sie wollten Hunters Flasche. Gordon tappte zwischen Sofa, Plastik-Puppenküche und Video-Player hin und her. Cakes, der Hund, sprang auf meinen Schoß, rollte sich auf den Rücken und blickte hingebungsvoll zu mir auf.

Becky Winters und Sue Carpenter waren jede auf ihre Weise von ihrer Familie enttäuscht. Die Escallas waren nicht enttäuscht, sie waren überwältigt, und beide suchten bei der Arbeit Zuflucht vor der Erschöpfung ihres hektisch-glücklichen Lebens zu Hause. Leise und monoton begann Deb, eine braunäugige, dunkelhaarige Schönheit, die Mitglieder ihrer Familie anhand ihrer Arbeitszeiten zu beschreiben:

„Ich arbeite in einer Sieben-Tage-Wechselschicht. Mario arbeitet regelmäßig von neun bis fünf Uhr nachmittags. Mein Vater arbeitet immer von 14 bis 22 Uhr. Und meine Mutter hat die Schicht von morgens acht bis um fünf."

Sie erzählte, wie auch ihre Eltern beide in der Fabrik gearbeitet und dabei drei Kinder groß gezogen hatten, und beschrieb dann liebevoll und im Detail ihre eigene Sieben-Tage-Wechselschicht – ähnlich wie bei Becky Winter. Dazu kamen dann pro Woche noch durchschnittlich fünf Überstunden dazu. Mario mit seiner regelmäßigen Tagschicht machte so viele Überstunden, wie er nur konnte, in manchen Monaten bis zu 20 pro Woche.

Das Haus war in einen Schlaf- und einen Wachbereich unterteilt. Die Tagesläufe im Escalla-Haushalt schienen sich, obwohl Deb letztlich weniger Freizeit hatte als Mario, mehr nach Mario zu richten, da er länger arbeitete. „Manchmal ist Daddy auf. Manchmal schläft er. Manchmal ist Daddy auf, aber müde", erklärte die Fünfjährige.

Nur Deb durchschaute die labyrinthischen Wochenpläne der ganzen Familie. Wie ein Weichensteller bei der Eisenbahn beschrieb sie, wie die Zeiten für jedes Kind festgelegt wurden, unter Berücksichtigung der Arbeitszeiten der sieben Erwachsenen, die sich regelmäßig bei der Kinderbetreuung abwechselten, sowie mehrerer anderer Personen, die dies gelegentlich taten:

„Wenn ich die Schicht von sieben bis 15 Uhr habe, fängt der Tag etwa Viertel vor fünf an. Ich kann die Kinder nicht vor halb sieben zum Babysitter bringen, aber ich muss spätestens 6 Uhr 45 an der Stechuhr im Werk sein, also rase ich. An den Wochentagen habe ich zwei Sitter, weil Melody, unsere Haupt-Babysitterin, nicht alle drei Kinder nehmen kann. An den Wochenenden bringe ich sie zu meiner Mutter, zu Marios Kusine oder zu meiner Schwiegermutter. Gewöhnlich bringe ich zu jeder von ihnen nur ein Kind, weil nämlich Gina und Hunter wahre Ungeheuer sind, wenn man sie zusammen lässt. Wenn Mario und ich gleichzeitig arbeiten, schlafen die Kinder die ganze Woche über bei ihren Großeltern."

An den Tagen, an denen Deb Nachtschicht hatte, hing der Tageslauf der Kinder von Marios Überstunden ab. Wenn Mario Doppelschichten machte (was zwei Achtstundentagen entsprach) und die Nacht durcharbeitete, gingen die Kinder zum Schlafen zu Marios Mutter und dann am nächsten Morgen gleich zum Babysitter. Nach fünf Nächten Schicht von elf Uhr abends bis sieben Uhr früh hatte Deb fünf Tage frei. An diesen Tagen kümmerte sie sich um die Kinder. Wenn Deb ganz dringend Hilfe mit den Kindern brauchte, weil eines von ihnen krank war, rief sie ihre Mutter an, die bei Amerco Sekretärin war und ihre restlichen bezahlten Genesungstage nutzte, um einspringen zu können. Drei ihrer fünf freien Tage brauchte Deb, um ihr Zeitgefühl wieder an das der übrigen Welt anzupassen. Zwei Tage lang war sie im Gleichklang. Dann begann der Zyklus von Neuem.

Die Hälfte aller im Stundenlohn bezahlten Beschäftigten bei Amerco arbeiteten regelmäßig an den Wochenenden. 65 Prozent der Frauen und 73 Prozent der Männer machten regelmäßig Überstunden. Vor kurzem war es erstmalig einer auf Stundenlohnbasis beschäftigten Arbeiterin – einer Frau, die in der Cafeteria putzte und sich um eine pflegebedürftige Mutter kümmern musste – gestattet worden, auf Teilzeit zu gehen. Aber an kürzeren Arbeitszeiten waren weder Deb noch Mario interessiert.

Mario Escalla begann sein Interview nicht mit einer Beschreibung des bis ins Kleinste abgestimmten Systems von Arbeit und Kinderbetreuung, sondern mit einer Darlegung seiner Lebensphilosophie, und kam erst dann auf seinen Tagesablauf zu sprechen. Er war ein freundlicher, 32-jähriger Italo-Amerikaner, der bei unserer ersten Begegnung den Baseball-Dress der Pittsburgh Pirates trug, die Kappe mit dem Schirm nach hinten. Er saß am Esszimmertisch beim Frühstück und fragte, ob ich nicht mitfrühstücken wollte. Kaum war unser Interview beendet, war er samt Schläger und

Handschuh mit einem Satz zur Tür hinaus, um zum Training zu fahren. Er war First Baseman einer vom *Blue Dot*, einer Bar in der Stadt, gesponsorten Mannschaft. Bei Amerco brachte er es mit seiner Tagschicht auf 50 bis 60 Wochenstunden:

> „Ich sehe das so: Wenn ich nur arbeite und danach die Kinder hüte und sonst nichts mache, geht es mir schlecht, ich hasse das. Also muss ich noch was anderes machen. Ich schlafe dann halt weniger, um die anderen Sachen machen zu können. Manchmal komme ich von einer Doppelschicht nach Hause, trinke eine Kanne Kaffee und fahre zum Baseball."

Für Mario Escalla war auch das Zuhausesein Arbeit. Sein Vergnügen suchte er sich woanders, und um es zu haben, stahl er sich selber Zeit. Fünf Stunden für seinen Körper, drei für ihn selbst: das war der Deal.

Mario war äußerst stolz darauf, ein „60-Stundenmann" zu sein, so wie sein Vater, und er sprach von langen Arbeitszeiten, als wären sie ein von Generation zu Generation weitergereichtes Erbe:

> „Ich mache so viele Überstunden und so viele Doppelschichten, wie ich nur kann. Ich bin nun mal ein Überstundenhecht. Eigentlich gibt es eine Bestimmung, dass man nicht mehr als 15 Stunden hintereinander arbeiten darf, aber ich schiebe immer mal wieder 20 oder 24 Stunden am Stück ein. Einmal bin ich nach solchen Überstunden beim Nachhausefahren im Straßengraben gelandet. Einmal bin ich bei der Arbeit geradewegs vor einen Schrank gelaufen. Einmal habe ich sieben Doppelschichten hintereinander gemacht. Ich finde es gut, wenn Deb und ich zusammen 100 Stunden die Woche schaffen. Ich bin schon aufgewacht und wusste nicht, welcher Tag gerade war. Ein andermal springe ich aus dem Bett und sage: ‚Moment mal, jetzt ist Abend.' Kann sein, dass ich ein Workaholic bin, aber nicht so stark wie ein Haufen anderer Leute hier."

Deb sagte dazu seufzend:

> „Mario liebt die Überstunden. Er will mindestens 60 Stunden die Woche. Er sagt selbst, er sei eine Maschine. Manchmal denke ich, es macht ihm Spaß, und manchmal denke ich, er tut es, weil er meint, er müsste es tun. Er sagt, er hat Schuldgefühle, wenn er Überstunden ablehnt."

Eigentlich war Mario ein warmherziger, vitaler Mann und alles andere als eine Maschine. Sein Job bestand im Stapeln und Verladen von Kartons, Aufgaben, die keine großen Fähigkeiten erforderten und ihn, wie er vergnügt zugab, langweilten. Seinen Stolz zog er aus den vielen Arbeitsstunden.

> „Die meisten meiner Kumpels machen ihre 40 Stunden und dann ist Feierabend. Aber die haben keine Kinder. Wenn ich keine Kinder hätte, würde ich auch nur 40 Stunden arbeiten.

Wenn die Leute sehen, wie viel ich arbeite, sagen sie schon mal: ‚Sag mal, spinnst du?' Letztes Jahr habe ich $ 40.000 verdient, und Deb bekommt normalerweise $ 23.000. Eine ältere Frau in meiner Abteilung macht so viele Überstunden wie möglich, damit sie auf Rente gehen und reisen kann. Ich zieh sie immer auf: ‚Das sind *meine* Überstunden. Du nimmst meinen Kindern die Butter vom Brot.' Trotzdem arbeite ich nicht nur wegen des Geldes. Wir könnten auch von einem Gehalt leben. Ich hab Deb auch schon gesagt, sie soll doch aufhören. Ich arbeite 50 Prozent für den Grundbedarf und 25 Prozent für die Gier. Viel davon ist Gier. Und 25 Prozent ist, um von zu Hause wegzukommen."

Mario mochte das Gefühl, immer genug Geld zu haben, um auch bei unvorhergesehenen Ereignissen nicht knapp bei Kasse zu sein. „Wenn ich keine Kinder und zwei 40-Stunden-Schecks hätte, dann hätte ich eine Goldgrube. Aber das ist nun mal nicht so. Deshalb will ich darauf vorbereitet sein, wenn mal mein Auto zusammenbricht oder die Heizung kaputt geht. Ich will nach Pittsburgh fahren und mir die Pirates ansehen können und das Geld dafür nicht aus der Haushaltskasse nehmen."[1]

„Wie viel Geld würden Sie brauchen, um das Leben zu führen, das Sie sich wünschen?" fragte ich. So rasch, als hätte er über diese Frage selber schon nachgedacht, erwiderte Mario: „Eine Million würde nicht reichen. Wenn ich nur eine Million hätte, würde ich immer noch arbeiten gehen. Ich würde bloß keine Überstunden mehr machen. Um ganz aufzuhören, würde ich zwei und noch was drüber brauchen." Aber als ich ihn fragte, was er denn mit soviel Geld anfangen wollte, waren seine Antworten nicht gerade großartig. „Dann hätte ich zwei Wagen, ein Boot. Ich würde renovieren", war alles, was ihm einfiel.

Marios Wunsch nach unbegrenzt viel Geld schien weniger von Konsumlust befeuert als von der Angst, seinen Job zu verlieren. 1982 war er vorübergehend bei Amerco entlassen worden und hatte

---

1 1990 hatten zwei Drittel der auf Stundenlohnbasis beschäftigten Männer bei Amerco erwerbstätige Frauen, und ihre Einkommen lagen zwischen $ 25.000 und $ 49.999. 20 Prozent der auf Stundenlohn beschäftigten Männer hatten ein Haushaltseinkommen von $ 25.000 oder weniger, 69 Prozent verdienten zwischen $ 25.000 und $ 50.000, und elf Prozent verdienten mehr als das. Mit ihrem Gesamteinkommen von $ 63.000 gehörten die Escallas also zu den Spitzenverdienern unter den auf Stundenbasis Beschäftigten. Bei den Frauen – bei denen eine Mehrheit allein erziehend war – waren die Haushaltseinkommen niedriger. Ein Drittel von ihnen verdiente weniger als $ 25.000, die Hälfte hatten ein Haushaltseinkommen zwischen $ 25.000 und $ 50.000, und 16 Prozent hatten höhere Einkommen.

acht traumatische Monate durchlebt. „Ich habe für fünf Dollar Teller gewaschen, ich habe Rasen gemäht, ich habe meinem Vetter geholfen, sein Schlafzimmer zu renovieren." So erklärte sich Marios Bereitschaft, Überstunden zu machen, zumindest teilweise aus seiner nur allzu realistischen Einschätzung einer ungewissen Zukunft, aber eben doch nicht ganz. Er wollte auch, wie er betreten zugab, von zu Hause wegkommen:

> „Ich sage immer, wenn ich das gewusst hätte, hätte ich keine Kinder haben wollen. Keine! Ich hätte immer noch Deb geheiratet. Aber drei Kinder? Eins vielleicht. Wir wollten natürlich unbedingt den Jungen. Auf diese Weise sind es drei geworden. Geplant waren zwei, aber als sich rausstellte, dass das zweite, Hunter, ein Mädchen war, war ich ziemlich deprimiert. Aber jetzt sind wir glücklich mit allen dreien."

Marios Macho-Gebaren in Gestalt seiner langen Arbeitszeiten hieß aber auch, dass jedes bisschen Zeit, das er schließlich doch mit seinen Kindern verbrachte, noch zu einem bereits überlangen Arbeitstag hinzukam.

> „Wenn ich nach Hause komme, wollen mich die Kinder sehen. Sie haben mich vermisst. Also gehe ich runter, auch wenn ich fix und fertig bin, und lege mich auf den Boden. Sie klettern gern auf mir herum und boxen mich. Ich muss sie auf mir reiten lassen wie auf einem Elefanten. Also mach ich das eine halbe Stunde mit, ehe ich mich ins Bett lege.
> Mein Vater ging nie zu irgendwelchen Veranstaltungen in der Schule, und ich habe auch nicht vor, das zur Gewohnheit werden zu lassen. Aber ich kann mir schon vorstellen, dass ich später einmal eine Doppelschicht mache und dann anschließend hingehe, wenn eines meiner Kinder ein Spiel hat. Um die Spiele der Kinder zu sehen, würde ich mir das Schlafen verkneifen."

Auch wenn Mario beim Spielen mit seinen Kindern einmal nicht erschöpft war, empfand er das Zusammensein mit ihnen als Schwerarbeit. Manchmal war es ganz besonders schlimm, erklärte er:

> „Es ist nicht das Durcheinander, es ist das Geschrei. Meine Ohren sind empfindlich, vor allem, wenn ich nicht viel geschlafen habe, und Gordon kann ganz schön loslegen: ‚WAAAAAAAHHHH!!!' Und kennen Sie schon die Zwieback-Geschichte? ..."

Er stand vom Esstisch auf, marschierte in die Küche, öffnete einen Schrank und schwenkte entrüstet eine Packung Zwieback.

> „*Das* soll gut sein, wenn die Kinder Zähne kriegen, nicht wahr? So, also hat sich Hunter Zwieback in den Rachen gestopft und fand das witzig. Und dann steckte das Zeug in ihrem Hals fest. Sie machte nur noch:

„ACCCHH, ACCCHHH, ACCCHHH." Ich kriegte Panik. Ich habe ihr auf den Rücken gehauen und auf den Magen gedrückt, und endlich ist es rausgekommen. Dann habe ich mich erstmal hingesetzt und zwölf Zigaretten hintereinander geraucht."

Mario sah sich selbst als jemand, der für Deb den „Babysitter" machte, aber wenn er seine Kinder beschrieb, dann tat er dies aus der Sicht eines sehr engagierten Vaters. Anders als die Amerco-Manager redete er nicht über die möglichen künftigen Karrieren seiner Kinder oder darüber, wie sie in der Schule waren; er redete vom alltäglichen Prozess, sie groß zu ziehen. „Wenn es um Disziplin geht", sagte er, „dann brülle ich. Ich schlage nicht, außer mal auf den Hintern." Anschaulichst und im Detail legte er dar, was er am Großziehen von Kindern mochte und was nicht:

> „Am Anfang habe ich keine Windeln gewechselt, aber jetzt bleibt mir gar nichts anderes übrig, und das gefällt mir gar nicht. Hunter ist in dieser Hinsicht das Übelste, was ich je gesehen habe. Sie hat's den ganzen Rükken hoch. Unglaublich. Bei Gina war das nicht so schlimm, weil ich und Deb ständig dabei waren mit Windeln rauf und Windeln runter. Aber da hatten wir auch erst ein Kind, und es war einfach. Und Gordon strampelt so, dass man es schließlich selber überall hat."

Die Kinder groß zu ziehen, brachte Deb und Mario einander sicherlich näher, verschärfte aber auch die aufkeimenden Spannungen zwischen ihnen.

> „Manchmal streitet man sich wegen der Kinder und schreit sich an. Bestimmt 80 Prozent unserer Auseinandersetzungen drehen sich um die Kinder. Ich bin mal draußen mit Gordon unter den Rasensprenger gefallen, und er ist auf dem Gesicht gelandet und hat gebrüllt, und sie sagt: ‚Hast du wieder mal gut hingekriegt!' Wir sind beide sarkastisch miteinander. Das kommt von diesen Familienserien im Fernsehen."

Aber trotz alledem schienen sich Mario und Deb in einer glücklich-streitbaren Ehe eingerichtet zu haben.

> „Als wir geheiratet haben, war Deb sehr schüchtern. Nach zwei Jahren hat sie schließlich gemerkt, dass ich auch mal raus musste und mich amüsieren, dass ich mit einmal Doppelschicht und dann nach Hause und bei der Hausarbeit helfen nichts als unglücklich war. Also ging ich zum Abhängen in die Bar. In unserem dritten Jahr habe ich regelrecht getrunken, sogar bei der Arbeit. Für mich war das alles neu, die beiden Kinder in der engen Wohnung. Ich hatte einfach keine Lust, nach der Arbeit nach Hause zu gehen, also ging ich irgendwo feiern, und dabei bin ich an die falschen Leute geraten. Ich ging in Stripteasebars wie *Bellinis* oder zum *Bulldog Grill*. Ich kam nach Hause, und sie war den ganzen Tag ununterbrochen mit den Kindern zu-

sammen gewesen. Ich hab' mich wirklich blöd benommen. Aber irgendwie hat sie das alles durchgestanden. Ich hab mir gesagt, das muss wirklich die richtige Frau sein, wenn sie das alles aushält. Sie hat mir nie gedroht, obwohl sie mir einmal schon die Koffer gepackt hatte.

Dann hat sie angefangen, es mir zurück zu geben. Arbeiten zu gehen half ihr dabei. Ich hab gemerkt, dass ich es mit einer zähen kleinen Italienerin zu tun hatte. Jetzt gehe ich in eine Bar, wo die Sportschau läuft. Ich geh nicht mehr in solche Aufreißerkneipen. Sie weiß, wo sie mich findet. Inzwischen sagt sie, wenn sie genug davon hat, mich rumbrüllen zu hören: ‚Geh ins *Blue Dot*. Geh Ball spielen.'"

Wie unzählige Männer vor ihm schwänzte Mario das Zuhause in Gesellschaft anderer Männer, die das gleiche taten. Aber das war keine Freizeit, die Deb ihm gab; es war Freizeit, die Mario sich *nahm*. Er stahl Zeit von ihr, wie er sich selber Zeit vom Schlaf stahl. Also brachte Deb Mario in Zugzwang. Als sie nach dem Mutterschaftsurlaub bei der Geburt ihres dritten Kindes wieder arbeiten ging, machte sie es anders als früher – sie begann ebenfalls Überstunden zu horten. So fand sie einen Weg, Zeit von Mario zurück zu stehlen und ihn wieder ins Haus zu zwingen.

Ginge es nach Mario, wären Deb und er wie seine Eltern: ein Mann mit langen Arbeitstagen und eine Hausfrau. Ginge es aber nach Deb, hätten sie und Mario normale Arbeitszeiten und würden sich *beide* um die Kinder kümmern. Da Mario nicht – wie sein Vater und Großvater – einen höheren Stundenlohn als seine Frau hatte, erhöhte er stattdessen seine Stundenzahl und verdiente auf diese Weise doch mehr als sie. Der Einkommensunterschied, den er damit herstellte (und der eigentlich ein Arbeitsstunden-Unterschied war) lieferte Mario die ökonomische Begründung, um Deb zu sagen, sie solle doch weniger arbeiten und sich mehr dem Leben zu Hause widmen. Diese Begründung aber ließ Deb nicht gelten.

Marios Erklärung für seine 20 Überstunden pro Woche – „50 Prozent für den Grundbedarf, 25 Prozent für die Gier und 25 Prozent, um von zu Hause wegzukommen" – spielte bei ihren Auseinandersetzungen um Debs Arbeit keine Rolle. Aber Mario schien Deb mit seiner 60-Stundenwoche sagen zu wollen: „Ich verdiene genug, damit du zu Hause bleiben kannst wie meine Mutter und wir eine richtige Familie sind." Und indem Deb bei ihren Überstunden blieb, schien sie darauf zu antworten: „Als wir jung verheiratet waren, bist du verschwunden und mit den anderen losgezogen und hast getrunken und was weiß ich was getrieben, wenn du frei hattest. Die einzige Art und Weise, wie ich mir heutzutage gleich viel Respekt und gleich viel Zeit verschaffen kann, ist über bezahlte Arbeit, und zwar viel bezahlte Arbeit."

Dieses „Gespräch" ging den beiden während meines Aufenthalts in Spotted Deer ständig durch den Kopf. Einmal hatte ich mich mit Deb verabredet, um dabei zu sein, wenn sie die Kinder aus dem Bett holte, zum Babysitter brachte und zu ihrer Arbeit in die Fabrik fuhr. Stattdessen rief sie mich am Abend davor um 23 Uhr an, um mir zu sagen, es hätte sich die Gelegenheit ergeben, „ein Doppel" zu machen, und sie wäre bereits bei der Arbeit. Also traf ich sie um ein Uhr früh in der Fabrik, und Mario, der auch gerade Pause hatte, setzte sich zu uns. Deb würde erst nachmittags um drei von der Arbeit wegkommen. Sie schien kleinlaut – oder war sie bloß müde? Wir drei und noch eine Freundin von Deb saßen bei Coca Cola im Pausenraum, und noch bevor ich eine Frage stellen konnte, kam ein Gespräch zwischen Deb und Mario in Gang.

„Warum hast du denn die Doppelschicht übernommen?" fragte Mario in leicht provozierendem Ton. „Du *hast es doch nicht nötig, das zu machen.*" Debs Antwort kam, wenn auch ohne besonderen Nachdruck, fast noch ehe er ausgeredet hatte: „Tja, du brauchst ja auch keine Überstunden zu machen, oder?"

Dann wandte Deb sich mir zu: „Wenn einer von uns Überstunden macht, meckert der andere. Keiner von uns will, dass der andere Doppelschichten macht." Dann lachte sie auf und erklärte:

> „Mario will, dass ich aufhöre zu arbeiten. Ich sage, das kommt überhaupt nicht in Frage. Er möchte, dass ich zu Hause bleibe wie seine Mutter. Manchmal denke ich wirklich, er macht so gerne Überstunden, damit ich zu Hause alles mache und er kommen und gehen kann, wie es ihm passt. Aber mein Vater hat zu Hause immer mitgeholfen, und deshalb tue ich gut dran zu arbeiten."

Für Deb war die Sache ziemlich klar: Mario sperrte sich gegen seinen Anteil an der zweiten Schicht. Wenn Frauen außer Haus arbeiten gehen, stellte die Soziologin Harriet Presser fest, macht ein Drittel der Männer zum Ausgleich mehr Hausarbeit und Kinderbetreuung; ein Drittel ändert sich nicht; und ein Drittel macht sogar weniger als vorher.[2] Mario war zufällig einer der Männer, die zu Hause mehr taten und mehr anwesend waren, wenn Deb arbeitete, und das war ein gewichtiger Grund für ihre langen Arbeitszeiten.

---

2 Harriet Presser, *Female Employment and the Division of Labor within the Home: A Longitudinal Perspective*, Beitrag für die Population Association of America, St. Louis, 1977.

Normalerweise aber diskutierte Deb das Problem mit Mario so, als ginge es nicht um Zeit, sondern um Geld, um die ganz pragmatische Frage, wie sie für sich selber sorgen konnte, falls sie eines Tages ohne ihn zurecht kommen müsste:

> „Wenn wir uns trennen oder wenn ihm was passiert, woher soll denn dann das Geld kommen, wenn ich keinen Job habe? Er sagt dann: ‚Das Geld bekämst du von Amerco.' Diese Versicherung, wissen Sie, falls er bei der Arbeit stirbt. Ich will aber ein reguläres Einkommen."

Als ich Deb auf der gemeinsamen Heimfahrt am nächsten Nachmittag fragte, ob sie wirklich meinte, sie könnten sich trennen, erwiderte sie nüchtern: „Nein, das sage ich immer nur als Grund, warum ich meinen Job behalte."

Wie die meisten nach Stundenlohn bezahlten Mütter, mit denen ich sprach, hatte Deb keinerlei Absicht, ihre Arbeitszeiten zu verkürzen. Sie wusste, solange sie ihre Überstunden machte, würde Mario zu Hause bleiben und den Kinder Spaghetti in allen Variationen kochen. Würde sie kürzer arbeiten, wäre er weniger zu Hause. Obwohl sie ihm das niemals so direkt sagen würde, war sie doch überzeugt, dass ihre Arbeit ihn zu Hause hielt.

Mario Escalla war in die Fußstapfen seines Vaters getreten, aber Deb nicht in die Fußstapfen ihrer Mutter oder Schwiegermutter. Debs Mutter ging erst wieder arbeiten, als ihr letztes Kind in die Schule kam, und auch dann nur widerstrebend. Marios Mutter war zu Hause geblieben, um für die sechs Kinder zu sorgen, und ging erst arbeiten, als sie groß waren. Deb hatte bei ihren Geburten jeweils drei, vier und dann sechs Monate Urlaub genommen, aber während keiner dieser Pausen Geschmack am Hausfrauenleben gefunden. „Ich habe schon darüber nachgedacht, ob ich mit den Kindern zu Hause bleiben soll", erklärte sie, „aber sie haben mich wahnsinnig gemacht."

> „Vielleicht sind nur meine Kinder so, aber sie sind schon ein wilder Haufen. Gina ist entsetzlich quengelig. Hunter ist ein sehr dickköpfiges Mädchen. Ich glaube, arbeiten ist mir lieber. Damals ging es mir nach ein paar Monaten zu Hause so, dass ich nur noch raus wollte. Wenn Arbeit das ist, was man machen muss, um raus zu kommen, okay. Außerdem werde ich da auch noch bezahlt."

Mario verstand, wie es ihr ging:

> „Deb will nicht für den Rest ihres Lebens als Babysitterin betrachtet werden. Sie hat gesehen, was ihre Mutter und meine Mutter als Hausfrauen durchgemacht haben. Das will sie nicht. Deswegen hört sie nicht auf zu

arbeiten. Drei Kinder groß zu ziehen ist dreimal härter als ein Job in der Fabrik. Ich weiß das. Deswegen verstehe ich ja auch, warum sie nicht aufhören will. Ich kann's ihr nicht verdenken. Ich würde es auch nicht aushalten, die ganze Zeit mit drei Kindern in diesem Haus zu sein. Psychisch ist das ein Riesenstress, ich kann mich selber schon nicht mehr schreien hören. Ich hasse das: ‚Bleib' weg vom Glasschrank! Bleib' weg vom Herd!' Die Kinder sind wie Wasser. Das kleinste Loch irgendwo und – schwupp! – sind sie weg."

Ich fragte Deb, ob sie oder Mario gerne kürzer arbeiten wollten. „Nein", antwortete sie, „weil ich das Geld gut finde. Es ist gutes Geld." Das war ein durchaus handfester Grund. Deb teilte die Zeit noch mehr als Mario nach den Schulden ein, die sie noch abzahlen mussten: „Noch 15 Jahre für das Haus; noch zwei Jahre für den Wagen ..."

Aber als ich meine übliche Frage stellte – was sie tun würde, wenn sie alles Geld hätte, das sie brauchte – blieb auch sie dabei: „Ich würde wahrscheinlich immer noch arbeiten, einfach für das Extra-Geld." Und wenn auch dieses Extra-Geld da wäre?

„Dann würde ich wahrscheinlich Teilzeit arbeiten. Ich mag nicht zu Hause festsitzen, genauso wenig wie mein Mann. Eine Zeit lang hatte ich die feste Schicht von 16 Uhr bis Mitternacht. Meine Schwiegermutter half Mario, die Kinder ins Bett zu bringen. Das war toll: Ich musste die Kinder nicht ins Bett bringen, ich musste ihnen nicht ihr Abendessen geben. Ich weiß, das klingt schrecklich."

Ein anderes Mal, als Deb und ich mit einigen ihrer Freundinnen im Pausenraum saßen, sagte sie:

„Den Leuten hier sage ich immer, ich komme zur Arbeit, um zu entspannen. Ich weiß, dass das für manche gemein klingt, aber für mich sind das acht Stunden Entspannung. Ich kann arbeiten gehen und habe keine Kinder vor der Nase, um die ich mir Sorgen machen muss. Das wird Ihnen auch Mario sagen, dass die Arbeit Entspannung ist. Bei der Arbeit kann ich immer noch mehr von dem tun, was ich will. Zu Hause muss ich tun, was die Kinder wollen."

Ihre Freundinnen nickten; sie kannten das.

Wenn Deb und Mario das Zuhause als Arbeit empfanden, konnte ihnen dann ein Job in der Fabrik mit einiger Fantasie als Zuhause erscheinen? Ich konnte verstehen, dass jemand wie Bill Denton hinter seinem Eichenschreibtisch in einem Büro mit Teppichboden und Familienbildern an der Wand seinen Arbeitsplatz angenehm und sogar anheimelnd finden mochte. Aber ein Job am Fließband, wo die Arbeit schmutzig, schlecht beleuchtet und gefährlich sein kann und der Lärm und die hohe Bandgeschwindigkeit jedes Gespräch zum Problem macht?

Natürlich gibt es auch in den Vereinigten Staaten noch Arbeit unter wirklich üblen Bedingungen. Aber bei Fortune-500-Unternehmen wie Amerco findet man doch eher Fabriken wie die von Deb: hell erleuchtet, einigermaßen ruhig, relativ angenehm. In Debs Fabrik trugen die Beschäftigten Schutzbrillen und hatten alle drei Stunden eine 15-minütige Pause. Sie verdienten elf oder zwölf Dollar pro Stunde für ungelernte oder angelernte Arbeit. Sie hatten Anspruch auf Leistungen im Krankheitsfall und Zugang zu einem breiten Unterstützungsangebot bei mentalen Problemen einschließlich psychologischer Beratung und Betreuung bei Alkoholproblemen. Darüber hinaus hatte Amerco finanzielle wie nicht-finanzielle Anreize geschaffen, um die Beschäftigten zur Teilnahme an Fortbildungsprogrammen zu animieren, mit denen sie ihre Qualifikationen erweitern und einen Überblick über den gesamten Produktionsprozess gewinnen konnten. Außerdem war auch die 800 Personen umfassende Belegschaft in Debs und Marios Werk inzwischen umorganisiert worden und bildete selbstverantwortlich arbeitende Produktionsteams von je 27 Personen, die selber entschieden, wie sie ihre Aufgaben erledigen wollten.

Vielleicht war es dieser „Besitzerstolz", der Mario die Gesten eines Botschafters verlieh, als er mich eines Mitternachts lebhaft winkend am Werkseingang begrüßte. Er hatte vorgearbeitet mit seinen Kartons, so dass ihm nun Zeit für eine Werksführung blieb. Er zeigte mir die vielen Schritte des Produktionsprozesses. Unterwegs stellte er mich seinen Kumpels an verschiedenen Arbeitsplätzen überall im Werk vor und verabredete eine Reihe von Interviews für mich im Pausenraum. Sobald sie erfuhren, dass ich eine Freundin von Deb und Mario war, richteten sie es ein, dass sie einander am Fließband ablösten, damit Zeit für die Interviews war.

Mario begleitete seine Führung mit ständigen Kommentaren. „Chuck", sagte er und zeigte auf einen hageren Mann in den 50ern, „arbeitet 119 Stunden die Woche, $ 60.000 im Jahr, aber er hat vor zehn Jahren seine Familie verloren. Er *lebt* hier. Und das ist Joey." Er machte eine Armbewegung in Richtung eines Mannes zwischen 20 und 30, der einen Gabelstapler fuhr. „Sehen Sie sich den gut an. Er trinkt jede Nacht zwei Sechserpackungen Bier, aber so langsam, dass es keiner merkt. In der Pause geht er über die Straße in die Bar und tankt nach." In der Tat kannte der Wirt im *Dance N' Shout*, wo jeder auf seinem Lieblingsbarhocker saß, als wäre es zu Hause am Esstisch, die Vorlieben aller seiner Stammgäste: einen doppelten Whiskey für Hank, ein Dos Equis für Rick, ein Bud für Mike.

Dann deutete Mario, seinen Kommentar fortsetzend, auf eine junge Frau, die an einer Drehbank arbeitete:

> „Das ist eine, die hat es auf die Ehemänner abgesehen. Solche wie die machen sich einen Sport daraus, die Männer zu becircen und dazu zu bringen, dass sie ihre Familie verlassen. Vor denen muss man sich in acht nehmen!"

Er sagte das mit Nachdruck, obwohl die Männer im Pausenraum, wie Mario mir auch erzählt hatte, regelmäßig Wetten darauf abschlossen, wie lange einer von ihnen brauchen würde, um „so eine" ins Bett zu bekommen.

> „Viele unverheiratete Mädchen machen sich an einen ran. Denen ist es egal, ob man verheiratet ist oder nicht. Hier haben wir bestimmt fünf von der Sorte. Sie sind übel. Ich flirte auch, aber von denen versuche ich mich fernzuhalten, was so schwer nicht ist, weil ich ja weiß, dass in der nächsten Schicht Deb kommt. Ich flirte genau wie alle anderen, und sie flirten zurück, aber es bedeutet nichts. Einmal war ich bei einer Weihnachtsfeier so blau, dass mich eine Kollegin nach Hause gefahren hat. Das kriege ich heute noch von Deb zu hören."

Ein Viertel der nach Stundenlohn bezahlten Frauen und 18 Prozent der Männer waren geschieden oder unverheiratet. Die älteren Frauen kamen oft früher zur Arbeit, um über die jungen Frauen und den Schnitt eines Pullovers oder eine neue Haarfarbe herzuziehen – oder wie die Männer die neuesten Nachrichten von der Ehebrecherfront zu erörtern.

Für Mario, Deb und ihre Kollegen entwickelten sich starke soziale Bindungen am Fließband. Da gab es Freunde, mit denen man Spaß hatte und denen man sich anvertrauen konnte. Oft gingen Kollegen zusammen einkaufen oder etwas trinken oder auf eine Angel- oder Jagdpartie. Und dann waren da auch noch die Verwandten, die Ehepartner, Väter, Mütter, Brüder, Schwägerinnen, Ex-Schwager oder die Geschwister oder Eltern einer Ex-Schwägerin, die irgendwo anders im Werk arbeiteten.[3]

Diese Bindungen wurden durch die geringe Fluktuation (64 Prozent der Männer und 59 Prozent der Frauen waren bereits 20 Jahre oder länger im Werk) und die ungewöhnlichen Zeiten der

---

3 Zu Familien- und Freundschaftsbeziehungen bei der Arbeit im 19. Jahrhundert siehe Hareven, *Familiy Time and Industrial Time*, 1982.

Schichtarbeit zweifellos noch verstärkt. Die Beschäftigten, die zu ungewöhnlichen Zeiten arbeiteten, hielten das Werk rund um die Uhr in Gang, was auch hieß, dass sie mit ihren Kollegen ein Gefühl von Tag und Nacht, Woche und Monat teilten, das anders war als das ihrer Nachbarn, Angehörigen, Freunde außerhalb des Werks und manchmal selbst ihrer Ehepartner. Während andere Leute von der Schule nach Hause kamen, zu Abend aßen und vor dem Fernseher saßen, war die Nachmittagsschicht – 15 bis 23 Uhr – gerade am Schuften. Während andere schliefen, war die Schicht von 23 bis 7 Uhr hellwach. Während andere Freitags um 17 Uhr nach Hause gingen, hatten viele im Werk gerade erst die Hälfte ihrer Arbeitswoche hinter sich. Zugleich bedeutete die Schichtarbeit eine ungeheure Belastung für Freundschaften außerhalb der Arbeit. Dies galt vor allem für die verheirateten Frauen in der Fabrik. Mario hatte immer noch seine Baseball-Kumpanen, aber Deb hatte viel zu viel mit ihrer zweiten Schicht von Hausarbeit und Kinderbetreuung zu tun, um mit den „Girls" aus der Nachbarschaft auf ein paar Hühnchenflügel zum *Neon Chicken* zu gehen, so wie sie es früher getan hatte.

Oft schien es für Deb und Mario gleich schwierig, einen Abend zu finden, an dem sie zusammen ausgehen konnten. Es gab bei ihren Zeiten zu Hause einfach zu wenig Überschneidungen. Darüber, wie sich ihre Arbeitszeiten auf ihre Ehe auswirkten, redeten sie manchmal miteinander; aber die Frage, welche Auswirkungen diese Zeitknappheit auf ihre Kinder hatte, stellten sie einander kaum. Auf meine diesbezügliche Frage erwiderten Mario und Deb beide, den Kindern ginge es so gut, wie es auch ihnen als Kindern gegangen sei. Trotzdem meinte Mario, die Kinder brauchten Deb zu Hause. Deb überlegte:

> „Er denkt, die Kinder brauchen mich die ganze Zeit. Ich denke, sie bekommen von allen Seiten genug. Sie haben ihre Tanten, ihre Großeltern. Es ist nur gut für sie, wenn sie auch mal ohne mich auskommen müssen."

Die Escalla-Kinder waren lebhaft und liebenswert. Sie konnten sich gut selbst beschäftigen und schienen von Erwachsenen freundliche Aufmerksamkeit zu erwarten. Hunter hatte eine Sprachstörung, die Folge einer zu spät erkannten Mittelohrentzündung, seit der sie schlecht hörte, so dass sie manchmal schlechter Laune war. Beide Eltern schienen zu ihr strenger zu sein als zu ihren beiden Geschwistern. („Ach, Hunter ist eine Heulsuse.") Aber vielleicht lag Debs und Marios Umgang mit Hunter weniger an der Schichtarbeit und den langen Arbeitszeiten als an der Tatsache, dass Mario als zweites Kind unbedingt einen Sohn gewollt hatte. Solche ungerechtfertigten elterlichen Vorwürfe sind durchaus nichts Ungewöhnliches. Schon schwieriger war die Frage, ob (und wenn ja, auf welche Weise) Debs und Marios lange Arbeitszeiten darüber hinaus Auswirkungen auf die Kinder hatten. Mario lieferte – vielleicht unbewusst – einige Hinweise:

> „Die Kinder haben keine Ahnung, zu wem sie als nächstes gehen. Sie sind furchtbar gerne bei der Oma. Sie gehen auch gern zu Melody. Sie sind nicht schüchtern. Sie haben Spaß. Aber wenn sie erst mal sieben oder acht sind, dann merken sie vielleicht, dass sie nicht dauernd von der Oma zu Melody gehen wollen."

Deb und Mario waren liebevolle Eltern, und auch die Großfamilie, die Deb zur Betreuung ihrer Kinder aufgebaut hatte, war größtenteils liebevoll. Im Grunde aber bewegten sich die Kinder auf einem äußerst kompliziert verlaufenden Kinderbetreuungs-Fließband, das sie unentwegt von einem „Arbeitsplatz" zum nächsten transportierte. Ihr Leben war ein einziges Kommen und Gehen: „Wir müssen los. Zieht eure Mäntel an" – „Wir sind da. Zieht eure Mäntel aus." Zu jedem dieser Orte reiste stets ein ganzes Lager von Lieblingsspielzeugen und Schmusedecken mit. Aber wenn eines oder mehrere der für sie lebenswichtigen Dinge – Gordons Schmusedecke oder Ginas Ausschneidepuppen – vergessen worden waren, oder wenn sie mitten in einem Spiel oder Fernsehsendung aufhören mussten, obwohl sie gar keine Lust dazu hatten, oder wenn sie – oft lange – warten mussten, bis sie wieder mit der Person zusammen kamen, bei der sie am liebsten waren, dann mussten sie, und das begriffen die Kinder schnell, gute Miene zum bösen Spiel machen, wenn sie sich mit der langen Reihe ihrer Betreuer und Betreuerinnen gut stellen wollten. Mehr noch als die eher fügsame Gina begann vor allem Hunter, sich in dem Maße gegen diese Übergänge zu sträuben, wie sie begriff, dass diese Zeit eigentlich ihre war – oder sein sollte. Sie lernte, wie sie gegen das Betreuungs-Fließband protestieren konnte und dass sie für jede Überstunde, die ihre Eltern bei der Arbeit einlegten, eine zusätzliche Überstunde in einer improvisierten Version von Zuhause ableisten musste.

Debs und Marios Situation war durchaus nicht einmalig. Überall in den Amerco-Fabriken hatten Eltern lange Arbeitszeiten und ihre Kinder lange Kindergartentage. Überall gab es die gleichen Probleme, Zeiten aufeinander abzustimmen und eigene Versionen des Kinderbetreuungs-Fließbands der Escallas aufzubauen. Überall gab es Kinder, die auf ihre Weise nach der Unternehmenszeit lebten, nur dass es für sie keine Betreuung nach dem *Total Quality*-System gab, keine feierlichen Auszeichnungen für besondere Leistungen und kein *Empowerment*.

Beschäftigten wie Deb und Mario versprach niemand eine bessere Zukunft mit familienfreundlicher Planung. Für ihre Kinder gab es keinen von der Firma unterstützten Kindergarten mit Rundum-die-Uhr-Betreuung. Niemand händigte ihnen muntere Broschüren über flexible Arbeitszeiten aus. Die einzige Form von Teilzeit oder flexibler Arbeitszeit, zu der sie es jemals bringen dürften, würden sie – wie auch jetzt schon – über ihre private Zeitgestaltung und auf Kosten des Zuhauses und der Kinder bestreiten müssen.

Angesichts der fehlenden Unterstützung durch die Firma kreuzten über drei Viertel der auf Stundenlohnbasis beschäftigten Eltern bei einer Amerco-Umfrage im Jahre 1990 den Satz an: „Es ist schwierig für mich, meine Pflichten bei der Arbeit und meine persönlichen/meine Familienpflichten miteinander zu vereinbaren." Frauen litten stärker als Männer unter dieser Belastung, vielleicht weil sie wie Deb die Hüter der Familienzeit waren – und weil jedes Stocken des Kinderbetreuungs-Fließbands von ihnen repariert werden musste. Die Hälfte der auf Stundenlohn arbeitenden Frauen und ein Drittel der Männer gaben an, sie hätten „große Schwierigkeiten", die Aktivitäten von Kindern zu kontrollieren, die allein zu Hause waren. 21 Prozent dieser Frauen und 59 Prozent der Männer meinten, sie hätten große Schwierigkeiten, Kinderbetreuungsmöglichkeiten zu finden, die ihren Arbeitszeiten entsprächen.

Tatsache aber ist, dass die Escallas auch dann kein Interesse an einer Arbeitszeitverkürzung gehabt hätten, wenn es firmeninterne Kinderbetreuung, flexible Arbeitszeiten und kürzere Arbeitszeiten für sie gäbe und Geld kein Problem wäre: Deb sagte, sie fände die Sieben-Tage-Wechselschicht „eigentlich ganz gut"; Mario gab selber zu, ein „Überstundenhecht" zu sein – und zwischen ihnen lief ein Geschlechterkrieg um die Zeit, dessen eigentliche Verlierer ihre Kinder waren.

Was bei diesem Krieg unausgesprochen immer mitschwang, war die Entwertung der Arbeit, die das Aufziehen der Kinder bedeutet. Deb und Mario hätten kaum solche Anstrengungen unternommen, um von ihren Kindern wegzukommen, wenn die damit verbundene Arbeit höher bewertet würde. Hunters Zwieback-Krise, Gordons Windel-Desaster und das laute Geschrei der Kinder waren an sich ebenso wenig ein Grund, die Elterntätigkeiten zu meiden, wie eine schwierige Gleichung ein Grund ist, sich vor einem Mathematikstudium zu drücken. „Frauenarbeit" war jedoch immer schon weniger wert, und unter dem Druck der neuen Zeit-Mathematik der amerikanischen Wirtschaft sinkt ihr Wert weiter. Diese Entwertung aber ist die eigentliche Ursache für die doppelte Flucht der Escallas.

In den letzten Jahrzehnten wurde die Zeitpolitik fast völlig personalisiert. Ein gigantisches öffentliches Problem stellt sich uns als Millionen von individuellen Problemen dar, von denen jedes privat zu Hause gelöst werden soll.[4] Die Macht der Unternehmen über die Familien ist viel größer als die Macht der Familien über die Unternehmen, und die zeitlichen Anforderungen der Arbeit scheinen unverrückbar zu sein, die Zeitforderungen zu Hause dagegen manipulierbar. Angesichts dieser Konstellation konzentrieren sich die Beschäftigten auf denjenigen Aspekt, von dem sie meinen, sie könnten ihn selbst steuern. Auf diese Weise sind sie ständig dabei, die verschiedenen Fragmente einer zunehmend zersplitterten häuslichen Zeit zu organisieren und umzuorganisieren, nicht aber gegen die langen Arbeitszeiten und die Einteilung der Schichten in der Fabrik aufzubegehren. Mario verlangte mehr freie Zeit nicht von Amerco; er verlangte sie von Deb. Eltern stellten keine Forderungen an das Unternehmen; sie stahlen Zeit bei ihren Kindern.

Als ich Mario und Deb fragte, was das Unternehmen tun könnte, um ihr Familienleben zu verbessern, fiel Mario gar nichts ein. Deb wünschte sich feste Schichten für erwerbstätige Mütter oder ein System, bei dem man sich mit Kolleginnen absprechen konnte, um Schichten zu tauschen, wenn es der Familie wegen nötig war. Andere Fabrikbeschäftigte, die ich befragte, wollten einen Betriebskindergarten, und einige sprachen vage von „es ruhiger angehen lassen" oder „wie auf dem Land" leben.

Was die Kinder betraf, so spielten die Beschäftigten die Auswirkungen ihrer Marathonschichten herunter; aber wenn es um sie selbst ging, ignorierten sie sie völlig. Ein 60-jähriger Mann und ehemaliger „Überstundenhecht", der 15 Jahre lang in der Sieben-Tage-Wechselschicht gearbeitet, so viele Überstunden wie nur irgend möglich gemacht und darüber „fast meine Familie verloren" hatte, sagte sehr bewegt: „In der Zeit selbst kriegt man das gar nicht so mit, wie einen die Wechselschichten verschleißen, wie viel

---

4   Siehe Hertz und Charlton, *Making Family under a Shiftwork Schedule*, 1989, S. 505.

schneller man da alt wird. Als ich sie gemacht habe, habe ich nie gedacht, dass das so schlimm wäre. *Jetzt* weiß ich, dass es schlimm ist."

Währenddessen hatte Mario einen klassischen Ausweg aus den endlosen Konflikten um die Zeit gefunden, zumindest in seinen Fantasien. Er verlor sich in Träumereien von künftigen besseren Zeiten. „Ich kann nicht warten, bis ich 45 bin", rief er eines Tages aus, „und die Kinder groß sind und mein Haus abgezahlt ist." Wenn er jedoch an die gut 13 Jahre dachte, die bis dahin noch vergehen würden, fiel ihm nichts weiter ein als noch mehr vom Immergleichen – noch mehr Kindergeschrei, noch mehr Überstunden, noch mehr Zeit, die er Deb oder dem eigenen Schlaf stahl, um die Dinge zu tun, die ihm Spaß machten.

Einstweilen allerdings würde er auch damit noch warten müssen, denn gerade hatte Hunter in der Küche irgendetwas umgeworfen, und Deb war nirgends zu finden. Sie war bei der Arbeit, bei einer weiteren Doppelschicht.

3. Teil
Folgerungen und Alternativen

14. Kapitel
Die dritte Schicht

Amerco, ein hoch rentables, innovatives Unternehmen, hatte das Budget und den Willen, mit neuen Formen der Lebensgestaltung für seine Beschäftigten zu experimentieren. Sein Work-Life-Balance-Programm hätte zum Modell werden können, das anderen Unternehmen vorführte, wie man die Qualifikationen seiner Beschäftigten wirksam nutzen konnte, ohne sie und ihre Familien dabei aufzureiben. Dies war jedoch nicht geschehen. Die Frage, die ich gestellt habe, ist: Warum nicht? Die Antwort ist komplex, wie wir gesehen haben. Manche berufstätigen Eltern, vor allem Fabrikbeschäftigte, wollten nicht kürzer arbeiten, weil sie das Geld brauchten oder Angst um ihren Arbeitsplatz hatten. In manchen Unternehmen, zu denen Amerco allerdings noch nicht gehörte, mochten die Beschäftigten auch fürchten, dass „gute" Teilzeitstellen jederzeit in „schlechte" umgewandelt werden könnten, bei denen es keine Sozial- und sonstigen Leistungen und keine Arbeitsplatzsicherheit mehr gab. Wo diese Sorge unbegründet war, könnte der Druck von Peers und Vorgesetzten, sich als „ernst zu nehmende Player" zu zeigen, dem Wunsch nach Arbeitszeitverkürzung entgegenstehen. Die kleine Zahl der Beschäftigten, die trotz und alledem beschlossen, kürzer zu arbeiten, scheiterte womöglich an den unternehmensinternen Balaschevs. All diese Gründe aber erklärten immer noch nicht, warum Amercos berufstätige Eltern dem Übergreifen der Arbeitszeit auf ihr Familienleben nicht mehr Widerstand entgegensetzten.

Dabei schienen bei Amerco fast alle Teile des Puzzles der Vereinbarkeit von Beruf und Familie vorhanden zu sein – nur dass niemand sie zusammensetzte. Viele Teile lagen in den Händen der mächtigen Männer an der Unternehmensspitze, die die Autorität und die Fähigkeit hatten, eine neue, familienfreundliche Arbeitskultur zu entwickeln, aber kein ernsthaftes Interesse daran, dies auch zu tun. Andere Puzzleteile lagen bei den Befürwortern einer familienfreundlichen Personalpolitik, die in der Unternehmenshierarchie ein wenig tiefer angesiedelt waren und starkes Interesse an solchen Veränderungen hatten, aber nicht die Autorität, sie durchzusetzen. Und von den Abteilungsleitern und Vorgesetzten, deren Zustimmung letztlich entscheidend war, wenn das Puzzle aufgehen sollte, lehnten manche alles, was auch nur entfernt nach „Work-Family Balance" klang, offen ab. Selbst dann also, wenn Beschäftigte, die diese Programme in Anspruch nehmen konnten, entsprechende Anträge stellten, konnten sie mit ihren Bemühungen immer noch am Widerstand von oben scheitern.

Aber warum gingen Amercos berufstätige Eltern, von denen die meisten doch sagten, sie brauchten mehr Zeit für die Familie, nicht auf die Barrikaden, um sie sich zu erkämpfen? Bei vielen von ihnen mag dies eine Reaktion auf einen machtvollen Trend sein, der zu einer Entwertung all dessen führt, was einmal das Wesen des Familienlebens ausmachte. Je mehr Frauen und Männer das, was sie tun, im Austausch gegen Geld tun und je höher ihre Arbeit im öffentlichen Bereich geschätzt und anerkannt wird, desto mehr wird, fast schon zwangsläufig, das Privatleben entwertet und desto mehr schrumpft sein Einflussbereich. Für Frauen wie für Männer ist die marktvermittelte Erwerbsarbeit weniger eine schlichte ökonomische Tatsache als ein komplexer kultureller Wert. Galt es zu Anfang des 20. Jahrhunderts noch als Unglück, wenn eine Frau arbeiten gehen musste, ist man heute überrascht, wenn sie es nicht tut.

Menschen haben allgemein die Neigung, mehr Zeit auf das zu verwenden, was sie am meisten schätzen und wofür sie am meisten geschätzt werden. Aus dieser Neigung dürfte sich zumindest teilweise auch der historische Rückgang der für die privaten Sozialbeziehungen aufgewandten Zeit erklären, ein Rückgang, der bei Amerco eine besondere kulturelle Form angenommen hat.[1] Die Gewinne, die der aufgewertete Bereich der Arbeit für sich verbu-

---

[1] Menschen, deren Zeit nicht in Geld aufgewogen wird – Hausfrauen, Kinder, alte Menschen – stehen bei ansonsten gleichen Bedingungen in geringerem Ansehen als Menschen, deren Zeit bezahlt wird. (Dies gilt nur für Arbeit, die keiner moralischen Zensur unterliegt; eine Prostituierte genießt kein höheres Ansehen als eine Hausfrau, nur weil sie einen bezahlten Job im öffentlichen Leben hat.) Auch für die bezahlten Arbeitskräfte selbst kann der Austausch von Zeit gegen Geld je nach dem gesellschaftlichen Kontext ganz unterschiedliche Bedeutung haben. (Deborah Davis sei an dieser Stelle für ihre Klarstellung des Verhältnisses von bezahlter Arbeit und Zeit gedankt.) Siehe Nowotny, *Time: The Modern and the Postmodern Experience*, 1994; und Linder, *The Harried Leisure Class*, 1974.

chen kann, erzielt er unter anderem über die Aneignung der positivsten Aspekte des Zuhauses. Das Zuhause als der abgewertete Bereich nimmt unterdessen die Merkmale an, die früher mit dem entfremdenden Charakter der Erwerbsarbeit verbunden wurden. Wie immer man erklärt, dass die Einführung eines guten Programms für die Vereinbarkeit von Beruf und Familie bei Amerco gescheitert ist, Tatsache ist, dass die berufstätigen Eltern in diesem kulturellen Wettstreit zwischen Arbeit und Zuhause mit den Füßen abstimmen – und dass der Arbeitsplatz gewinnt.

Stellen die berufstätigen Eltern bei Amerco in dieser Hinsicht eine Ausnahme dar oder sind sie typisch für ganz Amerika? Auf der Suche nach einer Antwort nahm ich Kontakt mit einem Unternehmen namens *Bright Horizons* auf, das 125 Betriebskindergärten für Industrieunternehmen, Krankenhäuser, Baulanderschließungsgesellschaften und Bundesbehörden in 19 Bundesstaaten betreibt.[2] *Bright Horizons* führte gerade eine Befragung mit siebentausend Eltern von Kindern in *Bright Horizons' Children's Centers* durch und gestattete mir, ihrem Fragebogen eine Reihe weiterer Fragen anzuhängen. 1.446 Fragebögen kamen zurück, was einem Drittel der Befragten entsprach, hauptsächlich Eltern, die Anfang 30 waren und der Mittelschicht bzw. der oberen Mittelschicht angehörten.[3] Da viele von ihnen bei Fortune-500-Unternehmen arbeiteten – darunter IBM, American Express, Sears, Roebuck, Eastman Kodak, Xerox, Bausch and Lomb, Dunkin' Donuts –, vermittelt diese Studie ein höchst aufschlussreiches Bild über das, was sich zur Zeit bei Managern und hoch qualifizierten berufstätigen Eltern in Firmen wie Amerco überall in Amerika abspielt.

---

2   Bright Horizons, gegründet 1986, wurde 1991 vom *Child Care Information Exchange* zum führenden amerikanischen Betreiber von Betriebskindergärten erklärt. Das Unternehmen bietet ein breites Spektrum von Dienstleistungen: normale Kindergartenbetreuung, Wochenendprogramme, Programme für Säuglinge, Kleinkinder, Kinder im Vorschul- und Schulalter. Bright Horizons zahlt den Betreuerinnen zehn Prozent mehr Gehalt als andere in erreichbarer Nähe gelegene Kinderbetreuungseinrichtungen, und seine Personalfluktuation ist im Durchschnitt nur halb so groß wie die in diesem Bereich normalen 40 bis 50 Prozent pro Jahr.

3   Der Rücklauf lag bei 35 Prozent der Eltern (neun Prozent Männer, 90 Prozent Frauen; 92 Prozent verheiratet, sieben Prozent allein erziehend). Bei einigen Fragen ergeben die Antworten nicht 100 Prozent, weil entweder einige der Befragten die spezielle Frage nicht beantwortet hatten oder weil die Prozentsätze im Bericht ganzzahlig auf- oder abgerundet wurden.

Diese Eltern standen nach eigenen Angaben unter einem ähnlichen Zeitdruck wie die Amerco-Eltern. Wie bei Amerco gab es die längsten Arbeitszeiten bei den hoch qualifizierten Fachkräften und im obersten Management, wo sechs von zehn Beschäftigten regelmäßig mehr als durchschnittlich 40 Wochenstunden arbeiteten. Ein Drittel der Eltern in dieser Stichprobe ließen ihre Kinder jede Woche 40 Stunden oder länger im Kindergarten.[4] Wie bei Amerco hatten Kinder umso längere Kindergartenschichten, je höher das Einkommen ihrer Eltern war.

Auf die Frage: „Würden Sie sich als Workaholic bezeichnen?", antworteten ein Drittel der Väter und ein Fünftel der Mütter mit „Ja". Jeder dritte Befragte sagte, sein *Partner* sei ein Workaholic. Auf die Frage: „Ist Zeitnot für Sie ein Problem?", antworteten 89 Prozent mit „Ja". Die Hälfte gab an, dass sie in der Regel Arbeit aus dem Büro mit nach Hause nahmen.[5] Die Hälfte derer, die über Zeitnot klagten, stimmten der Aussage zu: „Ich habe Schuldgefühle, weil ich nicht mehr Zeit mit meinem Kind verbringe." 43 Prozent meinten, sie hätten „sehr oft" das Gefühl, „zu häufig müde zu sein, wenn ich mit meinem Kind zusammen bin." Auf die Frage: „Wie gut können Sie Ihrer eigenen Einschätzung nach im Allgemeinen die Anforderungen von Familie und Beruf miteinander vereinbaren?", sagten nur neun Prozent: „Sehr gut".

Richteten sich diese Eltern bei *Bright Horizons,* die offenbar in einer ganz ähnlichen Zeitfalle saßen, wie sie mir die Amerco-Beschäftigten geschildert hatten, deshalb mit ihrer Zeitnot ein, weil sie das Gefühl hatten, die Arbeit sei befriedigender als das Familienleben? Um dies herauszufinden, fragte ich: „Kommt Ihnen Ihr Zuhause manchmal wie ein ‚Arbeitsplatz' vor?" 85 Prozent bejahten dies (57 Prozent mit „sehr oft"; 28 Prozent mit „ziemlich oft"),

---

4 20 Prozent der Eltern gaben an, ihre Kinder seien pro Woche 41-45 Stunden im Kindergarten; bei 13 Prozent waren es 46-50 Stunden und bei zwei Prozent 51-60 Stunden. In den untersten in dieser Studie erfassten Einkommensgruppen ($ 45.000 oder darunter) hatten 25 Prozent der Eltern ihre Kinder pro Woche 41 Stunden oder länger im Kindergarten. In der höchsten Einkommensgruppe ($ 140.000 oder darüber) waren es 39 Prozent.

5 Die Eltern wurden gefragt, wie viele Stunden sie mit der Arbeit zubrachten, die sie „an einem typischen Arbeitstag" aus dem Büro mit nach Hause nahmen. 18 Prozent beantworteten die Frage nicht. Bei den Übrigen sagte die Hälfte, dass sie Arbeit mit nach Hause nähmen. Von diesen wiederum gab der größte Anteil – 19 Prozent – an, sie nähmen „zwischen sechs und zehn Stunden Arbeit (pro Woche)" mit nach Hause. Für ihre Partner schätzten sie sogar noch mehr Stunden.

und zwar deutlich mehr Frauen als Männer. Dann stellte ich die Frage noch einmal andersherum: „Fühlen Sie sich bei der Arbeit manchmal so, wie Sie sich eigentlich zu Hause fühlen sollten?" Hier antworteten 25 Prozent mit „sehr oft" oder „ziemlich oft", 33 Prozent mit „gelegentlich" und nur 37 Prozent mit „sehr selten".

Ein Grund dafür, dass manche Beschäftigten bei der Arbeit mehr „zu Hause" sind, könnte sein, dass sie sich dort höher geschätzt und kompetenter fühlen. Bei vielen der von mir interviewten Amerco-Beschäftigten war dies ganz sicher der Fall, und es war auch kein Wunder, denn Amerco gab sich große Mühe, seinen Beschäftigten eben dieses Gefühl der Wertschätzung zu vermitteln. Bei einer groß angelegten Untersuchung für die gesamten USA stellten die Soziologen Diane Burden und Bradley Googins fest, dass die eigenen Leistungen in der Familie von 59 Prozent der Beschäftigten als „gut oder ungewöhnlich gut" bewertet wurden, die eigenen Leistungen im Beruf jedoch von 86 Prozent – was heißt, dass sich die Beschäftigten bei der Arbeit *selber* höher bewerteten als zu Hause.[6] In der amerikaweiten Umfrage von *Bright Horizons* meinten nur 29 Prozent der Befragten, sie würden „hauptsächlich zu Hause" hoch geschätzt, und 52 Prozent gaben an, wie würden zu Hause und bei der Arbeit „gleich hoch" geschätzt. Frauen hatten überraschenderweise durchaus nicht häufiger als Männer das Gefühl, zu Hause die höhere Wertschätzung zu genießen.

Oft fühlen sich berufstätige Eltern bei der Arbeit mehr zu Hause, weil sie dort inzwischen eher erwarten können, emotionale Unterstützung zu erhalten. Wie bei Amerco kann die Arbeit der Ort sein, wo man seine besten Freundinnen und Freunde hat, ein Muster, das sich auch bei der Umfrage von *Bright Horizons* heraus kristallisierte. Auf die Frage: „Wo haben Sie die meisten Freunde/Freundinnen?", antworteten 47 Prozent „bei der Arbeit", 16 Prozent „in der Nachbarschaft" und sechs Prozent „in meiner Kirche oder meiner Glaubensgemeinschaft". Bei denen, die sagten, sie hätten die meisten Freunde bzw. Freundinnen bei der Arbeit, waren die Frauen deutlich in der Überzahl.[7]

---

6 Burden und Googins, *Boston University Balancing Job and Homelife Study*, 1987, S. 30.
7 Nicht immer allerdings sind Freundinnen und Freunde diejenigen, von denen erwerbstätige Eltern die meiste soziale Unterstützung erhalten. Auf die Frage nach den „drei wichtigsten Quellen für Unterstützung in Ihrem Leben" nannten neun von zehn Befragten ihre Ehe- oder Lebenspartner. An zweiter Stelle kamen ihre Mütter und an dritter Stelle „andere Angehörige". Eltern, die

Manche Amerco-Beschäftigten fühlten sich am Arbeitsplatz mehr zu Hause, weil sie bei der Arbeit entspannter waren. Auf die Frage: „Wo sind Sie am entspanntesten?", antwortete in der Umfrage von *Bright Horizons* nur eine knappe Mehrheit, 51 Prozent, mit „zu Hause". Ebenso dünn war die Mehrheit für „zu Hause" bei der Frage: „Wo empfinden Sie Ihre Lebensumstände oder Ihre Beziehungen eher als stabil, am Arbeitsplatz oder zu Hause?" Ich fragte außerdem: „Wie oft haben Sie, seit Sie zu arbeiten angefangen haben, die Stelle gewechselt?" Der Durchschnitt lag bei ein oder zwei Stellenwechseln. Zwar fragte ich nicht, wie oft jemand seine primären Liebesbeziehungen gewechselt hatte, doch legt das Gesamtbild für Amerika nahe, dass bis Anfang 30 ein oder zwei solcher Wechsel nicht ungewöhnlich sind. Die Arbeit mag für den Beschäftigten nicht „für immer" sein, aber das Zuhause eben auch nicht.

Ich hätte auch noch fragen sollen, welcher Bereich des Lebens – Arbeit oder Familie – der spannendere war. Amerco-Eltern liebten ihre Kinder, fanden aber trotzdem oft das Leben bei der Arbeit interessanter als das Leben zu Hause. Immerhin bot der Arbeitsplatz eine natürliche Bühne, auf der man verfolgen konnte, welchen Verlauf eine Eifersucht, eine sexuelle Anziehung, ein schwelender Ärger nahmen. Zu Hause gab es demgegenüber weniger Akteure, und die Bühne wurde immer enger. Manchmal fielen die wichtigsten stressfreien und „spannenden" Ereignisse zu Hause in die Zeit, die die Amerikaner vor dem Fernseher verbringen (und die, wie eine Studie ergab, rund 30 Prozent ihrer freien Zeit ausmacht).[8]

Unterstützung brauchten, wendeten sich demnach zuerst an Verwandte. Bei den *Freundschaften* jedoch waren diejenigen am Arbeitsplatz wichtiger als die im häuslichen Umkreis. Als Quelle für emotionale Unterstützung nannten 10 Prozent der Befragten auch „Bücher und Zeitschriften", genauso viele geben die „Kirche oder Glaubensgemeinschaft" an; nur fünf Prozent nannten ihre Nachbarn. 13 Prozent wandten sich für Unterstützung zuerst an Freundinnen und Freunde bei der Arbeit – genauso viele, wie sich an ihre eigenen Väter wandten.

8   Jim Spring, „Seven Days of Play," *American Demography*, 15, März 1993, S. 50-54. Einer anderen Studie zufolge läuft das Fernsehen in einem durchschnittlichen amerikanischen Haushalt während fast der Hälfte der gesamten wachen Zeit. Teenager verbringen im Durchschnitt etwa 22 Stunden pro Woche vor dem Fernseher (Anne Walling, „Teenagers and Television", *American Family Physician*, 42, 1990, S. 638-641), Kinder durchschnittlich zwei bis drei Stunden pro Tag (Althea Huston, John Wright, Mabel Rice und

So liefert uns die *Bright Horizons*-Stichprobe durchaus Belege dafür, dass eine kulturelle Umpolung von Arbeitsplatz und Zuhause zumindest als Thema präsent ist. Die Aussage, sie fühlten sich zu Hause wie an einem Arbeitsplatz, fand – nicht überraschend – bei mehr Befragten Zustimmung als die Aussage, sie fühlten sich bei der Arbeit wie zu Hause. Dennoch war das Zuhause nur für die Hälfte der Befragten eine Hauptquelle für Entspannung und Sicherheit. Angesichts destabilisierender Familieverhältnisse fungierte die Arbeit offensichtlich für viele als Unterstützungssystem. Vor allem für Frauen ist der Eintritt in die Erwerbsarbeit heute oft wie der Abschluss einer emotionalen Versicherung gegen die Ungewissheiten des häuslichen Lebens.

Die *Bright Horizons*-Eltern – Angehörige der Mittelschicht oder der oberen Mittelschicht, die bei Großunternehmen angestellt waren und ihre Kinder in einem Kindergarten hatten – sind eine sehr gute Vergleichsgruppe für viele Amerco-Eltern, und die Umfrageergebnisse bestätigen, dass sich vieles von dem, was ich in Spotted Deer zu sehen bekam, tatsächlich überall im Land abspielt. Doch gibt es natürlich auch viele erwerbstätige Eltern, die sich nicht mit dieser *Bright Horizons*-Gruppe vergleichen lassen. Welche Familientypen also fehlen in dieser Stichprobe, und welche Erfahrungen haben sie mit der Arbeit und dem Zuhause und mit dem Verhältnis zwischen den beiden? Zunächst einmal müssen wir uns vor Augen halten, dass es noch mindestens vier weitere, ebenfalls auf der relativen Anziehungskraft des Zuhauses bzw. des Arbeitsplatzes basierende Modelle von Familie und Arbeitsleben gibt. In den meisten realen Familien hat man es natürlich mit einer Mischung verschiedener Aspekte aus einem oder mehreren dieser Modelle zu tun.

Da wäre zum Beispiel das Modell der *Zuflucht,* in dem die Arbeitswelt immer noch herzlos und die Familie immer noch der sichere Hafen *ist.* Amerco-Beschäftigte, auf die dieses traditionelle Modell der „Zuflucht" mindestens ansatzweise zutrifft, waren am ehesten unter Fabrikbeschäftigten zu finden, die eine relativ unangenehme Arbeit hatten und denen bei dieser Arbeit die Gemeinschaft fehlte. Für viele Arbeiter und erst recht für viele Arbeiterinnen ist häufig immer noch – wenn auch nicht mehr in jedem Falle, wie Deb und Mario Escallas Geschichte zeigt – das Zuhause weitaus eher ein sicherer Hafen als die Arbeit. Wenn ich Frauen fragte,

---

Dennis Kerkman, „Developmental Pespectiv of Television Viewing Patterns", *Developmental Psychology,* 26, 1990, S. 409-421).

ob sie auch dann noch arbeiten gehen würden, wenn sie das Geld nicht brauchten, nahm der Anteil derer, die mit „Nein" antworteten, zu, je niedriger ihr beruflicher Status war. Dies dürfte teilweise damit zusammen hängen, dass im Laufe des letzten Jahrzehnts, in dem die Reichen reicher und die Armen ärmer geworden sind, Beschäftigte mit „begehrten" Jobs feststellen konnten, dass diese Jobs in der Regel immer attraktiver wurden – dank sorgfältig und gezielt entwickelter Arbeitsplatzkultur und beeindruckender Sozialleistungen des Unternehmens. Beschäftigte mit „weniger begehrten" Jobs hingegen merkten, dass ihre Arbeitsbedingungen immer weniger einladend wurden, bedingt durch die wachsende Gefahr einer Verdrängung durch neue Technologien, durch größere Unsicherheit und sinkende Löhne und kaum vorhandene Bemühungen um eine positive Arbeitsplatzkultur. Viele dieser „Habenichtse" mögen das Zuhause nach wie vor als sicheren Hafen empfinden, wie immer die Realitäten ihres häuslichen Lebens auch aussehen.

Bill und Emily Denton stehen für ein weiteres *traditionelles* Modell, bei dem die unterschiedliche Anziehungskraft des Zuhauses bzw. des Arbeitsplatzes nach Geschlecht verteilt ist. Bill und andere Männer wie er, die an der Spitze der Unternehmenshierarchien stehen, sind weder vor einem niederdrückenden Arbeitsplatz noch vor einem stressgeladenen Zuhause auf der Flucht. Sie richten sich ein ihnen genehmes Zuhause am Arbeitsplatz ein und widmen ihm den größten Teil ihrer wachen Zeit, während ihr reales Zuhause mehr oder weniger den Charakter einer Sommerfrische annimmt. Frauen wie Emily Denton bleibt es dann überlassen, das Zuhause und die Kinder zu managen. Für sie ist das Zuhause keine Zuflucht vor der Arbeitswelt, sondern eine in sich potentiell befriedigende Welt. Dieses altmodische Modell für die Vereinbarkeit von Beruf und Familie, in dem jedem Geschlecht eine der beiden Lebenssphären zufällt, ist allerdings selbst bei Topmanagern in Firmen wie Amerco immer seltener anzutreffen. Manche Managergattinnen zieht der Magnet Arbeit aus dem Haus; während für andere, die zurückbleiben, die Hausfrauen- und Mutterpflichten nicht mehr so attraktiv sein dürften wie früher.

Weiter gibt es das Modell *kein Job, schwache Familie,* bei dem weder die Arbeit noch die Familie für den Einzelnen eine besondere Anziehungskraft hat. Dieses Modell dürfte sich bei Menschen finden, die arm sind und keine Arbeit bekommen und für die ein Job überhaupt erst die ökonomische und emotionale Voraussetzung für ein einigermaßen attraktives Familienleben wäre. In seinem Buch

When Work Disappears, in dem er sich hauptsächlich mit dem Elend von Afro-Amerikanern beschäftigt, vertritt der Soziologe William Julius Wilson die These, dass viele Schwarze ohne ein staatliches Arbeitsbeschaffungsprogramm nach Art des New Deal ihr Leben in einer immer weiter um sich greifenden ökonomischen Wüste fristen werden.[9] Das vom Bandenwesen und Herumlungern bestimmte und von einer Art Untergrundökonomie aufrecht erhaltene Leben in manchen Innenstädten spielt als Ersatzlieferant von Wertschätzung, Entspannung und Sicherheit eine immer größere Rolle, während Drogen vorübergehend die Illusion vermitteln, diese Ideale seien auch wirklich in Reichweite.

Und schließlich gibt es noch jenes Modell der *Balance von Arbeit und Familie,* bei dem die Eltern am Arbeitsplatz familienfreundliche Maßnahmen nutzen und nicht derart nach Arbeitszeit hungern, dass sie in Versuchung geraten, sie sich von der Zeit zu stehlen, die ihren Kindern zusteht. Solche Eltern könnten allmählich den Teufelskreis des Zeit-Defizits durchbrechen und damit auch die Notwendigkeit der dritten Schicht zu Hause abbauen. Für eine kleine Minderheit bei Amerco und für eine vielleicht schon größere Minderheit in ganz Amerika war dieses Modell bereits Realität.

Familien, die dem Modell der *Zuflucht* oder einem der anderen *traditionellen* Modelle entsprechen, werden weniger, und Familien nach dem Modell *kein Job, schwache Familie* nehmen mit den Konjunkturschwankungen zu oder ab, Familien aber, die unter das Modell der *verkehrten Welten* fallen, bei dem das Zuhause Arbeit und die Arbeit ein Zuhause ist, haben in den letzten 30 Jahren zugenommen. Welche sozialen Bedingungen haben diesen Wandel befördert? Die Übernahme der Funktionen des Zuhauses durch den Arbeitsplatz dürfte ein kaum zur Kenntnis genommener, aber grundlegender Bestandteil unserer sich wandelnden kulturellen Landschaft sein.

Hinter den verkehrten Welten

Obwohl die Arbeit das Familienleben ergänzen und durchaus auch verbessern kann, hat sie in den letzten Jahren im Allgemeinen mit der Familie konkurriert – und gewonnen. Während die Massenme-

---

9 William Julius Wilson, *When Work Disappears: The World of the New Urban Poor.* New York, Knopf, 1996.

dien die globale Konkurrenz so oft zum wichtigsten Wirtschaftsereignis unserer Zeit erklären, kann man leicht übersehen, dass die amerikanischen Unternehmen ihren härtesten Kampf mit einem lokalen Rivalen austragen – der Familie. Wenn es um Marktanteile geht, zerbrechen sich die Amerco-Manager den Kopf über die Schlachten, die sie sich darüber mit Unternehmen in Asien und Europa liefern. Die expandierenden Anteile ihres Unternehmens an der häuslichen Zeit dagegen halten sie für selbstverständlich. Denn dort, wo der Arbeitgeber wie bei Amerco in seine Beschäftigten investiert, gewinnt er oft die emotionale Loyalität seiner Beschäftigten – und auf diese Weise immer mehr von ihrer Zeit.

Beim Versuch, im Kampf mit der Familie die Oberhand zu gewinnen, erhielten die Unternehmen in den vergangenen Jahren Unterstützung durch das immer weiter um sich greifende Konzept einer organisierten Unternehmenskultur, vor allem aber dadurch, dass Frederick Taylors Prinzipien der wissenschaftlichen Betriebsführung durch die ursprünglich von Charles Deming entwickelten Prinzipien von *Total Quality* abgelöst wurden.[10] Unter dem Einfluss eines Tayloristischen Weltbild hatte der Manager die Aufgabe, Kopf und Körper des Beschäftigten unter ein bestimmtes System zu zwingen, nicht aber, sein Herz zu gewinnen. Der taylorisierte Beschäftigte war minderqualifiziert, austauschbar, billig; infolgedessen langweilte er sich und fühlte sich schlecht behandelt und nicht gewürdigt.

Heute investieren Unternehmen unter Anwendung moderner partizipativer Managementtechniken in Fortbildungsmaßnahmen, bei denen die Beschäftigten geschult werden, Entscheidungen zu fällen, und bieten ihnen dann moralische und finanzielle Anreize, um sie in ihrem neu erworbenen *Empowerment* bei der Stange zu halten. Bei Taylors System gingen die Manager davon aus, dass die

---

10 W. Edwards Deming, „Improvement of Quality and Productivity through Action by Management," *National Productivity Review*, Winter 1981-82, S. 2-12. Siehe Mary Walton, *The Deming Management Method*. New York, Dodd, Mead & Co., 1986); Frederick Taylor, *The Principles of Scientific Management*, New York, Harper, 1911). Zwar hat die *Total Quality*-Bewegung inzwischen viele Unternehmen erfasst, doch ist auch der Einfluss von Frederick Taylor durchaus nicht verschwunden. Viele gering qualifizierte Beschäftigte sind nach wie vor durch die Taylorisierung ihrer Arbeit gefährdet. In ihrem Buch *The Electronic Sweatshop* (New York, Simon and Schuster, 1988) beschreibt Barbara Garson einen Hamburger-Koch bei McDonald's, bei dem jede Bewegung vereinfacht, vorgegeben und überwacht wird.

Beschäftigten grundsätzlich nicht den Drang verspürten, gute Arbeit zu leisten. Bei *Total Quality* wird angenommen, dass es diesen Drang sehr wohl gibt. Im Taylorismus wurde dem Beschäftigten keinerlei Autonomie zugestanden. Bei *Total Quality* verfügt er über ein gewisses Maß an Autonomie und wird durch das Versprechen von noch mehr Autonomie immer tiefer in die Arbeitswelt hineingelockt.

Wie die Arbeitsbedingungen bei Amerco zeigen, wird der Beschäftigte unter *Total Quality* aufgefordert, sich für seine Leistungen in seinem Job anerkannt zu fühlen. In der vierteljährlich erscheinenden Hauszeitschrift *Amerco World* werden lächelnde Beschäftigte dafür belobigt, dass sie Probleme gelöst, Engpässe vorhergesehen, neue Produkte erfunden, den Ausschuss reduziert und überhaupt „den Kunden glücklich gemacht" haben. Als ein Amerco-Vizepräsident im Repräsentantenhaus vor dem Unterausschuss für Wissenschaft, Forschung und Technologie das *Total Quality*-System beschrieb, hob er hervor, dass es das Unternehmen vorzöge, gute Arbeit mit persönlicher Anerkennung statt mit Geld zu belohnen. Persönliche Anerkennung, so der Vizepräsident, habe sich als ein äußerst wirksames Motivationsinstrument erwiesen, das im übrigen in sehr viel geringerem Ausmaß jenen Neid hervorrufe, der so oft die Folge sei, wenn einzelne Beschäftigte finanzielle Anerkennungen erhielten und andere nicht. Umfragen im Unternehmen bestätigen dies.

Bei Amerco werden die Beschäftigten aufgefordert, sich zu entspannen, wenn sie am Arbeitsplatz sind. Die häufigen Feiern zur Anerkennung für besondere Leistungen sind zwar eine Belohnung für Arbeit, bilden aber auch den Kontext für eine Art Spiel. Amercos Management hat in der Tat Gedanken und Mühe darauf verwendet, den Unterschied zwischen Arbeit und Spiel zu verwischen (so wie dieser Unterschied auch zu Hause oft genug verwischt wird). Im Sommer zum Beispiel sind die Freitage *dress down*-Tage, bei denen die Beschäftigten ermuntert werden, sich so anzuziehen, als wären sie zu Hause; und die regelmäßig wiederkehrenden Firmen-Picknicks, Ferien-Partys und sonstigen Feiern dienen ganz eindeutig dem Zweck, die Arbeit mit ein wenig Feiertagslaune zu versehen. Für die Angestellten in der Firmenzentrale wird in den Kühlschränken neben den auf jedem Stockwerk aufgestellten Kaffeeautomaten sogar kostenlose Coca Cola bereit gehalten.

Amerco hat außerdem einen gezielten Versuch unternommen, in die Rolle des hilfsbereiten Verwandten zu schlüpfen, der den Beschäftigten bei Problemen am Arbeitsplatz und zu Hause beisteht. Die Abteilung für Aus- und Weiterbildung bietet kostenlose (und in der Arbeitszeit stattfindende) Kurse zu Themen wie „Mit Ärger umgehen", „Kritik üben, Kritik annehmen", „Umgang mit schwierigen Menschen", „Stressmanagement", „Kontrolle über den Arbeitstag bekommen" und „Mehr Leistung im Team: der Myers-Briggs-Persönlichkeitstest". Es gibt Workshops zu *„Work-Life-Balance* für berufstätige Ehepaare" und *„Work-Life-Balance* für Singles". Bei ähnlich grundlegenden Problemen des Familienlebens zu Hause gibt es selten auch nur annähernd so viel Hilfe. Zu Hause gibt es keine Kurse zum „Umgang mit Kindern, die über die Zeitnot wütend sind" oder „Umgang mit einem Kind, das von Ihnen enttäuscht ist oder von dem Sie enttäuscht sind".

Das Ergebnis ist, dass mir viele Amerco-Manager und -Fachkräfte ernsthaft gestanden, das Unternehmen habe ihnen geholfen, sich menschlich weiter zu entwickeln, und zwar auf eine Art und Weise, die auch ihren Fähigkeiten im Umgang mit häuslichen Problemen zugute gekommen sei. Selbst die Schulungen zur Teambildung in den Fabriken werden von den Beschäftigten oft in diesem Sinne empfunden. Ein Amerco-Rundschreiben für Manager behandelt eine Reihe von „Fähigkeiten für hervorragende Leistungen bei der Arbeit", die auch zu Hause nützlich wären – Beschäftigte werden danach beurteilt, ob sie sich „um Feedback zum eigenen Verhalten bemühen", „Aufmerksamkeits- und Stimmungsschwankungen bewusst wahrnehmen" oder „ihr persönliches Auftreten den jeweiligen Situationen oder Personen anpassen" können. Amerco ist außerdem eines von rund 100 amerikanischen Unternehmen, die ihre Topmanager zur Fortbildung in das *Corporate Learning Institute* schicken. Dort lernen Manager, wie sie andere Menschen motivieren und beeinflussen und Konflikte beilegen können. Das Institut bietet ein zeitlich nicht begrenztes, „auf die Einzelperson abgestimmtes Programm für Menschen aller Schichten" an, „die den aufrichtigen Wunsch haben, die in ihnen steckenden Potenziale zu erkunden und zu erweitern." Man kann sogar auf Unternehmenskosten an einem Kurs „Selbstwahrnehmung und Sein: Die Bedeutung des Selbst im Einflussprozess" teilnehmen.[11]

---

11   Hugh Mulligan, „Employers Foster Friendly Workplaces" (Associated Press Release), *Louisville Courier Journal,* 1991. Manche Unternehmen, etwa Hudsons Food Inc. in Noel, Missouri, stellen sogar Pfarrer als Berater für die Be-

Bei *Total Quality* werden die Beschäftigten aufgefordert, sich ihrem Unternehmen verpflichtet zu fühlen. Als der taylorisierte Charlie Chaplin in *Modern Times* durch eine weitere Beschleunigung der Bandgeschwindigkeit schließlich in den Wahnsinn getrieben wird, klettert er in ein gigantisches Gebilde aus Zahnrädern und Treibriemen und wird um ein riesiges Rad gewunden. Er ist Teil der Maschine selbst geworden. Wie könnte er sich für ein Unternehmen engagieren, das ihn in ein Maschinenteil verwandelt?

Amerco-Beschäftigte unter *Total Quality* sind keine Maschinen; sie sind Gläubige. Dies wurde mir klar, als ich an einem Sommermorgen des Jahres 1992 einem *Large Group Change Event* beiwohnte, das in einer Highschool-Cafeteria stattfand. Die Veranstaltung, mit der Amerco auf die Abwanderung vieler seiner Kunden zu einem aufstrebenden Konkurrenten reagierte, wurde inszeniert wie die Versammlung einer Erweckungsbewegung. Ihr Zweck war, jeden einzelnen Beschäftigten von der Notwendigkeit zu überzeugen, seine Verpflichtung gegenüber seiner Arbeit zu erneuern und nicht etwa gegenüber seinem Ehepartner oder seiner Kirche. Dies war nur eine von einer ganzen Reihe solcher Veranstaltungen, die in den Firmen im Tal stattfanden, die zu wenig produzierten. Am Eingang hingen zwei Banner, auf denen stand: „Zeigen wir Engagement". 400 Beschäftigte, die meisten von ihnen weiß, männlich und zwischen 20 und 40, saßen an Achtertischen. Überwiegend trugen sie T-Shirts, Blue Jeans und Baseballkappen mit dem Schirm nach hinten. Ein junger Mann mit Sonnenbrille nahm seinen Platz bei seiner Gruppe ein, indem er ein Bein lässig über die Stuhllehne schwang, als bestiege er ein Pferd. „Was finden Sie frustrierend an Ihrem Job?" fragte der Gruppenleiter.

---

schäftigten ein. Barnaby Feder beschreibt dies in seinem Artikel in der *New York Times*:
„Während die Arbeiter die Geflügelteile zerlegen und verpacken, sprechen andere über ihren Kampf mit Alkohol oder Drogen, Eheprobleme, kranke Angehörige, Kinder, die von zu Hause weglaufen, und Wohnungsprobleme. Solche Gespräche (mit dem Pfarrer) führen oft zu privaten Beratungsgesprächen, Krankenhausbesuchen und anderen Formen des geistlichen Beistands. Unternehmen, die Pfarrer anheuern, bieten sich in gewisser Weise selber als jene Quelle des psychischen Beistands an, den die Beschäftigten brauchen, um mit ihren häuslichen Problemen fertig zu werden" (Barnaby J. Feder, „Ministers Who Work around the Flock", *New York Times*, 3. Oktober 1996).

„Manche Vorgesetzten haben nichts Besseres zu tun, als einen dauernd zu beobachten, ob man nicht einen Fehler macht", antwortete ein Mann. „Warum arbeiten die nicht einfach selber mal?"

Rasch kam das Gespräch auf den Effekt, den diese Morgenveranstaltung auf das häusliche Leben haben könnte. George, 22, die Haare im Irokesen-Stil, meldete sich zu Wort: „Meine Frau und ich haben uns gerade wieder versöhnt. Wir wollten über das Wochenende nach New Orleans fahren; und jetzt kommt das hier dazwischen."

„Wenn wir es hinkriegen, dass diese Fabrik nicht geschlossen wird", sagte ein anderer Arbeiter trocken, „hat deine Familie mehr davon als von jedem Wochenendtrip."

Dann stellte der Leiter der Veranstaltung drei Personen vor, einen Manager aus der Fabrik, einen Investor und einen Gewerkschaftsvertreter, die alle drei die Notwendigkeit einer Produktionsverbesserung innerhalb der nächsten sechs Monate beschworen. Im Tone eines Erweckungspredigers, der schaudernd in den Abgrund der Sünde blickt, schilderte der Manager, wie „tief gesunken" die Produktion in der Fabrik sei, um wie vieles geringer bei Amercos Konkurrenten der Ausschuss pro Million Teile ausfiele und um wie viel häufiger die Beschäftigten dort jedes Jahr Verbesserungsvorschläge (oder, wie es hier hieß: „korrigierende Handlungsanforderungen") einreichten. Dann beklagte er Amercos sinkende Marktanteile.

Der Gewerkschaftsvertreter, der bei einer anderen Firma 26 Jahre lang in der Gießerei gearbeitet hatte, erzählte, wie sein Werk erst mit einem anderen zusammengelegt und dann ganz dicht gemacht worden sei. Er sagte: „Wir haben in einer Stadt von 2.000 Einwohnern 400 Arbeitsplätze verloren. Das ist die Bedrohung, vor der die amerikanische Industrie und die amerikanischen Arbeiter heute stehen." Sich Verbesserungen auszudenken, sich besser zu konzentrieren, mehr Sorgfalt an den Tag zu legen, enger mit den Kollegen zusammen zu arbeiten – dies seien, meinte er, ebenso patriotische wie arbeitsplatzerhaltende Taten.

Anschließend erhielten die Teilnehmer Blöcke mit selbstklebenden Zetteln und wurden aufgefordert, ihre „guten Ideen" aufzuschreiben, die dann unter der Überschrift „Aktionsideen" an einer großen Wand in der Cafeteria aufgehängt wurden. Typische Zettel waren: „Schutzbrillen nicht wegwerfen", „Wasser wieder aufbereiten", „Der Boden muss nicht dreimal am Tag gebohnert werden – spart Geld". Danach bekam jede Achtergruppe 21 selbstklebende, goldene Sterne, die sie zur Wahl der besten Ideen neben die von ihnen favorisierten Vorschläge an die Wand kleben sollten. Als alle wieder saßen, diskutierten die Gruppen, die jetzt „Arbeiter-Manager Verbesserungsteams" hießen, über die Sterne, die sie verliehen hatten.

Danach wurde jedes Team aufgefordert, sich Gedanken über die Frage zu machen: „Wofür will ich mich engagieren?" An dem einen Tisch beredeten die Männer, dass sie ihre Rempeleien, Widerreden, Verzögerungstaktiken aufgeben wollten. Sie gelobten, den „Teufel auszutreiben", in diesem Falle die kleinen Freiheiten, mit denen sie sich an der Firma für die Langeweile ihrer Arbeit rächten.

Nun forderte der Versammlungsleiter die Teilnehmer auf, einen Myers-Briggs-Persönlichkeitstest zu machen, für den Testhefte und Bleistifte bereits auf allen Tischen bereit lagen.[12] Bei diesem Test geht es um Persönlichkeitsmerkmale wie Teamfähigkeit, die Neigung zu führen oder zu folgen, hervorzutreten oder sich zu verstecken, schnell oder langsam zu arbeiten. „Wer hier ist introvertiert? Wer ist extrovertiert?" Leute meldeten sich und wurden gefragt: „Steht Ihre Persönlichkeit Ihrem Engagement für Verbesserungen im Wege?" Der Zweck des Tests wie der ganzen Veranstaltung war die unausgesprochene Aufforderung an diese Arbeiter, eine Managerperspektive zu übernehmen, bei der Qualifikationen wichtiger sind als Muskelkraft und jeder Einzelne so gut wie das Unternehmen darauf zu achten hat, welchem Persönlichkeitstyp er entspricht und wie dieser am Arbeitsplatz am besten einzusetzen ist. Sie sollten von ihrem individuellen Schicksal absehen und versuchen, sich wie Manager das Schicksal des Unternehmens vor Augen zu halten, es sich zum Anliegen zu machen und für es zu planen.[13]

---

12 Der Myer-Briggs-Typenindikator (MBTI) ist ein Fragebogen zur Selbsteinschätzung, der C.G. Jungs Theorie der psychologischen Typen verständlich und für den Alltagsgebrauch zugänglich machen soll. In einer Amerco-Broschüre steht, dass ein Verständnis des eigenen Typs nach MBTI unter anderem „Kooperationsfähigkeit und Produktivität erhöhen". Die Typen werden auf Grund verschiedener Persönlichkeitsmerkmale bestimmt: Extroversion, Introversion, sinnliche Wahrnehmung, Intuition, Denken, Fühlen, Urteilen, Wahrnehmen. In einer Arbeitsgruppe leistet jeder Typ eine andere Art Beitrag und braucht eine andere Art Unterstützung. Siehe Isabel Myers-Briggs, *Introduction to „Type": A Guide to Understanding Your Results on the Myers-Briggs Type Indic*ator. Palo Alto, Calif., Consulting Psychologists Press, 1993, S. 1.

13 Während am Arbeitsplatz die Autorität der Beschäftigten dank *Total Quality erweitert* wird, *verringert* sie sich zu Hause, da die Familien kleiner werden und die Männer außerdem zunehmend dem Druck ausgesetzt sind, sich an der Arbeit der zweiten Schicht zu beteiligen. Auf der anderen Seite finden

Zum Schluss der Veranstaltung schrieben die Arbeiter als Zeichen ihres neuen „Engagements" ihre Namen auf eines der riesigen roten Banner, die am Eingang der Cafeteria hingen. Sie unterzeichneten mit weit ausholenden Unter- und Oberlängen, mit schwungvollen Unterstreichungen und Schnörkeln um einzelne Buchstaben. Manche schrieben in Klammern ihre Spitznamen unter ihren Namenszug, andere passten höchst raffiniert ihre Unterschrift wie in einem Highschool-Jahrbuch einem großen Buchstaben auf dem Banner ein, der dem Anfangsbuchstaben ihres Namens entsprach.

So kulminierte die Veranstaltung in einem Erlösungsversprechen. Einer nach dem anderen hatten die Arbeiter sich mit ihren Namen angeboten, um vor der Arbeitslosigkeit „gerettet" zu werden und das Unternehmen vor sinkenden Profiten zu retten. Auch Amerco wollte schließlich, dass diese Arbeiter gerettet und nicht entlassen würden. Es hatte schon vier Millionen Dollar dafür ausgegeben, um die Botschaft von *Total Quality* in alle Fabriken zu tragen – und gab nun noch viel mehr dafür aus, um Fabriken und Arbeitsplätze zu retten. Das, so empfanden die Beschäftigten, sprach für sich: Amerco kümmerte sich.

Mit diesem Gefühl, dass man sich um sie kümmerte, sollten die Beschäftigten zu einem persönlicheren Verhältnis zur Arbeitszeit bewogen werden. Während Chaplin in *Modern Times* wie Millionen Fabrikarbeiter seiner Zeit zum Opfer einer von der Firma veranlassten Beschleunigung wurde, forderte man bei Amerco Fachkräfte, Manager und selbst Fabrikbeschäftigte auf, sich als ihre eigenen Zeitstrategen und Leistungsexperten zu betrachten. Sie sollten selber ihre Produktion steigern, selber ihr Arbeitstempo in ihren Fabriken und sogar in ihrem Leben beschleunigen. Unter dem moralischen Deckmantel von *Total Quality* wurden sie allerdings nicht – oder zumindest nicht direkt – aufgefordert, sich über das Tempo ihrer Arbeit Gedanken zu machen, sondern nur über deren „Qualität". Zu Hause dann stellten dieselben Beschäftigten fest, dass Qualität genau das war, worauf sie verzichten mussten, wenn sie in den wenigen ihnen verbleibenden Stunden ein bestimmtes Arbeitsquantum bewältigen wollten.

Frauen, die mit traditionellen Männern verheiratet sind und wenig Autorität haben, durchaus Geschmack an Arbeitsplätzen, an denen sie endlich einmal ihre Meinung sagen können und ernst genommen werden. Aus ganz unterschiedlichen Gründen also können Männer und Frauen das Gefühl haben, dass ihre Autorität zu Hause beschnitten und am Arbeitsplatz erweitert wird.

Die taylorisierte Familie

Erforderte *Total Quality* eine „Qualifizierung" der Beschäftigten in einer „angereicherten" Arbeitsumgebung, so sorgten der Kapitalismus und die technologische Entwicklung zu Hause schon seit langem für eine immer weiter gehende Dequalifizierung der Eltern. An die Stelle der selbst gewebten Stoffe, der selber hergestellten Seifen und Kerzen, des selbst erzeugten Fleischs und des selber gebackenen Brots traten mit der Zeit Waren, die man im Laden kaufte. Mutters Kochrezepte wurden durch Instant-Suppen, Tiefkühlgerichte und fertig gelieferte Mahlzeiten ersetzt. Tagesbetreuung für Kinder, Seniorenheime für Alte, Zeltlager für delinquente Kinder, selbst die Psychotherapie stellen in gewisser Weise einen kommerziellen Ersatz für Arbeiten dar, die früher zu Hause von der Mutter übernommen wurden. Während die Erwerbsarbeit unter *Total Quality* mehr Qualifikationen für „angereicherte" Jobs erfordert, ist die Hausarbeit im Laufe der Jahre weniger und leichter geworden.

Selbst Zerstreuung und Unterhaltung, die einst von der Familie bestritten wurden, haben ihren mechanischen Ersatz gefunden – in erster Linie durch das Fernsehen, aber auch durch Videospiele, Videofilme, Computer und CD-Player. In den Amerco-Familien, die ich beobachtet habe, liefen oft schon früh morgens Zeichentrickfilme im Fernsehen, um auf diese Weise den Kindern das Aufstehen, Anziehen und Frühstücken zu erleichtern. Abends verliehen in manchen Familien die Nachrichtensendungen von CNN oder anderen Sendern der profanen Arbeit der Essenszubereitung eine Aura der Ernsthaftigkeit. Nach dem Abendessen saßen manche Familien stumm, aber gemütlich zusammen und sahen sich Seifenopern an, in denen sich *Fernseh*-Mütter, -Väter und -Kinder lebhaft miteinander unterhielten. Fernsehfiguren bestritten die kleinen Geplänkel und Scherze für sie, während sich die Familie selbst dem „Beziehungsfaulenzen" hingab. Was die Familie einst produziert hat – Unterhaltung –, konsumiert sie jetzt. In Serien wie *Murphy Brown* und *Ink* führt diese Unterhaltung den Zuschauern ironischerweise sogar ein „Familienleben" vor, das sich an den Arbeitsplatz verlagert hat.[14]

---

14 Im Laufe der Jahre haben sich viele Fernseh-Komödien, wie Ella Taylor feststellt, auf „lustige" familienartige Beziehungen zwischen Kollegen am Arbeitsplatz verlegt. In der *Mary Tyler Moore Show* ging es um eine Arbeitsplatz-Familie in einem Fernseh-Nachrichtensender; *M*A*S*H** handelte von einer Arbeitsplatz-Familie, die während des Koreakriegs eine Lazarett-Einheit betrieb; und die Kollegen-„Familie" in *Taxi* arbeitete bei einem Taxi-Unter-

Die wichtigste „Qualifikation", die auch jetzt noch von den Familienmitgliedern verlangt wird, ist die schwierigste von allen – die Fähigkeit, Familienbeziehungen aufzubauen, zu vertiefen oder wieder zu kitten. Schon unter normalen Umständen erfordert diese Arbeit der Beziehungspflege, dass den Familienmitgliedern und ihren Gefühlen Aufmerksamkeit, Anerkennung und Einfühlung entgegengebracht, Streit geschlichtet, Kränkungen wieder gut gemacht werden.

Im Gefolge der „Scheidungsrevolution" ist diese immer schon heikle Gefühlsarbeit noch komplizierter und schwieriger geworden. Bei zwei Dritteln der Ehen, die mit Scheidung enden, sind Kinder betroffen. In *Second Chances* berichten Judith Wallerstein und Sandra Blakesley über eine 15 Jahre laufende Studie mit 60 Eltern und Kindern aus der Mittelschicht. Die Hälfte der Kinder, deren Eltern sich hatten scheiden lassen, erlebten innerhalb von zehn Jahren eine zweite Scheidung. In der Regel war ein Elternteil glücklich wieder verheiratet, der andere nicht. Nur eines von acht Kindern erlebte, dass beide Eltern wieder glücklich verheiratet waren. Nach zehn Jahren waren die Hälfte der Frauen und ein Drittel der Männer immer noch wütend auf ihre Ex-Partner.

Die Untersuchung vermittelte auch noch andere Einsichten. So erlebten Eltern und Kinder die Scheidung oft unterschiedlich. Zwei Drittel der Frauen und die Hälfte der Männer, aber nur eines von zehn Kindern gaben an, sie seien mit der Qualität ihres Lebens nach der Scheidung zufriedener. Drei von vier Kindern fühlten sich von ihren Vätern abgelehnt. Diese Väter jedoch – traurig genug – unterhielten oft, wie Wallerstein und Blakeslee feststellten, Phantombeziehungen zu ihren Kindern, die sie nie sahen oder deren Unterhalt sie nicht zahlten, und hatten ihre Fotos immer bei der Hand. Eine Untersuchung für die ganzen USA ergab, dass die Hälfte der elf- bis 16-jährigen Kinder, die bei ihren geschiedenen Müttern lebten, ihre Väter das ganze Jahr über nicht gesehen hatten.[15]

---

nehmen. Siehe Ella Taylor, *Prime-Time Families: Television Culture in Postwar America*. Berkeley, University of California Press, 1989; siehe auch Gerard Jones, *Honey, I'm Home! Sitcoms: Selling the American Dream*. New York, St. Martin's Press, 1992.

15 Andrew J. Cherlin (Hrsg.), *The Changing American Family and Public Policy*. Washington, D.C., Urban Institute Press. Siehe Judith Wallerstein und Sandra Blakesley, *Second Chance: Men, Women, and Children a Decade after Divorce*. New York, Tichnor and Fields, 1989. Leider vergleichen die Autorin-

Familienleben kann auch unter besten Umständen verwirrend sein. Aber in einer Gesellschaft, die auf der Kernfamilie basiert, schafft die Scheidung zusätzliche Belastungen. Einen Menschen in die „Beziehungsketten" neuer Ehen einzubinden, kann viel schwerer sein, als es das Wort einbinden vermuten lässt. Stiefgeschwister in solchen Familien stehen sich selten so nahe wie biologische Geschwister – um nur eines der vielen Probleme zu nennen, vor denen solche Familien stehen. Ein geschiedener Amerco-Angestellter beklagte sich, seine Stiefkinder gehorchten ihm nicht und provozierten ihn stattdessen mit Sätzen wie: „Du bist nicht mein *richtiger* Vater!" Geschiedene Mütter wiederum waren oft zutiefst gekränkt, wenn sie erlebten, wie ihre wiederverheirateten Männer ihre neuen Familien bevorzugten. Eine geschiedene Frau zum Beispiel bemerkte bitter, ihr Ex-Mann habe es fertig gebracht, ein neues Auto und ein Boot zu kaufen, während er mit den Unterhaltszahlungen für sein Kind im Rückstand sei. Angesichts solcher Probleme und des Bedarfs an emotionaler „Qualifizierung" haben wenige Eltern auch nur die geringste Ahnung, wo sie nach einer solchen „Umschulung" suchen sollten.

Bei Amerco wird der erfolgreiche Abschluss einer Fortbildung am Arbeitsplatz mit einer Feier, einer *Total Quality*-Ansteckandel und vielleicht sogar einer Notiz in der Hauszeitschrift belohnt. Bei Amerco wird viel Geld für die Inszenierung von Ritualen zur Stärkung der Verbundenheit zwischen Unternehmen und Beschäftigten ausgegeben, sobald eine mögliche Scheidung, also ein Jobverlust droht. Wer aber belohnt zu Hause das Erlernen einer neuen Art von Gefühlsarbeit oder hat ein Auge auf die sinkenden Profitmargen?[16] Wer fordert dort neue Selbstverpflichtungen ein?

---

nen die Kinder aus geschiedenen Ehen nicht mit Kindern aus intakten Ehen, so dass wir nicht wissen, inwieweit Kinder aus intakten Ehen vergleichbare Erfahrungen machen. Siehe auch P. Bohannon, *Divorce and After: An Analysis of the Emotional and Social Problems of Divorce*. New York, Anchor Books, 1971; und William Goode, *World Revolution and Divorce*. New York, Free Press, 1956.

16 Zumindest teilweise ist auch der niedrige Status der Hausfrau ein Zeichen für die Entwertung des häuslichen Lebens. 1981 wurde bei einer amerikaweiten Umfrage der Firma Harris die Frage gestellt: „Wenn Sie den Wert der Arbeit einer Hausfrau in Dollar beziffern sollten, was wäre Ihrer Meinung nach ein faires Jahresgehalt?" Männer sagten $ 12.700, Frauen sagten $ 13.800. Frauen, die *erwerbstätig* waren, bezifferten den Dollar-Wert der Hausarbeit höher ($ 24.000) als die Hausfrauen selber ($ 13.400), und Feministinnen setzten einen höheren Wert an ($ 21.500) als traditionell denkende Frauen ($

Der sterile Druckwasser-Mundabwischer

Zu Hause stehen berufstätige Eltern vor schwierigen Problemen, ohne dass sie von außen viel Unterstützung oder Hilfe zu ihrer Lösung bekämen. Zeit allein ist natürlich kein Allheilmittel. Aber die Zeit, die man füreinander hat, ist eine wichtige Voraussetzung, um Familienbeziehungen überhaupt aufbauen zu können. Was also geschieht mit der Familienzeit?

Berufstätige Eltern haben verständlicherweise den Wunsch, geschützte Bereiche von Familienzeit zu schaffen, frei von Druck, in denen sie sich auf nur eine Tätigkeit oder eine Beziehung auf einmal konzentrieren können. Manche Eltern halten zum Beispiel die Zeit von 20:00 bis 20:45 Uhr als *Quality Time* für Eltern und Kinder und die Zeit von 21:15 bis 22:00 Uhr (also wenn die Kinder im Bett sind) als *Quality Time* für das Paar selbst frei. Solche Zeiträume müssen dann vor anderen Zeitanforderungen – Anrufe aus der Firma oder von einer Nachbarin, die klären will, wer am nächsten Tag wen im Auto mitnimmt, oder von der Freundin eines Kindes, die Fragen wegen der Hausaufgaben hat – geschützt werden. Doch nehmen auch diese kleinen Refugien von „entspannter Zeit" immer mehr den Charakter kleiner Arbeitszeitsegmente an, die die Eltern gewissermaßen per Stechuhr kontrollieren. Wenn Denise Hampton zum Beispiel ihren beiden Söhnen abends aus *Die Chroniken von Narnia* vorlas, nahm sie sich extra vor, nicht an die E-Mails zu denken, die sich mittlerweile im Internet für sie stauten, oder gar an die Stellungnahmen, die sie gleich verfassen und zurückmailen musste. So erforderte ihre „entspannte" Zeit in Wirklichkeit besondere Disziplin, Konzentration und Energie, genau wie die Arbeit. Selbst wenn Denise zu Hause und in Gedanken bei irgendwelchen häuslichen Angelegenheiten war, ertappte sie sich oft dabei, wie sie mit ihrer Zeit in geradezu industrieller Manier umging.

19.600). Vor allem die Kinderbetreuung scheint im Wert gesunken zu sein. In einer Harris-Umfrage wurden Erwachsene und Teenager gefragt, ob sie der Meinung seien, dass „Eltern heute nicht in gleichem Maße wie früher bereit seien, für ihre Kinder Opfer zu bringen." Zwei Drittel der Männer und Frauen von 40 Jahren und älter stimmten dem zu, ebenso die Hälfte der 18- bis 39-Jährigen (Louis Harris and Associates, *The General Mills American Family Report 1980-81*, durchgeführt von Louis Harris and Associates Inc., Minneapolis, 1981.)

Paradoxerweise kann das, was gehetzten berufstätigen Eltern als die Lösung für ihre Zeitzwänge erscheinen mag – Effizienz und Zeitsegmentierung – mit einem Mal selber zum Problem werden. Um mit der begrenzten Zeit, die ihnen zu Hause noch bleibt, effizient umzugehen, versuchen manche berufstätige Eltern, alles schnell zu machen, und sei es auch nur, um ein wenig Raum zu schaffen, in dem sie dann langsam sein können. Sie tun zwei oder drei Dinge gleichzeitig. Sie planen voraus. Sie delegieren. Sie sortieren die häuslichen Ereignisse nach Kategorien und versuchen, einige von ihnen durch Outsourcing zu erledigen. Vor lauter Effizienz trampeln sie womöglich aus Versehen über die emotionalen Symbole hinweg, die mit bestimmten Tageszeiten oder Wochentagen verbunden sind. Sie packen Aktivitäten immer dichter hintereinander und beachten nicht den dazugehörigen Rahmen, jene Augenblicke, in denen man sich auf ein Ereignis freut oder darauf zurückblickt und die seine emotionale Wirkung vertiefen. Sie missachten den Beitrag, den ein gemächliches Tempo zur Zufriedenheit leisten kann, so dass ein rasches Abendessen, gefolgt von einem eiligen Bad und einer Gutenachtgeschichte für ein Kind – falls all dies zur *Quality Time* gehört – schließlich als gleichwertig mit einer langsameren Version dieser Ereignisse angesehen wird. In dem Maße, wie Zeit zu etwas wird, das man „sparen" muss, zu Hause genauso, wie bei der Arbeit, wenn nicht noch mehr, wird das Leben zu Hause ganz buchstäblich zu einer zweiten Schicht: Man lässt zu, dass ein Effizienzkult, der einst dem Arbeitsplatz vorbehalten war, zu Hause Fuß fasst und sich einnistet. Effizienz ist ein Mittel zum Zweck – mehr Zeit zu Hause –, aber auch ein Lebensstil geworden, ein Zweck an sich.

Ein erstaunlich großer Teil des Familienlebens ist eine Frage der effizienten Zuweisung von Menschen zu vorgegebenen Tätigkeitsabläufen geworden. Am besten lässt sich dies vielleicht wieder mit einer klassischen Szene aus *Modern Times* veranschaulichen. Dort versucht ein Verkaufsteam, den Präsidenten der Electro Steel, bei der Charlie Chaplin am Fließband arbeitet, zur Installation einer J. Willicomb Billows-Fütterungsmaschine zu überreden, die, wie der verrückte Erfinder erläutert, „Ihre Leute während der Arbeit automatisch füttert." Eine automatisch ablaufende Bandaufnahme preist die Erfindung an: „Keine Essenspausen mehr – der Konkurrenz immer um eine Nasenlänge voraus. Die Billows-Fütterungsmaschine schafft die Mittagspause ab, steigert Ihre Produktion und reduziert Ihre Geschäftskosten." Zwei Vertreter in weißen Laborkitteln, die der Sache einen wissenschaftlichen Anstrich verleihen, deuten mit dem verhaltenen Lächeln und den erhobenen Brauen französischer Oberkellner auf den „automatischen Suppenteller mit Pressluftgebläse" („keine Energieverschwendung beim Abkühlen der Suppe mehr"), auf den „Drehteller mit automatischem Essenseinschieber", auf den „doppelt kniegetriebenen Maiskolbeneinspeiser mit stufenloser Schaltung: Umschalten von schnell auf langsam durch bloße Zungenberührung" und schließlich auf den „sterilen Druckwassermundwischer", mit dem es „keine Flecken auf dem Kittel mehr" gibt.

Chaplin, der Pechvogel, wird ausgewählt, die Maschine zu testen, und ein Vertreter schnallt ihn so darin ein, dass er die Arme nicht mehr bewegen kann. Die Maschine beginnt, Suppe in seinen Mund und schließlich natürlich auch auf seinen Kittel zu schütten. Chaplin wirft zweifelnde Blicke auf den automatischen Mundwischer, der regelmäßig einschwenkt, um über seine Lippen und, wenn er sich nicht gerade hält, seine Nase zu rollen. Ein gebutterter Maiskolben erscheint und bewegt sich automatisch vor seinem Mund hin und her. Als entwöhnter Esser braucht er nur zuzubeißen und zu kauen. Bald jedoch erhöht der Maiskolben ähnlich wie das Fließband seine Geschwindigkeit und bewegt sich so schnell hin und her, dass Chaplin keine Zeit zum Kauen mehr bleibt. Die Maschine geht kaputt. Ungerührt versuchen die weiß gekleideten Vertreter, sie zu reparieren, doch sie läuft wieder aus dem Ruder, füttert Chaplin mit Schrauben mit Sandwichkrümeln und schleudert ihm Sahnetorte ins Gesicht. Der Mundwischer macht einen wilden Satz, zieht einen kleinen sauberen Streifen über sein Gesicht und Chaplin fällt ohnmächtig aus der Maschine.

Amercos Generaldirektor musste keine automatische Fütterungsmaschine von Billows einführen. Um Zeit zu sparen, aßen viele seiner Angestellten mittags ohnehin nur rasch etwas am Schreibtisch, ein Muster, das durchaus nicht nur für Amerco gilt. Wie einem unlängst von der National Restaurant Association in Auftrag gegebenen Bericht zu entnehmen ist, sind Mittagspausen im Restaurant seltener und schneller geworden. 1993 gaben nur 38 Prozent der befragten Erwachsenen an, sie gingen wenigstens einmal in der Woche mittags außerhalb essen, während es Mitte der 1980er Jahre noch 60 Prozent waren. Laut Wendy Tanaka, einer Beobachterin des Geschäftsviertels von San Francisco, nehmen sich die Menschen immer weniger Zeit, um essen zu gehen, und viele Restaurants stellen sich, um sich überhaupt halten zu können, auf

Lieferbetrieb um. Gäste, die dennoch zum Mittagessen Platz nehmen, bringen sich immer häufiger Arbeit mit. Es ist längst nicht mehr ungewöhnlich, so Tanaka, dass jemand mit einem Laptop hereinkommt und sein Mittagessen mit einem Projekt statt mit einem Kollegen einnimmt.[17]

Bezeichnender jedoch dürfte sein, dass sich auch zu Hause eine Fütterungsmaschinen-Atmosphäre ausbreitet. Die Zeitschrift *Working Mother* zum Beispiel ist voller Anzeigen, die den Müttern nahe legen, „Zwei-Minuten-Reis", „Fünf-Minuten-Hühnerfrikassee", „Chinesische Reistafel in sieben Minuten" zu kochen. Eine Anzeige präsentiert ein Handy und zeigt dabei, dass die berufstätige Mutter auch beim Plätzchenbacken mit ihrer Tochter noch geschäftliche Anrufe erledigen kann.

Eine andere Anzeige für ein Zimthaferflockenmüsli wirbt mit einer lächelnden Mutter, die bereits ihre Kostümjacke für das Büro anhat und gerade ihren strahlenden Sohn umarmt. Der Text lautet: „Morgens muss immer alles so schnell gehen, und mein Sohn isst so langsam. Aber bei den Zimt-Haferflocken muss ich nicht mehr auf ihn einreden, dass er sich beeilen soll!" Hier hat die moderne Mutter, wie es scheint, Frederick Taylors Lektionen verinnerlicht, indem sie zu Hause zur Effizienz drängt, weil sie es eilig hat, zur Arbeit zu kommen. In gewissem Sinne ist Taylors Rolle allerdings auf ihren Sohn übergegangen, der vor lauter Appetit auf sein köstliches Frühstück sein Tempo *selber* steigert. Was ihn dazu bringt, ist der Zucker in den Haferflocken. Für dieses Kind ist die Belohnung für seine Effizienz in die Haferflockenpackung geschlüpft und zum „Zuckerbrot" geworden.

Eine dritte Schicht: Zeit-Arbeit

Je mehr Zeit die erste Schicht (am Arbeitsplatz) beansprucht, desto gehetzter und desto schärfer rationalisiert fällt die zweite Schicht (zu Hause) aus. Je länger der Arbeitstag im Büro oder in der Fabrik wird, desto mehr stehen wir zu Hause unter dem Druck, die kostbaren Überreste der Familienzeit zu beschleunigen, zu delegieren, zu verschieben, vorauszuplanen, zu segmentieren, bis ins Letzte zu organisieren. Sowohl ihr Zeitdefizit als auch dessen vermeintliche Lö-

---

17 Wendy Tanaka, „90s Trends Bite into Business Lunch", *San Francisco Examiner*, 9. Oktober 1994, S. A4.

sung (Beschleunigung, Segmentierung und Organisation) zwingen die Eltern, wie in früheren Kapiteln gezeigt, zu einer dritten Schicht – in der sie die emotionalen Folgen der verdichteten zweiten Schicht zur Kenntnis nehmen, verstehen und auffangen müssen.

Kinder reagieren auf den von der Arbeit geschaffenen Effizienzkult zu Hause auf ihre Weise. Viele lernen, wenn sie größer werden, sich gegen ihn aufzulehnen. Dann müssen viele Eltern bei Amerco und anderswo mit Kindern fertig werden, die ihren Gefühlen angesichts des schieren Mangels an Familienzeit freien Lauf lassen. Dennis Long zum Beispiel, Ingenieur bei Amerco, erzählte mir, was er mit seinem Sohn aus einer früheren Ehe erlebte, als er bei einem Projekt eine bestimmte Deadline halten musste. Immer wenn Dennis später als üblich nach Hause kam, begrüßte ihn der vierjährige Joshua mit einem Wutanfall. Dennis erklärte zerknirscht:

> „Josh dreht wirklich völlig durch, wenn ich nicht zu Hause bin. Er hat sich in den Kopf gesetzt, dass er die erste und die dritte Woche von jedem Monat bei mir und nicht bei seiner Mutter ist. Er hat mich eine Weile nicht gesehen, und nun soll ich da sein. Wenn eine Projekt-Deadline wie diese ansteht und ich spät nach Hause komme, ist er am Ende. Er macht mir die Hölle heiß. Dabei verstehe ich ihn ja. Er ist frustriert. Er weiß nicht mehr, worauf er sich verlassen kann."

Dieser Vater leistete seine „dritte Schicht" ab, indem er sich geduldig auf den Boden setzte, um Joshuas Wutanfall entgegenzunehmen, ihm zuzuhören, ihn zu beruhigen und ihm ein wenig Zeit zu schenken. Sechs Monate lang verlor Joshua die Fassung bei fast jeder unerwarteten Verzögerung und wenn sich das Tempo, in dem sich die Dinge seiner Meinung nach abspielen sollten, zu schnell änderte. Herauszufinden, was solche Verzögerungen oder Verschiebungen für Joshua bedeuteten, wurde ein weiterer Teil von Dennis Longs dritter Schicht.

Angesichts solcher Vorkommnisse stellen sich verschiedene Fragen: Wenn Joshs Vater die Verabredungen zum Spielen, die er mit seinem Sohn hatte, immer wieder verschob, hieß das dann, dass er Josh nicht liebte? Übersetzten Josh und sein Vater die Sprache der Zeit überhaupt in gleicher Weise? Was wäre, wenn die Zeit für jeden von beiden etwas ganz anderes symbolisierte? Wessen Auffassung zählte dann mehr? Auch die Entwirrung solcher emotionaler Knäuel ist Teil der dritten Schicht.

Ironischerweise wurden viele Amerco-Eltern gerade durch die Reaktionen ihrer Kinder auf *Quality Time* zur Arbeit der dritten Schicht herausgefordert. Eine Mutter erklärte:

> „*Quality Time* ist abends von halb acht bis halb neun, und danach ist es Zeit zum Schlafengehen. Ich bin um halb acht bereit, aber Melinda hat andere Ideen. Sobald *Quality Time* kommt, will sie baden oder fernsehen; *ausgeschlossen*, dass sie jetzt mit Mommy spielt. Später, wenn ich es schon aufgegeben habe, *dann* ist sie für *Quality Time* bereit."

Eine viel beschäftigte Ärztin, die mit einem Amerco-Manager verheiratet war, schilderte in ganz ähnlicher Weise, wie ihr wohl durchdachter Plan für die „besondere Zeit", die sie mit ihren Kindern verbringen wollte, durchkreuzt wurde:

> „Normalerweise bezahlen wir unsere Nachbarin, damit sie Sam und Grace morgens um acht zum Kindergarten bringt. Mittwochs bekommen die Kinder dann eine Sonderbehandlung, jedenfalls ist es so gedacht. Ich fahre sie selbst hin und bleibe dann noch eine halbe Stunde bei ihnen, um sie zu beobachten. Aus meiner Sicht ist das ein großer Gefallen, aber gewöhnlich ist es eine Katastrophe. Normalerweise sind sie ganz zufrieden, wenn sie in den Kindergarten kommen. Aber wenn ich sie hinbringe, weinen sie. Sie klammern. Sie werden hysterisch. Und ich denke nur noch: ‚Ist es nicht herrlich? *Quality Time*'".

In solchen Situationen haben gehetzte Eltern oft nicht die Zeit, die Reaktionen ihrer Kinder zu sortieren. Sie haben keinen Spielraum mehr, um sich zu fragen, was ihr Zeitgeschenk für ihr Kind bedeutet und ob nicht der Besuch einer Mutter im Kindergarten für ihr Kind nur einen schmerzhaft in die Länge gezogenen Abschied darstellt. Ist diese Zeit ein Geschenk, was die Eltern geben, oder was ein Kind bekommen möchte? Solche Fragen bleiben oft ungelöst.

„Rückzahlungen" für Zeitdefizite führen zu einer weiteren Art von emotionaler Schwerarbeit. Phyllis Ramey zum Beispiel brachte wie viele Beschäftigte im Verkauf bei Amerco etwa ein Fünftel ihrer Arbeitszeit auf Reisen zu. Dabei hielt sie mit ihrem Mann und ihren beiden Kindern – Ben, drei, und Pete, fünf – immer telefonisch Kontakt, und von jeder Station ihrer Verkaufsreisen brachte sie den Jungen Geschenke mit. Ben freute sich, machte sich aber wenig Gedanken darüber; Pete dagegen war völlig fixiert darauf, „was Mami mir diesmal mitbringt" – einen Tonka-Laster, ein Batman-Cape, Seifenblasen. Phyllis sagt:

> „Wenn ich zu Hause anrufe und Pete am Telefon habe, ist das erste, was er fragt: „Was bringst du mir mit?" Dann erzählt er mir, was er haben möchte, und wenn ich nicht genau das Richtige mitbringe, ist er enttäuscht oder wütend. Ich finde es nicht gut, dass Pete die Mitbringsel so wichtig nimmt. Ich finde es nicht gut, dass er welche *verlangt*."

Phyllis glaubte, dass Pete „eigentlich mehr Zeit" mit ihr brauchte, und spürte, dass sie ihm aus Schuldgefühlen Geschenke kaufte. Sie unterhielt sich sogar mit Kolleginnen über solche Käufe und sie lachten gemeinsam darüber. Aber in Petes Gegenwart hatte sie Schwierigkeiten, sein Verlangen nach Mitbringseln von seinem Verhältnis zu ihr zu trennen.

Amerco-Eltern wie Phyllis sind natürlich nicht allein. Ausgaben für Spielzeug sind von $ 6,7 Milliarden im Jahre 1980 auf $ 17,5 Milliarden im Jahre 1995 emporgeschnellt. Die Psychologin Marilyn Bradford meint, Vorschulkinder wünschten sich zu Weihnachten durchschnittlich 3,4 Spielzeuge, bekämen aber durchschnittlich 11,6 geschenkt.[18] In dem Maße wie die Arbeitgeber wachsende Mengen Zeit von ihren Beschäftigten kaufen, „kaufen" sich Eltern mehr oder weniger bewusst diese Zeit von ihren Kindern. Aber die Kinder lassen sich selten freiwillig auf diesen Handel ein, und die Eltern sind immer in Versuchung, sich um die „Zeit-Arbeit" zu drücken, die nötig wäre, um die Frustrationen ihrer Kinder aufzufangen.

Mittlerweile ist der Umgang mit dem Widerstand von Kindern gegen das Zeitkorsett, in das man sie zwängt, wenn das Zuhause zur Arbeit und die Arbeit zum Zuhause wird, Teil des modernen Elternalltags geworden. Manche Kinder brechen wie Janey King ihre Tänze ab, und manche Eltern versuchen wie Vicky King verzweifelt, sich das Wohlverhalten ihrer Kinder nicht mit kleinen Extrageschenken oder Versprechungen für die Zukunft zu erkaufen.

Aber noch die besten Eltern werden sich in solchen Situationen dabei ertappen, dass sie die Beschleunigung, die das gesamte System erfasst hat, an die weitergeben, die am verletzlichsten sind. Die deutlichsten Signale für die Belastungen, denen das taylorisierte Zuhause unterliegt, kommen von Kindern wie Josh und Pete. Ein Unternehmen, das seine Beschäftigten gut behandelt, braucht sich um Streiks keine Sorgen zu machen, ebenso wäre eine Familie, in der es keine Beschleunigungen gäbe, weniger von den Zeitkollern ihrer Kinder betroffen und hätte weniger Anlass, dritte Schichten zu machen. Natürlich akzeptieren manche Kinder die Umkehrung der Welten von Zuhause und Arbeit stillschweigend, so wie manche Erwachsene auch. Aber viele Kinder wollen mehr Zeit mit ihren Eltern, als sie bekommen, und sträuben sich gegen das Tempo,

---

18 Gary Cross, „If Not the Gift of Time, At Least Toys," *New York Times*, 3. Dezember 1995.

die Deadlines, die Irrationalität „effizienten" Familienlebens. Dann sind die Eltern gezwungen, sich die Proteste ihrer Kinder anzuhören, ihren Zorn, ihren Widerstand, ihre passive Einwilligung zur Kenntnis zu nehmen, ihre Frustrationen aufzufangen, auf ihre störrischen Forderungen oder jammernden Bitten zu reagieren und ganz allgemein den Schaden zu begrenzen, den diese Umkehrung der Welten anrichtet. Durch diese uneingestandene dritte Schicht aber wird das Gefühl, dass das Leben zu Hause harte Arbeit ist, nur noch verstärkt. Eltern werden zu Vorgesetzten, die Mahlzeiten und Schlafenszeiten mit der Stoppuhr überwachen und sich redliche Mühe geben, jede „Zeitverschwendung" auszumerzen. Wie Charlie Chaplins mechanischer Tanz für die Beschleunigung am taylorisierten Arbeitsplatz stand, so steht Janey Kings abgebrochener Tanz für die Belastungen des taylorisierten Zuhauses.

Kinder trödeln. Kinder wollen einen Ort nicht dann verlassen, wenn es Zeit zum Gehen ist, oder bestehen darauf, ihn zu verlassen, wenn noch Zeit zum Bleiben ist. Natürlich gehört dies zum *Stop-and-go* der Kindheit selbst, aber ist es nicht auch ein Betteln um mehr Einfluss auf die Familienzeit?

15. Kapitel
Ausweichmanöver

Die meisten erwerbstätigen Eltern bei Amerco hatten Fantasien von einem geruhsameren und befriedigenderen Familienleben, an die sie sich klammerten. Ihre Wünsche schienen so bescheiden – Zeit zu haben, mit den Kindern Ball zu spielen oder ihnen vorzulesen oder auch einfach nur bei den kleinen Dramen ihrer Entwicklung dabei zu sein, ganz zu schweigen von ein wenig Spaß und Romantik für sich selbst. Und doch schienen diese bescheidenen Wünsche oft seltsam unerfüllbar. So viele dieser Eltern waren gekommen, um in einer Kleinstadt zu leben und bei einem familienfreundlichen Unternehmen zu arbeiten, weil sie dachten, hier würde ein guter Ort sein, um Kinder groß zu ziehen. Sie hatten ein Leben gewollt, bei dem sich Beruf und Familie irgendwie vereinbaren ließen. „Auf dem Totenbett hat noch keiner gesagt: Hätte ich doch bloß mehr gearbeitet", kommentierte Amy Truett mit einem kleinen Lachen.

Doch das familienfreundliche Amerco zwang seine Beschäftigten zu einer immer stärker auf die Arbeit zentrierten Lebensführung. Einige berufstätige Eltern widerstanden dem, die meisten jedoch nicht. Die Folge war, dass sie sich für ihre Kinder, ihre Ehen, ihr soziales Umfeld und für sich selbst weit weniger Zeit gönnten, als sie dies in ihrer Vorstellung taten. In gewisser Weise lebten sie ein Leben – und imaginierten ein anderes.

Jimmy Wayland, der Mann im mittleren Management, der seinen kleinen Sohn allein groß zog, drückte das so aus: „Ich setze meine Zeit nicht dort ein, wo für mich der eigentliche Wert liegt." Seine Vorstellung von einer Zeit außerhalb der Arbeit lebte weiter – aber nur in seinem Kopf. Wie andere Amerco-Beschäftigte saß auch er in einer Zeitfalle und fühlte sich schlecht dabei – schlechter als eine Reihe seiner Kollegen, die einfach aufgehört hatten, persönliche Zeit für etwas Wertvolles zu halten. Jimmy aber trug schwer an einer merkwürdigen Last von Zeitschulden. Wie viele seiner Peers hatte er als Verbraucher eine Kreditkartenmentalität angenommen und borgte sich Geld, um sofort kaufen zu können. Er kaufte ein Auto in der Gegenwart, fuhr es in der Gegenwart, aber bezahlte es später. Auf die gleiche Weise borgte er sich Zeit bei seiner Familie, um bei Amerco länger zu arbeiten, so dass nun bei ihm wie bei vielen anderen erwerbstätigen Eltern zu Hause lauter Zeitschulden aufliefen. Er schwor sich immer wieder, dass er diese Zeit seinem Sohn oder seiner Partnerin in der Zukunft zurückzahlen oder sie auch nur auf sein eigenes Konto zurücküberweisen würde und lebte auf diese Weise mit einem Ich auf Pump.

Eine andere Amerco-Beschäftigte, Mutter einer neunjährigen Tochter, beschrieb ihre eigene Zeitfalle so:

„Ich war mal sehr aktiv, ich habe die Recycling-Bewegung in Spokane, Washington, angeführt. Bei den Wahlen habe ich mich dafür eingesetzt, dass bei uns nur umweltbewusste Kandidaten gewählt wurden. Und ich habe immer gedacht, wenn ich mal Kinder habe, arbeite ich mit ihnen im Gemeinschaftsgarten und pflanze und arbeite ganz viel in der Natur mit ihnen und werfe den Fernseher raus. Ich wollte sie nicht dieser Werbung und der Gewalt und dem ganzen Mist aussetzen.

Aber jetzt, mit meinen langen Arbeitstagen, sieht Diane nach der Schule fern, spielt mit ihren Barbiepuppen – ich hasse diese Dinger –, und von Recycling-Bewegung oder Gärtnern kann keine Rede sein. Es kostet *Zeit*, meine Tochter vor all dem zu schützen, was die Werbung tagtäglich über sie schüttet. Und es braucht noch mehr Zeit, noch irgendetwas anderes zu tun. Ich *sehe* diese Zeit nicht. Vielleicht, wenn Diane älter ist ..."

Statt zu versuchen, flexiblere oder kürzere Arbeitszeiten auszuhandeln, verlegten sich die Amerco-Eltern darauf, sich um die Zeitfalle herum zu manövrieren und auf diese Weise eine Auseinandersetzung mit ihr zu vermeiden. Drei Strategien waren weit verbreitet. Manche entwickelten Vorstellungen, die den Zeitaufwand minimierten, den ein Kind, ein Partner oder sie selbst „wirklich brauchten". Im Grunde negierten sie die Bedürfnisse ihrer Familienangehörigen und wurden dabei selbst zu Gefühlsasketen. Sie kamen mit weniger Zeit, weniger Aufmerksamkeit, weniger Spaß, weniger Verständnis und weniger häuslicher Unterstützung aus, als sie je für möglich gehalten hatten.[1] Sie unterzogen ihr Leben einer emotionalen *Downsizing*.

---

[1] In *Der 48-Stunden-Tag* nenne ich diese Gefühlsaskese eine „Strategie der Bedürfnisreduzierung." Siehe auch meinen Aufsatz „Politics of Culture: Traditional, Postmodern, Cold Modern and Warm Modern Ideals of Care", *Social Politics*, 2, 1995.

Manche zeitarmen Amerco-Eltern veränderten ihre Vorstellungen davon, wie Familienbedürfnisse, die sie anerkannten, zu befriedigen wären.[2] Statt zu versuchen, sie selber zu erfüllen, bezahlten sie andere Personen, es an ihrer Stelle zu tun, und lösten ihre eigene Identität von Handlungen ab, die für sie früher vielleicht zu dem gehört hatten, was „gute Eltern" oder einen „guten Ehepartner" ausmachte. Wie viele effiziente Wirtschaftsunternehmen, griffen sie für immer grössere Teile des familiären Produktionsprozesses zum Outsourcing.

Und schließlich spalteten sich manche Eltern auf in ein reales und ein potentielles Ich, in die Person, die sie waren, und die Person, die sie wären, „wenn ich nur Zeit hätte." Oft hatte das reale Ich wenig Zeit, sich um häusliche Belange zu kümmern, während das potentielle Ich grenzenlos verfügbar war.

Gefühlsaskese

Manche Amerco-Eltern reagierten auf die übermächtigen Ansprüche an ihre Zeit, indem sie beschlossen, dass zu Hause eigentlich alles in Ordnung sei und Familien gar nicht so viel Zeit oder Zuwendung brauchten, wie man immer gedacht hatte. Sehr deutlich wird dies am Beispiel der Kinder, die allein zu Hause bleiben. In einer Amerco-Befragung aus dem Jahre 1990 sagten 27 Prozent der Beschäftigten, die Kinder von sechs bis 13 Jahren hatten (und keinen Partner, der zu Hause blieb), ihre Kinderbetreuung bestehe hauptsächlich darin, dass die Kinder „allein zu Hause bleiben".

Dabei fielen die Antworten von Männern und Frauen in der Regel unterschiedlich aus. Auf der Ebene der Topmanager sagten 61 Prozent der Väter, aber nicht eine Mutter, dass ihre Kinder – 13 Jahre und jünger – allein zu Hause blieben. Desweiteren sagten 18 Prozent der Väter im Topmanagement – aber wiederum keine einzige Mutter –, sie ließen ihre sechs- bis neunjährigen Kinder regelmäßig allein zu Hause. Im mittleren Management kreuzten 34 Prozent der Väter und 22 Prozent der Mütter mit Kindern unter 13 Jahren das Kästchen „bleiben allein zu Hause" an; bei den Verwaltungsangestellten waren es 40 Prozent der Väter und 23 Prozent

---

2 Clair Vickery, „The Time-Poor: A New Look at Poverty," *Journal of Human Resources*, 12, 1977, S. 27-48.

der Mütter; und bei den auf Stundenlohnbasis Beschäftigten 18 Prozent der Väter und 18 Prozent der Mütter.³

Wie erklärt sich dieser Geschlechterunterschied, und warum ist er bei den Topmanagern so ausgeprägt und bei den Fabrikbeschäftigten gar nicht vorhanden? Lassen berufstätige Mütter in Spitzenpositionen tatsächlich ihre Kinder seltener allein zu Hause als berufstätige Väter in entsprechenden Positionen, oder sagen sie es nur seltener? Und wenn sie es seltener sagen, warum tun sie das?

Aufgrund meiner Forschungen bei Amerco vermute ich, dass Frauen, die ihre Kinder allein zu Hause ließen, das Kästchen „bleiben allein zu Hause" wohl deshalb seltener ankreuzten, weil sie größere Schuldgefühle hatten. Vielleicht dachten sie, dass die Antwort auf diese Frage mehr über eine „gute Mutter" als über einen „guten Vater" aussagte. Vielleicht schirmten die Topmanagerinnen ihre Identität als Mütter besonders gut ab, weil ihr Privatleben ohnehin von ihren männlichen Kollegen besonders scharf beobachtet wurde und sie von allen Frauen die längsten Arbeitszeiten hatten. Schon eher verblüffend war die anscheinende Offenheit der Männer. Obwohl es bei den Topmanagern nur wenige voll berufstätige Frauen gab, hatten diese Männer sich möglicherweise in der Frage, ihre Kinder allein zu Hause zu lassen, eine Art Macho-Gestus zugelegt – „Mein Kind schafft das schon alleine" –, der verhinderte, dass sie sich schuldig fühlten. Schließlich können sich derart hoch bezahlte Männer allemal eine Betreuung für die Zeit nach der Schule leisten. Die Arbeiter dagegen, für die das Anheuern einer Kinderbetreuung eher ein Opfer bedeutete, schienen hier sehr viel weniger den „Macho" herauszukehren.

DeeDee Jones, Managerin auf mittlerer Ebene und Mutter von vier Kindern, hatte bei dieser Umfrage das Kästchen „bleiben allein zu Hause" nur widerstrebend angekreuzt, und ich wollte genauer wissen, worauf ihr Zögern zurückzuführen war. DeeDee begann unser Interview mit einer Reihe von Geschichten über ihren Kampf für das Recht, auch in der Welt der Wirtschaft eine engagierte Mutter zu sein. Sie erinnerte sich, wie sie die skeptischen Blicke ignoriert hatte, als sie als Doktorandin an der *Wharton School* der

---

3 Amercos Personalabteilung, überrascht und besorgt wegen dieser Ergebnisse, schlug dem höheren Management die Einrichtung eines „Hobby Clubs" vor, in den ältere Kinder nach der Schule gehen konnten und den zu finanzieren sich das Management auch bereit erklärte. Viele Eltern und Kinder haben somit jetzt eine Alternative, aber die Arbeitszeiten bleiben natürlich dieselben.

University of Pennsylvania mit einem Baby im Schlepptau aufgetaucht war. Bei Amerco hatte sie nach jeder Geburt ein Jahr Urlaub genommen, so dass ihre Karriere auf dem Papier „lückenhaft" aussah. Sie hatte sich gegen die Abendsitzungen der Verkaufsteams gewehrt, weil sie die Familienzeit beschnitten, und betrachtete sich selbst, ohne sich zu schämen, als „familienorientiert" (auch wenn sie mir einmal gestand: „Wenn mich die Kinder mal wieder zum Wahnsinn treiben, komme ich ins Büro. Ganz ehrlich, ich komme, um Kaffee zu trinken. Arbeit kann eine echte Zuflucht sein").

Minutiös beschrieb sie die Nachmittage ihrer Kinder. Der 14-Jährige spielte nach der Schule Basketball. Ihr sechs- und ihr zweijähriges Kind waren im Haus eines Babysitters. Ihre zehnjährige Tochter Janet aber war zwischen 15 Uhr, wenn sie aus der Schule kam, und 17:30 Uhr, wenn endlich auch DeeDee eintraf, allein zu Hause. Die Jones lebten in keiner gefährlichen Gegend, sondern an einer ruhigen, baumbestandenen Straße in Spotted Deer, und DeeDees Arbeitsplatz war nur fünf Minuten zu Fuß entfernt, aber DeeDee betrachtete Janets Nachmittage allein zu Hause trotzdem mit gemischten Gefühlen:

> „Ich sage Janet, dass sie ihre Freundinnen nicht zu uns nach Hause einladen soll. Wenn sie spielen will, soll sie zu jemandem gehen, wo ein Erwachsener da ist und aufpasst, weil ich mir sonst einfach Sorgen mache. Oft kommt sie auch hierher [in DeeDees Büro] und sieht unten am Empfang fern. Sie fühlt sich schon mal einsam. Ich nehme an, ich könnte ihre Freundinnen schon zum Spielen kommen lassen, aber ich habe Angst vor Bränden. Das Haus ist groß. Sie könnten an irgendwelchen Schaltern herumspielen. Ich will einfach nicht, dass ihr was passiert. Und ich will schon gar nicht, dass einem anderen Kind in unserem Haus was passiert. Also sage ich ihr, sie kann mit ihrer Freundin draußen spielen, aber nicht drin. Ich mache mir auch Sorgen um die Haftung. Ich sage anderen Müttern, dass ich es nicht so gern möchte, dass ihre Kinder zu uns kommen. Janet kann rausgehen und mit irgendjemandem Fahrrad fahren, aber gewöhnlich sage ich ihr, sie soll nach Hause gehen und ihre Hausaufgaben machen.
> Janet sagt, sie langweilt sich. Bestimmt ist sie auch einsam, aber das sagt sie nicht so direkt. Ich glaube, ich versuche, meine Kinder zur Selbstständigkeit zu zwingen. Ich denke, es ist gut für Janet, wenn sie mit sich selbst zurechtkommen muss. Es sind nicht die besten Bedingungen, aber mir ist lieber, sie lernt, allein zurecht zu kommen, als dass jemand kommt und auf sie aufpasst. Mir wäre lieber, sie würde ihre Hausaufgaben machen, das ist sowieso immer sehr viel, oder dass sie ein Buch liest. Janet macht dann lieber das Fernsehen an, von dem ich denke, dass es nicht gut ist für sie."

DeeDee behauptete, sie wollte, dass Janet „selbstständig" würde, fühlte sich aber hin und her gerissen über die Art, wie dies geschah. Janet wiederum war mit ihrer Situation nicht glücklich, protestierte aber nicht offen. Vielleicht dachte sie, sie könnte die Anerkennung ihrer Mutter gewinnen, wenn sie mit ihrer Einsamkeit fertig würde. Außerdem konnte sie auf diese Weise so viele Fernsehshows sehen, wie sie wollte.

Wenn Janet allein zu Hause saß, war sie nicht das einzige Kind in dieser Lage. 1976 wurde die Zahl der Schlüsselkinder in den USA auf 1,6 Millionen geschätzt, 1994 auf 12 Millionen.[4] Manche Wissenschaftler betonen die erfreuliche Seite, dass Kinder wie Janet oft tatsächlich selbstständiger werden als Kinder, die nicht allein zu Hause gelassen werden. Aber die meisten sind sich einig, dass das, was einmal melodramatisch das „Elend der Schlüsselkinder" hieß, tatsächlich ein großes Problem ist. Eine Studie mit fast fünftausend Achtklässlern und ihren Eltern ergab, dass bei Kindern, die elf oder mehr Stunden pro Woche allein zu Hause waren, das Risiko eines späteren Alkohol-, Tabak- und Haschischmissbrauchs drei Mal so hoch war wie bei anderen Kindern. Dies galt für Kinder aus der Oberschicht genauso wie für Kinder aus der Arbeiterklasse.[5] Untersuchungen mit Erwachsenen, die als Kinder zu Hause sich selbst überlassen waren, deuten darauf hin, dass sie deutlich häufiger „schwere Angstreaktionen – wiederkehrende Albträume, Angst vor

---

4   Nach Schätzungen des U.S. *Department of Commerce* waren 1976 1,6 Millionen oder 13 Prozent aller Kinder zwischen sieben und 13 Jahren vor oder nach der Schule ohne Aufsicht von Erwachsenen. Nach einem Bericht des Department of Labor aus dem Jahre 1982 versorgten sich schätzungsweise sieben Millionen Kinder unter zehn Jahren selbst, wenn sie nicht in der Schule waren (beide zitiert in Bryan Robinsons, Bobbie Rowland und Mick Coleman, *Latchkey Kids: Unlocking Doors for Children and Their Families*. Lexington, Mass., Lexington Books, 1986.) In einem neueren Beitrag wird von drei bis zwölf Millionen sich allein versorgender Kinder ausgegangen (Charlene Marmer Solomon, „Special Report: Latchkey Kids," *Parents*, März 1994, S. 43-45). Siehe auch Mary Lou Padilla und Gary Landreth, „Latchkey Children: A Review of the Literature," *Child Welfare*, 68, 1989, S. 445-454.

5   Jean Richardson, Kathleen Dwyer, Kimberly McGuigan, William Hansen, Clyde Dent, C. Anderson Johnson, Steven Sussman, Bonnie Brannon und Brian Flay, „Substance Use among Eighth-Grade Students Who Take Care of Themselves after School," *Pediatrics*, 84, 1989, S. 556-566. Siehe auch D.G. Vandell und M.A. Corsaniti, „The Relation between Third-Graders' After-School Care and Social, Academic, and Emotional Function," *Child Development*, 59, 1988, S. 868-875.

Geräuschen, Angst vor Dunkelheit, Angst um die eigene Sicherheit" – entwickeln.⁶

Viele Eltern, die nur den Mindestlohn verdienen, können sich für die Betreuung ihrer Kinder nach der Schule weder einen Babysitter noch einen Kinderhort leisten. Bei Amerco aber waren es meist gerade nicht die Eltern mit dem Mindestlohn, die ihre Kinder allein zu Hause ließen, sie nahmen im Allgemeinen die Hilfe von Verwandten oder Nachbarn in Anspruch. Allein zu Hause blieben vielmehr die Kinder von hoch qualifizierten Fachkräften und Managern, die dies mit der Notwendigkeit begründeten, dass ein Kind selbstständig werden müsse.

Bekräftigten diese Eltern damit einfach eine Wertvorstellung, die tief in der protestantischen Ethik und im amerikanischen Lebensstil verwurzelt ist? Bestimmt glaubte DeeDee Jones, dass Selbstständigkeit ein wichtiger Charakterzug war, den ihre Tochter unbedingt entwickeln sollte, aber so, wie sie ihre Tochter dazu nötigte, schien sie eher daran zu zweifeln als überzeugt zu sein. War ihr Beharren auf Selbstständigkeit nur die Oberfläche, unter der sich das Gefühl verbarg, die Tochter zu vernachlässigen? Andererseits konnte man nicht behaupten, dass DeeDee ihre Tochter vergaß oder nicht beachtete. Sie dachte viel über ihre Situation nach und konnte darüber sogar ins Grübeln geraten. Wahrscheinlicher ist, dass DeeDee mehr oder weniger bewusst auf eine Strategie der Bedürfnisreduktion zurückgriff, um einen generellen Konflikt zwischen der Struktur der Arbeit und den Anforderungen des Zuhauses zu lösen – und die Vorstellung vom Wert der Selbstständigkeit benutzte, um die positive Seite ihres „emotionalen Downsizing" zu betonen. Es war ihre Art, sich selbst zu erklären, warum sie das Bedürfnis ihrer Tochter nach Gesellschaft und Nähe leugnete.

Vieles an der amerikanischen Kultur kommt dieser Neigung zur Minimierung, wenn nicht Leugnung, kindlicher Geborgenheitsbedürfnisse entgegen. Selbsthilfebücher zum Beispiel geben einen faszinierenden Einblick in diese Trends zur Gefühlsaskese. In ihrer Einleitung zu *Teaching Your Child to Be Home Alone* (So lernt Ihr Kind, allein zu Hause zu sein) erklären Earl Grollman und Ger-

---

6 T.J. Long und L. Long, „Latchkey Children: The Child's View of Self Care," ERIC Nr. ED 211 229, Arlington, Va., Educational Resources Information Center Documents Reproduction Service, 1982. Siehe auch Nicholas Zill, *American Children: Happy, Healthy, and Insecure.* New York, Doubleday Anchor, 1983.

ry Sweder, zwei Psychotherapeuten, sie hätten ihr Buch geschrieben, um „Eltern ihre Schuldgefühle und ihre Unsicherheit zu nehmen" und „Kindern zu helfen, besser zu verstehen, wie schwer ihre Eltern es haben, Beruf und Familie miteinander zu vereinbaren." In einem Kapitel des Buchs, das Eltern und Kinder offenbar gemeinsam lesen sollen, geben sie folgenden Rat:

> „Das Ende des Arbeitstags kann für Erwachsene eine schwierige Zeit sein. Es ist ganz natürlich, dass sie manchmal müde und gereizt sind. ... Fang schon mal an, dich fertig zu machen, ehe deine Eltern im Kinderhort ankommen, und stell dich darauf ein, dass du deinen Freunden gleich ‚Auf Wiedersehen' sagen musst, dann wird das Abholen für alle leichter."[7]

Im Mittelpunkt des Buchs steht das Beispiel des zehnjährigen Ben, der von 7:30 Uhr bis zur Öffnungszeit der Schule – eine Stunde später – allein zu Hause bleiben muss. Bens Eltern machen sich Sorgen, dass er über dem Fernsehen die Zeit vergessen, sein Pausenbrot liegen lassen oder zu spät losgehen könnte. Um ihnen ihre Sorgen zu nehmen, schlagen die beiden Spezialisten vor, Ben solle für die Seelenruhe seiner Eltern sorgen, indem er morgens keinen Streit mit ihnen anfängt, weil das „deine Mutter und deinen Vater sonst noch einen guten Teil des Tages beunruhigt." Weiter ermahnen die Autoren ihre kindlichen Leser:

> „Geh nicht zu früh zur Schule, nur weil du nicht gern allein zu Hause bleibst. Die Lehrer sind mit Unterrichtsvorbereitungen beschäftigt, und es wird auch nicht erwartet, dass sie sich vor dem offiziellen Unterrichtsbeginn um die Schüler kümmern."[8]

Schulleiter, die von den Autoren interviewt wurden, gaben an, dass mindestens ein Viertel ihrer Schüler bereits in der Schule sind, wenn sie selbst zur Arbeit kommen. In aller Ruhe nehmen sich

---

7 Earl Grollman und Gerry L. Sweder, *Teaching Your Child to Be Home Alone*, New York, Macmillan, 1983, S. 14.
8 Grollman und Sweder, *Teaching Your Child to be Alone Home*, 1983, S. 4. Einige Probleme sehen immerhin auch die Autoren: „Aus Interviews und Umfragen wissen wir, dass zwölfjährige Kinder, die regelmäßig zwei Stunden oder länger allein zu Hause blieben, bei Tests zur Selbstachtung signifikant schlechter abschnitten als gleichaltrige, die nur eine Stunde oder kürzer allein zu Hause blieben. Sie hatten Probleme bei der Kommunikation mit ihren Eltern, geringeres Selbstvertrauen und schlechtere Schulleistungen. Eltern, Schulleiter und Erziehungsberater teilen diese Einschätzung und sprechen von einer allmählichen Zunahme der Zahl der Kinder in ihren Klassen, die Zuspruch brauchen." (S. 26)

Grollman und Schweder dann eine Reihe möglicher Situationen vor, in die das allein zu Hause gebliebene Kind geraten kann – unerwartete Geräusche, ein Fremder an der Tür, ein Fremder am Telefon, beunruhigende Telefonanrufe, verlegte Schlüssel. Dann kommen die „Notfälle" – wenn das Kind Bauchweh bekommt, sich schneidet, sich verbrennt – und schließlich die „gefährlichen Situationen" – ein Brand, ein Einbruch, ein Fremder, der ihm nachgeht. Gegen Ende des Buchs weisen die Autoren darauf hin, dass in den Vereinigten Staaten Unfälle und nicht Kinderkrankheiten die häufigste Todesursache von Kindern seien. Sie berichten, dass mehr als die Hälfte der von ihnen interviewten Kinder – 13 oder jünger – nicht wussten, wie sie sich in einer Krise verhalten sollten. *Teaching Your Child to Be Home Alone* (So lernt ihr Kind allein zu Haus zu sein) endet unverdrossen mit einem Test, mit dem Eltern herausbekommen können, ob ihre Kinder für all diese Situationen „bereit" sind. Der Leser wird aufgefordert, sich auf das Bereitsein des Kindes zu konzentrieren, nicht auf die Welt, für die dieses Kind bereit gemacht werden soll.[9]

Ähnlich argumentiert auch *I Can Take Care of Myself* (Ich komme allein zurecht), eine Broschüre von *Work Family Directions*, einer Bostoner Firma, die Auftragsforschung für Unternehmen durchführt. Sie ist für berufstätige Eltern gedacht, die ihre Kinder dem überlassen, was heutzutage euphemistisch *Self-Care*, Selbstbetreuung, genannt wird. Ihr Titel appelliert an das natürliche Bedürfnis eines jeden Kindes, erwachsen zu werden, und es beginnt in ruhig-bestimmtem Ton: „Zwar gibt es kein magisches Alter, ab dem man Kinder ohne weiteres allein lassen kann, aber die meisten Experten sind der Meinung, dass Kinder unter neun Jahren noch nicht weit genug dafür sind."[10] Sie rät den Eltern, Fernsehsendungen aufzuschreiben, die sich ihre Kinder ansehen können, wenn sie allein zu Hause sind, die Elektrokabel zu überprüfen und ihren Kindern einzuschärfen, nicht im Bad oder unter der Dusche zu telefonieren. Sie regt an, alle Handfeuerwaffen mit Sicherheitsschlössern zu versehen, die Bolzen aus Gewehren zu entfernen, alle Schusswaffen in einem Sicherheitskasten zu verwahren und die Kugeln an einem separaten Ort, Gifte mit Ettiketten zu versehen, sicherzustellen, dass der Feueralarm funktioniert sowie scharfe Mes-

---

9 Grollman und Sweder, *Teaching Your Child*, 193, S. 59, 96.
10 *I Can Take Care of Myself: The Family Handbook on Children in Self-Care*. Boston, Work-Family Directions, 1989, S. 10.

ser und Werkzeuge ordentlich wegzupacken. Sie schärft den Kindern ein, Lieferungen immer entgegenzunehmen, ohne die Tür aufzuschließen, und Papiere, die sie unterschreiben sollen, unter der Tür hin- und herzuschieben. Sie warnt die Eltern, dass manche Haustiere wie Cockerspaniel und männliche Rottweiler aggressiv werden können. Sie fordert Familien auf, eine Liste ihrer Regeln für die Selbstbetreuung aufzustellen, und schlägt vor, dass Eltern und Kinder eine schriftliche Vereinbarung über die Selbstbetreuung unterschreiben, denn:

> „Manche Eltern finden es gut, wenn alles, was die Selbstbetreuung betrifft, zwischen Eltern und Kindern schriftlich vereinbart wird."

Die Vereinbarung kommt seltsam förmlich und mit der Autorität eines juristischen Dokuments daher. Dabei ist sie von einem anheimelnden Rahmen mit Spitzenmuster umgeben, als sollte der juristische Eindruck durch einen persönlicheren, femininen Touch gleich wieder verwischt werden. Aus diesem auf das Notwendigste abgemagerten Betreungssystem sind wirkliche Menschen – Nachbarn, Verwandte, Freunde, Babysitter, Erzieher im Hort und Eltern mit flexiblen Arbeitszeiten – verschwunden, während MTV, der „neue Nachbar" für das Schlüsselkind, nur einen Knopfdruck weit entfernt ist.

In *Kevin allein zu Haus*, einem sehr erfolgreichen Film aus dem Jahr 1992, in dem sich ein zu Hause allein zurück gebliebenes Kind zum heldenhaften Jedermann mausert, wird die Angst, mit der dieses Thema besetzt ist, durch optimistische Verleugnung kaschiert. Ein pfiffiger, selbstbewusster Junge von etwa acht Jahren wird von seinen Eltern beim Aufbruch zur Ferienreise nach Frankreich aus Versehen zurückgelassen. Allein zu Hause, triumphiert der Junge über alle Widrigkeiten. Er schlachtet das Sparschwein seines Bruders, lässt sich tiefgefrorene Pizzas kommen und verschreckt Einbrecher, die vor den bedrohlichen Tönen des Gangsterfilms, den er sich auf seinem Video-Gerät ansieht, Reißaus nehmen. Natürlich ist seine Verlassenheit nur vorübergehend und eine Ausnahme; seine Eltern sind nur auf einer kurzen Urlaubsreise und nicht etwa an Arbeitsplätzen mit langen Arbeitszeiten, und als sie ihr Versehen bemerken, kehren sie so schnell wie möglich zurück. Außerdem spielt der Film in einem großen Haus, das Sicherheit und Unterstützung verspricht, und die Bedrohung durch die Räuber wirkt eher komisch-unwahrscheinlich. Vor allem aber ist der Junge die Verkörperung jenes selbstbewussten, innovativen, selbstständig denkenden Superkinds, als das DeeDee Jones in ihren Fantasien ihre Tochter wohl gern gesehen hätte. Er ist das Wunschkind des Gefühlsasketen. Er *braucht* nicht wirklich Betreuung.

Im Griff der Zeitfalle erklären arbeitende Eltern nicht nur das Bedürfnis ihres Kindes nach Geborgenheit und Gesellschaft für unwesentlich. Unter Zeitdruck stellten viele berufstätige Paare, die ich beobachtete, auch noch eine Reihe anderer familiärer Bedürfnisse in Frage. Ein Ehemann sagte zu mir: „Eigentlich müssen wir abends nicht noch mal warm essen, wir essen ja mittags gut." Eine Mutter fragte sich, warum sie sich die Mühe machen sollte, Gemüse zuzubereiten, wenn ihr Sohn es ohnehin nicht mochte. Eine andere bezweifelte, dass ihre Kinder wirklich täglich ein Bad oder frische Kleider brauchten: „Er liebt seine braunen Hosen. Warum soll er sie nicht einfach eine Woche lang tragen?" Für sich genommen klingt jede dieser Fragen nach einer verständlichen Revision der altmodischen Vorstellungen einer „ordentlichen" Betreuung; und doch können auch solche Argumentationsstränge zur Minimierung emotionaler Bedürfnisse führen. Der Vater eines drei Monate alten Jungen, der täglich neun Stunden in der Kinderkrippe verbrachte, beruhigte mich: „Ich will, dass er selbstständig wird."

Manchmal kann der Humor in Bereiche vordringen, in die sich die Soziologen nicht vorwagen. In *Working Woman Book*, dem Buch für die erwerbstätige Frau, zeichnen Barbara und Jim Dales das Portrait des neuen, elternfreien Kindes. „Erschrecken Sie nicht, wenn Ihre Kinder Sie nicht erkennen oder von ‚der Frau da' reden, wenn sie Sie meinen", werden die Eltern gewarnt. Ein Cartoon im *New Yorker* zeigte ein Kind im Bett, das sich ein Video von seinem Vater ansieht, dessen aufgenommene Stimme zu ihm sagt: „Und jetzt liest dir Daddy deine liebste Gute-Nacht-Geschichte vor." Irgendwo zwischen unfreiwilliger Komik und neuer Familienrealität bewegen sich auch die Hallmark-Karten für Eltern, die zu beschäftigt sind, um ihre Kinder zu sehen. Auf einer steht: „Tut mir leid, dass ich nicht da bin, um dich ins Bett zu bringen"; und auf einer anderen: „Tut mir leid, dass ich dir nicht Guten Morgen sagen kann."[11]

Zu Beginn des 20. Jahrhunderts litten viele Kinder aus der Mittelschicht unter überfürsorglichen Müttern, daran, dass sie

---

11 Barbara Dales und Jim Dales, *The Working Woman Book*, New York, Andres, McMeel and Parker, 1985. Die Witze aus dem New Yorker und die Hallmark-Karten sind aus Hewlett, *When the Bough Breaks*, 1991, S. 10.

„Mutters einzige Erfüllung" waren. Heute dürften viele Kinder darunter leiden, dass ihre Eltern von ihnen versichert werden wollen, sie seien bedürfnisfrei. In der ganzen zweiten Hälfte des 19. Jahrhunderts wurde mit dem Ausschluss der Frauen aus der Arbeitswelt und der Erweiterung ihrer häuslichen Rolle auch die kulturelle Vorstellung von dem erweitert, was ein Kind zu Hause brauchte. In *For Her Own Good* weisen Barbara Ehrenreich und Deirdre English darauf hin, dass Ärzte und Pfarrer einmal mit Nachdruck die Meinung vertraten, der Platz einer Frau sei das Zuhause, weil ihre Kinder sie dort brauchten.[12] Mit den ökonomischen Bedürfnissen änderte sich auch die Idee von der Stellung der Frau – und von den wahren Bedürfnissen eines Kindes. Heute stellt man sich vor, dass Kinder auch Zeiten ohne ihre Mütter und mit anderen Kindern bzw. ein „Selbstständigkeitstraining" brauchen (so wie man von älteren Menschen gern annimmt, sie seien „ganz zufrieden mit dem Alleinleben"). Wie ihre gehetzten Eltern werden die taylorisierten Kinder aufgefordert, durch schnelleres Wachsen „Zeit zu sparen".

Eltern minimieren nicht nur die Bedürfnisse ihrer Kinder, sondern auch ihre eigenen. In *Das Zeitalter des Narzissmus* äußerte sich Christopher Lasch kritisch zur Zunahme der narzisstischen Persönlichkeit, ein Etikett, das später den angeblich nur mit sich selbst beschäftigten 1980er Jahren angehängt wurde.[13] Für viele berufstätige Eltern der 1990er Jahre jedoch hat der Begriff „Narzissmus" eine eigentümliche Wendung genommen. Sich anpassend an die Härten eines Lebens im Zeitkorsett wappnen sie sich sowohl gegen das Bedürfnis, für andere zu sorgen, als auch gegen das Bedürfnis, selbst versorgt zu werden. Gefühlsaskese ist dann eine Form der Abwehr, die uns davor schützt, die menschlichen Kosten der für das Zuhause verlorenen Zeit zur Kenntnis zu nehmen. Wenn wir ein Bedürfnis gar nicht als Bedürfnis sehen können, wie können wir uns dann vorstellen, Zeit für seine Befriedigung zu brauchen? Wie die Amerco-Umfrage zum Problem, Kinder allein zu Hause zu lassen, nahelegt, favorisieren wahrscheinlich mehr die Männer als die Frauen diesen Versuch, der Zeitfalle zu entkommen. Sie gewöhnen sich an

---

12 Barbara Ehrenreich und Deirdre English, *For Her Own Good: 150 Years of Experts' Advice to Women.* New York, Doubleday, 1987.
13 Christopher Lasch, *Das Zeitalter des Narzißmus.* Hamburg, Hoffmann & Campe, 1995.

ihre Zeitarmut und ihre Gewöhnung hilft, das große Rad des Taylorismus ein weiteres Mal anzukurbeln.

Frauen und Kapitalismus: Eine unerfreuliche Liebesgeschichte

Ein zweiter Versuch, der Zeitfalle zu entkommen, besteht darin, sich von ihr freizukaufen, ein Manöver, das vor allem Frauen in immer tiefere Widersprüche verwickelt. Wie die Männer nehmen auch die Frauen die von der Arbeit auf die Familie übergreifende Beschleunigung wesentlich mehr auf, als dass sie sich ihr widersetzen; aber anders als die Männer sind die Frauen diejenigen, die den größten Teil der Arbeitslast zu Hause auf ihre Schultern nehmen. So ist auch ihr Zeithunger größer ist als der der Männer. Frauen empfinden die Notwendigkeit, Zeit zu sparen, stärker und erliegen daher auch eher den Verlockungen durch die Güter und Dienstleistungen einer expandierenden „Zeitindustrie". Sie sind die eigentlichen Zeitkäuferinnen. Was ihnen die Beschleunigung nimmt, bietet ihnen die Zeitindustrie zum Rückkauf an, und zwar in Gestalt zeitsparender Güter und Dienstleistungen, die genau auf die Wünsche der kaufwilligen berufstätigen Frauen aus der Mittel- und Oberschicht abgestimmt sind. Aber ab wann wird dieses Konsumverhalten zum Problem?

Viele Ersatzprodukte für Familienaktivitäten – Ferienlager für die Kinder, Seniorenheime für die Alten, um nur zwei zu nennen –, sind inzwischen akzeptable Bestandteile des modernen Lebens. Doch werden immer mehr neue Produkte und Konzepte entwickelt, um immer kleinere Zeitsegmente und Aktivitäten aus dem Familienleben herauszubrechen und sie der Familie – für gutes Geld – als fertige Güter und Dienstleistungen zurückzugeben.

Manche ersetzen die praktischen Tätigkeiten einer Hausfrau der 1950er Jahre. In manchen Gegenden der USA kann eine Familie inzwischen morgens telefonisch ein Abendessen (in einem Behälter, den man nur noch in den Ofen zu schieben braucht) in den Kindergarten bestellen und abends zusammen mit dem Kind abholen. *Bright Horizons* bietet nach dem gleichen Prinzip einen Service für Chemische Reinigung an. Eine Zeitung berichtet, dass manche Kindergärten auch die Freizeitplanung für ein Kind übernehmen und zum Beispiel seine Termine für das Schwimmbad oder den Sport vereinbaren und auch für den Transport dorthin sorgen. „Zu Weihnachten", sagt der Präsident von *Bright Horizons*, "holen wir die Händler in den Kindergarten, damit sie dort ihre Waren anbieten und die Eltern Geschenke kaufen können."

Bei einem Versandhaus mit Namen *Hanes Fertigmahlzeiten für die ganze Familie* kann man für $ 64,95 zuzüglich Versand das Abendessen für die ganze Woche bestellen. Die Mahlzeiten werden fertig zubereitet, tiefgefroren und zwei Tage später in einer Isolierbox geliefert. Auch das Frühstück für die ganze Woche kann auf Wunsch in braunen Papiertüten geliefert werden. *Merry Maids*, ein Unternehmen mit Sitz in Omaha und 600 Franchise-Büros in ganz Amerika, putzt regelmäßig das Haus und übernimmt gegen einen Aufpreis auch den Frühjahrsputz.

In Centerville, Maryland, holt ein Dienstleister namens *Kids in Motion* Kinder von der Schule ab und bringt sie zu ihren Nachmittagsaktivitäten. *Beck and Call*, ein Botendienst in Warren, New Jersey, erledigt für $ 25 die Stunde „so ziemlich jeden Auftrag, der Ihnen einfällt." „Ich habe schon Blumen gegossen, einem Kind die vergessenen Hausaufgaben in die Schule gebracht und sogar eine Katze vom Flughafen abgeholt", sagt der Inhaber.[14] Hat eine Familie keine Zeit für Reparaturarbeiten, gibt es Firmen, die für sie den Handwerker holen, der die kaputte Toilette oder das lecke Dach repariert, und auch Zahnarzttermine für sie vereinbaren kann. *Fel Pro*, ein Chicagoer Unternehmen, das Autoteile herstellt, bietet seinen Beschäftigten Hilfe bei der Einkommensteuererklärung und Nachhilfestunden für die Kinder an.

Andere Unternehmen schleichen sich mit Angeboten für noch persönlichere Dienstleistungen weiter in herkömmlichen Elternaktivitäten ein. *Playground Connections*, eine Firma im Großraum Washington, D.C., gegründet von einem Mann, der früher Führungskräfte vermittelte, vermittelt nun Spielkameraden. Das sei „wie eine Partnervermittlung für Kinder", erklärte der Inhaber. Eine Mutter beauftragte die Firma, einen Französisch sprechenden Spielkameraden für ihr Kind zu finden. Eine andere wollte eine Spielgruppe nur aus Zwillingen und Drillingen.[15] In mehreren Städten können Kinder, die allein zu Hause sind, eine 1-900-Nummer *„Oma bitte!"* wählen und darunter einen Erwachsenen erreichen, der Zeit hat, mit ihnen zu reden, zu singen oder ihnen bei den Hausaufgaben zu helfen.

---

14 Lynne Dumas, „At Your Service", *Working Mother*, August 1995, S. 60-66.
15 Jacqueline Z. Salmon, „For Hire: Helpers for Harried Parenting", *Washington Post*, 17. September 1995.

KinderCare Learning Centers wiederum, eine Kette von kommerziellen Kinderbetreuungseinrichtungen, preist seine Vorzüge folgendermaßen an: „Sie wollen, dass Ihr Kind aktiv, tolerant, klug, beliebt, emotional stabil, selbstbewusst ist, sich künstlerisch betätigt und mittags zwei Stunden schläft. Sonst noch was?" *KinderCare* nimmt, so die Broschüre weiter, Kinder von sechs Wochen bis zu zwölf Jahren auf und ist über eine Telefonnummer zu erreichen, unter der man sich nach dem nächstgelegenen *KinderCare Center* erkundigen kann. Gegen einen Aufschlag von $ 5 pro Kind bleibt *KinderCare* außerdem einmal im Monat freitags bis 21:30 Uhr geöffnet. „Pizza und ein Film sorgen dafür, dass sich Ihre Kinder wohl fühlen", verspricht die Broschüre. *Kinderberry Hill Center*, Minneapolis, lädt Frisöre in den Kindergarten ein. „Die Eltern werden gebeten, Anweisungen zu hinterlassen, etwa ‚Ponies bis zu den Augenbrauen'". Ein anderer typischer Service besteht in der Organisation von Kindergeburtstagen und reicht von den Einladungen („Du kommst doch bestimmt ...") bis zu Dekorationen, Spielen und Unterhaltung, einer verzierten Geburtstagstorte und Luftballons.[16] Im Branchentelefonbuch von San Francisco finden sich Einträge wie: „Schon fertig: Partyplanung durch unseren Event-Manager", und: „Lust und Laune – Die Agentur für die Komplettplanung Ihrer Party, Spezialität Kindergeburtstage, Durchführung noch am selben Tag."[17]

Die Liste lässt sich beliebig fortsetzen. *Precious Places*, eine Firma mit Sitz in Virginia, hilft Eltern bei der Einrichtung der Kinderzimmer. *Creative Memories* stellt aus Familienfotos Alben zu-

---

16 *Working Mother*, August 1995, S. 72. Eine ähnliche „Front" der Kommodifizierung ist die Gestaltung von Weihnachten. Früher waren die Geschenke, die die Familienmitglieder untereinander austauschten, oft selbst gemacht. Ein Geschenk anzufertigen, war ein Teil des Weihnachtsrituals und hatte an und für sich schon eine Bedeutung. Dann verlagerte sich die bedeutungsvolle Tätigkeit auf das Einkaufen von Geschenken, weil man damit die Zeit sparte, die die Anfertigung eines Geschenks in Anspruch nahm. Heute werden Geschenke zunehmend nach Katalog ausgesucht und bestellt, um auch noch die Zeit für das Einkaufen zu sparen.

17 An einer weiteren Front der verschwindenden Familienzeit übertragen viele Familien sogar ihre ehrenamtlichen Aktivitäten dem Oursourcing. Statt sich selber beispielsweise in einer lokalen Umweltgruppe zu engagieren, steuern sie einfach Geld bei. Siehe Eric Oliver, „*Buying Time: City Affluence and Organizational Activity*," Kapitel 5, unveröffentlichte Dissertation (Ph.D.), University of California, Berkeley, 1996.

sammen. Dazu schreibt Jacqueline Salmon in einem Artikel der *Washington Post*:

> „Brent Lloyd ... war heilfroh, die Schuhkartons und abgegriffenen Sammelalben mit den Familienfotos der letzten hundert Jahre Marilyn Anderson, der Inhaberin von *Creative Memories* in Fairfax Station, in die Hand drücken zu können. Sechs Wochen später bekommt Lloyd für rund $ 600 drei dekorativ gestaltete und sorgfältig beschriftete Fotoalben, eines für seine alte Mutter und zwei für ihn, seine Frau und die drei Kinder."

Ein anderer Service bietet Hilfe für zerstrittene Ehepaare. Salmon erklärt:

> „Wenn diese weniger zärtlichen Augenblicke in der Familie aufkommen, können Sie Helga Abramson bei *Alexandria Mediation* anrufen. Nach gut zwölf Jahren Mediation bei Konflikten in Unternehmen vertieft sich Abramson nun für $ 120 die Stunde in Familienzwiste. Meistens gehe es um Scheidungsangelegenheiten, sagte Abramson, aber in den drei Jahren ihres Bestehens habe ihre Firma auch schon einmal den Streit eines fordernden Vaters mit seinem ungehorsamen Kind geschlichtet."[18]

Die zeitunghungrige Mutter sieht sich immer häufiger gezwungen, zwischen der eigenen Elterntätigkeit und dem Kauf einer von einer anderen Person ausgeführten Warenversion dieser Tätigkeit zu wählen. Indem sie auf ein immer breiteres Angebot von Gütern und Dienstleistungen zurückgreift, wird sie zunehmend zur Managerin, die das *Outsourcing* von Teilen des Familienlebens überwacht und koordiniert.

Dieser Trend, das häusliche Leben als Ware zu kaufen, scheint sich selber zu verstärken. Der größte Wachstumssektor der amerikanischen Wirtschaft sind die Selbstständigen und bei diesen bilden Frauen mittlerweile die Mehrheit. Viele ihrer kleinen Firmen wurden gegründet, um vielbeschäftigten berufstätigen Müttern alle möglichen Aufgaben abzunehmen. Manche Frauen konsumieren Produkte der Zeitindustrie, um ihrerseits eine Arbeit aufnehmen und immer mehr solcher Produkte an andere Frauen in ähnlichen Situationen verkaufen zu können.

Die Amerco-Frauen, die ich interviewte, lebten in einer Kleinstadt in einer ländlichen Region und waren kaum die Pionierinnen an dieser Warenfront. Die meisten von ihnen konsumierten nur wenige Produkte der Zeitindustrie. Viele brieten immer noch ihren Thanksgiving-Truthahn, nähten die Halloween-Kostüme für ihre

---

18 Salmon, „For Hire", 1995.

Kinder und organisierten Geburtstagsfeste selber. Aber auch in Spotted Deer begann sich dies allmählich zu ändern, und die Amerco-Mütter fühlten sich verwirrt, wenn sie versuchten, herauszufinden, wieviel von diesen Veränderungen ein Segen und wieviel ein Fluch war. Trotz ihrer Unsicherheit schien es eher Aufgabe der Frauen als der Männer zu sein, diesen kommerziellen Einbrüchen in das häusliche Leben einen Riegel vorzuschieben. Wenn eine Frau wie DeeDee Jones ihre zehnjährige Tochter Stunde um Stunde mit einem Fernseher als einziger Gesellschaft allein ließ, riskierte sie damit, ihre Identität als gute Mutter zu kompromittieren. Für die meisten Amerikaner ist immer noch die Mutter die Person, die Herz und Seele, Wärme und Menschlichkeit des Familienlebens verkörpert, und die Instanz, die den Mächten des Kapitalismus Einhalt gebietet und den friedlichen Hafen Familie inmitten einer imaginierten herzlosen Außenwelt beschützt. Es ist die symbolische Rolle der Frau, Zeit für persönliche Bindungen zu bewahren, nicht Geld für Ersatz auszugeben.

Während eine Aufgabe nach der anderen dem Reich der zeitsparenden Güter und Dienstleistungen überantwortet wird, erhebt sich die Frage nach der moralischen Bedeutung, die die Menschen solchen Tätigkeiten beimessen. Ist eine Frau dann eine „gute Mutter", wenn sie (allein oder mit ihrem Partner) ihrem Kind einen Geburtstagskuchen bäckt? Oder kann sie diese Zeit dankenswerterweise sparen und eine gute Mutter sein, indem sie den Kuchen bestellt und die Party organisiert? Oder kann sie noch mehr Zeit sparen und eine gute Mutter sein, indem sie einen Partyservice beauftragt und ihrem Kind zusieht, wie es sich bei seiner Party vergnügt? „Wäre das nicht schön!", rief eine Amerco-Mutter angesichts dieses Szenarios lachend aus. In dem Maße, wie die Vorstellung von der „guten Mutter" unter dem Zeitdruck der Arbeit und der Expansion der „mütterlichen" Dienstleistungen immer mehr zurückgedrängt wird, müssen sich die realen Mütter ständig neu erfinden.

Eine überwältigende Mehrheit der berufstätigen Mütter, mit denen ich sprach, schreckten vor dem Gedanken zurück, sich von Elternpflichten frei zu kaufen. Eine gekaufte Geburtstagsparty war „zu unpersönlich"; ein 90-Sekunden-Frühstück „zu schnell". Dennoch drehte sich ein überraschend großer Teil der mittäglichen Kantinengespräche unter Amerco-Freundinnen um die komplexen und widersprüchlichen Gefühle, die mit der Verlockung einhergingen, im Tausch gegen Dienstleistungen Zeit zu gewinnen. Dabei kam die Versuchung, tiefgefrorene Abendmahlzeiten zu bestellen oder eine 1-900-Nummer anzurufen, um eine Helferin für die Hausaufgaben zu holen, gar nicht erst auf, weil solche Dienstleistungen noch nicht den Weg nach Spotted Deer gefunden hatten. Dafür landeten viele Frauen immer wieder bei der Frage, wie zu entscheiden wäre, wo der Job einer Mutter begann und wo er endete, vor allem wenn es um Babysitter und Fernsehen ging. So erzählte im Pausenraum des Demco-Werks eine berufstätige Mutter einer anderen:

> „Damon schläft nicht vor zehn Uhr abends ein, also hasst er es, wenn ich ihn morgens wecken komme, und ich hasse es selber. Er mault. Er zieht sich die Decke über den Kopf. Also stelle ich ihm die Trickfilme im Fernsehen an. Auf diese Weise kann ich ihn anziehen, ohne dass er meckert. Ich mag es nicht, das Fernsehen auf diese Weise zu nutzen. Es ist wie eine Droge. Aber ich tue es doch."

Die andere Mutter entgegnete:

> „Na ja, Todd ist immer schon vor uns auf, also gibt es da kein Problem. Dafür bekomme ich Schuldgefühle am Abend, wenn ich selber gern ein bisschen fernsehen möchte, weil er beim Babysitter schon zu viel davon bekommt."

Zwei andere Mütter überlegten, wie viel Babysitter-Zeit ihrer Meinung nach zu viel wäre. Die eine Mutter erklärte nachdrücklich:

> „Nicky ist von acht bis fünf im Kindergarten und um fünf möchte er nach Hause. Ich würde aber gern zweimal in der Woche ins Fitness-Studio gehen, also schicke ich an diesen Tagen meinen Mann oder meine Schwester zum Abholen. Ihn bis sechs Uhr dort zu lassen, ist einfach zu viel. Ich weiß nicht, warum manche Eltern überhaupt Kinder haben, wenn sie sich nicht um sie kümmern wollen."

Diese wiederkehrenden Vorwürfe über „nachlässige" Eltern – „warum haben sie dann *überhaupt* Kinder?" – hörte ich von Amerco-Müttern oft. Ich bekam mit, wie sie genutzt wurden, um selbst die kleinsten Unterschiede in den Abgrenzungen von Beruf und Familienleben, eigenen und bezahlten Dienstleistungen zu verteidigen oder anzugreifen. Eine Mutter sagte: „Meine Nachbarin ging wieder voll arbeiten, als ihr Kind gerade mal sechs Wochen alt war. Warum bekommen Eltern überhaupt Kinder, wenn sie sich nicht um sie kümmern wollen?" Sie selbst hatte nach der Geburt ihres Kindes drei Monate Urlaub genommen und war dann zu ihrem Job mit seinen Neun-Stunden-Tagen zurückgekehrt, während sie ihr Kind einem Babysitter überließ. Von ihrer Nachbarin bekam ich dann im Vertrauen die gleiche Bemerkung über sie zu hören.

Männer wie auch Frauen kannten die Verlockungen der Zeitindustrie, aber im Allgemeinen sind die Männer weniger in Versuchung, den Kauf von Dienstleistungen vorzuschlagen, da sie nicht so häufig für Hausarbeit oder Kinderbetreuung verantwortlich sind oder dafür, Herz und Gefühle zu symbolisieren.

Das potentielle Ich

Eine dritte Möglichkeit, eine wirkliche Einsicht in die Zeitfalle zu vermeiden, besteht in der Vorstellung, wir könnten und würden die Bedürfnisse der von uns geliebten Menschen erfüllen, wenn wir nur Zeit hätten. Damit leugnen wir weder diese Bedürfnisse noch kaufen wir Güter und Dienstleistungen, um sie zu befriedigen. Stattdessen tun wir selber direkt etwas für sie – in der Theorie. Wir spalten unsere Identität in ein tatsächliches und in ein potentielles Ich auf.

Je mehr wir uns der Tatsache bewusst werden, dass wir mehr Dinge zu tun haben, als Zeit, sie zu tun, desto mehr füllt unser potentielles Ich das Vakuum. Ein potentielles Ich ist ein Komplex, nicht von imaginierten gegenwärtigen Alternativen – Dinge, die man „hätte tun können", oder Möglichkeiten, wie man „hätte sein können" –, sondern von imaginierten künftigen Möglichkeiten. Wir stellen uns oft vor, was wir in der Zukunft tun könnten, um uns auf diese Zukunft vorzubereiten. Aber das potentielle Ich, auf das ich bei meinen Amerco-Interviews stieß, war keine Vorbereitung auf das Handeln, sondern sein Ersatz. Es war ein Geschöpf der Fantasie von zeithungrigen Eltern, die davon träumten, Zeitmillionäre zu sein.

Philip Domincini, ein begabter 55-jähriger Ingenieur in Amercos Abteilung für Forschung und Entwicklung, war nach gängigen Maßstäben ein erfolgreicher Mann; aber wie mir seine Frau erzählte, empfand er immer noch eine gewisse Enttäuschung darüber, dass er es beruflich nicht weiter gebracht hatte. Und obwohl er mit seinen beiden acht- und zehnjährigen Töchtern sehr gern zusammen war, war er von ihren Ansprüchen an seine Energien schnell erschöpft und über seine Unfähigkeit beunruhigt, diese Ansprüche mit seinem Wunsch nach mehr Arbeitszeit zu vereinbaren. Hinzu kam, dass seine 42 Jahre alte Frau, eine Highschool-Lehrerin für Mathematik, vor kurzem beschlossen hatte, einen Abendkurs in Psychologie zu besuchen, um sich so auf ein Aufbaustudium vorzubereiten. Obwohl Philip diesem Plan seinen Segen gegeben hatte, empfand er doch insgeheim, dass er das Zeitbudget der Familie – und seine eigenes – belastete.

Er war längst überzeugt, dass er seinen Kindern viel weniger Zeit widmete, als er sollte, war aber verstimmt über eine mögliche Veränderung, die ihn zwingen könnte, mehr Zeit mit ihnen zu verbringen. Wenn er jedoch von seinem Leben mit seinen Töchtern sprach, klang alles viel hoffnungsvoller. „Ich hab' schon länger so eine Idee", erzählte er mir eines Tages, „dass ich mit Bonnie und Cheryl in den Poconos zelten gehe".

> „Vor drei Jahren, als sie fünf und sieben waren, habe ich die ganze Ausrüstung gekauft, das Zelt, die Schlafsäcke, die Luftmatratzen, die Rucksäcke, die Ponchos. Ich holte mir eine Karte von der Gegend. Sogar den Trockenproviant habe ich schon. Seitdem haben die Kinder und ich immer wieder darüber gesprochen und sind alles durchgegangen, was wir machen würden. Sie liegen mir schon lange damit in den Ohren. Ich habe schon ein ganz schlechtes Gewissen. Ich verschiebe es und verschiebe es, aber irgendwann machen wir das, ich weiß nur noch nicht wann."

Philips potentielles Ich war der Architekt zahlloser Alltagsabenteuer, stets bereit, für sich und die Mädchen aufregende Pläne zu schmieden. Die Campingreise war nur eines von vielen Projekten, die in seiner Fantasie Gestalt annahmen. Das Problem war, dass sein tatsächliches Ich keine Zeit hatte, auch nur eines davon auszuführen. Seine Fantasien waren nicht eskapistisch wie bei Walter Mitty, jener von James Thurber erfundenen Figur, die sich ständig in ganz unwahrscheinliche Rollen hineinfantasiert – ein brillanter Chirurg, ein großer Krieger, ein romantischer Liebhaber. Aber wie praktisch Philips Projekte auch sein mochten, er war immer nur am Planen und Aufschieben, Planen und Aufschieben. Er war ein Vater geworden, der mit dem Finger auf der Landkarte reiste. Dabei ging es nicht etwa um einen Hang, die Dinge schleifen zu lassen. Noch während sein tatsächliches Ich seine Pläne auf eine immer fernere Zukunft verschob, zog sein potentielles Ich starke emotionale Befriedigung aus der Tatsache, dass er diese Pläne gemacht hatte.

Das potentielle Ich füllt einen leeren Raum, der früher einmal reich an Ritualen und Konventionen war. Vor 150 Jahren traten mit der Abwanderung der Familien von der Farm in die Fabrik gesellschaftliche Anlässe – wie Feste und Familienmahlzeiten – an die Stelle von gemeinsamen Arbeiten wie Aussaat und Ernte oder Schafschur. Der Historiker John Gillis bemerkt:

> „Man könnte sagen, dass die Familie zur Kulturproduktion überging, indem sie zur Selbstdarstellung in Gestalt bestimmter täglich, wöchentlich und jährlich wiederkehrender Aufführungen überging, die die Arbeitsbeziehungen ersetzten, aus denen die Alltagserfahrung des Familienlebens zuvor bestanden hatte."[19]

Heute findet eine zweite Ersetzung statt. Eben jene Rituale, die einst an die Stelle der gemeinsamen Arbeit traten, werden selber durch das Versprechen von Ritualen ersetzt, die nur die potentielle Familie je ausführen wird. Das Familientreffen verliert allmählich an Aktualität und ist nur noch eine Art Phantomschmerz, eine Erinnerung oder Fantasie. Manchmal werden potentielle Treffen einfach verschoben, so wie bei jener viel beschäftigten Mutter von drei termingeplagten Teenagern, die zu mir sagte: „Wenn wir unsere Termine erst einmal aufeinander abgestimmt haben, werden wir alle zusammen ein ganz entspanntes Essen machen." Manchmal aber rücken solche Pläne in eine noch fernere Zukunft. Viele Amerco-Eltern zum Beispiel sprachen von Reisen und allen möglichen anderen Dingen, die sie machen wollten, „wenn die Kinder größer sind."

Zu diesen imaginierten künftigen Ereignissen gehörte ein imaginiertes künftiges Ich. „Wenn dieses Projekt erst einmal abgeschlossen ist, bin ich entspannter", bemerkte ein Amerco-Ingenieur. „Ich freue mich jetzt schon darauf, wenn ich endlich wieder lachen kann – zur Zeit bin ich so unter Stress, dass der Humor einfach weg ist. Dann spiele ich auch wieder Duette mit meiner Tochter und fühle mich wieder so frei wie im College."

Viele Amerco-Beschäftigte, die ich interviewte, kämpften offen gegen die Zeitfalle, in der sie steckten. Aber die meisten wichen dem Konflikt aus, indem sie Abstriche bei dem machten, von dem sie glaubten, dass es ihre Familienangehörigen wirklich brauchten, indem sie zeitsparende Güter und Dienstleistungen kauften oder ein potentielles Ich entwickelten oder irgendeine Kombination dieser drei Möglichkeiten praktizierten. Das *Total Quality*-Management bei Amerco pries die Vorzüge der *Just-in-Time*-Produktion, bei der Bedürfnisse befriedigt werden, fast ehe man sie überhaupt als solche wahrnimmt. Zu Hause begannen die Familienmitglieder dagegen den Zeitdruck zu bewältigen, indem sie ihr Verständnis

---

19 John Gillis, „Making Time for Family: The Invention of Family Time(s) and the Reinvention of Family History," *Journal of Family History*, 21, 1996, S. 4-21, Zitat S. 13.

von einer Hausfrau, einer Mutter, einem Vater, einem Ehemann und einer Ehefrau neu definierten. Hatten die Eltern das Problem erst einmal als Effizienzproblem verstanden und begonnen, das Zuhause entsprechend umzurüsten, so ebneten gerade die alltäglichen Lösungsversuche für den Zeitmangel in ihrem taylorisierten Zuhause den Weg zu weiterer Taylorisierung.

16. Kapitel
Zeit gewinnen

An einem Januarmorgen des Jahres 1995 wurde Dorothy Myers in das Büro des Leiters der Personalabteilung gerufen, der ihr eröffnete, beim *Work-Life-Balance*-Programm, bei dem sie als Psychologin beschäftigt war, stünden Kürzungen an und sie sei intern freigesetzt. Falls sie innerhalb eines Jahres von einer anderen Abteilung wieder eingestellt werde, sagte er, könne sie bei Amerco bleiben. Aber Dorothy wurde nicht wieder eingestellt, so dass sie neun Monate später, fassungslos und gedemütigt, die Farbfotos ihrer Tochter von der Wand nahm, wo sie mir gleich bei meinem ersten Besuch bei Amerco ins Auge gefallen waren, und das Unternehmen verließ.

Dorothys Weggang war einer von vielen, zu denen es im Zuge eines Umstrukturierungsprozesses kam, der den Namen „Amerco steht im Wettbewerb" trug. Alle Beschäftigten wurden zu Seminaren geschickt, um etwas über die erbitterte globale Konkurrenz um Marktanteile zu lernen, der sich Amerco ausgesetzt sah – eine implizite Rechtfertigung für die Entscheidung zum Stellenabbau. Zwei Monate lang bot Amerco außerdem einen Workshop zur Stressbewältigung an, zu dem die Angestellten einmal in der Woche gehen konnten. Das Angebot umfasste Yoga, Tai Chi und halbstündige Massagen, alles in der Arbeitszeit.

Einige Beschäftigte wurden intern wieder eingestellt. Andere wurden mit Hilfe großzügiger Abfindungen in den Vorruhestand geschickt. Die Beschäftigten waren höflich genug, die Entlassungen nicht Entlassungen zu nennen. Aber als sich der Rauch verzogen hatte, war einer von zehn Beschäftigten entlassen worden, und die anderen neun hatten zusehen müssen, wie Kollegen und mitunter enge Freunde aus ihrem Arbeitsleben verschwanden. Unterdessen stiegen Amercos Profite weiter; sein aktueller, zwei Jahre zuvor ernannter Generaldirektor bekam einschließlich Bonus und Aktienpaketen ein Gehalt von über 1,5 Millionen Dollar – mehr als ein Drittel der jährlichen Kosten des Work-Life-Balance-Programms des Unternehmens.

Tatsächlich wurde das Programm so gut wie ganz abgebaut. Was von ihm übrig blieb, wurde der Abteilung für Sozialleistungen eingegliedert und damit einem Mann unterstellt, von dem man wusste, dass ihm Möglichkeiten einer alternativen Arbeitszeitgestaltung gleichgültig waren. Viele Beschäftigte hatten unter „Amerco steht im Wettbewerb" das Fürchten gelernt und grollten über den Verlust des *Work-Life-Balance*-Programms, aber so schweigend, wie sie seinem Einzug zugesehen hatten, ließen sie es auch wieder gehen. Es gab keine Reaktion, die nach einem Protest aussah.

Und doch war Einschneidendes geschehen. Noch vor wenigen Jahren hatte Amerco seine Produktivität zum Teil erhöht, indem es Zuckerbrot anbot; jetzt kam es mit der Peitsche. Zwar handhabte es die Peitsche rücksichtsvoller, als dies in vielen anderen Unternehmen der Fall war. Immerhin ließ man den Beschäftigten ein Jahr Zeit, um sich eine andere Stelle bei Amerco zu suchen oder sich sonst von dienstbeflissenen Angestellten in der *Outplacement* Abteilung beim Positionswechsel helfen zu lassen. Aber Entlassungen blieben Entlassungen.

Diese Entlassungen waren in zweierlei Weise zutiefst beunruhigend. Sie untergruben das Gefühl der Menschen, ökonomisch abgesichert zu sein, und weckten außerdem Zweifel, ob es wirklich klug gewesen war, die Arbeit zur Zuflucht zu machen. „Amerco steht im Wettbewerb" strukturierte eine Arbeitsstätte um, die für viele so etwas wie ein Zuhause geworden war, so dass sogar diejenigen, die ihre Stellen behalten hatten, von den Veränderungen aus der Fassung gebracht wurden.

Im Gefolge von „Amerco steht im Wettbewerb" wurden Bill Dentons Zuständigkeiten erweitert und umfassten nun auch die eines seiner Vorgesetzten, der in der Vorruhestand ging. Seine Arbeitszeiten wurden nur wenig länger, aber sein Arbeitstempo erfuhr eine radikale Beschleunigung, und zu seinem Job gehörte nun auch die entschieden nicht familienväterliche Aufgabe, zu bestimmen, wer von den 200 ihm unterstellten Beschäftigten sonst noch gehen müsse.

Vicky King wurde kräftig befördert, eine Veränderung, die sie in Hochstimmung versetzte, aber auch ihr Arbeitstempo beschleunigte und dazu führte, dass sie ihre Sekretärin anwies, ihre Anrufe „etwas weniger locker" entgegenzunehmen. „Vicky möchte, dass man schon an meiner Stimme hört, wer die neue Person ist, die sie jetzt darstellen muss", erklärte die Sekretärin. Zu Hause stieg der

Druck, und Vicky begann, sich Sorgen nicht etwa um Janey zu machen, die in der Schule recht gut war, sondern um ihren einst so kontaktfreudigen „guten" Bruder Kevin Jr., der sich in der Schule wie zu Hause immer mehr zurückzog. Bei der Arbeit begann Vicky, die sich so manches Jahr tapfer für alle möglichen Formen von Flexibilität am Arbeitsplatz eingesetzt hatte, weniger von einem familienfreundlichen Arbeitsplatz als vielmehr davon zu sprechen, dass man „die Aktionäre bei Laune halten" müsse. Aber viele enge Freundinnen, die Seite an Seite mit ihr für ein familienfreundliches Amerco gekämpft hatten, waren nicht mehr da. Auch wenn sie es nicht direkt aussprach, so war doch klar, dass ihr diese Wendung der Dinge im tiefsten Inneren weh tat.

Denise Hampton, die Mutter, die sich zu Hause von ihren Arbeitstempo nicht entspannen konnte und mit ihren Kindern durch die *Narnia*-Bücher hetzte, stellte erleichtert fest, dass sie verschont geblieben war, musste aber zu ihrer Bestürzung erfahren, dass die von ihr so bewunderte Mentorin, ihre „Mutter" im Unternehmen, hatte gehen müssen. Ihr Mann Daniel wurde auf einen anderen, weniger angenehmen Job umgesetzt, aber seine Arbeitszeiten verlängerten sich nicht, und die Kinder fingen nun auch an, selber zu lesen.

Sam Hyatt, der erste Mann, der Vaterschaftsurlaub beantragt hatte, wurde in ein Werk in einem anderen Bundesstaat versetzt, wo er so in seinem neuen Projekt aufging, dass er sich mit Begeisterung in jenes Leben mit langen Arbeitszeiten stürzte, gegen das er sich einst so vehement verwahrt hatte.

Amy Truett, die das *Work-Life-Balance*-Programm geleitet hatte, bekam Krebs und arbeitete mehrere Jahre lang Teilzeit. Eines Tages, erzählte man mir, sei sie dann im Büro zusammengebrochen und ins Krankenhaus gebracht worden, wo ihr Mann, ihr Sohn, ihre Freunde, ihre Verwandten und ein Pfarrer bei ihr wachten. Als sie starb, hielt Jane Cadberry, eine Kollegin und Freundin ihre Hand.

Connie Parker, die sich mit Arney Stoltz die Gefechte für ihr Recht auf Teilzeitarbeit geliefert hatte, wurde entlassen und arbeitet jetzt für sehr viel weniger Geld bei einer Zeitarbeitsagentur. Sie hat mehr freie Zeit, aber nicht unbedingt dann, wenn sie sie braucht. Würde ihr Sohn jetzt eine neue Runde Asthmaspritzen benötigen, spricht einiges dafür, dass sie ihn nicht zum Arzt bringen könnte.

Eileen Watson, die Ingenieurin, die für ein Teilzeitarrangement gekämpft hatte, hat es endlich geschafft. Sie arbeitet jetzt 80 Prozent der normalen Arbeitszeit, mit Überstunden sind es allerdings eher 90 Prozent. Freitags nimmt sie meist frei und arbeitet ehrenamtlich im Computerraum in der Vorschule ihres Sohnes. Aber ihre Amerco-Kollegin betrachten sie als Exotin („Arbeitest du eigentlich noch?" fragen sie immer mal wieder). Ihr Mann Jim nutzt die flexiblen Arbeitszeiten und beginnt um 6 Uhr zu arbeiten, so dass er die Kinder gegen 16 Uhr abholen kann.

Mario Escalla, der Überstundenhecht, der sich selbst den Schlaf stahl, tut dies nun nicht mehr so oft. In der Fabrik bedient er jetzt die Brennöfen, hat aber kürzlich einen Mathematik- und Geschicklichkeitstest bestanden, mit dem er sich auf eine Stelle in einem anderen Werk bewerben kann, wo die Bezahlung schlechter, aber der Arbeitsplatz sicherer ist. Beim Baseball betätigt sich Mario inzwischen mehr als Trainer und spielt nicht mehr so oft selber, und Deb hat nur noch Tagschichten.

Becky Winters, die allein erziehende Mutter, die die Hochzeitsfotos auf dem Couchtisch liegen ließ, damit ihre Töchter sie sich ansehen konnten, hat wieder geheiratet. Als ich sie anrief, lebte sie von ihrem neuen Mann gerade getrennt, war aber dabei, sich wieder mit ihm zu versöhnen. „Es war ganz schön hart", vertraute sie mir an. „Mein Mann sagt, ich mache genau das mit ihm, was mein zweiter Mann mit mir gemacht hat, weglaufen. Und vielleicht ist da auch was dran. Wir machen gerade eine Therapie, um dahinter zu kommen." Ihr früherer Mann fand für einen Stundenlohn von $ 13 eine Stelle als Dreher bei einer anderen Firma und hat nur noch Tagschichten. Als ihn Becky auf Unterhalt für die Kinder verklagte, reichte er eine Gegenklage ein, um das gemeinsame Sorgerecht für die Mädchen zu bekommen. „Sein Anwalt hat argumentiert, ich würde meine Mutterpflichten vernachlässigen, weil ich Wechselschichten mache und die Mädchen bei ihrer Großmutter sind, wenn ich nachts arbeite. Er hat argumentiert, die Mädchen wären bei seiner zweiten Frau besser aufgehoben. Jetzt sind die Kinder eine Woche bei meinem Ex-Mann und seiner neuen Frau und eine Woche bei mir."

In der Fabrik war unterdessen Frederick Taylor wieder auferstanden. „Sie haben die Hocker weggenommen, so dass wir jetzt am Band stehen müssen", erklärte Becky, „und außerdem läuft das Band jetzt doppelt so schnell. Sie haben unsere Vormittags- und Nachmittagspausen von 30 auf 15 Minuten verkürzt, und sie stellen weniger Leute ans Band. Das neueste Gerücht ist, dass wir mit unseren eigenen Fabriken in den Südstaaten konkurrieren, wo die Löhne nicht von der Gewerkschaft kontrolliert werden und es nur acht Dollar Stundenlohn gibt. Wenn diese Fabriken effizienter arbeiten als unsere, bekommen sie die Aufträge."

Für viele Beschäftigte, die auf ihren neuen Stellen weniger verdienten, standen verkürzte Arbeitszeiten nun völlig außer Frage. Auch diejenigen, die ihre Stellen und ihre Bezahlung behalten hatten, war Zeit für die Familie oft ganz ans Ende ihrer Prioritätenliste gerutscht. Bei drohendem Arbeitsplatzverlust und weniger Beschäftigten für die verbliebene Arbeit waren immer längere Arbeitszeiten eine Selbstverständlichkeit und Zeit für die Familie mehr denn je etwas, das man sich zwar jetzt wünschen, aber bestenfalls für später planen konnte.

Die meisten Amerco-Eltern blieben, selbst als sie die schlechte Nachricht von den steigenden „Scheidungsraten" in der Industrie am eigenen Leibe zu spüren bekamen, blind für die ungeheuren Zwänge, unter denen sie lebten. Wie die meisten Amerikaner glaubten sie, dass sie angesichts der vielen von der Verfassung garantierten Rechte – Pressefreiheit, Reisefreiheit, Recht auf Leben, Freiheit und das Streben nach Glück – tatsächlich selbst auch wirklich frei seien. Sie dachten, sie seien frei, aber sie *fühlten* sich nicht frei; in Wirklichkeit lebten viele von ihnen, wie Michael Ventura bemerkt hat, in „Zeitgefängnissen".[1]

Für die Bewohner von Spotted Deer zumindest schien es keinen Ausweg zu geben – keinen Freigang für gute Führung, keine Bewährung und keine Möglichkeit, aus dem Gefängnis auszubrechen. Auch außerhalb der Arbeit gab es keine Gruppen, die eine neue Vorstellung davon hätten entwickeln können, wie sich Beruf und Familie vereinbaren ließen. Viele in der Gemeinde engagierte Gruppen und ehrenamtliche Organisationen in Spotted Deer bekamen, wenn sie überhaupt noch Lebenszeichen von sich gaben, den Zeitmangel ebenfalls zu spüren – und hatten keine Vorstellung, was sie gegen ihn tun könnten. Bibliotheken, Kindergärten, Schulen, Religionsgemeinschaften und Hortprogramme waren bei Ausflügen, neuen Projekten und Geldbeschaffung auf die Hilfe einer stetig abnehmenden Gruppe von „Altgedienten" angewiesen.

In dieser Hinsicht waren die kommunalen Organisationen in Spotted Deer durchaus nicht untypisch. Der Harvard-Politologe Robert Putnam hat festgestellt, dass der Anteil der Amerikaner, die angeben, in den letzten zwölf Monaten an einer öffentlichen Veran-

---

1 Siehe Michael Ventura, „The Age of Interruption", *Networker*, Januar/Februar 1995, S. 19-31.

staltung zu städtischen oder schulischen Angelegenheiten teilgenommen zu haben, von 22 Prozent im Jahre 1973 auf 13 Prozent im Jahre 1993 zurückgegangen ist.[2] Die Wahlbeteiligung sinkt. Die Mitgliederzahlen der Gewerkschaften sind von 32 Prozent aller Beschäftigten im Jahre 1953 auf 16 Prozent im Jahre 1992 zurückgegangen. Auch die Mitgliederzahlen in Elternvertretungen, der League of Women Voters, dem Roten Kreuz, den Pfadfindern, dem Lions Club, den Elks, den Jaycees, den Freimaurern und den meisten anderen großen Organisation, die sich im öffentlichen Leben engagieren, sind zurückgegangen.

Müssen wir daraus schließen, dass die Zeitfalle nicht nur zu einem Zuhause ohne Eltern, sondern auch zu einer Zivilgesellschaft ohne Teilnehmer und einer Demokratie ohne Bürger führt? Würde man den Amerco-Eltern – die immer noch von potentiellen Gemeinschaften träumen, in denen ihr potentielles Ich wohnt – die Frage in dieser Form stellen, würden die meisten wohl widerstrebend zustimmen und missbilligend den Kopf schütteln.

Aber wie sollen sich die berufstätigen Eltern bei Amerco – oder jeder einzelne von uns – der Zeitfalle stellen? Und wenn wir uns ihr stellen, was können wir dann gegen sie tun – nicht nur in unserer Fantasie, sondern im wirklichen Leben? Eine Möglichkeit ist, die Zeitzwänge als ein rein persönliches Problem zu behandeln und individuelle Strategien zu entwickeln, um im eigenen Leben mit ihnen fertig zu werden. Die verbreiteste Reaktion bei Amerco bestand darin, den Sog des Zuhauses durch Bedürfnisreduktion, Outsourcing und Träume von einem über reichlich Zeit verfügenden potentiellen Ich zu begrenzen. Doch solche Strategien waren nur Ausweichmanöver, die die Zeitfalle mitunter sogar verschärften.

Dann gibt es auch Strategien, den Sog der Arbeit zu begrenzen. Man könnte, mit den Worten von Amy Saltzman, bei der Arbeit „zurückrudern" (sich auf eigenen Wunsch auf eine niedrigere Position versetzen lassen) oder „stagnieren" (Beförderungen ablehnen und bewusst auf einer Stelle bleiben) oder aus einem Bereich mit hohem Druck in einen Bereich mit niedrigem Druck überwech-

---

2 Robert D. Putnam, „Bowling Alone: America's Declining Social Capital", *Journal of Democracy*, 6, Januar 1995, S. 65-78, insb. S. 68. Putnam gibt dem Fernsehen und nicht den längeren Arbeitszeiten die Schuld am Rückgang des staatsbürgerlichen Engagements. Zur Kritik an dieser These siehe Theda Skocpol, „Unraveling from Above", *American Prospect*, März/April 1996, S. 23.

seln.[3] Oder man könnte eine eigene Firma aufmachen, obwohl dies gewöhnlich mit erheblichem Zeitdruck eigener Art verbunden ist. (All diese Strategien setzen natürlich voraus, dass man bei der Arbeit eine Position hat, bei der es überhaupt etwas zu verhandeln gibt, oder finanziell so gestellt ist, dass man sich in Ruhe woanders umsehen kann; sie sind also hauptsächlich etwas für Professionals der Mittelschicht, nicht aber für die Mehrheit der Service-, Sekretariats- oder Fabrikbeschäftigen.)

Eine andere Option könnte sein, von Unternehmen wie Amerco – und damit von der Zeitfalle selbst – „abzuwandern", indem man sich einer winzigen, wenn auch wachsenden Bewegung anschließt, deren Ziel die bewusste Einfachheit ist. In ihrem Ratgeber – und Bestseller – *Your Money or Your Life* entwerfen Joe Dominguez und Vicki Robin ein Programm zur Entwöhnung von der Sucht nach langen Arbeitszeiten und hohen Geldausgaben. „Es geht darum", sagen die Autoren, „alles über Bord zu werfen, was einen nicht glücklich macht, um Zeit für das zu gewinnen, was einen glücklich macht."[4] Neuerdings gibt es vor allem im Nordwesten der USA immer mehr Studienkreise zum „Einfachen Leben".

Noch ungewöhnlicher ist eine kleine Bewegung, die unter der Parole „Zurück aufs Land" antritt. Scott Savage, ein 35-jähriger Quaker und Bibliothekar, Mitbegründer und Direktor des Zentrums für Einfaches Leben in Chesterhill, Ohio, empfiehlt ein Leben, das so bar jeder modernen Technologie ist wie das der Amish People. Die alle zwei Monate erscheinende Zeitschrift des Zentrums schlägt vor, als erstes den Fernseher und den Computer hinauszuwerfen. Nun mögen bewusste Einfachheit oder eine Bewegung zurück aufs Land an sich durchaus interessante Möglichkeiten

---

3 Amy Saltzman, *Downshifting: Reinventing Success on a Slower Track*. New York, HarperCollins, 1991. In *Working Ourselves to Death* (San Francisco, Harper & Row, 1990) schreibt Diane Fassel, Workaholismus sei eine Krankheit wie Alkoholismus. Sie stellt sie als einen unkontrollierbaren inneren Drang dar, den man nur selber bekämpfen kann, nämlich durch das arbeitsbezogene Äquivalent von Abstinenz. Offenbar können die meisten Menschen nicht auf die gleiche Weise arbeitsabstinent leben, wie sie alkoholabstinent leben können. Siehe auch Nina Tassi, *Urgency Addiction*. New York, Signet, 1991.

4 Joe Dominguez und Vicki Robin, *Your Money or Your Life: Transforming Your Relationship with Money and Achieving Financial Independence*. New York, Viking, 1992. Siehe auch Duane Elgin, *Voluntary Simplicity*. New York, Morrow, 1993; und M. Saint James, *Simplify Your Life*. New York, Hyperion, 1994.

darstellen, für eine größere Anzahl Amerikaner sind sie jedoch kaum attraktiv oder, falls doch, würden sie sich rasch in eine neue Konsumkategorie verwandeln lassen, wie die *New York Times* meint:

> „Bis zum Ende der 1990er Jahre werden 15 Prozent der 77 Millionen amerikanischer Baby-Boomer Teil eines Marktes für das einfache Leben sein, wo Dinge wie preiswerte, lang haltende Garten- und Haushaltsprodukte angeboten werden, die weder Raffinesse noch Status bieten. Dazu kommen dann ... jene jungen Leute, die heute gerade mal Teenager sind und die für die Vorstellung, dass wir viel zu viel konsumieren, durchaus empfänglich sein dürften. ... Sie sind die erste Gruppe, die grün indoktriniert wurde."[5]

Weitaus schwieriger, aber letzten Endes auch vielversprechender, ist ein Ansatz, die Zeitfalle durch kollektives – statt individuelles – Handeln aufzubrechen: Dabei müssen sich die Beschäftigten direkt mit der Organisation und den Organisatoren des amerikanischen Arbeitsplatzes auseinandersetzen. Sie müssten sich bei Amerco und überall im Land in Aktivisten einer neuen Art verwandeln, die – um ein Schlagwort aus der Umweltbewegung zu übernehmen – „global denken und lokal handeln." Gemeinsam könnten sie eine Zeitbewegung ins Leben rufen. In Wirklichkeit haben nämlich viele berufstätige Eltern deshalb so wenig Zeit, weil die Zeitanforderungen ihres Arbeitsplatzes Priorität beanspruchen. Weder die Anpassung an diese Anforderungen noch der Rückzug vom Arbeitsplatz tragen zur Lösung dieses Problems viel bei. Es ist die Zeit gekommen, sich diesen Anforderungen entgegen zu stellen und den alten Arbeitsplatz den neuen Arbeitskräften anzupassen. Wie die Geschichte zeigt, ist kollektives Handeln der einzige Weg, einen solch grundsätzlichen Wandel herbeizuführen.

Bewegungen zur Begrenzung der Arbeitszeit sind nicht neu. Seit 1825 haben sich Menschen zu Gruppen zusammengeschlossen, um erst den Zehn- und später den Achtstundentag zu fordern. 1886 bauten Arbeiter aus der Möbelindustrie, wie der Historiker Paul Avrich schreibt, einen von sechs Schimmeln gezogenen Wagen, den sie den „Achtstundenwagen" nannten. Sie läuteten eine auf dem Wagen angebrachte Glocke, jedesmal acht Schläge, wäh-

---

5   Carey Goldberg, „The Simple Life Lures Refugees from Stress," *New York Times*, 21. September 1995. Zur Zurück-aufs-Land-Bewegung siehe Keith Schneider, „Fleeing America's Relentless Pace, Some Adopt an Amish Life," *New York Times*, 1. März 1995.

rend auf einem Schild am hinteren Wagenende stand: SIE STOPPT DIE ÜBERPRODUKTION. SIE HOLT DIE LANDSTREICHER VON DEN STRASSEN. SIE GIBT DEN ECKENSTEHERN ARBEIT." 1840 unterzeichnete Präsident Martin Van Buren das erste Bundesgesetz über den Zehnstundentag für Beschäftigte der Bundesbehörden. Das Gesetz über den Achtstundentag für Beschäftigte der Bundesbehörden wurde 1868 von Präsident Ulysses S. Grant unterzeichnet. Für nicht gewerkschaftlich organisierte Beschäftigte allerdings war der Zehnstundentag noch viele Jahrzehnte lang eine Selbstverständlichkeit. Erst 1935 unterzeichnete Franklin D. Roosevelt schließlich ein Gesetz, das den Achtstundentag zur nationalen Norm erhob.[6]

Der Kampf für den Achtstundentag wurde hauptsächlich von gewerkschaftlich organisierten männlichen Arbeitern geführt. Eine neue Zeitbewegung müsste ein breiteres Spektrum von Beteiligten und den sie vertretenden Organisationen umfassen. Ihre Vorhut könnte aus weiblichen und männlichen Arbeitskräften, Gewerkschaften, Anwälten für die Rechte der Kinder, Feministinnen, Kämpfern für die Vereinbarkeit von Beruf und Familie und sogar den Führungsspitzen einiger fortschrittlicher Unternehmen bestehen. Die Vorkämpfer für den Achtstundentag wollten mehr Freizeit für die Arbeiter, sagten aber wenig zur Familie an sich. Vielleicht kam dies, weil damals die meisten gewerkschaftlich organisierten Arbeiter Männer waren und daher für die direkte Betreuung von Kindern nicht zuständig. Aber heute, wo die meisten Mütter erwerbstätig sind, ist die Arbeitszeit untrennbar mit dem Familienleben verknüpft. Eine neue Zeitbewegung muss sich von ihren Vorgängern insofern unterscheiden, als sie sich viel stärker auf die Natur dieser Verknüpfung konzentriert. Andererseits denken Unternehmen, die familienfreundliche Maßnahmen wenigstens anbieten, meist nur an die Frauen aus der Mittelschicht und übergehen sowohl die Männer der Mittelschicht als auch die Angehörigen der Arbeiterklasse und die Armen beiderlei Geschlechts. Natürlich würde ein erheblicher Teil der Anhängerschaft einer Zeitbewegung aus Frauen bestehen, doch auch die Männer können dabei nur gewinnen. Männliche Beschäftigte, deren durchschnittliche Arbeitstage oft länger sind als die der Frauen und deren Präsenz zu Hause

---

6   Paul Avrich, *The Haymarket Tragedy*. Princeton, N.J., Princeton University Press, 1984.

oft so schmerzlich vermisst wird, brauchen eine Zeitbewegung mindestens so dringend wie die Frauen.

Aber wir wissen schon aus früheren Studien, dass viele Männer bei der Arbeit eine Zuflucht gefunden haben. Das ist nichts Neues. Die Neuigkeit in diesem Buch ist, dass auch immer mehr erwerbstätige Frauen ungern mehr Zeit zu Hause verbringen wollen. Sie sind hin und her gerissen, haben Schuldgefühle und leiden unter dem Stress ihrer langen Arbeitszeiten; aber sie sind ambivalent, wenn es darum geht, diese Arbeitszeiten zu verkürzen.

Frauen fürchten, sie könnten ihren Platz im Erwerbsleben und damit das verlieren, was für sie inzwischen eine Quelle von Sicherheit, Stolz und hohem Selbstwertgefühl geworden ist. Wie der *Bright Horizons*-Umfrage zu entnehmen ist, fühlen sich Frauen genauso oft wie Männer am Arbeitsplatz hoch geschätzt und zu Hause unterschätzt und haben noch häufiger als Männer am Arbeitsplatz Freundinnen und Freunde. Für solche Frauen ist eine Arbeitszeitverkürzung gleichbedeutend mit einer Lockerung ihrer Bindungen an eine Welt, die trotz aller Spannungen eine Versicherung gegen die noch größere Spannung und Ungewissheit zu Hause darstellt. Für viele berufstätige Eltern, die in der Zeitfalle stecken, zieht das seiner ursprünglichen Funktionen beraubte Zuhause und das von Gemeinschaft entleerte nachbarliche Umfeld schlicht den Kürzeren gegenüber der Anziehungskraft des Arbeitsplatzes.

So haben sich inzwischen viele Frauen den Männern auf der Flucht aus der „Innenstadt" des Zuhauses in die „Vororte" des Arbeitsplatzes angeschlossen. Dabei haben sie die von einer älteren, männerorientierten Arbeitswelt geprägten Auffassungen von Karriere und beruflichem Engagement in viel höherem Maße übernommen, als umgekehrt die Männer zu einer Identifizierung mit den „Frauenpflichten" zu Hause bereit waren. Frauen haben sich unter anderem deshalb stärker verändert, weil die „männliche" Welt der Arbeit mit mehr Ehre und Wertschätzung verbunden zu sein scheint als die „weibliche" Welt von Heim und Kindern. Deb Escalla mit ihren Wechselschichten in der Fabrik wollte nicht zu Hause bleiben und „nur Hausfrau" sein wie Marios Mutter; Marios Ideal dagegen war immer noch der Überstundenhecht, der auch sein Vater gewesen war.

Frauen bilden inzwischen fast die Hälfte der amerikanischen Erwerbstätigen. Die übergroße Mehrheit von ihnen muss und will erwerbstätig sein. Es gibt definitiv kein Zurück mehr. Die Schwierigkeit besteht nicht darin, dass Frauen in das Erwerbsleben vorgedrungen sind, sondern dass dies zu „männlichen Bedingungen" geschah. Wäre dies ein Modell, bei dem sich Beruf und Familie vereinbaren lassen, wäre gar nichts dagegen einzuwenden, dass Frauen das männliche Modell von Arbeit übernehmen und die Privilegien genießen, die früher den Männern vorbehalten waren. Doch dies ist kein solches Modell.

All dies ist beunruhigend, unter anderem weil Cassie, Timmy, Jonathan, Jarod, Tylor und all die anderen Kinder von berufstätigen Eltern mehr oder weniger allein mit der Zeitfalle – und allem, was daraus folgt – fertig werden müssen. Es ist beunruhigend, weil Kinder ihren Eltern zwar kostbar bleiben, der „Marktwert" der Welt jedoch, in der sie aufwachsen, drastisch gefallen ist. Man braucht ihre Kindheit gar nicht erst mit irgendeiner vollkommenen Kindheit in einer mythischen Vergangenheit zu vergleichen, um zu dem Schluss zu kommen, dass unsere Gesellschaft sich diesem wichtigen Problem stellen muss.

Eine Zeitbewegung würde gewisse fundamentale Themen angehen müssen. Da das Unternehmen immer größere Anteile von Familienzeit absorbiert, müsste sich *hier* die Zeitorganisation am meisten ändern. Außerdem lassen Untersuchungen über Amerco und andere amerikanische Großunternehmen darauf schließen, dass es unklug wäre, sich auf die Manager in den Unternehmen als Architekten unserer Zeit zu verlassen. Wie immer ihre erklärten Ziele lauten und was immer sie selbst zu tun meinen, die Zeitfalle ihrer Beschäftigten dürfte unter ihnen eher enger als lockerer werden. Deshalb müsste eine Zeitbewegung ihren Mittelpunkt *außerhalb* des Unternehmens finden, wie wichtig eine Zusammenarbeit mit den unternehmensinternen Vertretern einer familienfreundlichen Personalpolitik auch sein mag.

Aber eine Bewegung zur Reform der Arbeitszeit sollte sich nicht auf eine Aufforderung an die Unternehmen beschränken, Maßnahmen zur Verkürzung oder Flexibilisierung der Arbeitszeit anzubieten. Wie dieses Buch gezeigt hat, haben solche Maßnahmen unter Umständen wenig mehr als die Funktion eines Feigenblatts, das nur zur Kaschierung einer auf langen Arbeitszeiten aufbauenden Arbeitsplatzkultur dient. Eine Zeitbewegung aber müsste die Voraussetzungen dieser Arbeitsplatzkultur in Frage stellen. Sie müsste fragen: Werden die Beschäftigten hauptsächlich nach der Qualität ihrer Leistungen oder nach ihrer Anwesenheitszeit beurteilt? Gibt es eine Kultur des Vertrauens, die es den Beschäftigten erlaubt, in

Notfällen füreinander einzuspringen?[7] Sind die Arbeitsplätze sicher? Die Antworten auf diese Fragen sind entscheidend, denn kürzere Arbeitszeiten können kaum verlockend sein, wenn die Beschäftigten fürchten, dass mit den langen Arbeitszeiten, die sie jetzt haben, gleich der ganze Arbeitsplatz verschwinden könnte.

Als erstes müsste sich eine Zeitbewegung dafür einsetzen, bestimmte unternehmerische Anreize neu zu strukturieren. Zum Beispiel könnte sie das Handelsministerium unter Druck setzen, die Kriterien für den heiß begehrten – und alljährlich einem Unternehmen für hervorragende Leistungen bei der Erfüllung der Standards von *Total Quality* verliehenen – *Malcolm Baldrigde Award* so zu erweitern, dass auch die erfolgreiche Implementierung von familienfreundlichen Maßnahmen – gemessen an der Zahl der Beschäftigten, die tatsächlich von ihnen Gebrauch machen – dazu gehört. *Total Quality*-Systeme sind ja unter anderem gerade deshalb so erfolgreich, weil sie sich auf das Endergebnis der Arbeit konzentrieren. Unter *Total Quality* lautet die Frage nicht, wie viele Arbeitsstunden in das Projekt gesteckt wurden, sondern ob der Kunde zufrieden ist. Es wäre also gar nicht abwegig, die Unternehmen aufzufordern, den Erfolg ihrer Maßnahmen zur Vereinbarung von Beruf und Familie an den Ergebnissen zu messen, die zu Hause erzielt werden. Wie viele erwerbstätige Eltern in einem bestimmten Unternehmen geben an, genug Zeit für ihre Familien zu haben? Wie viele sind in den Elternvertretungen der Schulen ihrer Kinder aktiv? Wie viele sind in anderer Form in den Schulen ihrer Kinder aktiv? Dies könnten Anhaltspunkte für den Erfolg eines Unternehmens in seinem Bemühen um die Vereinbarkeit von Arbeit und Familie sein.[8]

---

[7] Siehe Robert Levering, *A Great Place to Work: What Makes Some Employers So Good (and Most So Bad)*. New York, Random House, 1988.

[8] Eine neue Bewegung könnte „family impact statements" fordern, Feststellungen über die Auswirkungen ökonomischer Trends auf die Familie. Dies ist ein Gedanke von Kathleen Christensen, einer Spezialistin für Fragen von Arbeit und Familie. Wenn Feststellungen zu Umweltfolgen helfen können, die Fleckeneule vor der Entwaldung zu schützen, können Feststellungen zu Folgen für die Familie helfen, eine andere bedrohte Art, die amerikanische Familie, vor der Beschleunigung am Arbeitsplatz zu schützen. Bei Feststellungen zu den Umweltfolgen werden zum Beispiel die Auswirkungen abgeschätzt, die ein bestimmter Schadstoffausstoß in der Industrie auf die Qualität des Wassers hat. Feststellungen zu Folgen für die Familie könnten zum Beispiel die Auswirkungen von angeordneten Überstunden auf die Zeit messen, die Eltern mit ihren Kindern verbringen.

Eine Zeitbewegung kann nicht auf der Unternehmensebene Halt machen. Kein Katalog von Maßnahmen zur Vereinbarkeit von Beruf und Familie kann auf lange Sicht greifen, wenn die sozialen Voraussetzungen, die eine solche Vereinbarkeit erst möglich machen – Männer, die bereit sind, sich die Eltern- und Hausarbeit mit ihren Partnerinnen zu teilen, Gemeinschaften, die die Arbeit zu Hause genauso hoch bewerten wie die Arbeit am Arbeitsplatz, und Politiker und Inhaber von Wahlämtern, die bereit sind, familienfreundliche Reformen zu fordern – weiterhin unerreichbar bleiben. Und vielleicht läge die größte Wirkung einer sozialen Bewegung überhaupt darin, dass sie dazu beträgt, diese weiteren Voraussetzungen zu schaffen.

Jede Kampagne für flexiblere Arbeitszeiten muss sich mit einer komplexen Realität auseinandersetzen: Viele Familien von Erwerbstätigen sind sowohl Gefangene als auch Architekten der Zeitfalle, in der sie sich befinden. Eine Zeitbewegung müsste der Frage nachgehen, warum die Proteste von berufstätigen Eltern gegen die beengten Verhältnisse in ihren „Zeithäusern" immer noch ausbleiben. Sie müsste eine öffentliche Meinungsbildung über all die privaten Ausweichmanöver erzwingen – die Gefühlsaskese, die Liebesgeschichte mit dem Kapitalismus, die immer wieder hinausgeschobenen Pläne des potentiellen Ich –, die, wie es scheint, die Zeitfalle nur noch verschlimmern.

Auch darf sich eine Zeitbewegung nicht scheuen, einen nationalen Dialog über den schwierigsten und mit den größten Ängsten verbundenen Aspekt unserer Zeitfalle zu eröffnen: die Notwendigkeit, emotional in das Familienleben zu „investieren" in einer Zeit, in der die Familie ihrer Rechte beraubt und der Deregulierung unterworfen wird. Wieviel Zeit und Energie sollten wir dem Zuhause widmen? Wieviel Zeit und Energie wagen wir, von der Arbeit abzuziehen? Der derzeitige Streit darüber, was eigentlich „eine Familie" ist und was nicht, hilft den bereits bestehenden Familien wenig. Nötig ist stattdessen eine öffentliche Debatte, die fragt, wie wir Liebesbeziehungen und Gemeinschaftsbindungen so wertschätzen können, dass sie gegen Vermarktung gefeit sind.

Schließlich würde eine Zeitbewegung uns zwingen, uns der Geschlechterfrage zu stellen. In den frühen Stadien der Frauenbewegung haben sich viele Feministinnen, darunter auch ich, für eine Umstrukturierung des Arbeitslebens eingesetzt, die zu flexibleren Jobs mit kürzeren Arbeitszeiten und dadurch auch zu einer Neustrukturierung des häuslichen Lebens führen sollte, an dem dann auch die Männer beteiligt wären. Aber mit den Jahren scheint dieser Teil der Frauenbewegung die Initiative an Feministinnen abgetreten zu haben, denen es mehr darum ging, Frauen beim Durchbrechen der „gläsernen Decke" in den Betrieben und hin zu Karrieren mit langen Arbeitszeiten zu unterstützen. Eine Zeitbewegung müsste uns alle wieder zu der Frage zurückbringen, wie Frauen und Männer einander ebenbürtig werden können in einer stärker kindorientierten und mit mehr Bürgersinn ausgestatteten Gesellschaft.

Eine solche Bewegung würde auch noch eine Reihe weiterer heikler Fragen angehen müssen. Wie viele Stunden pro Tag, pro Woche, pro Jahr sollten Menschen arbeiten? Wie können wir bessere Arbeitsumgebungen durchsetzen, ohne sie ungewollt in eine Zuflucht vom Leben zu Hause zu verwandeln? Wie können beide Partner in einer Beziehung zu einem stabilen und harmonischen Verständnis der Balance von Beruf und Familie gelangen? Wie kann man in Zeiten wachsender ökonomischer Ungleichheit dafür sorgen, dass sowohl die wirtschaftlich schwachen als auch die besser gestellten Erwerbstätigen mehr Zeit zur Verfügung haben?

Gegner einer Zeitbewegung werden zweifellos unter vielerlei Gesichtspunkten Kritik an ihr üben. Um auf manche ihrer Einwände vorbereitet zu sein, brauchen wir nur einen Blick auf die Diskussionen über den einst revolutionären Übergang zum Achtstundentag zu werfen.

Im Mai des Jahres 1886 zum Beispiel argumentierte ein Gegner des Achtstundentags in der *New York Tribune*, ein Arbeitstag von elf oder zwölf Stunden ...

> „übersteigt die Fähigkeit des Menschen zu effizienter Arbeit in den allermeisten Fällen, ... doch wird dies vernünftigerweise niemand als Argument für eine weitere Arbeitszeitverkürzung ins Feld führen wollen oder können. Zehn Stunden ehrliche und treue Arbeit am Tag übersteigen durchaus nicht das Maß dessen, was Menschen an effizienter Arbeit in den meisten Beschäftigungen leisten können."[9]

---

9 Siehe „Eight Hours", in *Public Opinion: A Comprehensive Summary of the Press throughout the World on All Important Current Topics*, Bd. 1, Washington, D.C., Public Opinion Co. Publishers, April-Oktober 1996, S. 50. Siehe auch Benjamin Kline Hunnicutt, *Work without End: Abandoning Shorter Hours for the Right to Work*. Philadelphia, Temple University Press, 1988; Carmen Siriannis hervorragenden Artikel „The Self-Management of Time in Post-Industrial Society", in Karl Hinrichs, William Roche und Carmen Sirianni (Hrsg.), *Working Time in Transition*. Philadelphia, Temple University

Dementsprechend werden auch heutige Kritiker argumentieren, der Achtstundentag stelle (auch mit Überstunden) eine vollkommen vernunftgemäße Nutzung der menschlichen Energie dar. Sie mögen außerdem einwenden, unter dem Druck einer Zeitbewegung würden die Produktivität wie auch die Konkurrenzfähigkeit Amerikas sinken. Doch auch dieses Argument wurde bereits vor über hundert Jahren in dem besagten *Tribune*-Artikel angeführt:

> „[Mit dem Achtstundentag] gäbe es weniger durch Arbeit erzeugte Dinge und folglich auch weniger Dinge, die sich als Lohn für die Arbeit verteilen lassen. ... Also würden weniger Häuser gebaut und weniger Stühle und Tische und Teppiche und Werkzeuge hergestellt. ... Am Ende müssten wir uns alle, um ein paar Stunden weniger zu arbeiten, mit einem um ein Fünftel verringerten Arbeitsertrag – Essen, Kleidung, Werkzeugen, Reisen, Zigarren oder Bier – zufrieden geben."[10]

Manche Kritiker konzentrierten sich auf die Qualität der Arbeit und argumentierten, eine Arbeitszeitverkürzung schaffe nur neue Jobs für „Eckensteher", die sich dann als die schlechteren Arbeiter erweisen würden. Selbst manche Aktivisten der Arbeiterbewegung beharrten darauf, die guten reformistischen Absichten könnten für eben jene Arbeiter, denen der Achtstundentag eigentlich zugute kommen sollte, nur zur Katastrophe führen, da er die Vereinigten Staaten in einen Magneten für billige Arbeitskräfte aus dem Ausland verwandeln würde. Weitere Sorgen waren, dass die Arbeitgeber die Kosten, die ihnen entstanden, wenn sie zehn Stunden Lohn für acht Stunden Arbeit zahlen sollten, in Gestalt von Preiserhöhungen weitergeben würden oder dass die befreiten Arbeiter mit der extra Zeit nichts Sinnvolles würden anzufangen wüssten. Der Achtstundentag, schrieb ein Witzbold, sei nichts als ein „Sozialplan für Kneipiers."[11]

Natürlich hat die damalige Zeitbewegung schließlich doch gewonnen, und keine dieser Befürchtungen hat sich bewahrheitet. Aber in den letzten Jahrzehnten wurden, wie Juliet Schor in *The Overworked American* schreibt, die in jenen vergangenen Zeiten errungenen Siege rückgängig gemacht – und zwar genau zu dem Zeitpunkt, als die geschwächten Familienstrukturen am allerwenigsten

---

Press, 1991; und Cynthia Negrey, *Gender, Time, and Reduced Work*. Albany, SUNY Press, 1993.
10 *Public Opinion*, 1886, S 51.
11 Henry David, *The History of the Haymarket Affair*. New York, Coller Books, 1963, S. 173.

in der Lage waren, weiteren Zeitdruck aus der Arbeitswelt aufzufangen. Kritiker der heutigen Zeitbewegung werden vielfach aus den gleichen Gründen Alarm schlagen wie ihre Kollegen aus dem 19. Jahrhundert: Kürzere und flexiblere Arbeitszeiten, mehr Teilzeitarbeit und insgesamt flexiblere Arrangements führen, werden sie sagen, nur zu Produktionsrückgang, Preiserhöhungen, einer wachsenden Zahl schlechterer Arbeitskräfte, Marktverluste für amerikanische Unternehmen, unsinnigem Gebrauch der freien Zeit durch die Arbeitnehmer und so weiter. Was immer die Kritiker jedoch sagen mögen, viele der grundsätzlichen Reformen, für die eine Zeitbewegung eintreten würde, wurden bereits mit Erfolg erprobt. Norwegen, Schweden und Deutschland zum Beispiel haben auf jeweils eigene Weise kreative alternative Zeitarchitekturen entwickelt. Beide haben jahrzehntelang eine prosperierende Wirtschaft behalten, obwohl sich viele Sektoren auf die 35-Stundenwoche verlassen. Schwedische und deutsche Beschäftigte haben im Durchschnitt sechs, holländische Beschäftigte fünf Wochen bezahlten Urlaub im Jahr (die Amerikaner dagegen nur durchschnittlich zweieinhalb Wochen). Die „globale Konkurrenz" hat die deutsche Regierung nicht davon abgehalten, die Arbeitgeber zu verpflichten, jungen Müttern dreieinhalb Monate bezahlten Mutterschutz zu gewähren und allen Eltern von neu geborenen Kindern eine 18-monatige Elternzeit mit Arbeitsplatzgarantie anzubieten. Da dies für kleinere Unternehmen natürlich eine Härte darstellen kann, trägt bei Unternehmen mit weniger als 20 Beschäftigten der Staat 80 Prozent der entstehenden Kosten. Erwerbstätige Eltern haben außerdem Anspruch auf fünf Tage bezahlte Freistellung pro Jahr, um kranke Kinder zu betreuen.[12]

In Schweden, einem in der globalen Konkurrenz weit vorn rangierenden Land, das lange Zeit als Modell für die Vereinbarkeit von Beruf und Familie galt, erhalten Eltern in den ersten 60 Lebenstagen ihres Kindes zehn Tage Urlaub – und die Hälfte der schwedischen Väter nimmt sie. Schweden bietet außerdem einen zeitlich

---

12 Siehe Ellen Galinsky, *The Implementation of Flexible Time and Leave Policies: Observations from European Employers*. New York, Families and Work Institute, 1989. Japanische Beschäftige haben natürlich noch viel längere Arbeitszeiten. Aber Japan macht, wie der New Yorker Wirtschaftswissenschaftler San Nakagama meint, gerade eine schrittweise „Perestroika" im Hinblick auf seine langen Arbeitszeiten durch (siehe Hobart Rowen, „Taking It Easier in Japan", *Herald Tribune*, 13. Juni 1991). In Japan gibt es 10.000 *karoshi*-Tote pro Jahr – Männer, die an Überarbeitung *sterben*.

begrenzten Vaterschaftsurlaub zur Pflege eines kranken Kindes an, bei dem in den ersten 14 Tagen 80 Prozent und danach 90 Prozent des Gehalts weiter bezahlt werden. (Wer in Schweden unterwegs ist, merkt rasch, dass er sich in einer kinderfreundlichen Umgebung befindet. Sogar in den Zügen gibt es für Kinder Spielplätze mit kleinen Rutschbahnen, Krabbelzonen und Tischen.) In der schwedischen Familienpolitik ist das Recht von Kindern, gut versorgt zu werden, während ihre Eltern arbeiten, ausdrücklich festgeschrieben. Der schwedische Staat subventioniert die Kinderbetreuung und hält so einen hohen Standard für ein sicheres und stimulierendes Umfeld in den landesweiten Kinderbetreuungszentren aufrecht.

In den 1990er Jahren wurde Schweden noch auf eine andere, eher unerwartete Weise zum Modell. Unter dem Druck der konservativeren Mitglieder der Europäischen Union nahm Schweden erste zögernde Abstriche an den familienbezogenen Leistungen für erwerbstätige Eltern vor. Die Reaktion darauf waren Protestbewegungen und Bürgerinitiativen im ganzen Land. Die 1991 gegründete *Kinderlobby* kämpft ebenso gegen die Kürzungen von kinderbezogenen Leistungen wie die *Support Stockings*, ein Zusammenschluss von Frauen aus allen großen politischen Parteien. Mitglieder der *Support Stockings* haben mit der Gründung einer eigenen Partei gedroht, falls die Politiker nicht mehr Einsatz für familienfreundliche Anliegen zeigen. In Meinungsumfragen gab ein Drittel der schwedischen Frauen an, einer solchen Partei unter Umständen ihre Stimme geben zu wollen.[13]

Drei amerikanische Zeitexperimente

Zeitaktivisten brauchen aber gar nicht erst ins Ausland zu gehen, um sich Ideen für ein mögliches Vorgehen zu holen. Als erstes könnten wir uns die bescheidenen, praktischen Zeitinnovationen ansehen, die hier und da in Amerikas Unternehmen praktiziert werden. Da ist zunächst das *Work Sharing*, eine Idee, die ursprünglich als Möglichkeit gedacht war, das Leid von Entlassungen gerechter zu verteilen. Einer AFL-CIO-Studie zufolge könnten in amerikanischen Unternehmen allein durch einen Abbau der Über-

---

13 Haas, *Equal Parenthood and Social Policy*, 1992, S. 18, 19, 36. Siehe auch Phyllis Moen, *Working Parents: Transformations in Gender Roles and Public Policies in Sweden*. Madison, University of Wisconsin Press, 1989.

stunden auf den Stand von 1982 drei Millionen neue Arbeitsplätze geschaffen werden. Doug Strain, Vizepräsident von *ESI*, einer Computerfirma in Portland, Oregon, hat den Zusammenhang zwischen kürzeren Arbeitszeiten für die einen und mehr Stellen für die anderen erkannt. 1990 meldete er sich bei einer Fokusgruppe von Generaldirektoren und Managern mit der folgenden Geschichte zu Wort:

> „Wenn die Nachfrage nach einem Produkt zurück geht, wirft das Unternehmen normalerweise ein paar Leute raus und lässt die übrigen doppelt so hart arbeiten. Also ließen wir alle im Werk abstimmen. Wir fragten sie, was sie lieber wollten: Kündigungen für einige Beschäftigte oder die 32-Stundenwoche für alle. Sie dachten darüber nach und beschlossen, dass es ihnen lieber wäre, wenn ihre Arbeitsgruppen zusammenblieben. Also gingen wir während einer Zeit mit schlechter Auftragslage zur 32-Stundenwoche für alle über. Wir kürzten allen die Arbeitszeiten und die Gehälter – auch den Managern."

Dabei erlebte Strain zwei Überraschungen:

> „Erstens, die Produktivität ging nicht zurück – ich schwöre, wir haben mit 32 Stunden genauso viel aus ihnen herausgeholt wie mit 40 Stunden. Also ist das keine schlechte Entscheidung für ein Unternehmen. Aber, zweitens, als sich die wirtschaftlichen Verhältnisse wieder gebessert hatten, boten wir ihnen wieder 100 Prozent Arbeitszeit an. Und niemand wollte es!"

Heute besteht die Kernbelegschaft seines Unternehmens aus Beschäftigten mit einer Arbeitswoche von vier Achtstundentagen. Er sagte:

> „In ihren wildesten Fantasien wären unsere Manager niemals auf eine Viertagewoche gekommen. Aber es ist dabei geblieben, weil unsere Belegschaft darauf bestand."[14]

---

14 Befürworter einer kürzeren Arbeitswoche für ganz Amerika behaupten, dass damit die Arbeitslosigkeit verringert und sowohl die staatlichen Unterstützungsleistungen für Arbeitslose reduziert als auch die technologisch bedingte Arbeitslosigkeit bekämpft und der Stress bei der Arbeit abgebaut werden könnte. Wenn mehr Menschen Beschäftigung haben, sagen sie, bekommt außerdem der Staat mehr Einkommensteuer und steigt die Nachfrage nach Konsumgütern.
Gegner meinen, dass Arbeitszeitverkürzungen die Arbeitskosten erhöhen und zu einem Produktivitätsrückgang führen, wenn die zusätzlich geschaffenen Stellen mit unqualifizierten Beschäftigten besetzt werden. Sie würden ihrer Meinung nach „inflationär" wirken, weil höhere Arbeitskosten zu höheren Preisen führen (da die Unternehmen ihre höheren Kosten auf die Konsumen-

Was wir aus dem ESI-Experiment lernen können, unterscheidet sich nur wenig von dem, was Doug Strain lernte. Er entdeckte einen Weg, sein Unternehmen zu verkleinern und die Leistung zu steigern, während er seine Beschäftigten zufrieden und loyal hielt. Die für uns wichtige Entdeckung ist, dass sich das Verhältnis von Zeit zu Produktion stärker verändern lässt, als wir gewöhnlich annehmen, und dass sich unsere Vorstellungen von einem „normalen" Arbeitstag und einer „normalen" Belegschaft wie schon so oft in der Vergangenheit ein weiteres Mal verändern könnten.[15]

Eine andere From von Zeitinnovation ergab sich aus einem Forschungsprojekt bei *Xerox*. Unter der Leitung von Lotte Bailyn wurde ein *Xerox*-Projektteam von 350 Ingenieuren, Designern, Technikern und Sekretariats- und Verwaltungsangestellten untersucht, die regelmäßig besonders viele Überstunden machten. Neun von zehn Mitgliedern dieses Teams waren bereit, an jedem beliebigen Projekt fast unbegrenzt zu arbeiten; doch trotz eines Klimas der Dauerkrise wurden die Projekt-Deadlines chronisch überzogen.[16] Bailyn stellte die Frage: „Warum können die Beschäftigten ihre Arbeit im Laufe eines Tages nicht erledigt kriegen?" Sie bemerkte:

„Wenn man seine Zielvorgaben innerhalb einer normalen Zeitspanne schaffte, wurde nicht etwa angenommen, dass man effizient oder kreativ

---

ten abwälzen). Außerdem könnten die Arbeitgeber versuchen, höheren Arbeitskosten mit verstärkter Mechanisierung zu begegnen, die zu mehr Arbeitslosigkeit führt. Siehe Negrey, *Gender, Time, and Reduced Work*, 1993, S. 119-120; siehe auch Ronald G. Ehrenberg und Paul L. Schumann, *Longer Hours or More Jobs? An Investigation of Amending Hours Legislation to Create Employment*. Ithaca, N.Y., Cornell University Press, 1982; Sar A. Levitan und Richard S. Belous, *Shorter Hours, Shorter Weeks: Spreading the Work to Reduce Unemployment*. Baltimore: Johns Hopkins University Press, 1977; Paul Blyton, *Changes in Working Time: An International Review*. London, Croom Helm, 1985.

15 Work Sharing gibt es außerhalb der Vereinigten Staaten bereits in Deutschland, und Schweden beschäftigt sich mit einem Pilotprojekt, aus dem hervorgeht, dass schwedische Arbeitskräfte bei einem Sechsstundentag produktiver sind, weil dabei Krankschreibungen, Arbeitsunfälle und Fluktuation abnehmen (Haas, *Equal Parenthood and Social Policy*, 1992, S. 34).

16 Das von Bailyn, einer Soziologin an der *Sloan School of Management* am MIT, geleitete Forschungsteam betrieb „action research", eine Forschung, die direkt auf Veränderungen ausgerichtet ist. Siehe Lotte Bailyn, *The Impact of Corporate Culture on Work-Family Integration*, Beitrag zur Fifth International Stein Conference, Drexel University, November 1994.

gewesen war – im Gegenteil – es wurde angenommen, dass man nicht genug zu tun hatte."[17]

Die Beschäftigten „sparten" zu Hause Zeit, um sie für die Arbeit zu verwenden, gingen dann aber am Arbeitsplatz verschwenderisch mit ihr um, wie Bailyn beobachtete. Der Grund war, dass sie die Arbeitszeit als „freie" Zeit empfanden – Zeit, wie man sie sich idealerweise für zu Hause erhofft. Hatte man unbegrenzt viel Arbeitszeit vor sich, konnte man die eigentliche Arbeit immer wieder vor sich her schieben. Außerdem wurde, wie Bailyn feststellte, die für die eigentliche Arbeit zur Verfügung stehende Zeit auch durch ständige Störungen seitens der Manager und durch die darauf folgende Besprechungen beschnitten:

> „Die Manager unterbrachen ihre Ingenieure ständig, um herauszubekommen, ob sie noch innerhalb des Zeitrahmens lagen, welche Probleme auftauchten und wie sie sie zu lösen gedachten. Diese [Probleme und Lösungen] wurden dann auf Besprechungen durchgegangen und zu sorgfältig redigierten Berichten für die jeweils höheren Managementebenen zusammengestellt, und all das trug zu langen Arbeitszeiten bei."[18]

Xerox reagierte auf Bailyns Vorschläge mit der Einführung von unterbrechungsfreien „Klausurstunden" am Mittag und reduzierte die Zahl der Besprechungen wie auch der Berichte, die von den Ingenieuren verlangt wurden. Zum allerersten Mal hielt das Produktentwicklungsteam regelmäßig seine Deadlines, ohne endlose Stunden zu arbeiten. Die Erklärung ist vielleicht, dass Bailyns Empfehlungen halfen, jenen Aspekt der Arbeit zurück zu drängen, der einen familialen Anklang hatte – Daddy oder Mommy, die unerwartet ins Zimmer platzen, um nachzusehen, ob man seine Hausaufgaben macht. Oder vielleicht vermittelte die Arbeit so weniger ein Gefühl von zu Hause – war weniger zum Verschwenden da, weniger „frei". Bailyn, ihre Kollegen und das Xerox-Management lern-

---

17 Bailyn, *The Impact of Corporate Culture*, 1994, S. 3.
18 Bailyn, *The Impact of Corporate Culture*, 1994, S. 4. Baylin stellte fest, dass „nicht die zufriedenen Beschäftigten produktiver, sondern die produktiven Beschäftigten zufriedener sind. ... Wenn Beschäftigte befugt sind, die Grenzen, die ihre Produktivität beeinflussen, und zwar einschließlich der Grenzen von Arbeit und Familie, selber zu bestimmen, erhöht sich mit der Produktivität auch die Arbeitsmoral." Nachdem Xerox den Arbeitsprozess auf eigenverantwortlich arbeitende Teams umstellte, gingen die Fehlzeiten um 30 Prozent zurück, und die Beschäftigten waren besser in der Lage, die Wünsche der Kunden zu erfüllen.

ten, dass die „Klausurstunden" den Beschäftigten halfen, ihre Arbeit effizienter zu erledigen und damit ihre Produktivität zu erhöhen. Wir lernen, dass die pauschale Umkehrung der für die Arbeit bzw. das Zuhause geltenden Zeitnormen und Zeitgewohnheiten – die dem Zuhause eindeutig schlecht bekommt –, auch für den Arbeitsplatz nicht unbedingt gut ist.

Eine dritte Art von Zeitinnovation fand sich direkt in jener Abteilung der Amerco-Zentrale, wo Kredite, Gehälter, Krankenversicherungen, Renten und Postverkehr bearbeitet wurden. Die dortigen Arbeitsgruppen bestimmten, wie ich entdeckte, ihre Arbeitszeiten selbst. Als ich 1991 das Gebäude betrat, fielen mir lauter rote, weiße und blaue Schleifen auf, die an den Wänden hingen. „Ach, das hat das Dekorationskomitee gemacht, für unsere Jungs, die aus Kuwait zurück sind", erklärte James Flora, der für die 130 Beschäftigten der Verwaltung zuständige Manager. Zusammen mit einem Möbelkomitee und einem Innenarchitekturkomitee bestimmte das Dekorationskomitee mehr oder weniger die Gestaltung der ganzen Abteilung.

James war der Vorgesetzte dieser selbstverantwortlich arbeitenden *High Performance* Teams, die aus jeweils zehn Personen bestanden und auch die Mitglieder all dieser Komitees stellten. Das Durchschnittsalter der Beschäftigten in diesen Teams war 42 Jahre, ihre durchschnittliche Beschäftigungszeit bei Amerco lag bei 17 Jahren. 80 Prozent von ihnen waren Frauen, ein Drittel waren allein erziehende Eltern. James erklärte, wie die Teams ihre Arbeitszeiten bestimmten:

> „Eine Frau in der Telefonzentrale zum Beispiel hat nach dem Mutterschaftsurlaub eine Zeit lang 30 Stunden in der Woche gearbeitet. Dann hat sie gemeint, sie würde gern bei ihren 30 Stunden bleiben und ein paar davon von zu Hause aus arbeiten. Also schrieb sie einen Antrag und legte ihn dem Team vor. Das Team sagte: ‚Für den Kundendienst brauchen wir von acht bis fünf Uhr jemanden am Telefon. Du bleibst bei deinen 30 Stunden, Jane übernimmt diesen Teil deines Jobs, Mary übernimmt jenen Teil, Karen übernimmt einen dritten Teil, und am Ende des Jahres sehen wir uns das Ganze wieder an.' Jeder im Team dachte, irgendwann könnte ich das sein."

Die Teams gestalteten ihre flexiblen Arbeitszeiten weitgehend nach ihren spezifischen Bedürfnissen. Zum Beispiel hatte die Zentrale Kunden an der Westküste, so dass sie bis 19 Uhr ansprechbar sein musste. James beschrieb, wie ein Team die Arbeitszeiten seiner Mitglieder umarrangierte:

„Eine Beschäftigte sagt: ‚Für mich wäre es am besten, wenn ich morgens um halb sechs kommen und dann bis 14 Uhr arbeiten könnte.' Eine andere sagt: ‚Ich kann von acht bis 15 Uhr arbeiten.' Der dritte sagt: ‚Ich bin sowieso kein Morgenmensch, und wenn ihr jemanden für die Betreuung der Westküste braucht, dann kann ich auch gleich von zehn bis 19 Uhr kommen.'"

Diese Flexibilität veränderte die ungeschriebenen Arbeitszeitregelungen und räumte mit den alten Normen für Beginn und Ende der täglichen Arbeitszeit auf. James meinte:

„Die Leute, die hier arbeiten, wissen, was sie zu tun haben, und sie wissen, dass sie zu einer bestimmten Zeit gehen müssen, um ihre Kinder abzuholen. Also trödeln sie nicht rum. Meine Sekretärin arbeitet im Sommer von neun bis halb fünf, damit sie ihre Kinder vom Sommercamp abholen kann, aber in den Sommermonaten ist hier sowieso weniger los. Wenn jemand einen Arzttermin hat, geht er einfach hin, Hauptsache, das Team weiß Bescheid. Billy macht einen Tag in der Woche Telearbeit zu Hause. Ich bekomme eine E-Mail nach der anderen von ihr. Ob sie drei Zimmer weiter sitzt oder zu Hause, was macht das schon für einen Unterschied? So spart sie zwei Stunden Fahrtzeit. Aber meist wollen die Leute hier sein. Sie sind sehr karriereorientiert."

Das Unternehmen lernte bei diesem Experiment, dass die Arbeit in selbstbestimmten Teams die Leistung und die Arbeitsmoral erhöhen kann. Wir können aus ihm ableiten, dass die Beschäftigten ihr Arbeitsleben und ihr Leben zu Hause durchaus unter Effizienzgesichtspunkten organisieren können, und zwar ohne dass ein Chef eingreifen muss.

Bei den Zeitexperimenten bei ESI, Xerox und Amerco geht es um bescheidene, praktische Veränderungen, deren eigentliche Lehre lautet: Unsere Zeitfalle ist keine unverrückbare Tatsache, sondern etwas, das wir ändern können. Um solche Veränderungen vorzunehmen, müssen wir allerdings das Wagnis eingehen, uns selber verändern zu wollen. Das ständige Gefühl, zu spät zu kommen und knapp mit der Zeit zu sein, der ständige Versuch, uns so gut wie möglich den Grenzen unserer Zeitgefängnisse anzupassen – all das sind Symptome eines nationalen Lebensstils, der sich inzwischen verselbstständigt hat. Schon der Versuch, sich andere Formen des Lebens in der Zeit auch nur vorzustellen, erzeugt Angst und Unruhe. So wie vor über 100 Jahren ein Kritiker des Achtstundentags fragte, was die Leute mit ihrer neuen Zeit wohl anfangen würden, so müssen wir heute fragen, was wohl Gefangene, die auf einmal aus ihrem Zeitfalle befreit werden, mit ihrer Freiheit anfangen werden. Für welche Beziehungen werden sie geschützte Zeithäuser bauen? Womit werden sie anfangen?

Es wird nicht leicht sein, mit dieser Angst und Unruhe allein fertig zu werden. In allen drei oben beschriebenen Situationen haben die Menschen, als sie sich neue Zeitarchitekturen ausdachten, in Teams zusammengearbeitet. In all diesen Fällen waren viele Augen auf ein gemeinsames Ziel gerichtet und haben viele Hände zusammengearbeitet, um bescheidene Veränderungen herbeizuführen. Eines können wir daraus auf jeden Fall lernen: kleine Gruppen können Veränderungen in Kultur und Gewohnheit hervorbringen, an die sich ein Mensch allein nicht herantrauen würde.

Jede erfolgreiche soziale Bewegung beginnt mit einer Vision vom Leben, wie es sein könnte, mit der Vorstellung von etwas Möglichem, das wirklich werden könnte. Stellen wir uns also vor, dass Gwen Bell ihre Tochter Cassie zweimal in der Woche um 15 Uhr statt um 18 Uhr im Kindergarten abholt und die Schokoriegel für nachmittägliche Naschereien aufhebt. Stellen wir uns vor, dass John Bell freitags nur halbtags arbeitet und sich dann ehrenamtlich in Cassies Kindergarten betätigt. Und warum sollte Vicky King nicht mit den acht männlichen Managern in ihrem Büro vereinbaren, dass diese für sie einspringen, damit sie mittwochs frei nehmen kann? Stellen wir uns Elternabende vor, zu denen eine große Mehrheit der Eltern tatsächlich kommt, Büchereien, in denen berufstätige Eltern in ihrer freien Zeit Lektürekurse abhalten oder sich an Alphabetisierungsprogrammen beteiligen, und Gemeinschaftsgärten, in denen sie mit ihren Kindern in aller Muße frisches Gemüse ziehen. Stellen wir uns Wahlkabinen vor, in denen Eltern für Kandidaten stimmen, die flexible Arbeit möglich machen. Und stellen wir uns schließlich Janey King vor, die die Musik neu auflegt und ihren Tanz zu Ende tanzt.

Aber Vorstellungskraft allein wird nicht genügen. Eine Zeitbewegung wird nicht erfolgreich sein, wenn sich nicht auch viele der grundlegenden sozialen Bedingungen ändern, die eine solche Bewegung überhaupt erst notwendig machen. Die wachsende Macht des globalen Kapitalismus, der relative Niedergang der Gewerkschaftsbewegung und die Aushöhlung der Zivilgesellschaft werden die Entschlossenheit einer solchen Bewegung auf eine harte Probe stellen. Diese Trends machen die Zeitfalle, mit der wir leben, natürlich noch enger, aber sie machen auch darauf aufmerksam, wie dringend wir einen Weg finden müssen, uns aus ihr zu befreien. Knapper werdende Arbeitsplätze können dazu führen, dass den Beschäftigten bei der Arbeit die Angst im Nacken sitzt (so dass sie noch länger arbeiten), sie können aber auch Unternehmen und Gewerkschaften zwingen, sich Wege zu überlegen, wie man zu mehr Stellen mit kürzeren Arbeitszeiten gelangt. Unter den richtigen politischen und sozialen Bedingungen könnte die Entwicklung der Technologie, die einen Überall-und-Jederzeit-Arbeitsplatz auch bis nach Hause bringen kann, den Menschen helfen, Beruf und Familie im Gleichgewicht zu halten, auch wenn sie den Druck auf die Nichtarbeitszeit weiter verschärft.

Schließlich glaube ich, dass die zunehmende Zahl berufstätiger Frauen – und ihre Partner – ein wachsender Kreis potenzieller Mitstreiter für eine Zeitbewegung sind. Es gibt auf allen Ebenen des Erwerbslebens Frauen und Männer, deren potentielles Ich nach mehr Zeit für zu Hause schreit. Auf einem hypothetischen künftigen Treffen von Zeitaktivisten könnte sich am Ende ein gewerkschaftlich organisierter Automobilarbeiter, der seine Überstunden reduzieren möchte, um Arbeitsstunden für entlassene Kollegen frei zu machen, mit einer berufstätigen Mutter aus der oberen Mittelschicht zusammenschließen, die ein Job Sharing anstrebt.

Das Bindeglied zwischen ihnen könnten ihre Kinder sein. Genau betrachtet sind die eifrigsten Verfechter einer Lösung für die Zeitfalle diejenigen, die jetzt noch zu jung sind, um sich zu äußern. In 15 Jahren werden die zehnjährige Janet, die nachmittags allein zu Hause ist, und die vierjährige Cassie, die im Kindergarten von Spotted Deer darauf wartet, abgeholt zu werden, eine Kindheit des langen Wartens auf abwesende Eltern hinter sich haben. Vielleicht sagen sie dann „genug" zu dem familialen Äquivalent von Charlie Chaplins automatischer Fütterungsmaschine. Sie könnten den Kern einer Bewegung bilden, die ihre private Zeit zurückfordert. Aber wenn das eine gute Sache für die Zukunft ist, warum dann nicht schon heute mit ihr beginnen?

Tabellenanhang

Tabelle A : Merkmale von Beschäftigten: Amerco und USA gesamt, 1990

	Amerco	USA
Merkmale von Beschäftigten und ihren Familien		
Von allen Beschäftigen, Prozentanteil der Frauen[a]	36%	45%
Von allen erwerbstätigen Frauen, verheiratet[b]	74%	55%
Von allen erwerbstätigen Männern, verheiratet[b]	87%	k.A.
Von allen verheirateten Frauen, in Doppelverdienerehe[c]	89%	87%
Von allen verheirateten Männern, in Doppelverdienerehe[c]	69%	65%
Eltern in Doppelverdienerehe mit Kindern unter 13[d]	84%	79%
Von allen Kindern unter 13 Jahren mit erwerbstätigen Müttern, sind einen Teil des Tages oder Abends allein zu Hause[e]	14%	8%
Durchschnittliche Wochenarbeitszeit		
Vollzeitbeschäftigte	47 Std.	43,5 Std.
Vollzeitbeschäftigte mit Kindern unter 18	47 Std.	k.A.

a U.S. Bureau of the Census, *Statistical Abstracts* 1994, Tabelle 616, „Angestellten-Status der Zivilbevölkerung: 1960 bis 1993", S. 396 (Grundlage: *Current Population Survey*). Um einen Vergleich mit den Amerco-Zahlen zu ermöglichen, wurden die Angaben von 1990 genommen. Die Zahlen für 1993 liegen bei 46% für Frauen und 54% für Männer.

b U.S. Bureau of the Census, *Statistical Abstracts* 1994, Tabelle 625, „Verheirateten-Status von Frauen in der Arbeitswelt: 1960 bis 1993", S. 401. Um einen Vergleich mit den Amerco-Zahlen zu ermöglichen, wurden die Angaben von 1990 genommen. 1993 betrug der Anteil der verheirateten Frauen an allen Beschäftigten 55%.

c Galinsky u.a., *The Changing Workforce*, 1993, S. 42.

d Der Anteil der allein erziehenden erwerbstätigen Eltern betrug bei Amerco 17%; in den USA insgesamt 13%. Daten für die USA aus Galinsky u.a., *The Changing Workforce*. 1993, S. 43.

e U.S. Bureau of the Census, *Who's Minding the Kids?*, 1987, S. 31 (Zahlen für alle Kinder von erwerbstätigen Müttern unabhängig von deren Familienstand).

f Bei Amerco arbeiteten allein erziehende Eltern durchschnittlich 45 Stunden pro Woche; bei den auf Stundenlohnbasis Beschäftigten arbeiteten allein erziehende Mütter durchschnittlich 43 Stunden pro Woche, allein erziehende

Väter dagegen durchschnittlich 48 Stunden pro Woche; bei den Beschäftigten der „A-payroll" arbeiteten Frauen mit Kindern in einer Doppelverdienerehe durchschnittlich 51 Stunden pro Woche, Männer mit Kindern in einer Doppelverdienerehe durchschnittlich 53 Stunden pro Woche.

Die Amerco-Arbeitszeiten unterscheiden sich wenig von denen anderer Unternehmen im selben Industriezweig. 1990 lag die durchschnittliche Zahl der Arbeitsstunden, bezogen auf alle Arbeitsstätten im gleichen Industriezweig wie Amerco, mit 41,7 plus 4,6 Überstunden nur wenig unter dem Amerco-Durchschnitt. Arbeitszeiten für die USA aus: U.S. Bureau of Labor Statistics, *Employment and Earnings*. Washington, D.C., Januar 1991, Tabelle 34. Diese Angaben wurden in Haushalten erhoben, schließen also auch nächtliche Arbeitszeiten bei Zweit- und Drittjobs ein.

Quellen: Alle Daten zu Amerco-Beschäftigten sind einer unternehmensinternen Umfrage aus dem Jahre 1990 entnommen.

Tabelle B: Formen der Arbeitszeitgestaltung, Anteile bezogen auf alle Beschäftigten

Arbeitszeitgestaltung	Amerco	USA insgesamt
Regelmäßige Überstunden	70%	29,3% a
Regelmäßig Wochenendarbeit	49%	k.A.
Regelmäßig flexible Arbeitszeiten[b]	26%	15%
Regelmäßig Teilzeitarbeit[c]	1%	17%
Wechselschichten[d]	13%	3%
Komprimierte Arbeitswoche	3%	k.A.
Regelmäßig „normale" Schichten[d]	81%	82%

a U.S. Bureau of Labor Statistics, *Employment and Earnings*. Januar 1991, Tabelle 30.

b U.S. Bureau of the Census, *Statistical Abstracts* 1994, Tabelle 634, „Beschäftigte mit flexiblen Arbeitszeiten: 1985 und 1991", S. 405 (Grundlage: *Current Population Survey*).

c U.S. Bureau of the Census, *Statistical Abstracts*, 1994, Tabelle 632, „Angestellte und nicht angestellte Beschäftigte, nach Arbeitszeiten: 1990 bis 1993", S. 404.

d U.S. Bureau of the Census, *Statistical Abstracts*, 1994, Tabelle 635, „Arbeiter in Schichtdiensten, 1985 und 1991", S. 406.

Quellen: Alle Daten zu Amerco-Beschäftigten entstammen einer unternehmensinternen Umfrage aus dem Jahr 1990.

Tabelle C: Bedarf der Beschäftigten an flexiblen oder verkürzten Arbeitszeiten

Alle Beschäftigten mit Kindern unter 18 Jahren und/oder im Haushalt lebenden abhängigen Erwachsenen und/oder älteren Angehörigen, für deren Versorgung sie verantwortlich sind

Art der Verantwortlichkeit	Amerco	USA insgesamt
Kinder unter 18 Jahren	51%	40%
planen in den nächsten drei oder vier Jahren Kinder zu bekommen oder zu adoptieren	8%	k.A.
Behinderte oder ältere Angehörige[a]	12%	8%
erwarten Pflegeverantwortlichkeiten in den nächsten drei oder vier Jahren	25%	18%
Verantwortung für Abhängige aller Art	mind. 51%	47%

a   Verantwortung für die Versorgung alter/behinderter Menschen kann direkte Pflege (Waschen, Anziehen, Füttern usw.) und indirekte Pflege wie Einkaufen oder regelmäßigen Telefonkontakt umfassen (siehe Galinsky u.a., *The Changing Workforce.* 1993, S. 59).

Anm.: Die Summen ergeben nicht jeweils 100%, weil sich die Kategorien nicht wechselseitig ausschließen.

Quellen: Alle Daten zu Amerco-Beschäftigten sind einer unternehmensinternen Umfrage von 1990 entnommen. Daten zu den USA aus Galinsky u.a., *The Changing Workforce.* 1993, S. 43, 59-61.

Tabelle D: Familienfreundliche Maßnahmen, die in Fortune-500-
Unternehmen angeboten und genutzt werden

Die umfassendste der vier größten Studien zur Nutzung von familienfreundlichen Maßnahmen ist *The Corporate Reference Guide to Work-Family Programs* des *New Yorker Families and Work Institute* (Galinsky u.a., 1991). Sie umfasst 188 Industriebetriebe aus der von der Zeitschrift Fortune geführten Liste der 500 größten Industriebetriebe und 500 größten Dienstleistungsunternehmen. 298 Unternehmen wurden angesprochen; 63 Prozent gaben Auskunft. Wie Tabelle D zeigt, gibt es viel mehr Unternehmen, die Maßnahmen wie Teilzeitarbeit, Job Sharing, flexible Arbeitszeiten und flexible Arbeitsplätze anbieten, als Unternehmen, die auch Beschäftigte nennen können, die von diesen Maßnahmen Gebrauch machen.

Maßnahme	Unternehmen, die die Maßnahme informell anbieten	Unternehmen, die die Maßnahme offiziell anbieten	Beschäftigte, die die offizielle Maßnahme nutzen
Teilzeitstellen	88%	61%	3-5%
Job Sharing	48%	6%	1% oder weniger
Flexible Arbeitszeiten	77%	45%	10%
Flexible Arbeitsplätze	35%	3%	3%
Freistellung für Familienzeiten	28% Mütter 22% Mütter und Väter	23%	k.A.

Andere Studien berichten über einen höheren Anteil von Unternehmen, die flexible Arbeitszeitregelungen anbieten, unterlassen aber zu berichten, wieviele der Beschäftigten diese Maßnahmen nutzen. Zum Beispiel führte *Buck Consultants* 1992 eine Untersuchung mit 450 kleinen und mittleren Unternehmen aus der Liste ihrer Klienten durch, darunter viele staatliche und gemeinnützige Unternehmen. *Buck Consultants* fand heraus, dass die Hälfte der Unternehmen Teilzeitarrangements anboten, 12% Job Sharing und 32% flexible Arbeitszeiten. Eine andere Studie von 1992 mit 1.026 großen Industrieunternehmen, durchgeführt von *Hewitt Associates*, ebenfalls einer Beratungsfirma im Wohlfahrtsbereich, ergab, dass 35% dieser Unternehmen Teilzeit anboten, 18% Job Sharing und 42% flexible Arbeitszeiten. Und schließlich ergab eine 1988 von *The Conference Board* mit 521 Unternehmen durchgeführte Studie, dass 88% der beteiligten Unternehmen Teilzeitarrangements, 19% Job Sharing und 45% flexible Arbeitszeiten anboten.

Quelle: Galinsky u.a., *The Corporate Reference Guide to Work-Family Programs*, 1991, S. 84-90 und 312-429.

Tabelle E: Familienfreundliche Maßnahmen bei Preisträgern des *Malcolm Baldridge Award*

Der Malcolm Baldridge National Quality Award wird vom U.S. *National Institute of Standards and Technology* an amerikanische Unternehmen vergeben, deren Geschäftspraktiken als außergewöhnlich gut angesehen werden. Seit seiner ersten Verleihung im Jahre 1988 haben 24 Unternehmen den Preis erhalten (*Baldridge Preise* werden bestimmten Abteilungen an bestimmten Standorten eines Unternehmens verliehen). Sind die Preisträger auch familienfreundlich? Das heißt, sind gute Unternehmen nach den Standards von *Total Quality* auch in den Augen ihrer Beschäftigten gute Unternehmen?

In die nachfolgende Tabelle habe ich alle *Baldridge*-Preisträger aufgenommen, die je auf einer Liste einer der drei größten Umfragen zur Familienfreundlichkeit genannt wurden. Wie Tabelle E zeigt, wurden nur neun von 24 *Baldridge*-Preisträgern (also 30%) ein- oder mehrmals als familienfreundlich bezeichnet. Nur zwei *Baldrige* gekrönte Unternehmen (also 8%) wurden in alle drei Listen aufgenommen: *Corning* und *IBM* Rochester.

Baldridge-Preisträger[a]	Preisträger genannt in Morgan and Tucker?	Preisträger genannt in Levering and Moskowitz?	Preisträger genannt in Working Mother?
1. Corning Telecommunications (NC) Produktionsabteilung 1995	Ja	Ja	Ja
2. IBM Rochester (MN) Produktionsabteilung 1990	Ja	Ja	Ja
3. AT & T (NJ) Kundendienste 1994	Ja	Nein	Ja
4. AT & T (NJ) Produktionsabteilung 1992	Ja	Nein	Ja
5. AT & T (FL) Serviceabteilung 1992	Ja	Nein	Ja
6. Motorola, Inc. (IL) Produktionsabteilung 1988	Nein	Ja	Ja
7. Xerox Company (NY) Produktionsabteilung 1989	Nein	Ja	Ja
8. Armstrong Building Products (PA) Produktion 1995	Nein	Ja	Nein
9. Federal Express (TN) Serviceabteilung 990	Nein	Ja	Nein
10. Ames Rubber (NJ) Kleinunternehmen 1993	Nein	Nein	Nein
11. Cadillac (MI) Produktionsabteilung 1990	Nein	Nein	Nein
12. Eastman Chemical (TN) Produktionsabteilung 1993	Nein	Nein	Nein
13. Globe Metallurgical (OH) Kleinunternehmen 1990	Nein	Nein	Nein
14. Granite Rock (CA) Kleinunternehmen 1992	Nein	Nein	Nein
15. GTE Directories Corp. (TX) Serviceabteilung 1994	Nein	Nein	Nein
16. Marlow Industries (TX) Kleinunternehmen 1991	Nein	Nein	Nein

Baldridge- Preisträger[a]	Preisträger genannt in Morgan and Tucker?	Preisträger genannt in Levering and Moskowitz?	Preisträger genannt in Working Mother?
17. Milliken and Company (SC) Produktionsabteilung 1989	Nein	Nein	Nein
18. Ritz Carlton (GA) Serviceabteilung 1992	Nein	Nein	Nein
19. Solectron Corporation (CA) Produktionsabteilung 1991	Nein	Nein	Nein
20. Texas Instruments (TX) Produktion 1992	Nein	Nein	Nein
21. Wainwright Industries (MO) Kleinunternehmen 1994	Nein	Nein	Nein
22. Wallace Company (existiert nicht mehr) Kleinunternehmen 1990	Nein	Nein	Nein
23. Westinghouse (PA) Produktionsabteilung 1988	Nein	Nein	Nein
24. Zytec Corporation (MN) Produktionsabteilung 1991	Nein	Nein	Nein
Insgesamt	21% (5/24)	25% (6/24)	29% (7/24)

a Name des Unternehmens (Firmenstandort; US-Bundesstaat), Unternehmenstyp oder Abteilung, Jahr der Verleihung.

Quellen: *Malcolm Baldridge National Quality Award*, Preisträger nach National Institute of Standards and Technology, Gaithersburg, Md.; Morgan and Tucker, *Companies That Care*, 1991; Levering and Moskowitz, *The 100 Best Companies to Work for in America*, 1993; *Working Mother*, Oktober 1995.

Tabelle F: Internationaler Vergleich von Arbeitsbedingungen und Familienleben

Arbeitszeit	USA	Deutschland	Schweden	Kanada
Arbeitsstunden im Wochendurchschnitt (1988)[a]	41	40,1	38,4	38
Jahresurlaub (in Tagen)[b]	12	30	27	k.A.
Anteil der Teilzeitbeschäftigten an der erwerbstätigen Bevölkerung[c]	Frauen 22,3%	Frauen 30,0%	Frauen 37,1%	Frauen 26,2%
	Männer 7,7%	Männer 1,7%	Männer 6,0%	Männer 7,6%
Lebensqualität				
Lebenserwartung (in Jahren)[d]	75,3	75,8	77,3	77,1

a Zu beachten ist, dass im Bericht des Internationalen Arbeitsamts (ILO) ein Durchschnitt von 41 Stunden genannt wird, während das *Bureau of Labor Statistics* 43,5 Stunden ansetzt. Dieser Unterschied ist darauf zurück zu führen, dass dem ILO-Bericht Daten zugrunde liegen, die am Arbeitsplatz erhoben wurden. Daher wird ein Mann, der drei Jobs mit je 20 Arbeitsstunden an drei verschiedenen Arbeitsplätzen hat, als drei Männer mit je 20 Wochenstunden und nicht als ein Mann mit 60 Wochenstunden gezählt.
b *New York Times*, 29. Dezember 1993.
c Chris de Neuborg, „Part-Time Work: An International Quantitative Comparison", *International Labour Review*, 24, 1985, S. 545-562.

Quelle: Ferber and O'Farrell, *Work and Family*, 1991, S. 176.

Literatur

Acker, Joan. 1990. „Hierarchies, Jobs, Bodies: A Theory of Gendered Organizations." *Gender and Society* 4: 139-158.
Adam, Barbara. 1995. *Time Watch: The Social Analysis of Time.* Cambridge: Polity.
Adler, Jerry. 1994. „Kids Growing Up Scared." *Newsweek*, 10. Januar.
Adolf, Barbara. 1992. „Work and Family Benefits Come of Age: An Overview of Public- and Private-Sector Programs." *Government Finance Review* 8, Nr. 5.
Agassi, Judith und Stephen Heycock (Hrsg.). 1989. *The Redesign of Working Time: Promise or Threat?* Berlin: Edition Sigma.
Ahrons, Constance und Roy Rodgers. 1987. *Divorced Families: A Multidisciplinary Developmental View.* New York: Norton.
Allen, Joseph P. 1988. „European Infant Care Leaves: Foreign Perspectives on the Integration of Work and Family Roles." In Edward F. Zigler und Meryl Frank (Hrsg.), *The Parental Leave Crisis: Toward a National Policy.* New Haven, Conn.: Yale University Press.
Alvesson, Mats und Per Olof Berg. 1992. *Corporate Culture and Organizational Symbolism: An Overview.* Berlin: de Gruyter.
Andrews, Amy und Lotte Bailyn. 1993. „Segmentation and Synergy: Two Models of Linking Work and Family." In Jane C. Hood (Hrsg.), *Men, Work, and Family.* New York: Sage.
Avrich, Paul. 1984. *The Haymarket Tragedy.* Princeton, N.J.: Princeton University Press.
Axel, Helen. 1985. *Corporations and Families: Changing Practices and Perspectives.* New York: The Conference Board.
Bailyn, Lotte. 1980. „The Slow-Burn Way to the Top: Some Thoughts on the Early Years of Organizational Careers." In C.B. Derr (Hrsg.), *Work and Family, and the Career.* New York: Praeger.
– 1993. *Breaking the Mold: Women, Men and Time in the New Corporate World.* New York: MacMillan.
– 1994. „The Impact of Corporate Culture on Work-Family Integration." Gespräch anlässlich der Fünften International Stein Konferenz, Drexel University, Philadelphia, November.
Barnett, Rosalind C., Lois Beiner und Grace K. Baruch. 1987. *Gender and Stress.* New York: Free Press.
Baruch, Grace, Rosalind Barnett und Caryl Rivers. 1985. *Lifeprints: New Patterns of Love and Work for Today's Women.* New York: Signet.
Baruch, Grace, Lois Biener und Rosalind C. Barnett. 1987. „Women and Gender in Research on Work and Family Stress." *American Psychologist* 42: 130-136.

Bauer, Gary. 1990. „Congress Gets the Child-Care Issue Wrong." *Wall Street Journal,* 10. Oktober, S. A18.
Beechey, Veronica und Tessa Perkins. 1987. *A Matter of Hours: Women, Part-Time Work and the Labour Market.* Minneapolis: University of Minnesota Press.
Berg, Barbara. 1978. *The Remembered Gate: Origins of American Feminism: The Woman and the City, 1800-1860.* New York: Oxford Umversity Press.
Besharov, Douglas J. und Michelle M. Dally. 1986. „How Much Are Working Mothers Working?" *Public Opinion,* November/Dezember, S. 48-51.
Best, Fred. 1988. *Reducing Workweeks to Prevent Layoffs: The Economic and Social Impacts of Unemployment Insurance-Supported Work Sharing.* Philadelphia: Temple University Press.
Blau, Melinda. 1993. „Bridging the Generation Gap: How to Keep Kids and Grandparents Close." *Child,* September, S. 54-58.
Blyton, Paul. 1985. *Changes in Working Time: An International Review.* New York: St. Martin's Press.
Bohannan, P. 1971. *Divorce and After: An Analysis of the Emotional and Social Problems of Divorce.* New York: Anchor.
Bohen, Halcyone und Anamaria Viveros-Long. 1981. *Balancing Jobs and Family Life: Do Flexible Schedules Help?* Philadelphia: Temple University Press.
Bond, James T. und Ellen Galinsky. 1991. *Beyond the Parental Leave Debate.* New York: Families and Work Institute.
Bott, Elizabeth, 1957. *Family and Social Network: Roles, Norms, and External Relationships in Ordinary Urban Families.* New York: Free Press.
Pierre Bourdieu. 1987. *Die feinen Unterschiede.* Frankfurt/M.: Suhrkamp Verlag.
Bowen, Gary L. und Dennis K. Orthner. 1991. „Effects of Organizational Culture on Fatherhood." In F.W. Bozett and S.M.H. Hanson (Hrsg.), *Fatherhood and Families in Cultural Context.* New York: Springer.
Braverman, Harry. 1974. *Labor and Monopoly Capital.* New York: Monthly Review Press.
Buck Consultants, Inc. 1990. *Parental Leave: An Employer View.* New York: Buck Consultants, Inc.
– 1992. *Work and Family: A Survey of Employer Practices.* New York: Buck Consultants, Inc.
Bumpass, Larry L. 1990. „What's Happening to the Family? Interactions between Demographic and Institutional Change." *Demography* 27, Nr. 4: 483-498.
Burden, Diane S. und Bradley K. Googins. 1987. „Boston University Balancing Job and Homelife Study: Managing Work and Family Stress in Corporations." Boston: Boston University School of Social Work.
Bureau of National Affairs. 1989. „Sick Child Care: Employers' Prescriptions for the 1990s." BNA Special Report Series on Work & Family, Nr. 14. Washington, D.C.: Bureau of National Affairs, Inc.
– 1990. „Flexible Scheduling for Managers and Professionals: New Work Arrangements for the 1990s." BNA Special Report Series on Work & Family, Nr. 27. Washington, D.C.: Bureau of National Affairs, Inc.
Burris, Beverly H. 1991. „Employed Mothers: The Impact of Class and Marital Status on the Prioritizing of Family and Work." *Social Science Quarterly* 72: 50-66.
Callaghan, Polly und Heidi Hartmann. 1991. *Contingent Work: A Chartbook on Part-Time and Temporary Employment.* Washington, D.C.: Economic Policy Institute, Institute for Women's Policy Research.

Casey, Catherine. 1994. „Come Join Our Family: Discipline and Integration in the New Corporate Culture." Vortrag auf der Jahreskonferenz der American Sociological Association, Los Angeles, August.
– 1995. *Work, Self, and Society: After Industrialization.* New York: Routledge.
Catalyst. 1990. *Flexible Work Arrangements: Establishing Options for Managers and Professionals.* New York: Catalyst.
Champoux, Joseph. 1978. „Perceptions of Work and Nonwork: A Reexamination of the Compensatory and Spillover Models." *Sociology of Work and Occupations* 5, Nr. 4: 402-422.
Cherlin, Andrew (Hrsg.) 1988. *The Changing American Family and Public Policy.* Washington, D.C.: Urban Institute Press.
– 1992. *Marriage, Divorce, Remarriage.* Cambridge, Mass.: Harvard University Press.
Cherlin, Andrew und Frank Furstenberg, Jr. 1986. *The New American Grandparents.* New York: Basic Books.
Chira, Susan. 1993. „Obstacles for Men Who Want Family Time." *New York Times,* 21. Oktober.
Christensen, Kathleen E. 1989. *Flexible Staffing and Scheduling.* New York: The Conference Board.
– 1988. *Women and Home-Based Work: The Unspoken Contract.* New York: Henry Holt and Company.
– (Hrsg.) 1988. *The New Era of Home-Based Work: Directions and Policies.* Boulder: Westview Press.
Clark, P. und Helga Nowotny. 1978. „Temporal Inventories and Time Structuring in Large Organizations." In J.T. Fraser, N. Lawrence und D. Park (Hrsg.), *The Study of Time III.* Amherst: University of Massachusetts Press.
Colenian, Mary T. und John Pencavel. 1993. „Changes in Work Hours of Male Employees, 1940-1988." *Industrial and Labor Relations Review* 46: 262-283.
– 1993. „Trends in Market Work Behavior of Women Since 1940." *Industrial and Labor Relations Review* 46: 653-676.
Coolsen, Peter. 1989. *I Can Take Care of Myself: The Family Handbook on Children in Self-Care.* Boston: Work/Family Directions, Inc.
Coolsen, P., M. Seligson und J. Garbino. 1986. *When School's Out and Nobody's Home.* Chicago: National Committee for the Prevention of Child Abuse.
Coontz, Stephanie. 1992. *The Way We Never Were: American Families and the Nostalgia Trap.* New York: HarperCollins.
Cross, Gary. 1988. *Worktime and Industrialization: An International History.* Philadelphia: Temple University Press.
Cross, Gary. 1995. „If Not the Gift of Time, At Least Toys," *New York Times,* 3. Dezember.
Csikszentmihalyi, Mihaly und Judith LeFevre. 1989. „Optimal Experience in Work and Leisure." *Journal of Personality and Social Psychology* 56: 815-822.
Cuvillier, Rolande. 1984. *The Reduction of Working Time: Scope and Implications in Industrialized Market Economies.* Geneva: International Labour Office.
Dales, Barbara und Jim Dales. 1985. *The Working Woman Book.* New York: Andrews, McMeel and Parker.
David, Henry. 1963. *The History of the Haymarket Affair.* New York: Collier.
Delavigne, Kenneth und J. Daniel Robertson. 1994. *Deming's Profound Changes: When Will the Sleeping Giant Awaken?* Englewood Cliffs, N.J.: PTR Prentice Hall.

Deming, W. Edwards. 1981-1982. „Improvement of Quality and Productivity Through Action Management." *National Productivity Review,* Winter, S. 2-12.
de Neubourg, Chris. 1985. „Part-Time Work: An International Quantitative Comparison." *International Labour Review* 124: 5455-5562.
Dennehy, Katherine und Jeylan T. Mortimer. 1993. „Work and Family Orientations of Contemporary Adolescent Boys and Girls." In Jane C. Hood (Hrsg.), *Men, Work, and Family.* New York: Sage.
Dizard, Jan und Howard Gadlin. 1990. *The Minimal Family.* Amherst: University of Massachusetts Press.
Dominguez, Joseph und Vicki Robin. 1992. *Your Money or Your Life: Transforming Your Relationship with Money and Achieving Financial Independence.* New York: Viking.
Dubinskas, Frank A. (Hrsg.) 1988. *Making Time: Ethnographies of High Tech Organizations.* Philadelphia: Temple University Press.
Duffy, Ann und Norene Pupo. 1992. *Part-time Paradox: Connecting Gender, Work and Family.* Toronto: McClelland and Stewart.
Dumas, Lynne. 1995. „At Your Service." *Working Mother,* August, S. 60-66.
Dundes, Alan (Hrsg.) 1981. *The Evil-Eye: A Folklore Casebook.* New York: Garland.
Ehrenberg, Ronald G. und Paul Schumann. 1982. *Longer Hours or More Jobs? An Investigation of Amending Hours Legislation to Create Employment.* Ithaca, N.Y.: Cornell University Press.
Ehrenreich, Barbara und Deirdre English. 1978. *For Her Own Good: 150 Years of Experts' Advice to Women.* New York: Doubleday.
Elgin, Duane. 1993. *Voluntary Simplicity.* New York: William Morrow.
Emlen, Arthur und Paul Koren. 1984. *Hard to Find and Difficult to Manage: The Effects of Child Care on the Workplace.* Portland, Oreg.: Regional Research Institute for Human Services, Portland State University.
Emlen, Arthur, Paul Koren und Dianne Louise. 1987. „Dependent Care Survey: Sisters of Providence." Final report. Portland, Oreg.: Regional Research Institute for Human Services, Portland State University.
Evans, Paul und Fernando Bartolome. 1986. „The Dynamics of Work-Family Relationship in Managerial Lives." *International Review of Applied Psychology* 35: 371-395.
Families and Work Institute. 1993. „An Evaluation of Johnson and Johnson's Balancing Work and Family Program" (Executive summary). New York: Families and Work Institute.
– 1995. *Women: The New Providers.* Whirlpool Foundation Study, Teil 1. Untersuchung von Louis Harris and Asscociates, Inc., Mai.
Fassel, Diane. 1990. *Working Ourselves to Death: The High Cost of Work Addiction and the Rewards of Recovery.* San Francisco: Harper & Row.
Feder, Barnaby J. 1996. „Ministers Who Work Around the Flock." *New York Times,* 3. Oktober.
Ferber, Marianne A. und Brigid O'Farrell (Hrsg.) 1991. *Work and Family: Policies for a Changing Workforce.* Washington, D.C.: National Academy Press.
Fisher, Anne B. 1992. „Welcome to the Age of Overwork." *Fortune,* 30. November.
Friedan, Betty. 1993. *The Fountain of Age.* New York: Simon and Schuster.
– 1995. *Mythos Alter.* Reinbek: Rowohlt.
Friedman, Dana E. 1987. „Work vs. Family: War of the Worlds." *Personnel Administrator,* August, S. 36-38.

- 1990. „Work and Family: The New Strategic Plan." *Human Resource Planning* 13, Nr. 2: 79-90.
- 1991. *Linking Work-Family Issues to the Bottom Line.* New York: The Conference Board.

Friedman, Dana E. und Theresa Brothers. 1993. *Work-Family Needs: Leading Corporations Respond.* Conference Board Report Nr. 1017. New York: The Conference Board.

Friedman, Dana E. und Ellen Galinsky. 1992. „Work and Family Issues: A Legitimate Business Concern." In Sheldon Zedeck (Hrsg.), *Work, Families and Organizations.* San Francisco: Jossey-Bass.

Friedman, Dana E., Ellen Galinsky und Veronica Plowden. o.J. *Parental Leave and Productivity: Current Research.* New York: Families and Work Institute.

Fuchs, Victor. 1988. *Women's Quest for Economic Equality.* Cambridge, Mass.: Harvard University Press.

- 1991. „Are Americans Underinvesting in Their Children?" *Society* 28, Nr. 6: 14-25.

Galinsky, Ellen. 1989. *The Implementation of Flexible Time and Leave Policies: Observations from European Employers.* New York: Families and Work Institute.

Galinsky, Ellen, James T. Bond und Dana E. Friedman. 1993. *The Changing Workforce: Highlights of the National Study.* New York: Families and Work Institute.

Galinsky, Ellen, Dana E. Friedman und Carol A. Hernandez. 1991. *The Corporate Reference Guide to Work Family Programs.* New York: Families and Work Institute.

Gallup, George und Frank Newport. 1990. „Time at a Premium for Many Americans." *Gallup Poll Monthly,* November, S. 43-56.

Gardner, Saundra. 1991. „Exploring the Family Album: Social Class Differences in Images of Family Life." *Sociological Inquiry* 61: 242-251.

Garson, Barbara. 1988. *The Electronic Sweatshop: How Computers Are Transforming the Office of the Future into the Factory of the Past.* New York: Simon and Schuster.

Gillis, John. 1996. „Making Time for Family: The Invention of Family Time(s) and the Re-Invention of Family History." *Journal of Family History* 21: 4-21.

- 1996. *A World of Their Own Making: Myth, Ritual, and the Quest for Family Values.* New York: Basic Books.
- 1997. *Mythos Familie. Auf der Suche nach der eigenen Lebensform.* Berlin: Quadriga.

Glass, Jennifer. 1994. „Employment, Job Conditions, and Depression among Mothers Postpartum." Unveröff. Manuskript, University of Iowa.

Glass, Jennifer und Tetsushi Fujimoto. 1994. „Employer Characteristics and the Provision of Family Benefits." Unveröff. Manuskript, University of Iowa.

Glass, Jennifer und Lisa Riley. 1994. „Family Friendly Policies and Employee Retention following Childbirth." Unveröff. Manuskript, University of Iowa.

Glenn, Norval D. und Charles N. Weaver. 1988. „The Changing Relationship of Marital Status to Reported Happiness." *Journal of Marriage and the Family* 50: 317-324.

Goldberg, Carey. 1995. „The Simple Life Lures Refugees from Stress." *New York Times,* 21. September.

Goldsmith, Elizabeth B. (Hrsg.), 1989. *Work and Family: Theory, Research, and Applications.* Newbury Park, Calif.: Sage.

Goode, William, Jr. 1963. *World Revolution and Family Patterns.* New York: Free Press.

Goode, William. 1994. „Why Men Resist." In Arlene Skolnick und Jerome Skolnick (Hrsg.), *Family in Transition*, 8. Auflage, New York: HarperCollins.
Gordon, David. 1996. *Fat and Mean: The Corporate Squeeze of Working Americans and the Myth of Managerial Downsizing*. New York: Martin Kessler Books.
Grollman, Earl A. und Gerry Sweder. 1989. *Teaching Your Child to Be Home Alone*. New York: Macmillan.
Haas, Linda. 1992. *Equal Parenthood and Social Policy: A Study of Parental Leave in Sweden*. Albany: State University of New York Press.
Hackstaff, Karla. 1994. „Divorce Culture: A Breach in Gender Relations." Unveröff. Arbeit, University of California, Berkeley.
Hall, Edward. 1983. *The Dance of Life: The Other Dimension of Time*. Garden City, N.Y.: Anchor/Doubleday.
Hamilton, Richard. 1991. „Work and Leisure: On the Reporting of Poll Results." *Public Opinion Quarterly* 55: 347-356.
Hanan, Mack und Tim Haigh. 1989. *Outperformers: Super Achievers, Breakthrough Strategies, and High-Profit Results*. New York: AMACOM.
Hanks, Roma S. und Marvin B. Sussman (Hrsg.) 1990. *Corporations, Businesses, and Families*. New York: Haworth.
Hareven, Tamara. 1978. *Amoskeag: Life and Work in an American Factory-City*. New York: Pantheon.
– 1982. *Family Time and Industrial Time: The Relationship between Family and Work in a New England Industrial Community*. New York: Cambridge University Press.
Harris, Louis. 1987. *Inside America*. New York: Vintage.
Harris, Louis u.a. 1981. *The General Mills Family Report 1980-1981*. General Mills, Inc.
Hedges, Janice Neipert. 1992. „Work and Leisure: A Book Review of *The Overworked American.*" *Monthly Labor Review*, Mai, S. 53-54.
Hertz, Rosanna und Joy Charlton. 1989. „Making Family under a Shiftwork Schedule: Air Force Security Guards and Their Wives." *Social Problems* 36: 491-507.
Hewitt Associates. 1990. *Work and Family Benefits Provided by Major U.S. Employers in 1990*. Lincolnshire, Ill.: Hewitt Associates.
Hewitt, Patricia. 1993. *About Time: The Revolution in Work and Family Life*. London: Institute for Public Policy Research, United Kingdom Rivers Oram Press.
Hewlett, Sylvia Ann. 1991. *When the Bough Breaks: The Cost of Neglecting Our Children*. New York: Basic Books.
Hibbard, Janet und Robert Candrum. 1987. *The Management of Time*. New York: Kend.
Hobart, Charles. 1987. „Parent-Child Relations in Remarried Families." *Journal of Family Issues* 8, Nr. 3: 259-277.
Hochschild, Arlie. 1983. *The Managed Heart: Commercialization of Human Feeling*. Berkeley: University of California Press.
Hochschild, Arlie. 1990. *Das gekaufte Herz. Zur Kommerzialisierung der Gefühle*. Frankfurt/M., New York: Campus Verlag.
– 1995. „The Politics of Culture: Traditional, Cold Modern, and Warm Modern Ideals of Care." *Social Politics: International Studies in Gender, State, and Society* 2, Nr. 2: 331-346.
Hochschild, Arlie und Anne Machung. 1989. *The Second Shift*. New York: Avon.

– 1997. *Der 48-Stunden-Tag. Wege aus dem Dilemma berufstätiger Eltern.* München: Hanser.
Hofferth, Sandra, April Brayfield, Sharon Deich und Pamela Holcomb. 1991. *National Child Care Survey 1990.* Unterstützt von NAEYC, ACYF, und dem US. Department of Health and Human Services. Washington, D.C.: Urban Institute.
Hogg, Christine und Lisa Harker. 1992. *The Family-Friendly Employer: Examples from Europe.* New York: Daycare Trust, zusammen mit dem Families and Work Institute.
Hood, Jane C. (Hrsg.) 1993. *Men, Work and Family.* Newbury Park, Calif: Sage.
Hood, Jane und Susan Golden. 1984. „Beating Time/Making Time: The Impact of Work Scheduling on Men's Family Roles." In Patricia Voydanoff (Hrsg.), *Work and Family: Changing Roles of Men and Women.* Palo Alto, Calif.: Mayfield.
Hughes, Diane und Ellen Galinsky. 1988. *Balancing Work and Family Life: Research and Corporate Application.* New York: Bank Street College of Education.
Hunnicutt, Benjamin Kline. 1988. *Work without End: Abandoning Shorter Hours for the Right to Work.* Philadelphia: Temple University Press.
Huston, Althea, John Wright, Mabel Rice und Dennis Kerkman.1990. „Developmental Pespectiv of Television Viewing Patterns", *Developmental Psychology,* 26, S. 409-421.
Hyde, Janet Shibley, Marilyn J. Essex und Francine Horton. 1993. „Fathers and Parental Leave: Attitudes and Experiences." *Journal of Family Issues* 14: 616-638.
„,It's Too Much of a Good Thing,' GM Workers Say in Protesting Overtime." 1994. *New York Times,* 22. November, S. A10.
Jankowski, Jon, Marnell Holtgraves und Lawrence Gerstein. 1988. „A Systemic Perspective on Work and Family Units." In Elizabeth Goldsmith (Hrsg.), *Work and Family: Theory, Research and Applications.* London: Sage.
Johnson, Colleen Leahy. 1988. *Ex Familia: Grandparents, Parents, and Children Adjust to Divorce.* London: Rutgers University Press.
Jones, Gerard. 1992. *Honey, I'm Home! Sitcoms: Selling the American Dream.* New York: St. Martin's Press.
Juster, F. Thomas und Frank P. Stafford. 1991. „The Allocation of Time: Empirical Findings, Behavioral Models, and Problems of Measurement." *Journal of Economic Literature* 29: 471-522.
Kamarck, Elaine C. und William A. Galston. 1990. *Putting Children First: A Progressive Family Policy for the 1990s.* Washington, D.C.: Progressive Policy Institute, 27. September.
Kamerman, Sheila B. und Cheryl D. Hayes (Hrsg.) 1982. *Families That Work: Children in a Changing World.* Washington D.C.: National Academy Press.
Kamerman, Sheila B. und Alfred J. Kahn. 1987. *The Responsive Workplace: Employers and a Changing Labor Force.* New York: Columbia University Press.
– 1991. *Child Care, Parental Leave, and the Under 3's: Policy Innovation in Europe.* New York: Auburn House.
Kamin, Dan. 1984. *Charlie Chaplin's One-Man Show.* London: Scarecrow Press.
Kanter, Rosabeth Moss. 1977. *Work and Family in the United States: A Critical Review and Agenda for Research and Policy.* New York: Russell Sage Foundation.
Karasek, R. 1990. „Lower Health Risk with Increased Job Control among White-Collar Workers." *Journal of Organizational Behavior* 11: 171-185.
Kessler, R. und J. McRae. 1982. „The Effect of Wives' Employment on the Mental Health of Men and Women." *American Sociological Review* 47: 216-227.

Kingston, Paul. 1988. „Studying the Work-Family Connection: Atheoretical Progress, Ideological Bias, and Shaky Foundations for Policy." In Elizabeth Goldsmith (Hrsg.), *Work and Family: Theory, Research and Applications*. London: Sage.
Kingston, Paul Williams und Steven L. Nock. 1987. „Time Together among Dual Income Couples." *American Sociological Review* 52: 391-400.
Kunda, Gideon. 1992. *Engineering Culture: Control and Commitment in a High-Tech Corporation*. Philadelphia: Temple University Press.
Lamphere, Louise. 1985. „Bringing the Family to Work: Women's Culture on the Shop Floor." *Feminist Studies* 11: 519-540.
– 1993. *Sunbelt Working Mothers: Reconciling Family and Factory*. Ithaca, N.Y.: Cornell University Press.
Larson, Reed und Maryse Richards. 1994. *Divergent Realities: The Emotional Lives of Mothers, Fathers, and Adolescents*. New York: Basic Books.
Larson, Reed, Maryse H. Richards und Maureen Perry-Jenkins. 1994. „Divergent Worlds: The Daily Emotional Experience of Mothers and Fathers in the Domestic and Public Spheres." *Journal of Personality and Social Psychology* 67: 1034-1046.
Lasch, Christopher. 1977. *Haven in a Heartless World*. New York: Basic
– 1978. *The Culture of Narcissism: American Life in an Age of Diminishing Expectations*. New York: Norton.
– 1988. *Geborgenheit. Die Bedrohung der Familie in der modernen Welt*. München: dtv.
– 1995. *Das Zeitalter des Narzißmus*. Hamburg: Hoffmann & Campe.
Levering, Robert. 1988. *A Great Place to Work: That Makes Some Employers So Good (and Most So Bad)*. New York: Random House.
Levering, Robert und Milton Moskowitz. 1993. *The 100 Best Companies to Work for in America*. New York: Penguin.
Levitan, Sar A. und Richard S. Belous. 1977. *Shorter Hours, Shorter Weeks: Spreading the Work to Reduce Unemployment*. Baltimore: Johns Hopkins University Press.
Lewis, C.S. 2000. *Die Chroniken von Narnia*. Moers: Brendow.
Linder, Staffan. 1974. *The Harried Leisure Class*. New York: Columbia University Press.
Long, T.J. und L. Long. 1982. „Latchkey Children: The Child's View of Self Care." ERIC Nr. ED 211 229. Arlington, Va.: Educational Resources Information Center Documents Reproduction Service.
Lynd, Robert und Helen Lynd. 1929. *Middletown: A Study in Contemporary American Culture*. New York: Harcourt, Brace.
MacDermid, Shelley, Margaret Williams, Stephen Marles und Gabriela Heilbrun. 1994. „Is Small Beautiful? Influence of Workplace Size on Work-Family Tension." *Family Relations* 43: 159-167.
McDonald, Gerald, Michael Conway und Mark Ricci. 1965. *The Films of Charlie Chaplin*. New York: Citadel.
McEnroe, Jennifer. 1991. „Split-Shift Parenting." *American Demographics*, Februar, S. 50-52.
McNeely, R.L. und Barbe A. Fogarty. 1988. „Balancing Parenthood and Employment: Factors Affecting Company Receptiveness of Family-Related Innovations in the Workplace." *Family Relations* 37: 189-195.
Martin, Joanne. 1992. *Cultures in Organizations: Three Perspectives*. New York: Oxford University Press.

Mattox, William R., Jr. 1991. „The Parent Trap: So Many Bills, So Little Time." *Policy Review,* Nr. 55: 6-13.
Mellor, Earl F. und William Parks. 1988. „A Year's Work: Labor Force Activity from a Different Perspective." *Monthly Labor Review,* September, S. 13-18.
Meyer, John W., W. Richard Scott, Brian Rowan und Terrance E. Deal. 1983. *Organization Environments: Ritual and Rationality.* Beverly Hills, Calif.: Sage.
Mintz, Steven und Susan Kellogg. 1988. *Domestic Revolutions: A Social History of American Family Life.* New York: Free Press.
Moen, Phyllis. 1989. *Working Parents: Transformation in Gender Roles and Public Policies in Sweden.* Madison: University of Wisconsin Press.
– 1992. *Women's Two Roles: A Contemporary Dilemma.* New York: Auburn House.
Moen, Phyllis und Donna Dempster McClain. 1987. „Employed Parents: Role Strain, Work Time, and Preferences for Working Less." *Journal of Marriage and the Family* 49: 579-590.
Morgan, Hal und Kerry Tucker. 1991. *Companies That Care: The Most Family-Friendly Companies in America – What They Offer and How They Got That Way.* New York: Simon and Schuster.
Myers-Briggs, Isabel. 1993. *Introduction to „Type": A Guide to Understanding Your Results on the Myers Briggs Type Indicator.* Palo Alto, Calif.: Consulting Psychologists Press, Inc.
Negrey, Cynthia. 1993. *Gender, Time, and Reduced Work.* Albany: SUNY Press.
New York Times. 1996. *The Downsizing of America.* New York: Times Books/Random House.
Nippert-Eng, Christene. 1996. *Home and Work: Negotiating Boundaries through Everyday Life.* Chicago: University of Chicago Press.
Norwood, Janet. 1987. „American Workers Want More: More Work, That Is." *Across the Board* (The Conference Board), November, S. 60-62.
Nowotny, Helga. 1975. „Time Structuring and Time Measurement: On the Interrelation between Timekeepers and Social Time." In J.T. Fraser, N. Lawrence und D. Park (Hrsg.), *The Study of Time II.* Amherst: University of Massachusetts Press.
– 1994. *Time: The Modern and the Post-Modern Experience.* Cambridge: Polity.
Oliver, Eric. 1996. „Buying Time: City Affluence and Organizational Activity," Kap. 5. Unveröff. Dissertation (Ph.D.), University of California, Berkeley.
Olmsted, Barney und Suzanne Smith. 1989. *Creating a Flexible Workplace: How to Select and Manage Alternative Work Options.* New York: American Management Association.
O'Malley, Michael. 1991. *Keeping Watch: A History of American Time.* New York: Penguin.
O'Neill, John. 1994. *The Missing Child in Liberal Theory: Towards a Covenant Theory of Family, Community, Welfare, and the Civic State.* Buffalo, N.Y.: University of Toronto Press.
Ortiz, Steve. 1993. „When Happiness Ends and Strength Begins: The Private Pains of the Professional Athlete's Wife." Unveröff. Dissertation (Ph.D.), University of California, Berkeley.
Owen, John. 1989. *Reduced Working Hours: Cure for Unemployment or Economic Burden?* Baltimore: Johns Hopkins University Press.
Padilla, Mary Lou und Garry L. Landreth. 1989. „Latchkey Children: A Review of the Literature." *Child Welfare* 68: 445-454.

Panikkar, R. und L. Rowell. 1978. „Time and Sacrifice: The Sacrifice of Time and the Ritual of Modernity." In J.T. Fraser, N. Lawrence und D. Park (Hrsg.), *The Study of Time III*. Amherst: University of Massachusetts Press.

Piotrkowski, Chaya S. 1979. *Work and the Family System: A Naturalistic Study of Working-Class and Lower Middle-Class Families*. New York: Free Press.

Piotrkowski, Chaya S., Diane Hughes, Joseph Pleck, Susan Kessler- Sklar und Graham L. Staines. 1993. „The Experience of Childbearing Women in the Workplace: The Impact of Family-Friendly Policies and Practices." Erarbeitet vom National Council of Jewish Women. Washington, D.C.: U.S. Department of Labor, Women's Bureau.

Pleck, Joseph. 1994. *Family-Supportive Employer Policies and Men: A Perspective*. Working Paper Series, Nr. 274. Wellesley, Mass.: Wellesley College Center for Research on Women.

Presser, Harriet. 1977. „Female Employment and the Division of Labor within the Home: A Longitudinal Perspective." Vortrag anlässlich des Treffens der Population Association of America, St. Louis.

– 1988. „Shift Work and Child Care among Young Dual Earner American Parents." *Journal of Marriage and the Family* 50: 133-148.

– 1989. „Can We Make Time for Children? The Economy, Work Schedules and Child Care." *Demography* 26: 523-543.

Public Opinion Co. 1886. *Public Opinion: A Comprehensive Summary of the Press Throughout the World on All Important Current Topics*, Band 1. Washington, D.C., April-Oktober.

Putnam, Robert D. 1995. „Bowling Alone: America's Declining Social Capital." *Journal of Democracy* 6: 65-78.

Rapoport, Rhona und Robert N. Rapoport. 1980. „Balancing Work, Family, and Leisure: A Triple Helix Model." In C. Brooklyn Derr (Hrsg.), *Work, Family and the Career*. New York: Praeger.

– 1980. *Dual Career Families*. London: Penguin.

Repetti, Rena L., Karen A. Matthews und Ingrid Waldron. 1989. „Employment and Women's Health: Effects of Paid Employment on Women's Mental and Physical Health." *American Psychologist* 44: 1394-1401.

Richardson, Jean L., Kathleen Dwyer, Kimberly McGuigan, William Hansen, Clyde Dent, C. Anderson Johnson, Steven Sussman, Bonnie Brannon und Brian Flay. 1989. „Substance Use among Eighth-Grade Students Who Take Care of Themselves after School." *Pediatrics* 84: 556-566.

Rifkin, Jeremy. 2001. *Das Ende der Arbeit und ihre Zukunft*. Frankfurt/M.: Fischer Taschenbuch-Verlag.

Robinson, Bryan, Bobbie Rowland und Mick Coleman. 1986. *Latchkey Kids: Unlocking Doors for Children and Their Families*. Lexington, Mass.: Lexington Books.

Robinson, John. 1977. *How Americans Use Time: A Social-Psychological Analysis*. New York: Praeger.

– 1989. „Time's Up: Do We Have More Free Time?" *American Demographics*, Juli, S. 32-35.

– 1990. „The Time Squeeze." *American Demographics*, Februar, S. 30-33.

Roskies, Ethel und Sylvie Carrier. 1992. „Marriage and Children for Professional Women: Asset or Liability?" Vortrag auf der Konferenz der American Psychological Association „Stress in the 90's," Washington, D.C.

Rowen, Hobert. 1991. „Taking It Easier in Japan." *Herald Tribune*, 13. Juni.

Rubin, Lillian. 1976. *Worlds of Pain: Life in Working-Class Family.* New York: Basic Books.
Rubin, Sylvia. 1994. „Court Says Grandma Is Better Than Day Care." *San Francisco Chronicle,* 17. August.
Salmon, Jacqueline. 1995. „For Hire: Helpers for Harried Parenting." *Washington Post,* 17. September.
Saltzman, Amy. 1991. *Downshifting: Reinventing Success on a Slower Track.* New York: HarperCollins.
Saint James, M. 1994. *Simplify Your Life.* New York: Hyperion.
Scharlach, Andrew E. und E. Fuller-Thomson. 1994. „Coping Strategies following the Death of an Elder Parent." *Journal of Gerontological Social Work* 21: 85-101.
Scharlach, Andrew E., Beverly F. Lowe und Edward L. Schneider. 1991. *Elder Care and the Workforce: Blueprint for Action.* Lexington, Mass.: Lexington Books.
Schneider, Keith. 1995. „Fleeing America's Relentless Pace, Some Adopt an Amish Life." *New York Times,* 1. März.
Schor, Juliet B. 1992. *The Overworked American: The Unexpected Decline of Leisure.* New York: Basic Books.
Schwartz, Felice N. 1989. „Management Women and the New Facts of Life." *Harvard Business Review,* Januar-Februar, S. 65-76.
– 1992. *Breaking with Tradition: Women and Work, The New Facts of Life.* New York: Warner.
Sirianni, Carmen. 1991. „The Self-Management of Time in Post-Industrial Society." In Karl Hinrichs, William Roche und Carmen Sirianni (Hrsg.), *Working Time in Transition.* Philadelphia: Temple University Press.
Sirianni, Carmen und Cynthia Negrey. 1986. „Working Time as Gendered Time." Princeton, N.J.: Institute for Advanced Study.
Skocpol, Theda. 1996. „Unraveling from Above." *American Prospect* Nr. 25, März/April, S. 20-26.
Smith, Vicki. 1993. „Flexibility in Work and Employment: Impact on Women." *Research in the Sociology of Organizations* 2: 195-216.
Solomon, Charlene Marmer. 1994. „Special Report: Latchkey Kids." *Parents,* März, S. 42-46.
Spitze, Glenna. 1988. „Women's Employment and Family Relations: A Review." *Journal of Marriage and the Family* 50: 595-618.
Spreitzer, E., E. Snyder und D. Larson. 1979. „Multiple Roles and Psychological Well-Being." *Sociological Focus* 12: 141-148.
Stafford, Frank P. 1991. „Time and Consumption – A Book Review." *Journal of Economic Literature* 29: 1198-1199.
– 1992. „The Overworked American – A Book Review." *Journal of Economic Literature* 30: 1528-1529.
Staines, Graham L. 1980. „Spillover versus Compensation: A Review of the Literature on the Relationship between Work and Nonwork." *Human Relations* 33: 111-129.
Staines, Graham L. und Joseph H. Pleck. 1983. *The Impact of Work Schedules on the Family.* Ann Arbor: Institute for Social Research, University of Michigan, Survey Research Center.
Stalk, George und Thomas Hout. 1990. *Competing Against Time: How Time Based Competition Is Reshaping Global Markets.* New York: Free Press.
Swiss, Deborah und Judith Walker. 1933. *Women and the Working Family Dilemma: How Today's Professional Women Are Finding Solutions.* New York: Wiley.

Tassi, Nina. 1991. *Urgency Addiction: How to Slow Down without Sacrificing Success.* New York: Signet.
Taylor, Ella. 1989. *Prime-Time Families: Television Culture in Postwar America.* Berkeley: University of California Press.
Taylor, Frederick. 1911. *The Principles of Scientific Management.* New York: Harper.
Thompson, E.P. 1963. *The Making of the English Working Class.* New York: Vintage.
– 1992. „Time, Work-Discipline and Industrial Capitalism." In Anthony Giddens und David Held (Hrsg.), *Classes, Power and Conflict: Classical and Contemporary Debates.* Berkeley: University of California Press.
Till, Charles und Edward Shorter. 1974. *Strikes in France, 1830-1968.* New York: Cambridge University Press.
Timpe, A. Dale (Hrsg.) 1987. *The Management of Time: The Art and Science of Business Management.* New York: Kend.
Tocqueville, Alexis de 1985. *Über die Demokratie in Amerika.* J.P. Mayer. (Hrsg.) Dilzingen: Reclam.
Tolstoi, Leo. 2000. *Krieg und Frieden.* Düsseldorf: Artemis & Winkler.
United States Bureau of the Census. 1991. „Childcare Arrangements: Population Profile of the United States 1991." Current Population Series P-23, Nr. 173. Washington, D.C.: Government Printing Office.
– 1995. *Statistical Abstracts of the United States,* 115. Aufl. Washington, D.C.: Government Printing Office.
– 1989. *Historical Statistics of the United States, Colonial Times to 1970.* Bicentennial Edition, Teil 1. Washington, D.C.: Government Printing Office.
U.S. Bureau of Labor Statistics. 1989. *Handbook of Labor Statistics.* Washington, D.C.: U.S. Bureau of Labor Statistics.
Vandell, Deborah Lowe und Mary Anne Corsaniti. 1988. „The Relation between Third Graders after School Care and Social, Academic, and Emotional Function." *Child Development* 59: 868-875.
Ventura, Michael. 1991. „Someone Is Stealing Your Life." *Utne Reader,* Juli/August, S. 78-81.
– 1995. „The Age of Interruption." *Networker,* Januar/Februar, S. 19-31.
Verbrugge, L. 1987. „Role Burdens and Physical Health of Women and Men." In Faye Crosby (Hrsg.), *Spouse, Parent, Worker: On Gender and Multiple Roles.* New Haven, Conn.: Yale University Press.
Veurier, Henri. 1983. *Charles Chaplin.* Paris: Tarak Makhlouf.
Vickery, Clair. 1977. „The Time-Poor: A New Look at Poverty." *Journal of Human Resources* 12: 27-48.
Waerness, Kari. 1978. „Invisible Welfare State: Women's Work at Home." *Acta Sociologica Supplement* 21: 193-207.
Wallerstein, Judith und Sandra Blakeslee. 1989. *Second Chances: Men, Women, and Children a Decade after Divorce.* New York: Tichnor and Fields.
Walling, Anne. 1990. „Teenagers and Television", *American Family Physician,* 42, S. 638-641.
Walton, Mary. 1986. *The Deming Management Method.* New York: Dodd, Mead.
Webber, Ross. 1988. *Time Is Money! The Key to Managerial Success.* New York: Free Press.
Weber, Max. 2000. *Die Protestantische Ethik und der „Geist" des Kapitalismus.* Herausgegeben von Klaus Lichtblau und Johannes Weiß. 3. Auflage. Weinheim: Beltz und Gelberg.

White, Lynn und Bruce Keith. 1990. „The Effect of Shift Work on the Quality and Stability of Marital Relations." *Journal of Marriage and the Family* 52: 453-462.

Wilson, William Julius. 1996. *When Work Disappears: The World of the New Urban Poor.* New York: Knopf.

Zedeck, Sheldon. 1992. „Introduction: Exploring the Domain of Work and Family Concerns." In Sheldon Zedeck (Hrsg.), *Work, Families and Organizations.* San Francisco: Jossey-Bass.

Zedeck, Sheldon, Christina Maslach, Kathleen Mosier und Linda Skitka. 1988. „Affective Response to Work and Quality of Family Life: Employee and Spouse Perspectives." In Elizabeth Goldsmith (Hrsg.), *Work and Family: Theory, Research and Applications.* London: Sage.

Zerubavel, Eviatar. 1981. *Hidden Rhythms: Schedules, and Calendars in Social Life.* Chicago: University of Chicago Press.

Zill, Nicholas. 1983. *American Children: Healthy, Happy, and Insecure.* New York: Anchor/Doubleday.

Notizen

Notizen

Notizen

Notizen

Notizen

Notizen

Notizen

Notizen

Notizen

Notizen

Notizen

Notizen